KB267512

미국은 왜 전쟁을 멈추지 못하는가

미국은 왜 전쟁을 멈추지 못하는가

윌리엄 D.하텅 William D. Hartung

퀸시책임국정연구소Quincy Institute for Responsible Statecraft 선임연구원. 군수산업과 미국 국방 예산을 연구한다. 국제정책센터Center for International Policy의 무기 안보 프로그램 책임자와 지속 가능한 국방 태스크포스 공동 책임자를 역임했다. 《뉴욕타임스》《워싱턴포스트》《로스앤젤레스타임스》《더네이션》《월드폴리시저널》등에 안보 관련 글을 발표해왔으며, CBS 〈60분〉, 〈NBC 나이틀리 뉴스〉, 〈PBS 뉴스아워〉, CNN, 폭스뉴스를 비롯한 여러 TV와 라디오 방송에 국가 안보 문제 전문가로 출연해왔다. 저서로 《미국은 왜 전쟁을 멈추지 못하는가》외에 《전쟁의 예언자들: 록히드 마틴과 군산복합체의 탄생Prophets of War: Lockheed Martin and the Making of the Military-Industrial Complex》《이라크에서 얻은 교훈: 다음 전쟁 피하기Lessons from Iraq: Avoiding the Next War》《모두를 위한 무기Weapons for All》가 있다.

벤 프리먼 Ben Freeman

퀸시책임국정연구소의 외교 정책 민주화 프로그램 책임자. 미국의 정치 자금, 국방 예산, 외국 영향력 문제를 연구한다. 국제정책센터에서 외국 영향력 투명성 이니셔티브를 설립했으며, 서드웨이Third Way에서 국가 안보 프로그램 부국장을 역임했고, 정부감시프로젝트Project On Government Oversight에서 국가 안보 연구원으로 활동했다. 텍사스A&M대학교에서 박사 학위를 받고 같은 대학교의 정치학과와 부시행정대학에서 강의했다. 현재 국방비즈니스연구소Institute for Defense and Business 교수진의 일원으로 국방 예산과 외국 영향력 산업 강의를 하고 있다. 《뉴욕타임스》《워싱턴포스트》《로스앤젤레스타임스》《월스트리트저널》《폴리티코》등에 글을 발표해왔으며 CNN, BBC, NPR 등 다양한 미디어에 출연해왔다. 저서로 《미국은 왜 전쟁을 멈추지 못하는가》외에 《외교 정책 경매The Foreign Policy Auction》가 있다.

미국은 왜 전쟁을 멈추지 못하는가

트럼프와 1조 달러 전쟁 기계의 야망

The Trillion Dollar War Machine :
How Runaway Military Spending Drives America into Foreign Wars and Bankrupts Us at Home

윌리엄 D. 하텅, 벤 프리먼 지음 | 백우진 옮김

부·키

옮긴이   서울대학교 경제학과와 동 대학원을 졸업하고 《동아일보》와 《포브스코리아》
백우진   《아시아경제》 등 활자 매체에서 기사를 썼다. 재정경제부 경제홍보기획단과
          한화투자증권 편집팀에서도 일했다. 역서로 《엔비디아 젠슨 황, 생각하는 기계》
          《맥스 테그마크의 라이프 3.0》《인구 대역전》 등이 있다. 저서로는 《첨삭 글
          쓰기》《단어의 사연들》《한국경제 실패학》《나는 달린다, 맨발로》 등이 있다.

미국은 왜 전쟁을 멈추지 못하는가

2026년 2월 27일 초판 1쇄 발행 | 2026년 3월 23일 초판 4쇄 발행

지은이 윌리엄 D. 하텅, 벤 프리먼
옮긴이 백우진
발행인 박윤우
편집 김유진 박영서 박혜민 백은영 성한경 유소영 장미숙
마케팅 박서연 정미진 정시원 조아현 함석영
디자인 박아형 이세연
경영지원 이지영 주진호
발행처 부키(주)
출판신고 2012년 9월 27일
주소 서울 마포구 양화로 125 경남관광빌딩 7층
전화 02-325-0846
팩스 02-325-0841
이메일 webmaster@bookie.co.kr
ISBN 979-11-7578-009-5 03300

※ 잘못된 책은 구입하신 서점에서 바꿔드립니다.

만든 사람들 편집 성한경 디자인 디박스 조판 홍보현

군비 확충에는 돈만 들어가는 것이 아닙니다.
노동자의 땀과 과학자의 뛰어난 두뇌, 어린이의 희망도 소모됩니다.

드와이트 D. 아이젠하워 대통령, 〈철의 십자가〉 연설(1953)

◆ 저자들은 국가 특권을 누리는 기업 군사주의자들의 생태계가 괴물로 변했음을 보여준다. 그 결과 우리를 보호하지 못하는 전쟁 기계, 종말론적 전쟁을 부추기는 대외 정책, 파탄 난 사회, 그리고 우리 현실의 근간 자체가 거짓말로 만들어지고 우리의 피와 영혼으로 유지되는 군사주의 체제라는 사실을 깨닫지 못하는 국민이 탄생했음을 예리하게 통찰한다.

스콧 호턴 Scott Horton, **리버테리언연구소**Libertarian Institute **소장**

◆ 매우 시의적절하고 유익한 필독서. 저자들의 진단은 미국을 끊임없이 전쟁으로 내모는 세력들의 구조를 생생한 지도로 제시한다. 그러나 절망하지 말자. 저자들은 마땅히 그래야 하듯 성공적으로 앞으로 나아갈 수 있는 방향을 알려준다.

《**커먼드림스**Common Dreams》

◆ 이 날카로운 폭로에 따르면 부패한 군산복합체는 전쟁에서 승리할 수 없으면서도 전 세계에 재앙을 초래하는 저질 무기를 팔아넘긴다. 이 책은 방위산업계에 만연한 이해 충돌에 대한 치명적인 고발이다.

《**퍼블리셔스위클리**Publishers Weekly》

궤도를 이탈한 '전쟁 기계'와 '기술군사주의'의 파고

함형필(한국국방연구원KIDA 안보전략연구센터장)

급변하는 한미 동맹의 기류 속에서 국방 정책의 본질을 고민해온 나에게, '전쟁 기계war machine'로 불리는 미국의 군산복합체를 해부한 이 책은 매우 묵직한 화두를 던져주었다.

미국은 왜 전쟁을 멈추지 못하는가?

미국 현지에서 수많은 정책 전문가와 교류하며 목격했던 것은 정책 결정이 단순히 논리적 타당성만으로 이루어지지 않는다는 냉혹한 현실이었다. 이 책은 연간 군비 지출 1조 달러라는 천문학적 숫자가 어떻게 시스템화되어 스스로 동력을 얻는지 날카롭게 분석한다. 특히 '회전문' 현상을 통한 인적 결합은 단순한 유착을 넘어, '전쟁 기계'가 스스로를 복제하고 영속시키는 구조적 동력으로 작동하고 있다. 국가 안보와 경제 활성화라는 강력한 서사가 어떻게 비판적 사고를 무디게 하고 과도한 지출의 정당성을 부여하는지, 저자들은 치밀하게 논증한다.

'기술군사주의'로의 패러다임 전환

무엇보다 내가 가장 긴장하며 읽은 대목은 '기술군사주의techno-militarism'로의 전환이다. 이는 단순히 무기 체계의 변화를 넘어 안보의 주도권이 어디로 이동하고 있는지를 보여주는 중대한 신호다. 록히드 마틴과 같은 전통적 강자와 스페이스X, 팔란티어 등 실리콘밸리 기술기업 간의 주도권 경쟁은 미래 전쟁의 성격이 소프트웨어와 AI 중심으로 급변하고 있음을 시사한다. 이처럼 벤처캐피털과 기술기업이 군사 생태계의 중심축으로 부상하는 현상은 향후 우리의 국방 전략과 방위산업 정책에도 직간접적인 영향을 미칠 수밖에 없다.

왜 필독서인가?

이 책은 통제되지 않는 군비 지출이 오히려 세계를 더 불안정하게 만들고, 사회적 기초 자원을 잠식할 수 있다는 뼈아픈 진실을 일깨워준다. 국방 정책의 투명성과 책임성은 국가의 존망이 걸린 문제다. 안보 정책의 최일선에 있는 전문가뿐 아니라, 미래 안보 환경을 통찰하고자 하는 모든 독자에게 이 책은 '돈의 흐름'이 어떻게 미국과 세계의 운명을 결정짓는지를 가장 정교하게 보여준다. 권력과 자본, 그리고 기술이 얽힌 현대적 '전쟁 기계'의 실체를 마주하고, 우리만의 독자적이고 합리적인 안보·국방 전략 마련에 대한 실마리를 얻게 되기를 기대해본다.

안보는 성역이 아닌 투명성을 토대로 한 다양한 주체 간 상호작용의 산물이어야 한다. 이 책은 그 변화를 위한 용기 있는 첫걸음이 될 것이다.

신냉전 시대 미국의 기류를 읽는 필독서

김동현(전 VOA 펜타곤 출입기자,《우리는 미국을 모른다》저자)

"동아시아 전역에 배치되어 있는 항구적 미군 기지(한국, 일본, 괌)를 대폭 줄이거나 철수할 것을 강력히 권고합니다. … 몇 년 뒤에 처리할 일이 아니라 당장 오늘 조치를 취해야 합니다."

2021년 초, 워싱턴 D.C. 시내의 한 정책 토론회에서 나온 이 격한 어조의 발언은 당시 미국 국영 방송 VOA(미국의 소리) 취재기자로 재직하면서도 한국 국적을 유지한 나의 시선을 끌기에 충분했다. 그러나 이는 '동맹 때리기'로 악명 높았던 도널드 트럼프 대통령의 거친 입에서 나온 말이 아니었다. 오히려 조 바이든 대통령 취임 직후 워싱턴이 "미국이 돌아왔다"는 분위기로 채워지며 동맹 관계 복원이 강조되던 시기와 맞물려 있었기에 그 낯섦은 더 컸다.

현장에서 주한미군 기지 철수를 강하게 외쳤던 이들은 브루킹스연구소Brookings Institution나 전략국제문제연구소Center For Strategic and International Studies, CSIS, 헤리티지재단Heritage Foundation 같은 명망 있는 제도권 싱크탱크 소속도 아니었다. 그렇다고 의사당 난입으로 상징되는 열혈 MAGA 지지자처럼 보이지도 않았다. 그날 나는 이 책의 두 저자가 몸담은 '퀸시책임국정연구소Quincy Institute for Responsible Statecraft' 사람들과 처음으로 안면을 텄다. 이 단체가 2019년 출범한 신생 조직이라는 사실도 흥미로웠지만, 더 놀라웠던 것은 설립에 깊이 관여했던 강력한 후원자로 석유 재벌 '코크Koch 가문'과 세계적 투자자 ‘조지 소로스George Soros’가 함께 거론되었다는 점이다. 이념 스펙트럼이 다른 자본이 ‘미국의 과잉 군사 개입’을 줄이고 외교로 전환해야 한다는 문제의식에서 공감대를 이룬 것이다. “누가 후원하느냐”는 단순한 가십 또는 음모론이 아니라 이 담론이 정치, 자본, 정책 네트워크 속에서 실제로 경쟁하는 하나의 목소리로 합류했음을 보여준다. 그리고 6년이 지난 2026년 현재에도 백가쟁명의 도시 워싱턴 D.C.에서 살아남아 뿌리를 내렸다는 점에 우리는 주목해야 한다.

싱크탱크 명칭 역시 예사롭지 않다. ‘Quincy’는 미국 6대 대통령 존 퀸시 애덤스John Quincy Adams의 이름을 딴 것이다. 애덤스는 대통령 시절보다 전임 5대 대통령 제임스 먼로 행정부에서 국무장관으로 재직하며 유럽 열강의 미주 대륙 개입 차단을 골자로 하는 ‘먼로주의Monroe Doctrine’ 설계자로 더 잘 알려져 있다. “미국은 해외로 괴물을 찾아 나서지 않는다”라는 절제의 외교관이 오늘날 ‘개입 축소’ 논쟁의 상징으로 다시 소환되고 있다.

이 책의 묘미는 특히 의회의 예산 배정권을 축으로, 국방 이해 당사자들 간 역학 관계가 미국의 군사 정책을 어떻게 작동시키는지 집요하게 추적했다는 점에 있다. 한국의 주류 담론이 미국 대통령·행정부 인사 중심의 단편적 해석에 머무는 경우가 많았던 점을 떠올리면, 이 책의 두 저자가 제시하는 ‘의회, 예산, 이해관계자 정치’의 렌즈는 한국 독자에게 미국 국방 정책의 실제 작동 원리를 가늠할 수 있는 신선하면서도 유용한 분석 틀을 제공해준다. 나아가 AI와 무인, 자동화, 신흥 방산 생태계의 동향을 연결해 읽게 하는 대목은 전쟁이 더 이상 먼 전장의 사건이 아니라 기술, 자본, 정치가 결합한 우리의 일상 속 일부가 되었음을 실감하게 만든다.

다만 펜타곤 출입기자로서의 취재 경험을 바탕으로 판단할 때, 나는 두 저자의 모든 주장에 전적으로 동의하지는 않는다. 특히 중국과 러시아의 군사적 압박이라는 구조적 원인과 억제의 딜레마에 대한 충분한 설명이나 고민을 생략한 채 '개입 축소' 처방이 앞서는 대목은 논쟁의 여지가 있다. 또 역내 미군의 급격한 축소가 가져올 힘의 공백과 동맹 불안을 어떻게 관리할 것인지에 대해서는 더 치밀한 답이 필요해 보인다. 더 나아가 이 책은 기존 제도권 주요 싱크탱크들이 방산업체 후원에서 자유롭지 못하다고 강하게 비판한다. 그러나 두 저자는 퀸시연구소 역시 금융(소로스)과 에너지(코크 가문)의 강력한 후원을 바탕으로 한 대리인 역할을 자처하고 있다는 사실은 상대적으로 충분히 다루지 않는다.

그럼에도 내가 이 책을 한국 독자들에게 추천하는 이유는 분명하다. "공짜 점심은 없다There is no free lunch"는 철저한 자본주의 국가 미국에서 모든 싱크탱크는 각자의 후원 기반과 정책 지향을 대변하며 경쟁한다. 저자들이 말하지 않는 이 전제를 받아들이고 이 책을 읽기 시작한다면, 우리는 좀 더 다각적인 시각에서 미국의 정책이 어떻게 형성되는지를 파악할 수 있다. 더욱이 이 책이 강조하는 '개입 축소' 논리는 더 이상 변방의 수사rhetoric가 아니라 미국 내부에서 반복적으로 되살아나며 실제 정책 선택지를 흔들어온 흐름이자, 주류 여론의 한 축으로 편입되어왔다는 사실에 주목할 필요가 있다. 워싱턴은 늘 새로운 제언이 쏟아지지만, 가끔은 서로 적대하던 진영이 같은 문장을 공유하는 순간이 올 때가 있다. 퀸시연구소를 필두로 한 '개입 축소주의' 진영과 기회비용에 따른 '선택적 개입주의'를 표방하는 트럼프주의자 사이의 공통 분모가 넓어지는 지금, 트럼프 2기의 새로운 대외 노선인 '돈로주의Donroe Doctrine'• 같은 말이 유행어로 끝나지 않을 수 있다는 점을 한국은 직시해야 한다. 먼로주의적 권역 사고가 트럼프식 거래주의와 맞물리는 프레임 속에서 한국은 결코 무풍지대에 있지 않다. 이 책은 그런 워싱턴의 기류를 읽게 해준다는 점에서 신냉전의 그림자가 짙어지는 한반도에 사는 지금 한국 독자들에게 필독서다.

• 《국가 안보 전략National Security Strategy, NSS》은 미국 행정부가 바뀔 때마다 해당 정부의 국정 기조와 안보 정책 방향을 의회에 제출하는 백악관의 최상위 안보 지침 문서다. 트럼프 2기 행정부의 《국가 안보 전략》은 2025년 12월 대외에 공개되었는데, 핵심 화두는 도널드 트럼프의 이름과 먼로주의를 합친 '돈로주의'다. 돈로주의는 2차 세계대전 종전 이후 미국이 유지해왔던 세계 경찰 역할을 축소하고 미국 중심의 자국 우선주의와 미주 대륙 내 외부 세력 개입 시 무력 사용 등 강력 대응도 불사하는 지역 패권주의를 동시에 표방한다.

차례

10장　미디어 포섭 : 프로파간다로 전쟁 기계에 힘 실어주기　276

11장　마음과 정신을 차지하기 위한 싸움 : 할리우드와 전쟁 세탁　300

12장　군대를 더 '디즈니스럽게' 만들기 : 펜타곤과 게임산업　327

군비합중국The United States of Armament 의 탄생

"나는 전쟁광들을 몰아낼 것입니다. 그들은 늘 전쟁을 하고 싶어합니다. 왜 그럴까요? 미사일 한 기는 200만 달러입니다. 이게 그 이유입니다. 그들은 전 세계에 미사일을 떨어뜨리기를 좋아합니다." 도널드 트럼프Donald Trump 미국 대통령 선거 후보는 2024년 9월 위스콘신주 모시니에서 열린 유세에서 이렇게 말했다. 6주 뒤 그는 11월 대선에서 조 바이든Joe Biden 정부의 카멀라 해리스Kamala Harris 부통령을 꺾고 승리한다.

"나는 전쟁을 벌인 적이 없습니다." 트럼프 후보는 위스콘신주 유세에서 다시금 강조했다. 이어 약속했다. "나는 국가 안보 체제에서 전쟁광들을 몰아내고 절실히 요구되어온 군산복합체_{military–industrial complex,} MIC 청산을 수행함으로써, 전쟁에서 이익을 챙기는 행위를 종식시키고 언제나 미국을 최우선에 두겠습니다. 우리는 미국을 최우선에 둡니다. 우리는 끝없는 전쟁을 끝낼 것입니다."[1]

바이든 전 대통령이(그리고 사실상 해리스를 포함한 민주당 정치 엘리트 전반이) '끝없는 전쟁'을 지지한 덕분에 트럼프는 (사실과 다르게) 자신의 역할을 전쟁을 끝내려고 나서는 중재자라고 주장할 수 있었다. 바이든 전 대통령은 미군을 아프가니스탄에서 철수하는 결단을 내렸지만, 테러와의 전쟁을 끝내지는 않았다. 그는 단지 세계 다른 지역에서 대테러 작전을 수행할 수 있는 자원을 확보했을 뿐이었다. 또한 그는 어디에도 속하지 않은 독립적인 전문가 다수가 '집단 학살'로 규정한 행위를 가자지구 전쟁에서 자행하는 이스라엘에 무기와 군사 원조를 확대했다. 더구나 미국 대중이 이스라엘의 군사 행동에 급격히 등을 돌리는 와중에도 그렇게 했다. 바이든 행정부는 베냐민 네타냐후_{Benjamin Netanyahu} 이스라엘 총리에게 민간인 공격을 자제하고 인도적 지원 물자의 공급을 막지 말라고 촉구했다. 그러면서도 실제로 이스라엘이 이 촉구에 귀 기울이도록 할 조치는 취하지 않았다. 바로 무기와 군사 원조 중단이었다. 이는 이스라엘이 가자지구에서 전쟁을 멈추고 레바논과 이란으로의 확전을 끝내도록 할 수 있는 지렛대였는데, 이를 활용하지 않은 것이다. 그사이 바이든 대통령은 가자지구와 우크라이나에서 전쟁으로 이익을 얻는 무기회사들을 적극 지지했다. 그는 심지어 군수업체와 그곳에서 종사하는 노동자들을 "민주주의의 병기창arsenal of democracy"이라며 칭찬했다. 이는 미국이 무기와 군사 훈련을 제공하는 억압적 정권들의 명단을 찬찬히 살펴보면 도저히 성립되지 않는 표현이었다.[2]

트럼프 후보는 나중에 자신의 말을 실행할지 여부와는 무관하게. 선거 유세에서 이 모든 것을 가장 격렬하게 '무기 로비'를 비판할 절호의 기회로 삼았다. 과연 트럼프는 대통령에 당선되자 자신이 이전에 늘어놓았던 수사修辭는 아랑곳하지 않은 채 곧바로 미국의 군산복합체MIC를 더 확대하겠다는 계획을 발표했다. 군산복합체는 돈과 권력이 얽힌 거대한 구조로, 평화를 원하는 미국인들을 그들의 의사와 반대로 끝없이 전쟁으로 몰아넣는다. 트럼프 대통령은 2025년 4월 7일, 국방부 예산을 1조 달러로 늘리겠다고 약속했다. 단 1년 만에 1000억 달러 이상을 증액하겠다는 것이었다.

트럼프와 바이든은 여러 면에서 다르다. 하지만 두 대통령 모두 연간 1조 달러에 육박하는 국방부 예산에 의존하는 미국의 '전쟁 기계war machine'를 강력히 지지했다.[3] 그리고 그들은 결코 예외가 아니다. '평화를 말하면서도 전쟁을 벌이는’ 미국 대통령들의 행태는 수십 년 전으로 거슬러 올라간다.

사실 드와이트 D. 아이젠하워Dwight D. Eisenhower 대통령(1961년 퇴임 연설에서 ‘군산복합체’라는 용어를 처음 만든 사람) 이후 공화당과 민주당을 막론하고 미국을 이끈 대통령 가운데 진정으로 전쟁 기계에 맞서거나, 일관되게 외교를 전쟁보다 우선시하거나, 해외 전쟁 대신 자국민의 필요에 집중한 인물은 한 사람도 없다. 요컨대 미국 대외 정책을 둘러싼 싸움에서는 전쟁으로 이익을 누리는 집단이 거의 언제나 승리해왔다. 이 책은 그 이유를 묻는다.

대통령들이 군사 중심 대외 정책을 덜 추구하겠다는 공약을 이행하기 힘들어진 이유가 있다. 한 가지 이유는, 아이젠하워가 우려했던 당시의 군산복합체보다 오늘날의 전쟁 기계가 훨씬 더 큰 영향력과 정치 권력을 장악하고 있다는 것이다. 아이젠하워는 주로 제복을 입은 군과 방산업체가 결합한 뒤 의견을 조율해 행사하는 정치적 힘을 걱정했다. 그들은 그에게 국방부에 더 많은 예산을 투입하고 값비싼 핵폭격기를 포함해 그가 불필요하다고 생각한 무기에도 예산을 집행하라고 강하게 압박했다. 하지만 오늘날의 전쟁 기계는 아이젠하워 시대보다 훨씬 더 많은 사회 영역을 지배하고 있다. 더 많은 세금을 먹어치우고, 아이젠하워가 상상도 못 했을 규모의 초대형 기업들을 떠받치고, 싱크탱크와 대학, 스포츠, 할리우드, 게임산업, 주류 언론을 통해 광범위한 정치적·문화적 영향력을 행사한다.

이 전쟁 기계의 정치 권력은 여전히 막강하다. 반면에 이 전쟁 기계가 효과적인 국방력을 합리적인 비용으로 제공할 역량을 지녔는지에 대해서는 의문이 제기되고 있다. 미국 정부는 해마다 미군에 더 많은 예산을 쏟아붓고 있는데 왜 얻는 성과는 갈수록 줄어드는 걸까? 물가 상승을 고려해도 현재 미국은 냉전 시절 기록한 최고액보다 1000억 달러를 더 쓰고 있다. 그러나 당시와 비교하면 현역 병력도 절반, 해군 함정도 절반, 공군 전투기도 절반 수준이다.[4] 미국은 거의 1조 달러짜리 전쟁 기계를 만들었지만, 이 기계는 고장 나 있다.

국방부 예산의 절반 이상은 군대 인건비가 아니라 민간 기업으로 흘러간다.[5] 방산기업 CEO들은 연간 2000만 달러 이상을 벌어들이는 반면, 많은 군인 가족은 살림이 빠듯해 푸드뱅크에 의존한다.[6] 9·11 이후 전쟁에서 돌아온 수십만 명의 참전 용사가 신체적·정신적 상처와 높은 자살률에 시달린다.[7] 재향군인청 예산이 급격히 늘었음에도(현재 연간 3600억 달러 이상을 지원받는다) 전역 군인들을 지원하는 필수 서비스는 여전히 부족하다.[8]

이라크와 아프가니스탄에서 치른 전쟁 비용을 모두 합치면 무려 8조 달러에 달했다. 브라운대학교의 '전쟁 비용 프로젝트Costs of War Project'가 추산한 금액이다.[9] 그중 상당 부분이 국방부 계약업체로 직접 흘러들어갔다. '빅5' 방산업체인 록히드 마틴Rockheed Martin, 레이시온Raytheon(현 RTX), 보잉Boeing, 제너럴 다이내믹스General Dynamics, 노스럽 그러먼Northrop Grumman은 9·11 이후 20년 동안 국방부 계약으로 2조 1000억 달러를 챙겼다.[10] 이러한 탕진은 지금도 계속되고 있다. 2025 회계연도 국방부 예산은 8950억 달러로 사상 최고 수준이다. 이 속도라면 트럼프의 공언대로 머지않아 1조 달러에 도달할 것이다.

매년 국방부에 투입되는 예산은 국토안보부, 재향군인청, 국무부, 법무부, 상무부, 교육부, 노동부 예산을 전부 합친 것보다 많다.[11]

만약 같은 돈을 미국 내 필요에 썼다면 미국 사회는 상상하지 못할 정도로 변했을 것이다. 정부에서 비용을 감당하지 못한다고 거듭 말하곤 하는 큰 변화들을 이룰 수 있었다. 이라크와 아프가니스탄의 전쟁에 쏟아부은 8조 달러는 미국 전력망 전체를 탈탄소화(비용 약 4조 5000억 달러)하고도 남을 금액이다. 전력망 탈탄소화는 기후변화를 막는 싸움에서 큰 진척이 될 수 있다. 남은 돈으로 학자금 대출 전액(1조 7000억 달러)을 탕감해줄 수 있었다. 그리고 나서도 10년간 친환경 에너지 투자와 온실가스 감축 조치를 바이든 행정부가 계획한 규모의 4배(1조 4000억 달러)로 늘릴 수 있었다.[12] 그러나 이 8조 달러는 이미 21세기의 전쟁에 쓰였다. 중요한 것은 앞으로 미국이 더 나은 선택을 할 수 있느냐 하는 것이다.

그러자면 먼저 폭주하는 전쟁 기계를 늦출 방법을 찾아야 한다. 지금의 자기 영속 시스템self-perpetuating system에서는 국방부 계약업체가 매년 수천억 달러의 세금을 가져가고 그중 일부를 로비와 영향력 행사에 써서 다음 해에 세금을 더 많이 따낸다. 이 사이클이 지난 80년간 반복된 결과가 오늘날 미국이 처한 현실이다. 국방부 예산의 절반 이상이 매년 방산업체로 흘러들어가는데 워싱턴에서는 감히 이를 문제 삼는 사람이 거의 없다. 한 가지 이유는 워싱턴의 많은 이들이 이런 방산업체들이 지원하는 돈의 수혜자라는 것이다. 실제로 2024년에만 국방부 계약업체들은 로비에 1억 4800만 달러 이상을 썼고, 945명 이상의 로비스트를 고용했다. 로비스트 중 약 3분의 2는 의회나 행정부에서 일한 경험이 있는 '회전문revolving door 인사'에 해당했다. 정리하면 오늘날 전쟁 기계는 의원 1명당 로비스트 거의 2명을 붙이고 로비 자금 27만 5000달러 이상을 투입하고 있다.[13] 하원 의원과 상원 의원 연봉은 대부분 20만 달러가 안 된다. 이에 비추어 보면 펜타곤 계약업체들은 의원

들이 받는 세비보다 더 큰 금액을 그들에게 영향력을 행사하기 위해 쓰고 있는 셈이다.[14]

이러니 미국이 끊임없이 전쟁 상태에 빠지는 것은 놀라운 일이 아니다. 미국은 이미 전쟁 기계를 만들어냈고, 이 기계는 미국을 더 많은 분쟁, 더 많은 무기 거래, 더 많은 가자지구 같은 비극으로 끌고 간다. 더 나쁜 것은 이것이 미국을 또 다른 미국, 즉 안전하고 번영하며, 공정하고 지속 가능하며, 모두를 위해 양질의 일자리·의료·보육·주거를 보장하는 사회로부터 멀리 떼어놓는다는 점이다.[15] 아이젠하워가 경고한 군산복합체가 정점에 올랐던 시절에도 수백만 명의 미국인이 빈곤에 시달렸고, 세계는 핵전쟁의 벼랑에서 가까스로 벗어났다. 이대로 방치한다면 새로운 1조 달러짜리 전쟁 기계는 우리가 아는 삶을 끝장낼지도 모른다. AI(인공지능)가 조종하는 핵무기로 촉발된 우발적 전쟁으로 갑작스러운 종말을 맞이할 수도 있고, 아니면 팬데믹과 기후변화 같은 실존적 위협 대처에 사용할 자원을 전쟁과 전쟁 준비에 낭비하는 바람에 서서히 파국을 맞이할 수도 있다.

그러나 이 잘못된 접근 방식의 가장 큰 비용은 돈으로 집계할 종류가 아니다. 그것은 바로 참전 미군부터 전쟁 대상 국가의 민간인까지 전쟁에서 죽고 다친 사람들이다. 미국의 해외 전쟁은 2001년 이후 거의 100만 명의 사상자를 냈고 그중 민간인 사망자는 40만 명에 달한다.[16] 이 인명 피해 규모는 미군만이 아니라 모든 참전 측을 아우른 결과다. 또 1만 5000명 이상의 미 군속軍屬과 민간인 계약자가 목숨을 잃었다. 수십만 명의 참전 용사들이 팔다리 절단, 외상성 뇌손상, 외상 후 스트레스 장애PTSD 등 신체와 정신에 심각한 피해를 입었다.[17]

최근 전쟁 기계는 실리콘밸리의 신흥 군사 기술기업들과 결합해 급격히 변신하고 있다. 오늘날 기술 분야 리더들은 자신들이 새롭게 얻은 영향력을 이용해 국방부가 자기네 신기술에 대한 지출을 늘리도록 압박하고 있다. 그 신기술이 얼마나 검증되지 않았는지, 얼마나 비싼지, 전투 중 오작동할 가능성이 얼마나 큰지는 뒷전으로 밀려난다.[18] 트럼프 당선 이전까지만 해도 실리콘밸리의 방산 스타트업 관계자들은 미국의 연구, 개발, 조달 예산이 항공모함, 지상 발사 핵미사일처럼 미래의 잠재적 분쟁에서 점점 더 무의미해지는 대형 무기 생산에 과도하게 쏠린다며 신랄하게 비판하곤 했다. 한 방산 기술 스타트업 창업자는 《파이낸셜타임스》와 한 인터뷰에서 이렇게 말했다. "미국 정부에 제품을 파는 건 여전히 믿을 수 없을 만큼 어렵습니다. 창업자들은 [기존 대형 방산업체들의] 불공정한 이점과 로비스트들에 맞서야 하거든요."[19] 기술 분야의 거물들이 대거 포진한 트럼프 행정부는 이런 상황을 바꾸려 하고 있다. 팔머 러키Palmer Luckey의 안두릴 인더스트리스Anduril Industries, 피터 틸Peter Thiel의 팔란티어 테크놀로지스Palantir Technologies, 일론 머스크Elon Musk의 스페이스XSpaceX를 포함한 메이저 기술기업들은 군수 계약에 공동으로 입찰하고, 기존의 '주요' 국방부 계약업체들에 맞서기 위해 컨소시엄을 구성했다.[20]

실리콘밸리의 이 '신흥 세력'도 그들만의 문제를 안고 있다. 이들의 군사용 신기술 가운데 일부는 병력을 위험에 노출시킬 필요를 줄일 수 있지만, 동시에 가자지구에서 목격했듯이 참혹한 오류와 자동화된 민간인 학살의 위험을 크게 키울 수 있다. 가자지구에서는 AI가 조종하는 이스라엘 드론이 다수의 민간인을 무차별 살상했다.[21] 팔란티어의 피터 틸과 안두릴의 팔머 러키 같은 신세대 군사주의자militarist(군국주의자)들은 중국 문제에 훨씬 더 호전적이고, 반정부 정서가 훨씬 더 강하며, 확고하게 더 당파적이다. 머스크와 러키 같은 군사 기술 리더들이 도널드 트럼프 당선을 위해 수백만 달러를 쏟아부을 의향을 보인 사실이 증거다.[22] 아마 가장 우려스러운 점은, 실리콘밸리의 군사 르네상스를 이끄는 이들은 기술이 할 수 있는 일에는 거의 한계가 없다고, 예컨대 일부 개인의 영생 실현부터 우주에 인간 거주지 건설까지 가능하다고 믿는다는 것이다.[23] 이러한 '기술낙관주의techno-optimism'는 전쟁의 미래와 그 수행에 쓸 기술을 결정하는 문제에서 위험한 흐름이다. 과거 '기적의 무기miracle weapon'에 의존했다가 처참하게 실패하거나 불필요한 전쟁에 뛰어들도록 부추겼다가 참담한 결과를 맞은 전례를 고려한다면 말이다. 그럼에도 군수산업에서 신흥 세력과 기존 세력 간의 갈등은 주목할 만하다. 그 양상에 따라 향후 수십 년 동안 미국의 무기 체계 규모와 성격이 결정적으로 달라질 가능성이 있기 때문이다.

무기 예산을 둘러싼 경쟁에서 가능한 시나리오는 두 가지다. 하나는 신기술기업들이 록히드 마틴 같은 기존 대기업들의 몫을 빼앗아 국방 예산에서 더 큰 비중을 차지하게 되는 것이다. 다른 하나는 국방부가 예산을 대폭 늘려 양쪽 모두에 충분한 자금을 제공하는 것이다. 초기 정황을 보면 적어도 당분간은 후자가 채택될 가능성이 커 보인다.

트럼프 2기 시대의 가장 큰 신규 프로젝트 두 가지 중 하나는 차세대 전투기 F-47이다. 이 사업은 초기 기체 개발과 구매를 위한 계약금만 최소 200억 달러가 투입된다. 이후 국방부가 얼마나 많은 기체를 만들기로 할지, 제작 과정에서 어떤 문제가 발생할지에 따라 수십억 달러가 더 들어갈 수 있다.[24] F-47 계약은 전통 방산 대기업 보잉의 승리로 보이지만, 대가가 클 수 있다. 민간과 군수 부문 모두에서 보잉이 최근 보여준 참담한 비용 초과와 성능 결함 문제라는 전력(뒤에서 더 자세히 다룬다)을 고려하면, F-47 개발이 순조롭게 진행될 가능성은 낮다.[25] 한편 F-47 프로그램은 기술기업들의 실적에도 큰 보탬이 될 것이다. 제너럴 아토믹스General Atomics와 안두릴이 전투에서 F-47을 지원할 드론 '윙멘 wingmen'을 제작하기 위해 경쟁하기 때문이다.

골든 돔Golden Dome은 트럼프 대통령이 즐겨 언급하는 프로젝트이지 만, 미국 방위에 크게 기여하지 못한 채 막대한 세금을 빨아들이는 국 방부 역사상 가장 낭비적인 사업 중 하나로 전락할 수 있다. 다층 미사 일 방어 체계인 골든 돔은 현재로서는 치밀하게 설계된 방위 프로젝트 라기보다 국방부 예산을 더 늘리기 위한 마케팅 도구에 가깝다. 그러나 이 사업이 실제로 가동되면 수십 년 동안 수천억 달러를 집어삼킬 수 있다. 극초음속 무기와 차세대 드론부터 대륙간탄도미사일ICBM에 이 르기까지 모든 공격을 막아내는 뚫을 수 없는 방어막이라는 불가능한 꿈을 추구하기 때문이다. 이는 로널드 레이건Ronald Reagan 대통령이 대 륙간탄도미사일을 완벽히 막아내는 방어막을 구축하겠다고 선언했다 가 실패한 계획(레이건 대통령이 1983년 적국의 핵미사일을 요격하고자 수립한 전 략 방위 구상Strategic Defense Initiative, SDI, 일명 스타워즈 프로그램Star Wars program-옮긴 이)보다 더 야심 찬 구상이다. 당시 그 계획은 수백억 달러를 소모한 끝 에, 독립 전문가들과 전직 국방부 관리들 모두에게 물리적으로 불가능하다는 판정을 받았다. 만약 골든 돔에 충분한 자금이 지원된다면 기존 무기 제작사에는 하드웨어 계약이, 실리콘밸리 방산기업에는 감시·통신·타격용 소프트웨어 계약이 대거 배정될 것이다.[26]

늘 세간의 주목을 받는 일론 머스크가 이끄는 스페이스X는 새로운 군사 기술 혁명으로 수백억 달러를 벌어들일 것으로 전망된다. 실리콘밸리의 군사주의자들은 이미 현 행정부를 전례 없는 수준으로 장악하는 데 성공했다. 핵심 기관 인사 검증에 개입하고, 민감한 개인 정보와 금융 정보를 확보하고, 자신들의 계획을 지연시키려는 공무원들의 해임까지 이끌어냈다.[27] 이러한 움직임의 상당 부분은 머스크가 이끈 정부효율부Department of Government Efficiency, DOGE가 앞장섰지만, 실리콘밸리 기업의 손길은 백악관 깊숙이까지 뻗어 있다. 이를 상징하는 인물이 부통령 J. D. 밴스J. D. Vance다. 밴스는 팔란티어라는 점점 더 영향력을 키우는 군사 기술회사를 창업한 피터 틸에게 멘토링과 일자리를 함께 제공받았다. 틸은 또 밴스가 2022년 오하이오주 상원 의원 선거에서 승리할 수 있도록 자금을 지원했다.[28]

앞으로 벌어질 국방 예산 전쟁에서 군수산업의 어느 진영이 승리하는지와 무관하게, 그들은 여전히 유리한 여건을 누릴 것이다. 수십 년간 전쟁 기계가 행사해온 영향력 덕분에 형성된 군사주의militarism(군국주의) 문화가 그것이다. 미국인 삶의 거의 모든 측면에 군사주의가 스며들어 있다. 스포츠 경기에 가면 미국 국방 기술의 위용이 대중에게 과시되고, 일부 팬들을 공군에 입대하도록 설득하기 위해 세금으로 운영되는 군용기의 공중 분열식flyover(행사용 편대 비행, 저공 비행)이 펼쳐진다.[29] 액션 영화를 보러 가면 펜타곤이 최신 무기 체계를 영화 촬영에 제공하는 대가로 시나리오를 검토한 작품을 접할 확률이 높다. 액션 TV 쇼도 마찬가지다. TV, 라디오, 신문에 등장하는 외교 정책 평론가의 뒤를 캐보면 군수산업과 재정적으로 얽혀 있거나 군수산업의 자금 지원을 받는 싱크탱크 소속 인물일 가능성이 크다.[30] 비디오 게임을 즐기고 있다면 그 게임이 국방부 자금으로 개발된 작품일 수도 있다. 군의 손길은 케네디센터Kennedy Center 연극, 소셜 미디어 게시물 등 온갖 분야로 끝없이 뻗어나갔다. 그 결과 미국인은 이제 군산복합체에 완전히 잠식된 채 살고 있다. 전쟁 기계는 우리가 이 책에서 다루는 로비스트, 정치 자금, 정부와 산업 간 회전문 인사 같은 전통적 영향력 수단만 가동하지 않는다. 전쟁 기계는 오늘날 미국 사회 구조 자체에 깊숙이 자리 잡고 있다.

군수산업 옹호자들은 전쟁 기계를 정당화하기 위해 국방부 지출이 창출하는 '일자리'를 자주 내세운다. 그러나 이러한 일자리 논리는 국방부 지출이 "군대를 떠받친다"라는 주장과 마찬가지로 사실과 배치된다.[31] 무기와 전쟁이 아니라 사회의 기본 필요에 투자했을 때의 기회비용을 고려하면 국방부에 과잉 예산 투입은 오히려 일자리를 줄인다. 브라운대학교 '전쟁 비용 프로젝트'의 하이디 펠티어Heidi Peltier가 분석한 결과에 따르면, 같은 금액을 군사 분야에 쓰는 것보다 청정에너지, 의료, 공교육 같은 다른 분야에 쓸 경우 일자리가 9%에서 최대 250%까지 더 많이 만들어지는 것으로 나타났다.[32] 게다가 국방비 지출을 일자리 창출 근거로 삼는 논리는 시간이 갈수록 약해지고 있다. 이는 전형적인 수확 체감 현상이다. 무기 제조 분야의 직접 일자리는 1980년대 중반 이후 아웃소싱과 기계화, 무기 체계 생산량 감소로 인해 급격히 줄어들었다.

결론적으로 미국의 군사적 우위 추구는 미국을 덜 안전하게 만든다. 해외에서는 참혹한 전쟁 위험을 높이고 미국 내에서는 미국인의 필요 충족을 해치기 때문이다. 이 모든 것이 미국의 힘과 영향력 쇠퇴를 앞당길 것이다. 전쟁 기계에 대한 과도한 지출은 안보를 강화하지 못한다. 오히려 대형 방산업체와 그 동맹 세력을 부유하게 만드는 동시에 민주주의와 안전, 번영의 토대를 훼손한다.

미국이 압도적인 군사 능력을 축적해 전 세계에 영향력을 행사하는 기반으로 삼으려는 정책은 군수산업의 요구로 만들어진 것은 아니다.

그러나 군수산업은 국방부 지출을 좌우하고 '군사 우선' 사고방식을 조장함으로써, 대통령과 의회가 해외 전쟁을 더 쉽게 개시할 수 있게 만든다. 이 책에서는 국방부 지출 확대와 미국의 글로벌 무기 판매 규제 완화를 추진하기 위해 사용되는 영향력 행사 수단인 기업의 정치 자금 기부와 로비 활동, 싱크탱크 자금 지원, 정부 자문위원회 참여, 의제 추진을 위한 전직 정부 관리 고용 등을 다룰 것이다. 이러한 활동은 개입주의interventionism 대외 정책의 토대가 되는 전쟁 기계를 유지하고 확장하는 데 중요하게 기여한다. 무기회사들이 미국의 전쟁 선호 경향에 어느 정도 책임이 있는지는 논쟁의 여지가 있지만, 그들이 이러한 분쟁으로부터 막대한 이익을 얻는다는 사실은 의심할 여지가 없다.

이 책에서 우리는 이런 주제를 비롯해 더 많은 문제를 다룬다. 목적은 미국이 왜 국가 안보를 추구한다는 명목으로 점점 더 큰 돈을 쓰는데도 실제로는 점점 덜 안전해지고 있는지 이해하는 데 있다. 우리는 전쟁 기계의 위기, 그리고 미국 국민의 이익을 위태롭게 하면서 특정 이익 집단만 부유하게 만드는 왜곡된 인센티브 구조를 조사한다. 이어서 고장 난 전쟁 기계가 초래하는 대가를 살펴본다. 이는 미국의 전쟁을 수행하는 용감한 장병들이 겪는 신체적·정신적 희생부터 미국 외교의 지나친 군사화로 인해 발생하는 재정적 비용까지 포괄한다. 다음으로 전쟁 기계가 어떻게 이러한 끔찍한 대가를 숨겨왔는지 설명한다. 전쟁 기계는 미국 사회 거의 모든 영역에 스며들어 자신의 영향을 왜곡된 서사narrative로 포장해냈다. 전쟁 기계는 로비스트들을 동원해 워싱턴 정계를 장악하고, 언론과 대외 정책 '전문가'들을 통제하고, 할리우드와 비디오 게임을 선전 도구로 활용하는 등 다양한 방법을 동원해 미국인을 마치 매트릭스와 같은 세계 속에 가두어 진실을 보지 못하게 만들었다. 진실은 바로 전쟁 기계가 미국을 더 안전하게 만든 것이 아니라 덜 안전하게 만들었다는 사실이다.

마지막으로 우리는 전쟁 기계의 미래를 살펴본다. 여기에는 국방부의 기존 대형 계약업체들과 신흥 경쟁자인 기술 분야 기업들 사이에서 벌어지고 있는 새로운 싸움이 포함된다. 이 기술기업들은 국방부의 업무 방식을 뒤엎을 기세다. 더 중요한 것은 군사주의에 맞서 싸우는 참전 군인들, 선의의 정부 조직들, 다양한 단체들과 개인들이 연대해 강력한 운동을 형성할 가능성이다. 이 운동의 목표는 미국의 전략과 지출이 특정 집단의 재정 안정이 아니라 미국 국민의 진정한 안전에 더 초점을 맞추도록 하는 것이다.

1부

고장 난 전쟁 기계

1장

미국은 어떻게
세계 최고의 무기 딜러가 되었나

이스라엘의 끊임없는 전쟁은 어떻게 가능한가

가자지구에서 들려오는 뉴스는 가슴을 저며놓는다. 이 글을 쓰는 현재, 이스라엘의 공격으로 희생된 사람이 5만 명에 이른다. 전쟁은 서안지구와 레바논, 시리아로 확전되었다. 전쟁에 간접적으로 타격을 받아 숨진 사람도 수만 명이다. 그중 굶주려 사망한 숫자만 6만 2000명이 넘는다.[1] 사망자 중 대다수가 하마스Hamas 또는 이 무장 단체가 2023년 10월 7일 이스라엘을 침공해 벌인 악랄한 행위와 무관하다. 여러 독립 전문가들은 가자지구에서 이스라엘이 저지른 전쟁 범죄를 집단 학살로 규정했다.[2] 이 범죄의 책임은 그러나 이스라엘 정부에만 있지 않다. 이

부도덕한 학살은 미국이 돈을 치르고 공급한 무기가 없었다면 벌어질 수 없었다.

이스라엘 공세의 영향은 가자지구를 넘어 넓게 확산되었다. 이란이 지원하는 이라크와 시리아의 민병대가 현지 미국 군사기지를 타격했고 예멘의 후티Houthi 반군은 이스라엘에 드론 공격을 벌였다. 이에 대응해 미국이 공습에 나서면서 해당 지역 미군은 더 큰 위험에 노출되었고, 지역 전쟁의 가능성이 커졌다. 이스라엘에 대한 미국의 무제한 지원은 해당 지역의 안정을 해쳤고, 민간인을 희생시켰으며, 세계 전역에서 미국이 수행해온 외교 노력의 정당성을 훼손했다. 미국의 대외 군사 원조 중 이토록 심각한 결과를 낳은 전례는 없었다.

가자지구 전쟁이 시작된 이후 미국산 무기가 이스라엘에 얼마나 제공되었는지 정확히 아는 사람은 없다. 그리고 미국 정부는 이 상태를 유지하고 싶어할 것이다.

바이든 행정부는 세부 사항을 얼버무리기 위해 가능한 모든 수를 썼다. 예컨대 《워싱턴포스트》의 최초 보도로 그런 행태가 드러났다. 바이든 행정부는 2023년 10월부터 2024년 3월까지 이스라엘과 무기 거래 계약을 100건 체결했는데, 이를 의도적으로 소규모 패키지로 쪼갰다. 의회에 보고할 의무에서 벗어나기 위해서였다.[3] 그럼에도 탐사 보도에 따르면 2023년 10월 7일 하마스의 공격 직후부터 2024년 9월까지 미국이 이스라엘에 군사적으로 지원한 총액이 약 180억 달러에 달한다고 추산되었다. 여기에 더해 앞으로 몇 년간 인도될 무기가 200억 달러 규모라고 전망되었다.[4] 치명적인 무기 공급은 지금도 이어지고 있다. 미국 국방부는 2025년 초 텔아비브에 80억 달러가 넘는 새로운 폭탄과 미사일, 기타 군수품을 제공하겠다는 계획을 발표했다.[5] 전황 보도에 따르면 미국산 전투기와 미사일, 폭탄, 감시 시스템은 이스라엘의 가자지구 공세에서 핵심 역할을 했다. 당연히 그럴 수밖에 없는 것이 이스라엘이 보유한 전투기는 전량 미국이 공급한 것이기 때문이다.

미국이 이스라엘의 주요 무기 공급자 역할을 한 것은 수십 년 전인 1970년대 후반으로 거슬러 올라간다. 시기를 1948년 이스라엘 건국 이후 현재까지로 길게 잡으면, 미국은 인플레이션을 반영한 금액 기준으로 2500억 달러가 넘는 군사 지원을 제공했다. 가자지구 전쟁이 시작된 이후 이루어진 군사 지원이 포함된 규모이다.[6] 이스라엘이 보유한 군사 무기와 이스라엘의 방위산업 중 상당 부분은 미국이 제작하고 자금을 댄 것이다. 간단히 말해 미국 정부와 미국 무기 제조업체의 지원이 없었다면 이스라엘은 가자지구와 레바논에서 그 정도 규모로 파괴 행위를 저지르지 못했을 것이다.

전 세계 무기 시장을 장악하고 있는 미국

이스라엘만이 아니다. 이제 전 세계가 미국이 공급한 무기로 무장하고 있다. 예를 들어 2022년 전 세계 46개 분쟁 중 34개에서 교전 당사자 중 한쪽 이상이 미국이 공급한 무기를 보유하고 있었다. 어떤 분쟁에서는 미국산 무기가 양측에서 서로를 향해 발사되고 있었다는 뜻이다.[7] 미국은 2020년부터 2024년까지 전 세계 무기 시장의 43% 이상을 장악했는데, 이는 러시아의 3배, 중국의 6배에 해당하는 규모다.[8] 미국

   미국은 왜 전쟁을 멈추지 못하는가

은 전 세계 107개국에 무기를 공급하고 있으며, 이는 지구상 국가의 절반이 넘는 숫자다.

왜 미국은 그렇게 많은 무기를 판매할까? 국방부나 국무부 관리에게 묻는다면, 아마 미국산 무기가 안정을 강화하고 동맹국이 스스로를 방어하는 데 도움이 된다고 답할 것이다. 그러나 현실 세계에서 미국산 무기는 불안정을 줄이기보다는 오히려 증폭한 경우가 많았다. 이를 뚜렷이 드러내는 증거가 미국의 도움으로 이스라엘이 가자지구와 레바논 등에서 벌이는 전쟁과 미국의 아랍에미리트UAE에 대한 강력한 지원이다. 아랍에미리트는 예멘부터 수단, 리비아까지 중동과 북아프리카 전역에서 극단주의 세력과 억압적인 반군 조직에 무기를 공급하고 있다.[9] 그럼에도 미국은 아랍에미리트를 '주요 방위 파트너'로 규정하며 적극 돕고 있다. 미국산 무기는 세계 대부분의 분쟁에 불을 지필 뿐 아니라, "민주주의의 병기창"이라는 반복되는 주장과 달리 비민주적 정권에 너무나 자주 공급된다. 미국은 2019~2024년 사이 프리덤하우스Freedom House가 "자유롭지 않다"라고 규정한 31개국에 무기를 제공했다[10](싱크탱크이자 연구소인 프리덤하우스는 민주주의, 정치적 자유, 인권을 옹호하는 활동을 하는 비정부 기구다-옮긴이). 이 목록에는 사우디아라비아와 필리핀, 이집트, 나이지리아처럼 체계적으로 인권을 유린하는 국가들도 포함되어 있었다.[11] 따라서 미국 방위산업이 "민주주의의 병기창"이라는 주장은 설득력이 없으며, 그에 대한 반증은 미국이 전 세계 독재자들에게 수천억 달러 규모의 무기를 제공해왔다는 사실이다.

이러한 무기 이전은 수혜국 국민에게 막대한 비용 부담을 지우는 데다 미국이 다른 나라에 행사할 수 있는 영향력도 저해한다. 이스라엘에 제공된 미국산 무기는 전 세계 여러 지역에서 미국의 평판을 실추시켰고, '규칙 기반 국제 질서rules-based international order'를 지지한다는 미국의 수사를 우스꽝스럽게 만들었다.

억압적인 정권과 분쟁 지역에 대한 미국의 무기 판매는 피해자들에게 비극적인 결과를 초래하는 동시에 미국의 안보와 영향력까지 약화시킨다. 이 치명적인 무기 거래에서 명확한 승자는 무기회사들뿐이다. 그 선두에는 레이시온(현 RTX), 록히드 마틴, 보잉, 제너럴 다이내믹스와 같은 미국의 방산 대기업들이 있다. 그리고 이 기업들이 전쟁을 통해 이익을 얻고 있다는 증거를 찾고 있다면, 그들에게 직접 물어보면 된다. 러시아-우크라이나전쟁 초기 《하버드비즈니스리뷰》와 한 인터뷰에서 레이시온 CEO 그레고리 헤이스Gregory Hayes는 이렇게 분명히 말했다. "우리는 이런 시스템들, 이런 무기들을 만든다고 해서 사과하지 않습니다. … 결국 시간이 지나면 이 사업에서 일정한 이익을 보게 된다는 것이 사실입니다."[12]

전쟁과 전쟁 준비는 미국의 초대형 방위산업 기업들의 생명줄이다. 9·11 이후 지난 20년 동안 상위 5개 방산업체인 록히드 마틴, 레이시온, 보잉, 제너럴 다이내믹스, 노스럽 그러먼은 국방부와 해외 바이어에 대한 판매 계약으로 2조 달러를 나누어 가졌다. 전체로 보면 이 기간에 미국 국방부가 지출한 14조 달러 중 절반이 민간 군수기업으로 흘러들어갔다.[13]

오늘날 민간 군수기업에 대한 자금 지원은 계속 증가하고 있다. 미국이 유럽, 중동, 아시아 국가들과 수백억 달러 규모의 새로운 무기 거래를 중개함에 따라, 방산업체의 매출 중 해외 판매가 차지하는 비중도 빠르게 늘고 있다. 주요 판매 품목으로는 록히드 마틴의 F-35 전투기, 록히드 마틴과 RTX가 공동 생산한 재블린Javelin 대전차 미사일과 사이드와인더Sidewinder 미사일, 보잉의 공격 헬리콥터와 유도폭탄, RTX의 정밀 유도 무기와 공격용 미사일, 제너럴 다이내믹스의 폭탄과 장갑차 등이 있다.[14]

물론 이런 무기들은 치명적일 뿐 아니라 막대한 비용도 든다. RTX의 헤이스 CEO가 월스트리트 애널리스트들과의 전화 회의에서 자사 무기 매출에 대해 설명한 방식을 들어보자. 당시 우크라이나와 이스라엘을 위한 무기 패키지가 논의 중이었다. 이와 관련해 모건 스탠리의 한 연구원이 "이번 무기 패키지는 레이시온의 국방 포트폴리오와 아주 잘 맞는 것처럼 보입니다"라고 말하자 이렇게 답했다. "레이시온 포트폴리오 전반에서 이번 떨어진 재고 다시 채우기restocking의 혜택을 보게 될 것입니다. … 여기에 더해 우리는 국방부 예산 자체가 증가할 것이라고 생각합니다."[15]

이처럼 터무니없는 이익 하나만으로도 미국이 전 세계에 무기를 보내는 관행을 재고하도록 하는 이유가 될 수 있다. 하지만 더 큰 문제가 있다. 바로 방위산업계가 전쟁을 핑계로 오랫동안 원해왔던 특혜를 압박해 얻어내고 있다는 점이다. 방위산업계는 가격 부풀리기에 대한 규제 완화와 해외 판매 승인 절차의 신속화를 요구하고 있다. 아울러 대량 생산에 들어가기 전 주요 무기 체계에 대한 시험 같은 핵심 절차를 축소함으로써 국방부의 무기 조달 과정을 더 빠르게 만들 것을 주장하고 있다.[16]

바이든 행정부는 출범 초기에 미국의 군사화된 대외 정책을 제어하려는 듯한 모습을 보였다. 아프가니스탄에서 미군을 전원 철수했고, 드론 공격을 줄였으며, 잔혹한 예멘내전에 사용될 수 있는 사우디아라비아에 대한 미국 무기 판매를 중단하겠다고 약속했다. 이 약속과 달리 바이든 행정부는 대외 정책에서 군사적 수단에 대한 의존을 줄이기보다 군사 전술 대상을 옮겼다. 이 점을 바이든은 아프가니스탄에서 미국의 역할 종료를 알리는 연설의 핵심 부분에서 다음과 같이 강조했다. "오늘날 테러 위협은 아프가니스탄을 훨씬 넘어 전이되었습니다. 소말리아의 알샤바브Al Shabab, 아라비아반도의 알카에다Al Qaeda, 시리아의 알누스라Al Nusra, 시리아와 이라크에서 칼리프 국가를 세우려는 ISIS(이라크시리아이슬람국가), 그리고 아프리카와 아시아 여러 나라에 지부를 세운 세력들로 말입니다. 이들 위협은 우리의 관심과 자원을 요구합니다."[17] 주요 언론 보도나 대중의 인식과 달리 바이든 대통령은 글로벌 대테러 전쟁이 계속될 것이며 아프가니스탄 철수는 전 세계에서 미군을 철수하는 첫걸음이 아님을 말하고 있었다.

주요 군사 개입을 끝낸 뒤, 바이든은 무기 판매를 대외 정책의 중심으로 가져왔다. 예를 들어 미국은 러시아의 침공을 막기 위해 수백억 달러에 달하는 무기를 우크라이나에 제공했다. 또한 이스라엘이 벌인 부도덕한 가자지구 전쟁을 지원하기 위해 폭탄과 미사일, 총기를 꾸준히 공급했다. 2024년 바이든 행정부는 미국의 주요 무기 판매 규모가 1450억 달러에 달했다며 이는 2차 세계대전 이후 가장 높은 수준과 같다고 발표했다.[18] 실제로 바이든 대통령은 임기 말까지 이스라엘을 지원하고 중동에 주둔 중인 미군을 보호하기 위해 중동에서 미국의 군사적 존재를 계속 키웠다. 미국은 항공모함을 파견했고, 예멘의 후티 반군과 이라크·시리아 내 이란 지원 민병대를 공습했다. 이러한 공습은 미국의 이스라엘 지원에 대한 보복으로 후티 반군과 민병대가 미군을 공격하는, 작용과 반작용의 악순환 중 일부였다. 배경에는 이스라엘의 네타냐후 정부가 트럼프 행정부를 끌어들여 이란을 대대적으로 공격할지 모른다는 가능성이 잠복해 있다. 그럴 경우 미국의 안보뿐 아니라 중동의 안정에도 재앙 같은 결과가 초래될 수 있다.

평화를 말하면서 동시에 전쟁을 부추긴 민주당 대통령은 바이든만이 아니다. 노벨 평화상 수상자인 버락 오바마Barack Obama도 자신의 부통령이었던 조 바이든과 같은 행태를 보였다. 구체적으로 살펴보면, 오바마 행정부는 2010년 1030억 달러 규모의 무기 판매를 제안했는데, 이는 인플레이션을 반영하면 2024년 바이든 행정부의 무기 판매 제안 규모와 맞먹는 수준이다.[19] 오바마 행정부의 제안 중 거의 절반은 사우디아라비아로 향했다.[20] 당시 오바마 행정부는 사우디아라비아와의 거래가 전적으로 긍정적이며 미국의 국익에 분명히 부합한다고 주장했다.[21] 하지만 사우디아라비아는 2014년부터 그 무기 중 상당수를 예멘에서 벌어진 잔혹한 전쟁에 사용했다. 무차별 공습과 필수 식량·의약품 수입 봉쇄가 결합된 이 전쟁으로 민간인 약 40만 명이 목숨을 잃었다.[22]

폭력과 폭리의 맞교환
: 알카에다와 ISIS, 그리고 팔란티어

미국의 무기 거래가 도리어 미국을 위협하게 된 가장 악명 높은 사례는 더 거슬러 올라간다. 바로 미국의 무기 판매와 군사 개입이 만들어낸 비옥한 토양 위에서 알카에다와 ISIS 같은 초국가적 테러 조직이 등장했을 때다. 알카에다의 수장 오사마 빈 라덴Osama bin Laden은 소련군을 아프가니스탄에서 몰아내려 싸우던 무자헤딘mujahideen(이슬람 무장 집단) 세력의 모금자이자 모집자, 조직 구축 조정자로 활동했다. 그 과정에서 그는 동료들과 함께 아프가니스탄 반군에 배정된 미국 군사 원조의 일부를 지원받았다. 빈 라덴이 아프가니스탄 전투를 위해 모집한 외국인 전사들은 훗날 알카에다의 초기 구성원이자 기반이 되었다.[23] 한편 ISIS 조직의 지도자들은 미국이 운영하는 이라크의 감옥에서 만나 초기 조직을 결성했다. 이들은 2003년 미국의 이라크 개입 이후 들어선 바그다드의 종파주의 정권에 대한 대중의 반발을 기반으로 일정한 지지를 얻었다.[24] 또한 ISIS는 이라크군으로부터 미국산 무기를 대거 노획했다.

미국의 무기 원조와 군사 개입 덕분에 가능해진 테러 조직 형성. 이는 군사화된 대외 정책이 끼친 영향 중 하나일 뿐이다. 그 비용을 온전히 따지려면 베트남·이라크·아프가니스탄전쟁으로 인해 발생한 미군과 대상국 국민의 사망과 장애도 포함해야 한다. 미군의 지상군 투입이든, 은밀한 작전이든, 무기와 훈련 제공이든, 그 어느 수단도 미국이 군사 행동이나 무기 이전을 정당화하기 위해 내세우는 '평화와 안정'을 가져온 적은 없었다.

그 대신 나타난 결과가 폭력과 이익이었다. 예를 들어 가자지구 전쟁은 보잉, RTX, 제너럴 다이내믹스, 록히드 마틴 같은 미국의 대형 군수업체들에 큰 이익을 안겨주었다. 동시에 드론 제조업체 에어로바이런먼트Aerovironment와 가자지구에서 이스라엘군이 사용하는 로봇견을 만드는 고스트 로보틱스Ghost Robotics, 이스라엘군이 널리 사용하는 소총 조준경을 만드는 루폴드 앤드 스티븐스Leupold & Stevens 같은 비교적 덜 알려진 소규모 업체들 또한 이익을 챙겼다.[25] 이들 전쟁 수혜 업체는 대체로 조용히 지내왔다. 자사의 무기 체계가 민간인 수만 명을 살해하는 데 사용된 사실을 떠벌리는 것이 스스로를 '민주주의의 병기창'으로 브랜딩하려는 노력과 정면으로 배치된다는 점을 모를 리 없다.

떠오르는 군사 기술기업 팔란티어는 예외다. CEO 앨릭스 카프Alex Karp는 2024년 2월 실적 발표에서 투자자들에게 "10월 7일 이후 불과 몇 주 만에 우리가 현장에 나가 이스라엘에서 작전상 핵심 임무에 참여하게 된 것을 대단히 자랑스럽게 생각합니다"라고 말했다.[26] 앞서 1월, 카프는 가자지구 전쟁에서 이스라엘을 지지한다는 뜻을 보여주기 위해 텔아비브에서 회사 이사회를 열었다. 그는 이사회를 이스라엘에서 개최한 이유 중 하나가 "사적으로는 친이스라엘이면서도 공개적으로는 밝히지 않는 사람들, 특히 다른 기술기업 경영자들을 난처하게 만들기 위해서"라고 밝혔다.[27]

다른 일부 무기 정책 사안과는 달리 이스라엘로 공급하는 건에서는 많은 로비를 벌일 필요가 없었다. '이스라엘이 옳든 그르든 무조건 지지'라는 태도를 많은 행정부 관리들과 의회 의원들이 보여주는 덕분이다. 그럼에도 기업들은 책임을 피할 수 없다. 그들이 제작하고 이익을 얻는 무기 체계가 바로 이스라엘이 보유한 살상 기계의 중추이기 때문이다. 설령 이스라엘에 대한 군사 원조가 대중과 의회의 거센 반대로 위협받더라도 이들 기업은 충분한 로비 역량을 행사할 수 있다.

군수업체들의 영향력은 의회를 훨씬 넘어선다. 트럼프 행정부 내에 군사 기술 부문을 옹호하는 인물이 머스크만 있는 것은 아니다. 국방부의 스티븐 파인버그Stephen Feinberg 부장관은 총기와 방위산업에 투자해온 이력을 가진 투자사 서버러스 캐피털Cerberus Capital에서 일했다. 또 안두릴의 마이클 오버돌Michael Obadal 이사는 육군부 차관으로 임명되었다. 블룸버그의 최근 분석에 따르면 "피터 틸과 관련된 12명 이상의 사람들, 즉 그의 회사 현직 및 전직 직원, 그의 재산 관리를 도왔거나 그의 투자 및 자선 기부로 혜택을 본 사람들이 트럼프 행정부에 합류했다"라고 한다.[28]

부통령 J. D. 밴스는 사실상 팔란티어 창업자 피터 틸에게 자신의 정치 경력을 빚지고 있다. 틸은 밴스를 후원하는 기술 거물들 중 한 사람에 불과하다. CBS 뉴스의 분석에 따르면 "밴스는 전국 정치 무대에서 비교적 신예임에도 불구하고 애팔래치아 지역의 절망과 마약, 세대 간 빈곤을 다룬 베스트셀러 회고록 작가에서 대통령직에 단 한 발짝 떨어진 자리까지 오르는 불가능해 보이는 상승을 위해 억만장자들과 실리콘밸리 거물들에게 꾸준히 구애해왔다."[29] 보수 성향 일간지《뉴욕 포스트》는〈실리콘밸리, 밴스 지명을 환영하며 더 많은 기술 억만장자들이 트럼프를 지지〉라는 제목의 기사에서 현 상황을 요약했다. 한편 팔란티어 입장에서 보면 밴스에게 영향력을 행사하는 것은 정부 관리들을 자사 뜻대로 움직이고자 하는 캠페인의 일환일 뿐이다. 다른 예를 들면, 팔란티어는 2024년 8월 큰 정치적 승리를 거두었다. 중국 공산당 활동을 집중적으로 다루는 고위 의회 특별위원회를 이끌었던 전 하원 의원 마이크 갤러거Mike Gallagher가 팔란티어에 합류해 방위 사업을 총괄하게 된 것이다.[30]

팔란티어 경영진은 자사 무기가 가자지구에서 어떻게 사용되고 있는지 보려조차 하지 않는 듯하다. 결과에 대한 책임은 말할 것도 없다. 예를 들어 피터 틸은 2024년 5월 자사의 AI 프로그램이 가자지구 내 폭격 목표를 선정하는 데 사용된 사실에 대해 어떻게 느끼느냐는 질문을 받았다. 틸은 아무렇지 않게 답했다. "아시다시피 나는 이스라엘에서 무슨 일이 벌어지고 있는지 세부 사항을 다 알지 못합니다. 이스라엘의 판단을 존중하니까요. 우리가 이스라엘을 의심할 일은 아니죠. … 이스라엘군은 대체로 옳으니까요."[31]

미국의 무기 공급이 초래하는 결과
: 필리핀, 나이지리아, 이집트의 사례

미국의 이스라엘과 우크라이나에 대한 무기 이전에 언론과 의회, 일반 대중의 관심이 집중되고 있다. 안타깝게도 주목받지 못한 사례 중에서도 미국이 공급한 무기가 실익이 아니라 피해를 준 경우가 많다.

필리핀이 대표적이다. 미국은 로드리고 두테르테Rodrigo Duterte 정권에 수십억 달러 규모의 소형 무기와 공격 헬리콥터, 기타 무기 체계를 제공하거나 제공을 약속했다. 두테르테는 2016년부터 2022년까지 집권하는 동안 '마약과의 전쟁'을 명분으로 민간인들과 인권·민주주의 활동가들을 살해하고 투옥했다. 두테르테가 2022년 5월 물러난 뒤에는 그의 측근인 페르디난드 마르코스 주니어Ferdinand Marcos Jr.가 억압 정책을 이어갔다. 규모만 축소되었을 뿐이다. 비영리 국제 인권 단체인 휴먼라이츠워치Human Rights Watch의 최근 평가에 따르면 마르코스 정권하에서도 여전히 초법적 살해와 강제 실종, 정부에 의한 고문, 생명을 위협하는 수감 환경, 자의적 구금 등 광범위한 인권 유린이 확인되었다.[32]

미국은 중국에 맞서 필리핀과 사실상의 군사 동맹을 구축한다는 명분 아래 필리핀의 죄악에 눈감아왔다. 그 증거가 바로 미국 군대가 필리핀의 주요 기지들을 사용할 수 있도록 허용한 2023년의 양국 간 합의다. 그러나 여전히 풀리지 않는 의문이 있다. 미국이 중국을 상대로 군사력 행사 역량을 확대하는 것이 전쟁 가능성을 높일까, 아니면 낮출까? 한편 인권 문제와 관련한 필리핀 정부의 무책임은 아직도 그대로다.

나이지리아 사례는 테러와 맞선다는 수사가 실제로는 테러 단체를 강화하고 안보를 훼손할 수 있다는 점을 보여준다. 미국은 2022년 4월 나이지리아에 9억 9700만 달러 규모의 AH-1Z 공격 헬리콥터를 제공하겠다고 제안했다.[33] 바이든 행정부는 나이지리아군이 테러와의 싸움에서 끔찍한 실적을 보여주었음에도 헬리콥터 제공을 결정했다. 사실 나이지리아군은 폭력적 극단주의자들보다 민간인을 더 많이 살해해왔다.[34]

나이지리아군은 대규모 고문을 자행하고 민간인을 공격 목표로 삼아왔는데, 이런 행위가 테러 집단인 보코하람Boko Haram과 그 분파들을 상대로 한 군사 작전에서 불가피하다고 정당화해왔다. 휴먼라이트워치는 2021년과 그 이전 사건들을 다룬 연례 보고서에서, 국제형사재판소International Criminal Court가 보코하람과 기타 테러 조직뿐 아니라 나이지리아 보안군 역시 전쟁 범죄와 반인도 범죄를 저질렀다는 "합리적인 근거가 있다"라고 밝혔다고 전했다. 국제앰네스티Amnesty International는 나이지리아군이 운영하는 교도소에서 2011~2020년에 극심한 방치로 인해 민간인 1만 명이 사망했다고 보고했다.[35] 국제앰네스티는 이러한 민간인 수감을 "불법 구금"이라고 규정했는데, 그들 중 다수가 보코하람과 연계되었다는 증거 없이 무차별 체포되어 투옥되었기 때문이다.

감옥 내 학대는 나이지리아군의 억압 행위 중 하나에 불과하다. 국제정책센터Center for International Policy 산하 안보지원감시단Security Assistance Monitor과 브라운대학교 전쟁 비용 프로젝트Costs of War Project, 국제 구호 단체 연합체 인터액션Interaction은 공동 보고서를 작성하기 위해 2022년 2월부터 4월 사이 나이지리아 현지에서 구호 활동가들을 인터뷰했다. 그들은 "최근 몇 년간 나이지리아 공군의 공습으로 인한 민간인 희생 사례가 상당히 증가했다"라며 "그에 대한 책임 추궁이나 후속 조치도 거의 이루어지지 않고 있다"라고 증언했다.[36] 그러나 나이지리아 정권이 임의로 구성한 인권위원회는 2024년 11월 나이지리아군이 여성과 아동에게 극단적인 인권 침해를 저질렀다는 사실을 부인했다. 이 위원회의 보고서는 주류 언론과 독립 인권 감시 단체들이 정반대 사실을 문서로 잘 정리한 증거는 다루지 않았다.[37]

브라운대학교 전쟁 비용 프로젝트의 스테퍼니 새벨Stephanie Savell은 아프리카를 포함한 세계 각지에서 미국이 테러와의 싸움을 벌이면서 지나치게 군사적으로 접근한다고 지적했다. 그는 이 접근 방식의 주요 문제점을 다음과 같이 요약했다.

> 많은 정부가 미국의 '테러와 대테러'라는 구도를 이용해 소수 집단을 탄압하고, 권위주의를 정당화하며, 불법적인 이익 추구를 용이하게 하고 있다. 그러는 동안 그들은 빈곤이나 국가에 대한 광범위한 불만을 야기하는 구조적 문제는 전혀 해결하지 않는다. 이와 같은 악순환 속에서 미국이 '안보 지원'이라고 부르는 것은 실제로는 반대 결과를 초래한다. 즉 오히려 불안정을 키우고, 정부의 불의에 반발하는 무장 세력들을 강화했다.[38]

이집트에서도 미국의 행태가 재연되었다. 미국은 무기를 지원한 이 나라에서 벌어지는 만연한 부패와 체계적인 인권 침해를 대부분 외면했다. 명분은 이집트가 아랍 세계에서 영향력 있는 국가이므로 이 나라와의 관계를 유지해야 한다는 것이다. 이를 위해 미국이 2013년 군사 쿠데타로 집권한 압둘팟타흐 시시Abdel Fattah el-Sisi 정권에 지금까지 제공했거나 제공을 약속한 무기는 94억 달러에 이른다. 이집트는 미국에서 사들이는 무기 대금 일체를 미국에서 받는 보조금으로 충당하는데, 이 보조금은 1979년 캠프 데이비드 협정Camp David Accords을 통해 이집트가 이스라엘과 평화를 맺은 대가로 매년 지급된다.[39]

엄청난 양의 미국 무기를 제공받고서도 시시 정권은 미국의 이익에 반하는 대외 정책을 여러 차례 취했다. 여기에는 시리아의 바샤르 알아사드Bashar al-Assad 정권 지지, 국제적으로 인정받은 리비아 정부에 맞서 싸우는 반군 세력 지원, 수단의 반민주적 군부 지도자들에 대한 후원, 무기 거래·군사 훈련·안보 협정을 통한 러시아와의 군사적 유대 강화 등이 포함된다.[40]

전 미국 하원 의원 톰 맬리나우스키Tom Malinowski (뉴저지주·민주당)는 미국의 이집트 안보 지원이 가져온 막대한 비용과 미미한 성과를 다음과 같이 요약했다. "이집트가 백악관으로부터 온갖 특혜를 받는 대가로 우리에게 실제로 해주는 것은 아무것도 없다. 이는 미국의 국익을 증진하는 뭔가와 맞바꾸는 차원에서 인권을 희생하는 상황이 아니다. 이집트는 평화와 안보라는 목표에 아무런 기여도 하지 않는다. [미국의 무기 이전은] 이집트 안보에도, 우리 안보에도 전혀 도움이 되지 않는다."[41]

시시 정권에 대한 평가는 대부분 이집트 역사상 가장 억압적인 정권이라는 것이다. 정권의 보안군은 비무장 시위대를 사살했고, 정치적 반대자와 인권 옹호자 수천 명을 투옥했으며, 고문을 일상적으로 자행해 왔다. 또한 이집트군은 시나이반도 북부를 초토화하는 대테러 작전을 벌여 민간인을 살해했고 수천 명을 고향에서 내쫓았다.

시시 정권의 인권 기록과 미국의 중동 내 이익에 맞지 않는 이집트의 대외 정책을 고려할 때, 미국은 향후 이집트에 대한 군사 지원 축소나 중단을 핵심 정책 과제로 삼아야 한다. 그러나 전쟁 기계가 이익을 얻을 수 있는 한, 이집트에 대한 원조가 곧 중단되리라 기대하기는 어렵다.

법까지 바꾸는 무기회사들
: 레이시온의 야망

물론 무기회사들은 그저 미국 법률을 지키는 데 그치지 않고 법률을 좌우하기 위해 적극 나선다. 무기 판매를 제한하려는 입법 시도를 막기 위해 상당한 노력을 기울이는 것은 기본이다. 레이시온은 사우디아라비아에 대한 대규모 정밀 유도폭탄 판매를 성사시키기 위해 막후에서 큰 노력을 쏟아부었다. 2018년 5월 당시 CEO였던 토머스 케네디Thomas Kennedy는 직접 상원 외교위원회 위원장 로버트 메넨데스Robert Menendez(뉴저지주·민주당)의 사무실을 찾아가, 그 거래에 걸려 있던 보류 조치를 철회해달라고 압박했다. 레이시온은 또한 실패하긴 했지만 트럼프 행정부의 무역·제조업 담당 고문 피터 나바로Peter Navarro를 포함한 핵심 인사들과 긴밀한 관계를 구축했다. 그럼으로써 저명한 사우디아라비아 언론인으로서 미국 거주자였던 자말 카슈끄지Jamal Khashoggi가 살해된 이후에도 사우디아라비아 정권에 대한 무기 판매가 지속되도록 하는 지원을 확보했다[42] (2017년 미국으로 간 뒤 사우디아라비아 정부를 비판하는 글을 발표하던 카슈끄지는 2018년 10월 튀르키예 이스탄불 주재 사우디아라비아 영사관을 방문한 뒤 실종되었다. 튀르키예 정부는 사우디아라비아 정부 요원들이 카슈끄지를 심문, 고문, 살해했다는 의혹을 제기했다-옮긴이)

최근 메넨데스는 이집트로부터 현금과 금괴 등 대가성 뇌물을 받은 혐의로 유죄 판결을 받았다. 당시 그는 상원 외교위원장으로서 이집트에 대한 3억 달러 규모의 군사 원조 보류를 해제하도록 동료 상원 의원들을 압박했다.[43]

메넨데스 사건이 주목받게 된 맥락이 있다. 대체로 독재 정권에 대한 무기 판매 거래는 별 반대 없이 진행된다. 그런데 이런 관행에 비추어 볼 때 이집트에 대한 보류 조치는 예외적이었기 때문이다. 당시 의회는 이집트의 인권 기록에 대해 책임을 묻는 차원에서 행정부에 이집트에 대한 군사 원조 중 일부를 보류하라고 요구했다. 비록 보류 규모가 연간 13억 달러에 달하는 군사 원조 중 약 3억 달러에 그치긴 했지만 말이다.[44]

미국 주요 방산업체들의 부패 행위도 급증하는 모습이다. RTX는 2024년 10월 각종 부패 행위와 관련해 약 10억 달러에 달하는 벌금을 내기로 합의했다. 이는 국방 부문에 대한 법무부 감독 역사상 손꼽히는 규모의 벌금이었다. 통상 기업들이 사적 이익을 위해 법을 위반할 때 받는 '솜방망이 처벌'과는 거리가 멀었다. 기소를 촉발한 RTX의 행위는 국방부 계약에서 폭리 취득, 카타르 관리들에게 뇌물 제공, 중국에 민감한 정보 유출 등이었다.[45]

RTX가 카타르 관리들에게 뇌물을 건넨 혐의는 특히 악질적인 부패 사례였다고 이 사건 기소를 주도한 연방 검사 브리온 피스Breon Peace는 지적했다.

> 수년에 걸쳐 레이시온 직원들은 거액의 방위 계약을 따내기 위해 카타르군 고위 관계자에게 뇌물을 제공했고, 정부에 제출하는 문서를 조작해 이러한 뇌물 지급 사실을 은폐함으로써 국가 안보 보호를 위해 마련된 법률을 포함해 여러 법을 위반했다. 우리는 부패에 맞서 계속 정의를 추구할 것이며, 이번 합의가 이루어진 이후에도(이 사건은 레이시온이 거액의 벌금을 내고 합의하

는 방식으로 종결되었다-옮긴이) 이러한 위법 행위가 반복되지 않도록 실질적인 처벌, 개혁, 감독을 집행해나갈 것이다.[46]

2장

'민주주의의 병기창'에서
'끝없는 전쟁 공장'으로

아이젠하워의 경고와 군산복합체의 탄생

34대 미국 대통령직에서 물러나기 사흘 전인 1961년 1월 17일, 드와이트 D. 아이젠하워는 미국인들에게 민주주의가 위험에 처해 있다고 경고했다.[1] 무슨 이유로 그랬을까? 2차 세계대전 동안 대규모로 확장된 무기 제조 기반의 잔재인 군수 분야 영구 기득권층 때문이었다. 이 무기 로비 집단은 국가 방위보다 먼저 자기네 이익을 불리기 위해 새로운 방식을 고안하고 있었다. 2차 세계대전 장군 출신인 아이젠하워는 이 새로운 전쟁 기계가 미국의 예산을 왜곡하고 민주주의를 훼손하고 있다고 경고했다. 즉 그들은 신형 핵폭격기 같은 무기 체계에 더 큰 자금을 요구하고 있었는데, 그런 군비는 미국 국민에게 필요하지 않다는 것이 아이젠하워의 확고한 판단이었다.

특수 이익 집단이 자신들의 이익을 위해 미국의 예산과 정책을 좌우하려 하는 데 대해 아이젠하워는 이렇게 말했다. "거대한 군사 체제와 방대한 군수산업의 결합은 미국 역사상 새로운 경험입니다. 그 총체적 영향은(경제, 정치, 심지어 정신에 미치는 영향까지) 모든 도시, 모든 주 의사당, 연방 정부의 모든 사무실에 스며들어 있습니다. 우리의 노동, 자원, 생계가 모두 얽혀 있으며, 우리 사회의 구조 자체도 얽혀 있습니다."[2]

이 새로운 체제를 아이젠하워는 '군산복합체military-industrial complex'라고 명명했다. 그는 제복을 입은 군과 군수산업이 협력해 대중 전체나 국가의 실제 안보 필요를 희생시키면서 자신들의 부와 권력을 확대하는 현상을 지칭하기 위해 이 용어를 사용했다.

역사가들 사이에서는 아이젠하워가 처음에는 이를 '군대산업의회복합체military-industrial-congressional complex'라고 부르려 했는지를 놓고 의견이 갈린다. 그렇게 했다면 이는 선거 자금, 군수산업 내 미래 일자리, 그리고 지역 내 군 관련 일자리를 얻는 대가로 국방부와 군수업체의 재정적 지위를 강화해주는 의회 구성원의 역할을 포착하려는 의도였을 것이다.[3] 그러나 아이젠하워가 의회의 역할을 고려했는지 여부와 상관없이, 의회가 군수 로비의 핵심 행위자라는 점은 의심의 여지가 없다. 실제로 의회는 흔히 국방부가 요청한 것보다 더 많은 지출과 더 많은 무기 구매를 밀어붙인다.

이 책에서 우리는 '군산복합체'라는 용어와 함께 '전쟁 기계war machine'라는 표현을 사용한다. 오늘날 무기 로비가 의회와 행정부뿐 아니라 할

   미국은 왜 전쟁을 멈추지 못하는가

리우드, 게임산업, 스포츠, 각급 학교와 대학 등 사회 전반에 얼마나 광범위하게 영향을 미치는지를 설명하기 위해서다. 더구나 미국 군수 복합체의 목적은 전쟁 치를 준비를 하는 데 있고, 미국은 이번 세기 내내 끊임없이 전쟁을 치러왔기 때문에, 현재 상황에서는 '군산복합체'보다 '전쟁 기계'라는 표현이 더 적절하다.

아이젠하워는 재임 기간 동안 새롭게 등장한 이 전쟁 기계가 노골적으로 자신들의 이익을 추구하는 방식에 깊이 분노했다. 특히 무기 계약 업체들이 주요 신문에 자사 무기를 광고하는 사실에 크게 불쾌해했다. 이런 관행은 2025년 현재에도 여전히 이어지고 있다. 방산, 정치 전문 매체에서부터 공익 라디오 방송, 수도 워싱턴의 지하철 시스템에 이르기까지 사방에 무기회사 광고가 등장한다. 아이젠하워는 유명한 고별 연설을 한 바로 다음 날, 특히 악랄한 사례로 무기 광고 관행을 지목하며 다음과 같이 말했다.

> 나는 어젯밤에 이런 영향력과 권력의 오용 중 일부는 그 속성상 의도하지 않은 가운데 나타날 수도 있다고 지적했다. 무엇을 광고하든 거의 모든 잡지에 타이탄Titan 미사일이나 아틀라스Atlas 미사일[둘 다 핵무장 지상 발사 미사일] 사진이 실려 있는 것을 보면 알 수 있다. … 엄청난 영향력이 형성되어, 이 나라가 오로지 무기와 미사일에만 몰두하고 있다는 인식이 우리 정신에 은밀히 침투하고 있다. 분명히 말하는데 우리는 그런 일을 용납해서는 안 된다.[4]

처음에 아이젠하워의 경고는 무기 로비의 과속 방지턱 정도로 여겨졌다. 군산복합체의 평판에 살짝 흠집은 냈지만 개입주의 정책이나 갈수록 불어나는 국방부 예산을 막지는 못했다. 이후 베트남전쟁 반대 운동이 마침내 '군산복합체'라는 용어를 받아들였고, 오늘날까지 많은 평화운동가가 이 용어를 사용한다. 그러나 의회를 포함한 권력 중심부에서는 아이젠하워의 개혁 외침이 대체로 외면당했다. 그의 연설 이후 수십 년 동안 정치인들은 미국 정부의 주된 투자가 아이젠하워가 언급한 '무기와 미사일'에 이루어져야 한다는 관념을 과도하게 부추기거나 최소한 묵인해왔다. 이러한 지지는 실제로는 의원의 주나 선거구 일자리 같은 지역 경제의 이해관계 때문이었지만, 정치인들은 언제나 자신들의 노력을 '국방'이라는 수사 속에 포장했다.

그러나 이런 투자는 다른 시급한 국가적 필요를 희생시켰다. 전쟁 기계가 국가 자금의 대부분을 차지하는 상황에서 정부가 어떻게 주택이나 학교를 짓고, 의료나 교육을 지원할 수 있겠는가?

아이젠하워 대통령은 취임 후 첫 공식 석상인 1953년 미국신문편집인협회American Society of Newspaper Editors 모임에서 이 문제를 다루었다. 그는 〈평화의 기회A Chance for Peace〉(비공식 제목은 〈철의 십자가Cross of Iron〉)라는 연설에서 핵전쟁의 위험성을 경고하는 한편, 군비 증강이 시급한 국내 문제를 해결하는 정부의 능력을 어떻게 약화시키는지도 언급했다. 그는 이렇게 말했다. "만들어지는 모든 총, 진수되는 모든 군함, 발사되는 모든 로켓은 궁극적으로 굶주리지만 먹지 못하는 자, 추위에 떨지만 입지 못하는 자로부터 도둑질하는 것을 의미합니다. 군비 확충에는 돈만 들어가는 것이 아닙니다. 노동자의 땀과 과학자의 뛰어난 두뇌, 어린이의 희망도 소모됩니다."[5]

   미국은 왜 전쟁을 멈추지 못하는가

전쟁 기계가 미국과 전 세계에 미치는 영향

전쟁 기계에 돈을 쏟아붓는 것은 분명히 잘못된 선택이었다. 나라를 더 나은 곳으로 만드는 데 쓰일 수 있었던 자금이 엉뚱한 데로 흘러갔다. 그러나 아마 더 중요한 점은, 어떤 대가를 치르든 무기 생산을 서두른 것이 오히려 미국인을 덜 안전하게 만들었다는 사실이다. 실제로 전쟁이 벌어지지 않더라도, 전쟁 기계를 유지하는 것만으로 국민에게 심각한 위험을 초래했다.

이러한 위험은 불필요한 전쟁에서 미군이 당하는 사망과 부상, 미국이나 그 대리 세력이 주요 지역을 불안정하게 만드는 결과를 넘어선다. 이 위험은 미국 내 핵무기에서도 발생한다. 핵폭탄의 제조와 실험으로 지상 핵실험 풍하downwind 지역의 암 사망자가 평균보다 증가했고, 우라늄 광부와 핵폭탄 생산에 종사한 노동자들 역시 심각한 건강 피해를 겪었다.[6] 아마 가장 위험한 것은 에릭 슐로서Eric Schlosser가 쓴 책 《커맨드 앤드 컨트롤Command and Control》(2013)에 실려 있는 수많은 핵무기 관련 사고들일 것이다.[7] 그중 많은 사고가 미국 본토에서 일어났다. 가장 위험했던 사례로는 1980년 9월 아칸소주 다마스커스에서 발생한 폭발이 꼽힌다. 당시 미사일 격납고에 불이 나면서 뒤이은 폭발로 타이탄 대륙간탄도미사일ICBM의 핵탄두가 주변 숲으로 튕겨 나갔다. 슐로서는 그 탄두가 "터지기 일보 직전"까지 갔는데 미국 한복판에서 핵폭발이 일어날 뻔한 상황이었다고 지적했다. 그에 못지않게 위험했던 사고는 1961년 1월 노스캐롤라이나주 골즈버러에서 발생했다. 당시 폭격기가 실수로 핵폭탄을 떨어뜨렸다. 물리학자 랠프 랩Ralph Lapp은 "오직 단 하나의 스위치만이 24메가톤급 핵폭탄이 폭발해 광범위한 지역에 화염과 파괴를 확산시키는 것을 막았다”라고 경고했다.[8]

미국의 무기가 미국인 자신을 위협한 경우는 너무나 많았다. 그러나 전쟁 기계의 위험은 미국 내에만 머물지 않았다. 미국이 무기 개발에 점점 더 많은 시간과 정신, 돈을 쏟아붓는 동안 세계는 점점 더 불안정해졌다. 가장 위험한 사태 중 일부는 미국의 정책이 촉발한 결과였다.

예컨대 1953년 미국은 영국, 그리고 당시 이란의 “샤shah”(왕)였던 모하마드 레자 팔라비Mohammad Reza Pahlavi와 협력해 이란에서 군사 쿠데타를 일으켜 민주적으로 선출된 총리 모하마드 모사데크Mohammad Mosaddegh를 축출했다. 미국은 모사데크를 대신해 팔라비에게 실권을 넘겨주었다. 이 쿠데타는 이후 수십 년간 적대감을 불러일으켰고, 오늘날까지 중동을 더욱 위태롭고 불안정하게 만들어왔다. 무엇보다 이 쿠데타와 샤의 통치가 없었다면 이란인들은 1979년 혁명에 나서지 않았을 테고 이란은 지금처럼 군사화된 국가가 되지 않았을 것이다.[9]

1954년 또다시 미국은 과테말라에서 국민의 지지를 받은 하코보 아르벤스Jacobo Árbenz 정부를 상대로 쿠데타를 이끌어, 미국의 이익에 더 우호적인 군사 독재자로 교체했다. 이 잘못된 쿠데타로 인해 수십 년간 억압 통치가 이어졌고, 그 과정에서 미국이 지원한 군사 독재자들이 반군을 상대로 벌인 작전은 수십만 명의 사망자를 낳았다. 미국이 촉발하고 지원한 이런 반민주 군사 통치의 역사 속에서 과테말라 사회는 혼란에 빠졌고, 그 결과 마약 카르텔과 범죄 조직이 발붙이기 쉬운 환경이 조성되었다. 바로 이 폭력 집단들로 인해 중미발 대규모 미국 이주가 진행되어 오늘날까지 이어졌다. 미국 남부 국경에 나타나는 이주민들

은 사실 미국 정책의 파장으로 자신들의 고향이 파괴되었기 때문에 미국으로 도피하고 있는 것이다.[10]

이란과 과테말라 사례는 군사 행동이 얼마나 오랫동안 파급 효과를 미치며, 관련된 모든 당사자에게 얼마나 예측 불가능한 영향을 줄 수 있는지를 보여준다. 설령 그 나라들에서 벌어진 죽음과 혼란은 어떻게든 무시한다 할지라도, 개입으로 미국이 스스로에게 해를 입힌 것은 사실이다.

세계의 수호자에서 전쟁 생산 병영 국가로
: 핵무기 경쟁과 3대 핵전력

이미 1961년 아이젠하워가 유명한 연설을 했을 때조차 미국은 세계의 자유 수호자에서 세계의 전쟁을 생산하는 병영 국가garrison state로 변모할 위험에 놓여 있었다. 무엇보다 최악은 이런 배신의 결과 세상이 미국인 자신들에게 더 위험한 곳으로 바뀌었다는 사실이다. 이 위험이 가장 극명하게 드러난 영역은 다름 아닌 핵무기 경쟁이었다. 이는 아이젠하워 집권기에 본격 시작되었는데, 합리적인 방위 개념만큼이나 자금 추구 욕구에 따라 추동된 것이었다.

아이젠하워 대통령은 1953년 취임하자마자 유럽이나 아시아에서 발생할 수 있는 '공산주의 침략'에 '대량 보복massive retaliation'으로 대응한다는 핵전략을 추진했다. 그는 이 방식이 두 지역 중 어느 곳에서든 전쟁에서 이길 만큼 충분히 큰 재래식 군대를 유지하는 것보다 비용이 덜

든다고 보았다. 아이젠하워는 이러한 핵전략과 함께 비밀 작전을 선호했다. 대표적인 결과가 그의 첫 임기 동안 미국이 이란과 과테말라의 민주적으로 선출된 정부를 상대로 벌인 쿠데타였다. 이런 움직임은 이후 수십 년간 중미와 중동에서 파국적이고 불안정한 결과를 낳았다.[11]

아이젠하워는 평화주의자는 아니었지만 미국의 군사비 지출을 급격히 늘리는 정책은 피하고 싶어했다. '대량 보복' 독트린이 그래서 나왔다. 아이젠하워의 접근법에 따라 연구부터 제작, 배치에 이르기까지 핵무기에 돈이 집중되었다. 그렇다면 문제는 '그 돈을 누가 차지할 것인가'였다. 달리 말하면 '국가의 핵무기를 누가 통제할 것인가'였다.

핵무기 예산을 둘러싼 싸움에서 가장 눈에 띄는 경쟁자는 해군과 공군이었다. 핵무기를 장착한 폭격기부터 시작해 결국 대륙간탄도미사일까지 보유하게 된 공군이 우세해 보였다. 그러나 해군도 잠수함에서 발사할 수 있는 핵미사일 개발을 밀어붙이며 경쟁에 뛰어들었다.

어떤 핵 독트린을 선택할지를 둘러싼 정치 싸움은 치열했다. 해군 측에서는 아를레이 버크Arleigh Burke 제독이 기회가 있을 때마다 '유한 억제finite deterrence'를 지지하고 나섰다. 이는 해군이 개발 중이던 정밀도가 낮은 미사일에 적합한 전략이었다. 더 큰 영향을 끼치기 위해 버크는 예비역 해군 장교들에게 같은 주장을 펴도록 독려했다.[12] 한편 공군 역시 자체 홍보전을 시작했다. 공군 기획정책국장 휴잇 휠리스Hewitt Wheless 장군은 "지금 전면전 같은 싸움이 벌어지고 있다"라고 말했다. 공군 참모총장 토미 화이트Tommy White는 1960년 10월 공군 지휘관들에게 보낸 서한에서 모든 대외 연설과 브리핑에서 "올바른 전략을 유지하는 것의 중요성을 강력히 강조하고" "카운터포스counterforce를 철저히

　미국은 왜 전쟁을 멈추지 못하는가

설명"하라고 지시했다. 카운터포스는 정밀도가 더 높은 지상 발사 미사일을 중심으로 한 접근법으로, 공군에 예산이 더 많이 배정될 가능성이 가장 큰 전략이었다.[13]

이 모든 상황 속에서 해군은 자신들의 가장 큰 적이 소련이 아니라 미국 공군임을 분명히 했다. 버크 제독은 공군 수뇌부가 은밀하고 부당한 책략을 벌이고 있다고 여겼고, 이를 다음과 같이 비난했다. "그들은 똑똑하고 잔혹하다. … 공산주의자들과 똑같은 방식이다. 기법도 정확히 똑같다. … 그들은 정직하지 않다. 정직하지 않다는 것을 본인들도 안다." 1950년대 말 무렵 공군은 핵 타격 목표 설정권을 장악할 유리한 고지를 차지하고 있었다. 이는 어떤 종류의 핵전력이 필요한지를 사실상 결정하는 권한이었다. 버크 제독은 불평했다. "만약 공군이 타격 목표를 통제하게 된다면, 우리[해군] 예산은 정말 비참한 상태에 놓일 것이다. 우리는 B-70을 사게 될 것이다."[14] B-70은 공군의 B-52를 잇는 차세대 폭격기였으나 케네디 정부에서 취소되었다(B-70은 시제기만 제작되고 양산, 실전 배치는 되지 않았다-옮긴이).

핵무기 예산의 더 큰 몫을 차지하려고 해군과 공군이 벌인 세력 다툼은 명확한 승자를 가린 뒤 끝나는 대신 값비싼 타협으로 마무리되었다. 바로 '3대 핵전력nuclear triad'(핵 3축, 핵 3원) 체계였다. 이는 미국이 육상, 공중, 해상 세 축을 기반으로 핵탄두를 발사할 수 있도록 한다는 의미였다. 그러나 이런 3축 접근법이 군사적으로 꼭 필요했던 것은 아니었다. 이에 앞서 펼쳐진 온갖 전략적 수사 아래 감추어진 실상은 단지 홍보 경쟁에 불과했다.

핵무기 예산을 둘러싼 싸움은 핵전략 논쟁으로 포장되었다. 실제로 공군과 해군은 서로 대립하는 접근법을 내놓았고, 각각은 자신들이 통제하는 핵전력 체계를 부각하도록 설계된 것이었다. 공군이 주장한 체계는 소련의 핵심 군사 목표물을 타격할 수 있는 정밀 장거리 미사일에 기반한 '카운터포스' 전략을 의미했다. 해군이 선호한 체계는 '유한 억제' 전략이었다. 이 독트린은 소련의 핵전력을 직접 겨냥하지 않고, 소련의 도시 산업 목표물 가운데 '유한한finite' 집단을 파괴할 수 있을 정도의 핵무기를 보유하면 소련의 공격을 억지하는 데 충분하다는 것이었다. 해군은 잠수함에서 발사되는 핵미사일은 상대적으로 공격에 취약하지 않다며, 따라서 위기 상황에서 지도자들이 성급히 발사 결정을 내려야 한다는 압박을 덜 받게 된다고 주장했다. 게다가 해상 발사 미사일은 상대방의 핵미사일을 제거할 능력이 없기 때문에 상대방에게 덜 위협적으로 보이고, 따라서 공격을 유발할 가능성도 낮다고 보았다. 이처럼 제한된 접근 방식은 마치 해군이 핵무기 통제 역할을 자처하는 듯한 뉘앙스를 풍겼다. 해군은 공군의 대륙간탄도미사일에 의존하는 것은 "군비 경쟁을 불러올 처방전이며, 동시에 적에게 선제 전쟁 모험주의를 유혹하는 초대장"이라고 주장했다.[15]

결국 국방부는 두 가지 선택지를 모두 지원했다. 공군에는 폭격기와 대륙간탄도미사일을, 해군에는 잠수함 발사 미사일을 제공한 것이다. 그 뒤로 해군과 공군은 예산을 놓고 다투는 대신 손을 잡았다. 양쪽 모두의 선호 사업을 충당할 수 있을 정도로 충분히 큰 예산을 확보하기 위해 함께 압력을 행사했다.

따라서 "3대 핵전력 체계는 전략적 필요가 아니라 관료적 타협에서 비롯된 것"이라고 당시 케이토연구소Cato Institute의 분석가 벤저민 프리

드먼Benjamin Friedman은 설명했다. 그는 이어 말했다.

> 2차 세계대전 이후 핵무기는 미래의 무기처럼 보였다. 공군은 그것을 자신들의 독립을 가져다준 전략폭격 임무의 연장선으로 여겼다. 그 임무와 나중에 지상 발사 대륙간탄도미사일을 장악하면서 공군은 해군과 육군의 예산을 잠식해 자신들의 몫을 확보했다. 해군은 태평양을 건너는 버스 서비스 같은 존재로 전락하는 것을 피하고자 핵 경쟁에 뛰어드는 기발한 방법을 찾아냈다. 바로 잠수함에 미사일을 탑재하는 것이었다.[16]

3대 핵전력 체계의 공식 근거는 모든 영역에 배치함으로써 적이 선제공격으로 미국의 전체 핵무기 보유고를 한꺼번에 파괴하기 어렵게 만든다는 것이었다. 그러나 이 근거는 해당 프로그램들이 상당히 진행된 이후에야 마련되었다. 그럼에도 오늘날 3대 핵전력 체계 개념은 미국 핵 정책 논의 속에 깊이 뿌리내려 있어서 워싱턴의 국가 안보 기구 내에서는 사실상 비판이 통하지 않는다. 아마 우연이 아닐 텐데, 이 기구는 흔히 핵무기 제조 기업들로부터 자금을 지원받고 있다(8장에서 자세히 다룬다).

미국의 무기회사들은 해군과 공군이 다투는 내내 바짝 달라붙어 관여했다. 이들이 핵무기 예산 확대를 위해 가장 노골적으로 압박한 것은, 소련과 미국 사이에 위험한 '미사일 격차missile gap'가 존재한다는 점을 대중에게 납득시키려는 캠페인이었다. 그들의 주장은 모스크바가 대륙간탄도미사일 개발과 생산에서 앞서 나가고 있어서 미국이 무력화될 수 있는 선제공격 위험에 놓여 있다는 것이었다.[17]

이 '격차'라는 개념은 주로 군복을 입은 군 고위층과 미국 정보 기관, 군수산업 관계자들의 압력으로 언론과 의회를 통해 널리 퍼졌다. 핵무장 신형 폭격기 제조 캠페인과 더불어 미사일 격차 논란은 군산복합체가 작동한 초기 사례였다. 민주당 대선 후보 지명을 놓고 경쟁하던 상원 의원들(존 F. 케네디John F. Kennedy, 린든 존슨Lyndon Johnson, 미주리주 상원 의원 스튜어트 사이밍턴Stuart Symington 등)은 미사일 격차 문제를 들먹이면서 아이젠하워 행정부가 국방에 소극적이라고 공격했다.[18]

'미사일 격차'라는 개념에는 단 한 가지 틀린 점이 있었다. 격차가 존재하지 않았다는 것이었다. 실제로 존 F. 케네디가 1961년 대통령으로 취임했을 때 국방부는 대륙간탄도미사일 분야에서 미국이 오히려 소련을 크게 앞서 있다고 판단했다. 케네디 행정부 첫 달인 1961년 2월, 로버트 맥너마라Robert McNamara 국방장관은 기자들에게 이렇게 말했다. "소련이 대륙간탄도미사일을 제조하기 위해 총력전을 벌이고 있다는 어떤 징후도 없습니다. … 오늘날 미사일 격차란 존재하지 않습니다."[19]

무기회사들이 미사일 격차 신화를 퍼뜨리려고 노력했다는 증거는 일반 대중에게 뚜렷하게 알려지지 않았다. 군수산업이 어느 정도 역할을 했는지는 아마 영원히 완전하게 밝혀지지 않을 것이다. 상당수 로비 활동이 비공개로 이루어졌기 때문이다. 그러나 대륙간탄도미사일 예산을 더 따내기 위한 수단으로 미사일 격차를 내세우는 데 군수기업의 영향력이 작용했다는 명백한 정황은 존재한다. 예를 들어 미사일 격차론의 주요 옹호자였던 사이밍턴은 우연히 비행기 제조업체 콘베어Convair의 임원과 친구이자 전직 동료였는데, 이 회사는 또 공교롭게 대

류간탄도미사일을 만들고 있었다. 그 결과 사이밍턴은 국방부의 아틀라스 탄도미사일 증산 계획을 강하게 옹호했다. 이 계획은 결국 새로운 대륙간탄도미사일인 미니트맨Minuteman에 전력을 쏟아붓기로 한 결정으로 대체되었다.[20]

대중은 눈치채지 못했을지 몰라도, 아이젠하워는 핵무기 제조업체들의 책략을 잘 알고 있었다. 그는 '미사일 격차'를 허구라고 여겼다. 그런데 이 개념이 민주당 정치인들에게는 "유용한 정치적 대중 선동의 도구"였다고 그는 표현했다 그는 "군수업자들은 계약을 더 많이 따내기 위해 엄청난 노력을 기울이고 있으며, 사실상 상원 의원들에게 부당한 영향력을 행사하고 있는 것으로 보인다"라고 주장했다.[21]

케네디는 대선 후보로 나서면서 당선 가능성을 높이기 위해 더 많은 대륙간탄도미사일 제조와 연관된 일자리 창출을 내세웠다. 국방 분석가 크리스토퍼 프레블Christopher Preble은 케네디와 미사일 격차를 다룬 저서에서 이러한 논리를 다음과 같이 요약했다.

> 케네디는 군사비 지출이 지역 경제 개발을 촉진하는 데 활용될 수 있다고 믿었다. 그는 아이젠하워의 전략의 경제적 영향으로 피해를 본 방위산업 노동자들에게 공개적으로 지지를 호소했다. … 케네디가 미사일 격차를 해소하는 데 필요한 무기 체계에 대한 지출을 늘리겠다고 약속했을 때, 그 무기를 만드는 남녀 노동자들은 그러한 정책이 자신들에게 무엇을 의미하는지 정확히 이해했다.[22]

케네디의 이 일자리 계책은 이후 오랫동안 여러 차례 반복되었다.

현재 특히 눈에 띄는 일자리 논리는 국방부가 30년에 걸친 차세대 핵무기 제조 계획에 필요하다며 2조 달러를 확보하려는 노력에서 등장했다.[23] 이 논리를 능숙하게 활용하는 집단 가운데 하나는, 불필요하고 위험한 신형 대륙간탄도미사일에 자금을 지원하도록 의회를 주도해온 상원 의원들이다. 그러나 오늘날 불필요한 핵무기 도입을 서두르는 움직임을 논의하기에 앞서, 우리는 군산복합체가 빠져든 다음 수렁을 따라가볼 필요가 있다.

미국 군수산업의 이어지는 호황
: 베트남전쟁, 닉슨 독트린, 카터 독트린, 걸프전쟁

다음에 이어진 것은 베트남전쟁이었다. 케네디가 깊게 개입한 이 전쟁을 후임인 린든 존슨과 리처드 닉슨Richard Nixon이 관장했다. 케네디는 매파로서 대통령 선거에 출마했고, 당시 부통령으로 출마한 닉슨을 능숙하게 제치며 승리했다. 집권 후 케네디는 국방부 지출 확대를 추진했는데, 여기에는 다수의 잠수함발사탄도미사일SLBM 예산도 포함되어 있었다. 무엇보다 중요한 것은 케네디가 베트남에서 미국 개입 확대의 씨앗을 뿌렸다는 점이다. 그는 베트남 주둔 미군 군사 고문단을 700명에서 1만 6000명 이상으로 늘렸다.[24]

미군의 개입은 1960년대 내내 꾸준히 확대되었고, 그 결과 막대한 사상자가 발생했다. 그러나 베트콩과 북베트남군을 물리치는 데는 거의 성과를 보지 못했다. 곧 미국은 이 전쟁터에서 병력을 철수해야 한다는 절박한 상황에 놓이게 되었다.[25] 그래서 50년 뒤 바이든이 그랬듯 이(1장에서 이야기했다) 닉슨은 미군 사망을 줄이고 미국 이익을 저비용으로 보존하는 최선의 방법은 무기 판매라고 결론 내렸다.

닉슨은 이 새로운 접근법을 1969년 7월 괌을 잠시 들른 자리에서 발표했다. 그는 세계 최초 달 착륙을 마친 아폴로 우주비행사들이 태평양 바다로 귀환하는 장면을 지켜본 뒤 괌을 찾았다. 닉슨은 모인 언론인들에게 앞으로 미국은 베트남에 보낸 것처럼 대규모 병력을 해외에 파병하지 않을 것이라고 밝혔다. 대신 미국은 이란의 샤 같은 '대리인'에게 무기를 공급하겠다고 말했다. 대리인에게 해당 지역에서 미국의 이익을 지켜주는 대가로 미국산 무기에 대한 사실상 무제한 접근을 제공하겠다고 설명했다. 닉슨은 예컨대 앞으로 아시아에서 분쟁이 발생할 경우 미국의 목표는 "아시아 병사들이 아시아 병사들과 싸우게 하는 것"이지 미군이 싸우는 것이 아니라고 말했다. 닉슨의 새로운 정책은 훗날 '닉슨 독트린Nixon Doctrine'으로 알려지게 되었다.[26]

미국의 무기 수출은 몇 년 새 기록적인 수준으로 치솟았다. 여기에는 닉슨이 외국 분쟁에 영향력을 행사하기 위해 무기를 판매한다는 전략도 작용했지만, 석유 가격 인상으로 막대한 현금을 손에 쥔 중동 산유국들의 무기 구매 열풍도 한몫했다.

지미 카터Jimmy Carter는 1976년 대선 후보로서 인권을 지지하고 무기 판매를 줄이겠다고 약속했다. 그러나 대통령이 된 후 카터 역시 결국 대외 정책에서 군사적인 접근 방식을 취했다. 무기 판매를 줄이려던 노선을 포기하고, 이란의 샤 같은 비민주 지도자들과 끝까지 손을 잡았다. 마지막 국정 연설에서 카터는 미국이 필요하다면 군사력을 사용해

페르시아만에서 미국 이익을 방어할 준비가 되어 있다고 선언했다. 이 입장은 '카터 독트린Carter Doctrine'으로 알려지게 되었다. 그는 이 새로운 정책을 뒷받침하기 위해 중동에 신속히 병력을 투입할 수 있는 '신속배치군rapid deployment force, RDF'을 창설하고, 미군과 무기를 해당 지역 곳곳에 배치하는 협정을 추진하기 시작했다. 이는 오늘날 중동에 광범위하게 구축된 미군 기지 네트워크의 교두보가 되었다.[27]

다음 큰 무기 판매 호황은 냉전 종식 무렵에 찾아왔다. 그러나 이 정책은 다시 부메랑이 되어 돌아왔는데, 이라크 독재자 사담 후세인Saddam Hussein이 군대를 이끌고 인접국 쿠웨이트를 침공한 걸프전쟁(페르시아만전쟁) 때였다. 후세인이 쿠웨이트 침공에 앞서 세계 거의 모든 주요 무기 공급국들로부터 무기와 무기 부품을 구매했음은 조금만 조사해도 드러난다. 여기에는 미국의 무기 제조 기술도 포함되어 있었다.[28]

후세인을 키워주었다는 당혹감과 확전에 대한 우려 속에서 유엔안전보장이사회UN Security Council 5개 상임이사국은 중동에 대한 무기 판매를 줄이는 방안을 마련하고자 일련의 회의를 열었다. 그러나 그러는 동안 미국이 이 지역에서 월 10억 달러 규모의 무기 판매에 열을 올리고 있다는 사실이 드러나면서 회담은 깨지고 말았다.[29]

쿠웨이트에서 사담 후세인 군대를 몰아내기 위해 미국이 주도해 벌인 1991년 '사막의 폭풍 작전Operation Desert Storm'은 미국 정부와 업계 관계자 모두에게 대규모 마케팅 기회로 여겨졌다. 이 책의 공저자인 윌리엄 하팅William Hartung은 당시 첫 저서를 집필하고 있었다. 그는 군수산업의 옹호자였던 퇴역 장성 하워드 피시Howard Fish를 인터뷰했는데, 곧 열릴 파리 에어쇼에서 전시될 미국 무기들에 관해 물었다. 피시는 하팅에게 이번 에어쇼의 주제가 "우리 무기가 어떻게 걸프전을 승리로 이끌었는가"가 될 것이라고 말했다. 과연 그렇게 진행되었다. 한 회사는 미군 폭탄이 이라크 목표물을 타격하는 장면을 담은 영상을 준비해 보여주었다. 당시 주요 전투기 제조업체였으며 이후 보잉에 합병된 맥도널 더글러스는 자사 전투기를 몰고 이라크 폭격 작전을 수행한 조종사의 강연을 후원했다. 또 전쟁에 투입된 맥도널 더글러스의 모든 무기 체계 사진이 인쇄된 맥주컵이나, 이라크에서 격추된 적 전투기는 모두 자사 전투기에 격추되었다고 주장하는 포스터 같은 기념품도 배포했다.[30]

걸프전쟁을 마케팅 도구로 활용하려는 충동은 파리에서 아주 먼 곳에서도 행동에 옮겨졌다. 하팅과 한 동료는 1993년 초 오하이오주 데이턴에서 국방부가 주최한 '사막의 폭풍 이후 환경에서 군수품 수출'이라는 회의에 참석했다. 국방부와 주요 방산업체들이 모인 이 회의는 기본적으로 이라크에서 입증된 미군 무기의 성능을 수십억 달러 규모의 신규 무기 판매로 연결할 방안을 모색하기 위한 브레인스토밍 자리였다.[31]

하팅과 그의 동료에게 데이턴 회의 현장 분위기는 초현실적이었다. 무기 판매를 위해 정부가 그렇게 대놓고 나선다는 사실을 두 사람은 보고도 믿기 어려웠다. 회의 중 대부분의 시간에 하팅은 눈에 띄지 않게 섞여 들어, 이 행사를 주도하던 관료들과 기업 경영진의 자가당착 발언을 실컷 들을 수 있었다. 저녁 리셉션에서 하팅이 중동 독재 정권들에 장거리 대포 시스템을 판매하려는 어느 유럽 기업 대표와 대화하고 있었다. 한 로비스트가 그 대표에게 다가왔다. 하팅과는 워싱턴에서 자주 토론해왔을 정도로 잘 아는 사이였다. 로비스트는 대표에게 이렇게 말했다.

"그에게 말조심하십시오. 그는 위험한 군축론자입니다."

아마 군수업체들의 이익에는 위험하겠지만, 인간의 생명에는 위험하지 않을 것이다.

끝없는 전쟁 공장의 행보
: 빌 클린턴부터 도널드 트럼프까지

당시 무기 판매를 서두른 데는 베를린 장벽 붕괴와 소련 해체 이후 1980년대 레이건 시대의 군비 증강이 막을 내리고 있었다는 배경이 한 몫했다고 추측된다. 그러나 '지상군 투입' 방식의 분쟁 개입에 반대한다고 선언했던 빌 클린턴Bill Clinton은 세르비아의 밀로셰비치Milosevic 정권을 상대로 대규모 폭격 작전을 벌였고, 냉전 종식 후 몇 년 동안 감소했던 국방부 예산을 다시 끌어올리는 과정을 시작했다. 그는 1995년 국정 연설에서 국방부 예산은 건드리지 않은 채 다른 모든 연방 재량 지출 프로그램을 20% 삭감하자고 제안했다. 클린턴은 1994년 말 국방부 예산을 수년에 걸쳐 250억 달러 늘리겠다고 공약했다. 임기 말에는 6년 동안 1120억 달러 증액을 제안했는데, 이는 조지 W. 부시George W. Bush 행정부 시절의 더 큰 예산 증액을 위한 발판이 되었다. 클린턴의 국방 정책 가운데 가장 오래 지속된 것은 방위산업에서 합병을 장려하고 보조하는 정책이었다. 덕분에 록히드 마틴과 레이시온(현 RTX) 같은 거대 기업이 탄생하는 길이 열렸다. 방위산업의 통합은 결과적으로 군

수업체들에 더 큰 협상력을 안겨주었다. 주요 방산업체의 수는 51개에서 단 5개로 줄어들었다. [32]

군사주의적인 성향의 조지 W. 부시 대통령은 널리 알려진 대로 클린턴 이후 이라크와 아프가니스탄에서 끝없는 전쟁을 시작해 참담한 결과를 초래했다. 그러나 부시는 이 분쟁들을 주도한 유일한 인물은 아니었다. 오바마는 이라크 개입 같은 "어리석은 전쟁"에 반대하며 선거운동을 벌였다. 그러나 집권 후 그는 아프가니스탄 주둔 미군 병력을 증강했고, 드론 공격을 확대했으며, 2차 세계대전 이후 두 차례에 걸쳐 가장 높은 국방부 예산을 기록했다. 노벨 평화상을 수상한 뒤 오바마 대통령은 이라크와 아프가니스탄에 대한 파병 증원을 명령했고, 양국에서 8년에 걸친 미군 전투를 지휘했다. 그 결과 수천 명의 미군이 목숨을 잃고 수만 명이 부상당했지만 그 전쟁들을 끝내지도 못했고, 테러와의 전쟁에서 승리하지도 못했다. [33]

대선 유세에서 했던 공약과 반대로 국방부 예산을 증액하는 행태는 도널드 트럼프 시기에도 이어졌다. 2016년 대선 기간과 당선 후 취임하기까지 기간에, 트럼프는 무기 계약업체들이 납세자들을 등쳐먹고 있다며 그들을 단속할 준비가 되어 있는 듯한 인상을 주었다. 하지만 취임 몇 달 만에 그는 바로 그 업체들을 따스하게 감싸안았다.

모든 것은 트럼프가 대통령으로서 첫 해외 순방지로 사우디아라비아를 선택하면서 시작되었다. 그는 이 순방을 통해 자신이 일자리와 수익을 미국으로 되돌려올 수 있는 비교 불가의 협상가임을 보여주고 싶어했다. 그 수단이 된 것은 총 1100억 달러에 달한다고 주장된 대규모 무기 판매 계약이었다. 전형적인 트럼프식으로 계약 규모는 크게 부풀려졌지만 논리는 단순했다. 외국 정부가 미국산 제품에 자기 돈 수십억 달러를 쓰게 만들 수 있다면 미국 노동자와 미국 경제가 이득을 본다는 것이었다.[34]

트럼프는 이 거대한 무기 판매 패키지를 구성하기 위해 선거 유세 중 맹비난했던 바로 그 무기 계약업체들의 도움을 끌어들여야 했다. 그는 이 계약에 180억 달러 규모의 미사일 방어 체계를 포함시키고 싶어 했는데, 석유 부국 사우디아라비아조차 놀랄 만한 액수였다. 그래서 트럼프의 사위 재러드 쿠슈너Jared Kushner가 록히드 마틴의 CEO 메릴린 휴슨Marillyn Hewson에게 전화를 걸었다. 쿠슈너는 이 시스템을 사우디아라비아 계약에 포함할 수 있도록 가격을 몇십억 달러 낮추어줄 수 있겠느냐고 요청했다. 새 행정부의 환심을 살 필요가 있었던 만큼 휴슨은 즉시 그렇게 하겠다고 동의했다.[35]

트럼프는 이 사우디아라비아 무기 판매를 국내 정치에 활용하기 시작했다. 어느 시점에는 이 계약이 미국 내 일자리 50만 개를 지탱하고 있다고 주장했다. 실제 수치는 트럼프가 말한 것의 10분의 1에서 20분의 1 정도로 적었지만, '무기 수출은 곧 미국 일자리'라는 메시지는 효과적으로 퍼져나갔다.[36] 그러자 트럼프는 무기 판매의 경제적 효과를 홍보하기 위해 수단과 방법을 가리지 않게 되었다. 가장 낯 뜨거운 장면은 사우디아라비아의 실질적 지도자 무함마드 빈 살만Mohammed bin Salman, MBS이 백악관 집무실을 방문했을 때 벌어졌다. 트럼프는 미국 전역에서 사우디아라비아 무기 판매와 연계된 일자리 수치를 지도 위에 표시한 차트를 꺼내 들고 자랑했다.[37]

트럼프가 대형 무기 제조업체들에 새롭게 보여준 충성심의 깊이를 단적으로 드러낸 사건이 2018년에 일어났다. 그해 사우디아라비아 정권은 미국 거주자이자 사우디아라비아 출신 반체제 언론인이었던 자말 카슈끄지를 살해했다. 이 사건은 전 세계에서 분노를 불러일으켰고, 미국 내에서도 사우디아라비아에 대한 무기 판매를 중단하라는 강한 압력이 일었다. 그러나 트럼프는 다음과 같은 성명을 내고 "자말 카슈끄지에게 저질러진 범죄는 끔찍한 것이었다"라고 인정하면서도, 사우디아라비아 정권에 대한 무기 판매를 중단할 의사는 전혀 없다는 점을 분명히 했다.

> 지난해 내가 사우디아라비아를 방문해 힘들여 협상한 이후, 이 왕국은 미국에 4500억 달러를 지출하고 투자하기로 합의했다. 이는 사상 최대 규모의 금액이다. 이로 인해 수십만 개의 일자리가 창출되고, 엄청난 경제 발전과 막대한 부가가치가 미국에 생겨날 것이다. 이 중 1100억 달러는 보잉, 록히드 마틴, 레이시온과 다른 훌륭한 미국 방산업체들로부터 군사 장비를 구매하는 데 쓰일 예정이다. 우리가 어리석게 이 계약들을 취소한다면 러시아와 중국이 엄청난 수혜자가 될 것이며, 그들은 이 새로운 사업 기회를 손에 넣고 매우 기뻐할 것이다. 그것은 미국이 그들에게 직접 안겨주는 멋진 선물이 될 것이다![38]

트럼프가 한때 비난하던 대형 방산업체들을 위해 막대한 금액의 무기 판매를 밀어붙이고 그러기 위해 사우디아라비아 정권에 적극 접근하던 시기인 2020년, 그의 정치적 경쟁자였던 조 바이든은 사우디아라비아를 국제 사회에서 고립시키겠다고 약속했고, 미군을 아프가니스탄에서 철수하겠다고 공언했다.

그러나 안타깝게도 트럼프와 마찬가지로 바이든 역시 대선 후보에서 대통령으로 변모하는 여정에서 전쟁산업의 영향력을 보여주는 대표적인 사례가 되었다. 후보 시절 바이든은 사우디를 "왕따 국가pariah"라 불렀지만, 대통령이 된 뒤에는 무함마드 빈 살만을 방어하기 위해 미군이 싸우고 죽어야 할 수도 있는 방위 조약을 사우디아라비아와 맺으려 했다. 미국이 사우디아라비아의 안보 보장을 제공하겠다는 제안은 사우디아라비아가 '아브라함 협정Abraham Accords'에 가입하도록 설득하기 위한 전략의 일부였다. 이 제안은 트럼프의 사위 쿠슈너가 고안한 것이었다. 아브라함 협정은 이스라엘과 주변 아랍 국가 간의 관계 정상화를 촉진하기 위해 2020년에 체결되었지만, 팔레스타인인의 권리와 요구는 협정에서 배제되었다. 협정에 대한 지지를 끌어내기 위한 전략의 일부로 중동 아랍 국가들에 대한 무기 판매를 대폭 늘리는 방안이 포함되었다. 그래서 적어도 한 비평가는 이 협정을 "무기 판매 협정The Arms Sales Accords"이라고 불렀을 정도였다. [39]

폴 크루그먼과 조 바이든의 오판

아이젠하워가 1961년 1월 고별 연설을 통해 군산복합체가 행사하는 "부당한 영향력"에 대해 경고했을 때, 그는 군 지도자들과 무기 제조업체들의 결합이 훗날 이렇게까지 막강해지리라고는 상상조차 하지 못했을 것이다. 60여 년이 지난 지금 군산복합체는 사상 최대 규모의 세금을 받아가고 있으며, 원하는 예산 증액이나 규제 완화를 의회를 통해 일상적으로 관철시키고 있다. 또 싱크탱크와 대학에 자금을 지원하면서 대외 정책 논쟁의 방향에도 영향을 미치고 있다. 그 방향은 흔히 전쟁 위험을 높이는 매파 노선 쪽이다. 그러나 이렇게 막대한 영향력을 가졌음에도 군산복합체가 진지하게 고민할 만한 문제인지에 대해 회의적인 사람들도 존재하는 것이 현실이다.

예를 들어 진보 성향의 경제학자 폴 크루그먼Paul Krugman은 2023년 10월 《뉴욕타임스》 칼럼에서 '군산복합체'는 구시대적인 용어이며, 오히려 국방부에 더 많은 돈을 투입해야 한다고 주장했다(방대한 반대 증거가 있음에도 불구하고). 그는 이렇게 썼다.

> 드와이트 아이젠하워가 '군산복합체'의 위험에 대해 경고하는 연설을 한 것은 사실이다. 하지만 그 연설은 1961년에 한 것이었다. … 우리 국방 예산이 터무니없이 비대해졌는가? 물론 국방부도 다른 대규모 조직들처럼 많은 돈을 낭비하긴 한다. 하지만 최근 일련의 사건들은 우리가 현재 지출하는 수준만큼, 아니 어쩌면 그보다 더 많이 지출해야 한다는 주장을 뒷받침한다.[40]

크루그먼이 강력한 군수산업 로비는 과거의 유물이라고 주장하고 있던 바로 그때, 바이든 대통령은 군수산업을 찬양하며, 무기 제조업체들과 그 노동자들을 "민주주의의 병기창"이라고 부르고 있었다.[41]

이 책의 나머지 부분이 분명히 보여줄 텐데, 크루그먼과 바이든 둘 다 핵심을 잘못 짚었다. 크루그먼의 주장과 달리 군산복합체는 지금 그 어느 때보다 더 큰 영향력을 행사하고 있으며, 인플레이션을 감안하더라도 아이젠하워 시절보다 수천억 달러나 더 많은 세금을 매년 받아가고 있다. 무기회사들은 바이든 대통령이 말한 '민주주의의 병기창'과 거리가 먼 것이, 전 세계 독재 정권들에도 자사 제품을 수시로 판매하기 때문이다. 그들은 주주 이익에 종속된 영리 기업들일 뿐이다. 그들은 허가만 받는다면 민주 국가든, 독재 국가든, 왕국이든, 공화국이든 어느 나라에든 무기를 판다.[42] 또한 이 산업은 미국 정부가 억압 정권이나 전쟁 중인 국가에 대한 무기 수출 규제를 완화하도록 함으로써 시장을 넓히기 위한 활동을 쉬지 않고 벌이고 있다.

만약 크루그먼과 바이든이 옳다면 우리는 지금과 전혀 다른 세상에 살고 있을 것이다. 그러나 전쟁 기계를 구시대의 유물로 만드는 일은 실현된 현실이 아니라 미래의 과제다. 우리는 이 책의 뒷부분에서 군산 복합체를 억제하고, 우리의 외교와 국내 정책에 대한 진정한 민주적 통제를 가능하게 할 새로운 운동의 가능성을 그려볼 것이다. 하지만 지금은 먼저 아마겟돈으로 돈을 버는 자들, 즉 전쟁으로 이익을 얻는 세력들에 대해 살펴보려 한다.

3장

아마겟돈 속 폭리 취득자들

대륙간탄도미사일의 존재 이유
: 일자리, 이익, 정치적 생존

"대륙간탄도미사일ICBM은 우리가 보유한 가장 위험한 무기 중 하나다." 전 국방장관 윌리엄 페리William Perry의 말이다. 대륙간탄도미사일은 핵탄두를 탑재한 로켓으로, 미국 본토에서 발사되어 6000마일(약 9600킬로미터) 이상을 날아간다.[1] 대통령은 공격 경고가 들어왔을 때 단 몇 분 안에 대륙간탄도미사일 발사 여부를 결정해야 한다. 이와 같은 긴박함으로 인해 오경보에 따른 우발적 핵전쟁 위험이 크다. 전 하원 의원 존 티어니John Tierney는 이렇게 경고했다. "대륙간탄도미사일은 중복된 전력일 뿐 아니라 우발적으로 사용될 위험이 매우 높다. … 그것은 우리를 더 안전하게 만들어주지 않는다. 대륙간탄도미사일의 유일한 가치는 과도한 초과 비용으로 주머니를 채우는 방산업체들에 있을 뿐이며, 그 비용은 모두 납세자들이 부담한다. 이제는 멈추어야 한다."[2]

미국은 대륙간탄도미사일을 보유함으로써 발생하는 위험을 감수할 필요가 없다. 이미 많은 핵탄두를 폭격기와 탐지하기 어려운 잠수함에 보유하고 있고, 이런 핵전력은 어떤 국가도 미국을 공격할 엄두를 내지 못하게 하기에 충분하기 때문이다. 그래서 미국 정부 안팎에서 활동해온 다수의 전문가는 미국이 대륙간탄도미사일을 제외한 '2대 핵전력nuclear dyad'(핵 2축, 핵 2원) 체계, 즉 전략폭격기와 탄도미사일 발사 잠수함으로만 구성된 핵전력을 보유하는 편이 더 안전하다고 결론 내렸다. 잠수함은 위치를 찾아내기가 극도로 어렵기 때문에, 세 가지 운반 수단triad이 아니라 두 가지 운반 수단dyad에 기반한 무기 체계라 하더라도 적 공격에서 안전할 뿐 아니라, 어떤 적국이든 미국을 공격하려는 시도를 하지 못하도록 억지하기에 충분하다.

이것은 전문가만의 의견이 아니다. 미국인 중 절반이 훨씬 넘는 다수가 새로운 대륙간탄도미사일 개발에 반대하거나, 아예 그것을 완전히 없애기를 원한다.[3] 그런데도 왜 워싱턴 주류 세력은 대부분 이 같은 파멸적 무기를 환영하고 있을까?

간단한 답은 일자리와 이익, 정치적 생존이다. 이러한 동기가 바로 '상원대륙간탄도미사일연합Senate ICBM Coalition'이 강력한 로비 활동을 벌이는 배경이다. 이 연합은 노스다코타주, 몬태나주, 와이오밍주, 유타주 등 대륙간탄도미사일 기지를 보유하거나 기존 대륙간탄도미사일 유지·보수·신형 개발에 관여하는 주요 시설을 둔 주의 상원 의원들로 구성되어 있다.[4] 이 연합의 의원 8명은 은퇴나 선거 패배에 따라 교체되는 순환 구조를 가진다. 해당 주의 상원 의원들이 자기 지역구의 기지에 충분한 지지를 보이지 않을 경우 정치 경력이 위태로워질 수 있다. 예를 들어 민주당 상원 의원이자 상원 민주당 원내대표였던 톰 대슐Tom Daschle은 2004년 사우스다코타주에서 낙선했다. 미국과학자연맹Federation of American Scientists의 맷 코르다Matt Korda가 지적했듯이, 이는 유권자들이 "대체로 … 공화당이 주 내에 군대가 계속 주둔하도록 더 잘 보장할 수 있다"라고 생각했기 때문이다. 대슐을 공격한 정치 광고는 사우스다코타주 엘스워스 공군기지의 운명을 그의 탓으로 돌렸는데, 이 기지는 최근 대륙간탄도미사일 임무를 상실한 상태였다. 한 광고는 심지어 "대슐에게 표를 주는 것은 엘스워스를 반대하는 표"라는 메시지까지 내걸었다.[5] 그 결과 대륙간탄도미사일 주 출신 상원 의원들은 해당 체계를 적극 방어하지 않을 경우 정치적으로 얼마나 큰 위험에 직면하는지 뼈저리게 인식하고 있다.

현 하원 군사위원회 간사이자 전 위원장인 애덤 스미스Adam Smith 의원(워싱턴주·민주당)은 대륙간탄도미사일 전력을 보존하고 현대화하려는 캠페인의 진짜 동기를 이렇게 털어놓았다. "솔직히 지금 우리의 [대륙간탄도미사일] 전력은 정책적 필요만큼이나 정치적 요인에 따라 좌우된다고 생각합니다. 아시다시피 어떤 주들은 마치 핵 공격 대상이 되는 걸 좋아하는 것처럼 보이죠. 그리고 그것이 그들 경제의 일부입니다. 그게 그들이 하는 일이죠."[6]

막대한 세금이 핵 군수산업에 경악스러운 속도로 투입되고 있다. 그

러나 군수산업에 좋은 소식은 나머지 우리 모두에게는 끔찍한 소식이
다. 수천억 달러를 핵무기 증강에 퍼붓는 일은 미국, 러시아, 중국 3국
간 핵무기 경쟁을 자극하고 핵전쟁 가능성을 더 높일 수 있다. 그리고
그 전쟁은 세계가 지금껏 경험한 것과는 전혀 다른 양상이 될 것이다.
미국과 러시아 간 핵 충돌만으로 첫 며칠 안에 최다 9000만 명이 사망
할 수 있다. 시간이 지나면 방사능 질환과 세계 식량 생산 능력의 급격
한 감소로 최대 50억 명의 생명이 위태로워질 수 있다.[7]

우려되는 세계 종말이란 결과에 아랑곳하지 않은 채, 상원대륙간탄
도미사일연합은 자신들의 목표를 매우 성공적으로 달성했다. 그들은
지상 발사 핵미사일의 배치나 예산을 제한하려는 모든 시도를 가로막
아왔다. 예를 들어 지난 10년 동안 이 연합은 오바마 행정부 시절 체결
된 신전략무기감축협정New START, New Strategic Arms Reduction Treaty에도 불구
하고 실전 배치된 대륙간탄도미사일 수 축소를 제한하는 데 성공했다.
또 사용하지 않는 미사일 격납고를 대기 상태로 유지하도록 했다. 이는
미국이 새로운 군비 경쟁의 일환으로 다시 증강을 결정할 경우 즉시 대
륙간탄도미사일을 재배치할 수 있도록 하기 위해서다. 더 나아가 국방
부가 대륙간탄도미사일 전력 감축이 환경과 경제에 미치는 영향을 연
구하는 것을 막았다. 국방부의 새로운 대륙간탄도미사일 프로그램인
센티널Sentinel에 대해서는 전액 예산 지원을 강력히 옹호했다.[8]

상원대륙간탄도미사일연합은 자신들의 목표를 달성하기 위해 집요
한 옹호 활동을 벌여왔다. 이들은 국방장관들과 상원 군사위원회 위원
장들에게 서한을 보내왔다. 아울러 국방부 핵심 관계자들과 정기적으
로 만나 대륙간탄도미사일을 계속 생산·배치해야 한다는 주장을 펼쳐

　　　　　　　　미국은 왜 전쟁을 멈추지 못하는가

왔다.[9]

　대륙간탄도미사일 로비는 2024년 여름 큰 도전에 직면했다. 새로운 센티널 대륙간탄도미사일의 개발 비용이 초기 몇 년 만에 무려 81%나 증가한 사실이 드러난 것이다.[10] 이 엄청난 비용 상승으로 인해 국방부는 프로그램의 미래를 재검토하게 되었다. 이에 대해 상원대륙간탄도미사일연합은 성명을 발표했다. "대륙간탄도미사일은 축소하기에는 너무 중요하며, 프로그램 비용 증가분은 다른 무기 체계의 예산을 줄여 충당할 수 있다"라고 주장했다.[11] 노스럽 그러먼이 개발 중인 센티널에는 수명주기 동안 3150억 달러 이상이 소요될 것으로 예상된다.[12]

　센티널 프로그램의 비용이 엄청나게 증가하자 일부 의원들은 이를 억제하거나 폐지하기 위해 행동에 나섰다. 이러한 노력을 주도한 인물들은 하원 의원 존 가라멘디John Garamendi (캘리포니아주·민주당), 하원 의원 돈 바이어Don Beyer(버지니아주·민주당), 상원 의원 에드 마키Ed Markey(매사추세츠주·민주당), 상원 의원 제프 머클리Jeff Merkley(오리건주·민주당)였다. 이들은 모두 의회 내 '핵무기군비규제실무그룹Nuclear Weapons and Arms Control Working Group'의 공동 의장이었다.[13] 일각에서는 센티널의 취소뿐 아니라 미국의 핵무기 보유고에서 대륙간탄도미사일을 완전히 제거하라는 요구도 나왔다.

　노스럽 그러먼은 2020년 9월 경쟁 입찰 없이 수의 계약으로 대륙간탄도미사일 사업을 따냈다. 경쟁 부재의 결과는 나타나기 마련이다. 앞서 언급했듯이 센티널의 비용은 프로그램이 시작된 2020년 9월부터 2024년 초까지 81% 이상 증가했다. 이는 무기 조달 과정에서 막대한 비용 초과를 억제하기 위해 제정된 넌-매커디법Nunn-McCurdy Act에 따라 사업이 취소될 수도 있는 수준이었다. 그러나 바이든 행정부는 노스럽 그러먼에 이 법 적용을 면제해주었고, 그 결과 사업과 수십억 달러의 자금 지원은 계속되고 있다. 전쟁 기계의 또 다른 승리였다.[14]

핵무기 체계의 터무니없는 비용을 오래전부터 비판해온 가라멘디 의원은 신형 대륙간탄도미사일 논쟁을 더 넓은 맥락에서 이렇게 설명했다. "구시대적 방위 전략에 과도하게 지출하다가 붕괴한 국가들이 있습니다. 나는 미국이 그러한 실수를 반복하고 있다고 우려합니다. 우리는 매년 국방비 증액을 승인하면서도 그것이 안정과 안보를 실제로 강화하는지는 확인하지 않습니다. 이러한 프로그램들은 불필요하고 값비싼 실수이며, 미국 납세자들에게 부담을 지우고, 미국·러시아·중국 간의 현대적 핵무기 경쟁을 더욱 부추깁니다."[15]

핵무기는 어떻게 거대한 사업이 되었나

핵무기 정책은 언제나 단순한 전략 문제 그 이상이었다. 핵 시대 초기부터 미국 핵무기 보유량의 규모는 최선의 방어를 어떻게 제공할 것인가에 관한 고려 못지않게, 아니 그보다 더 크게 예산 영역 다툼과 계약 확보 경쟁에 의해 좌우되었다. 미국 핵무기를 언제, 어떻게 사용할 것인지를 규정하는 교리조차 특수 이익 집단special interest group, SIG 정치의 영향을 받는다.

결국 이 잠재적으로 세계를 끝장낼 수 있는 무기들을 만드는 데 얽힌 예산과 이윤, 일자리는 거대한 사업이다. 미국에서만 연평균 500억 달러 이상이 쓰이고, 전 세계 다른 나라들에서도 수십억 달러가 더 투입된다. 미국의 핵탄두 복합체는 캘리포니아주와 미주리주, 네바다주, 뉴멕시코주, 사우스캐롤라이나주, 테네시주, 텍사스주에 주요 시설을 둔 방대한 체계다. 또한 핵무장 잠수함과 폭격기, 미사일은 캘리포니아주와 코네티컷주, 조지아주, 루이지애나주, 노스다코타주, 몬태나주, 버지니아주, 워싱턴주, 와이오밍주에서 생산되거나 그곳에 배치되어 있다. 여기에 핵무기 하청업체들까지 더하면, 대부분의 주에서 적어도 어느 정도는 핵무기 관련 활동이 이루어지고 있다.[16]

현재 핵탄두를 개발, 유지, 관리하는 시설망은 민간 업체들이 운영하고 있다. 대기업들은 핵무장 폭격기와 잠수함, 미사일을 제작한다. 핵무기 예산의 최대 수혜자는 이들 무기를 제작하는 노스럽 그러먼과 RTX, 제너럴 다이내믹스, 록히드 마틴 같은 거대 군수업체에서부터 핵탄두 시설 운영을 지원하는 BWX 테크놀로지스BWX Technologies와 제이콥스 엔지니어링Jacobs Engineering 같은 덜 알려진 기업들에 이르기까지 다양하다.[17] 심지어 대학들마저 이 일에 뛰어들고 있다. 예컨대 캘리포니아대학교와 텍사스A&M대학교는 미국 핵무기 연구개발의 핵심 기관인 로스앨러모스국립연구소Los Alamos National Laboratory를 운영하는 컨소시엄의 일원이다.[18]

이들 기업은 선거 자금 기부, 인맥 좋은 로비스트, 일자리와 수익 창출 약속 등의 수단을 동원해 핵무기 자금이 계속 공급되도록 밤낮없이 일한다. 앞서 이야기한 것처럼 현재 국방부 계획은 앞으로 30년간 핵무기를 장착한 폭격기, 미사일, 잠수함, 탄두 등 분야에서 차세대 무기를 개발하는 데 최대 2조 달러를 지출하는 것이다. 게다가 미국의 '전략

태세'를 논의하기 위해 의회에 신설된 위원회는 국방부와 의회가 더 많은 돈을 쓰도록 압박하고 있다.[19] 불행하게도 이 위원회의 권고는 공정한 전문가 집단이 신중하게 심사한 결과가 아니다. 위원회 구성원 중 다수가 군수산업계와 유착 관계를 맺고 있다(이에 대해서는 이번 장 후반부와 8장에서 더 자세히 다룬다).[20]

요컨대 우리가 생존할 수 있을지는 아이젠하워가 퇴임할 때 경고한 더 큰 군산복합체의 일부인, 사익에 매몰된 '핵산업복합체nuclear-industrial complex'의 손에 좌우되고 있다. 실제로 앞서 언급했듯이 아이젠하워가 이 복합체의 힘을 경고한 주된 이유가 바로 핵무기 자금을 둘러싼 비용이었다.

사익을 좇으며 우리를 파국의 문턱으로 몰아넣는 관료와 기업으로부터 핵 정책을 되찾아와야 할 때가 한참 지났다. 그렇게 하려면 먼저 극복해야 할 정치 행위가 상원대륙간탄도미사일연합의 만연한 지역 이권 챙기기 정치pork-barrel politics(선심성 정치)다.

상원대륙간탄도미사일연합은 자신들이 들인 노력을 군수산업에서 기부받는 막대한 선거 자금으로 보상받았다. 지난 두 차례 선거 동안 이 연합 소속 의원들은 무기 제조업체들로부터 약 75만 달러에 달하는 선거 자금을 받았으며, 그중 상당 부분은 핵무기 개발과 생산에 관여한 기업들로부터 나왔다. 같은 기간 상원 군사위원회 소속 의원들은 군수산업으로부터 그보다 훨씬 많은 590만 달러를 받았다.[21]

더 중요한 것은 핵무기 생산에 관여하는 업체들을 비롯한 군수기업들이 2024년 한 해 동안 로비 활동에 1억 4800만 달러 이상을 지출했다는 사실이다. 매년 군수산업은 800명에서 1000명에 이르는 로비스

　　　　　　　　　　　　　　　미국은 왜 전쟁을 멈추지 못하는가

트를 고용하는데, 이는 의원 1인당 1명을 훨씬 웃도는 인원이다.[22] 로비스트 중 대부분은 국방부나 의회, 행정부 경력을 거쳐 ‘회전문 인사’를 통해 채용된다. 이들은 전 직장 동료들과의 인맥 외에 국방부가 어떤 거대 기업에 계약을 줄지 결정하는 난해한 절차에 대한 상세한 지식을 활용한다. 이들 덕분에 군수기업들은 미국인이 필요로 하지도 않고 가격도 감당할 수 없는 자신들의 무기 체계에 들이는 세금을 쓸어 담기가 대단히 유리해진다. 더 교묘한 문제가 있다. 많은 현직 정부 관리들이 협상 과정에서 무기 제조 대기업들의 비용과 성능 문제를 대충 넘어가거나 심지어 해당 업체들에 유리하게 절차를 왜곡한다는 사실이다. 이런 행태의 동기는 무엇일까? 바로 은퇴 후 군수산업에서 고액 연봉 일자리를 얻기 위해서다.

예를 들어 새로운 대륙간탄도미사일과 새로운 핵폭격기 제조로 수십억 달러를 벌어들일 예정인 노스럽 그러먼은 지난 5년간 매년 36명에서 61명의 로비스트를 고용했으며, 그중 대다수는 정부 직책을 거쳐 ‘회전문 인사’로 들어온 인물들이었다. 노스럽을 위해 활동한 대표적인 회전문 로비스트로는 전 캘리포니아주 공화당 하원 의원이자 하원 군사위원회 위원장이었던 하워드 “벅” 매키언Howard “Buck” McKeon이 있다. 그는 오랫동안 록히드 마틴과 노스럽 그러먼을 지지했는데, 두 기업 모두 그의 옛 지역구에 시설을 두고 있었다. 또 다른 노스럽 그러먼 소속 회전문 로비스트로는 상원 세출위원회 위원장이었던 리처드 셸비Richard Shelby(앨라배마주·공화당) 의원의 보좌관으로 일했던 G. 스튜어트 홀G. Stewart Hall 등이 있다.[23]

군수산업을 위한 로비 활동에 전직 의원들과 보좌관들이 뛰고 있다.

노스럽 그러먼의 로비스트 군단이 이를 잘 보여준다. 하원 국방세출소위원회에서 활동했던 앨라배마주 민주당 의원 버드 크레이머Bud Cramer가 그중 한 사람이다. 보좌관 출신으로는 셰이 마이클 핸콕Shay Michael Hancock이 있다. 앞서 핸콕은 상원 예산위원회 위원장 패티 머리Patty Murray(워싱턴주·민주당) 의원과 하원 군사위원회 전 위원장이자 현 민주당 간사인 애덤 스미스 의원을 보좌했다.[24]

앞에서 언급했듯이 무기 제조업체들의 영향력은 의회에서 결실을 맺었다. 예컨대 새로운 대륙간탄도미사일 개발에 의문을 제기하거나 해당 사업의 예산을 삭감하려는 주요 조치를 막아왔다. 2016년 핵무기 계약업체들과 상원대륙간탄도미사일연합은 배치된 대륙간탄도미사일 수량을 400기 이하로 줄이는 것을 금지하는 법안을 통과시키는 데 기여했다. 이 조항은 이후 모든 국방 법안에 포함되어왔다.

그 후 2020 회계 연도 국방부 예산안 협상 과정에서 상원대륙간탄도미사일연합의 하원 내 동맹 의원들은 현세대 대륙간탄도미사일인 미니트맨 III를 교체하는 대신 업그레이드할 가능성에 대한 독립적 연구를 요구하는 수정안을 무산시켰다. 이듬해에는 상원대륙간탄도미사일연합의 동맹 의원인 와이오밍주 공화당 하원 의원 리즈 체니Liz Cheney가 캘리포니아주 민주당 하원 의원 로 카나Ro Khanna가 제안한 수정안을 저지하는 싸움을 주도했다. 앞서 카나는 신규 대륙간탄도미사일 프로그램에서 10억 달러를 전용해 당시 진행 중이던 코로나19 팬데믹에 대응하는 국가적 노력에 더 많은 자원을 투입하자는 수정안을 제안했다. 의회 보좌관들에 따르면 노스럽 그러먼의 로비스트들은 '전방위 공세'를 펼치며 카나 의원의 수정안에 반대표를 던지도록 의원들을 압박했

다.[25]

대륙간탄도미사일 기지를 보유한 지역 사회의 지도자들은 기지의 존재와 향후 대륙간탄도미사일 예산 및 배치가 지역 수입과 고용에 필수적이라고 본다. 이러한 태도는 최소한 1960년대로 거슬러 올라간다. 당시 래피드시티의 한 주민은 미주리주 상원 의원 스튜어트 사이밍턴에게 편지를 보내 "50기의 미사일을 추가로 … 가능하면 베이징을 겨냥해" 자기 지역 내 공군기지에 배치해달라고 요청했다. "우리 래피드시티 지역 사회는 이런 활력제 투약이 필요하기 때문"이라고 콕 찍어 설명했다.[26]

노스럽 그러먼 같은 기업들은 대륙간탄도미사일 기지가 위치한 주의 기업들 및 지역 사회 단체들과 긴밀한 관계를 구축해왔다. 이런 관계는 무기회사들이 워싱턴 내 정치적 영향력을 강화하는 기반이 된다. 현재 와이오밍주의 주도인 샤이엔의 그레이터샤이엔상공회의소는 신형 대륙간탄도미사일 홍보에 주력하는 하위 그룹을 출범시켰다(샤이엔에는 핵미사일 기지인 F. E. 워런 공군기지가 있고, 이 기지는 미국 핵 억지력의 핵심 거점으로서 미니트맨 III 대륙간탄도미사일을 관리·운용한다-옮긴이). 이 그룹의 임무 중 하나는 현지에서 '더 졸트The Jolt'라 불리는 군 현대화 사업에 따라 발생할 경제적 유입에 대비해 워런 공군기지 주변 카운티들을 준비시키는 것이다. 이 그룹의 활동에는 지역 기업들이 "군사 프로젝트의 전 과정에서 필요한 하청업체로 선정되기 위한 노력에 대해 지원"을 제공하는 것과, 각급 학교 학생들에게 "현대화 과정에서 필요한 인력 수요에 부합하는 미래의 진로 기회"를 교육하는 것이 포함된다. 지역 사회의 안정된 자금 흐름을 확보하기 위한 노력의 일환으로 상공회의소는 '와

이오밍랭글러스위원회Wyoming Wranglers Committee'를 설립했는데, 이 위원회는 "워싱턴 D.C.에서 군사 시설 설치 및 이전 자금 조달에 특화된 로비스트를 지원하는 후원자들"로 구성되었다. 이 프로그램은 워런 공군기지 프로젝트 자금을 성공적으로 확보했다. 노스럽 그러먼은 이 대륙간탄도미사일 지지 단체와 긴밀히 협력하고 있으며, 해당 단체의 웹사이트에는 이 업체가 '파트너'로 올라가 있다.[27]

노스다코타주, 몬태나주, 와이오밍주의 지역 사회가 대륙간탄도미사일에 대한 국방부 지출에 경제적으로 의존하게 된 것은 미사일이 처음 배치된 1950~1960년대로 거슬러 올라간다. 그레천 히프너Gretchen Heefner가 《옆집의 미사일: 미국 심장부의 미니트맨The Missile Next Door: The Minuteman in the American Heartland》에서 지적했듯이, 이들 지역은 대륙간탄도미사일 배치를 "일종의 보험, 지역 공군기지라는 보험에 가입한 것 … 만약 미사일이 공군의 미래라면 미사일을 보유한 기지는 미래를 갖는 것"으로 보게 되었다.[28]

공군은 세 주의 기지에 단순히 미사일 사일로 몇 기를 건설하는 데 그치지 않았다. 도로를 포장했고, 교량을 보수했으며, 새로운 발전소를 건설했다. "많은 미국인이 깨닫게 되었듯이 국가 안보 예산은 잘사는 지역과 못사는 지역, 발전한 지역과 농업 중심의 과거에 머무는 지역을 가르는 차이가 될 수 있었다"라고 히프너는 지적한다.[29]

군사 시설의 경제 활성화와 일자리 창출 논리의 진위

그러나 1950년대에는 중요했을지라도 오늘날의 경제 환경에서는 군사 지출이 지역 경제 활성화를 보장하지 못한다는 점에 주목할 필요가 있다. 군사 자금에 가장 많이 의존하는 주들은 흔히 빈곤율이 전국 평균보다 높다고 시민 단체 정부감시프로젝트에서 활동하는 미리엄 펨버턴Miriam Pemberton은 비교 결과를 제시했다. 펨버턴은 국방부 지출에 대한 과도한 경제적 의존에서 탈피해 민간 수요에 대한 투자를 포함해 더 균형 잡힌 접근 방식으로 전환해야 한다고 오랫동안 주장해왔다.[30] 군사 지출이 지역을 빈곤에서 벗어나게 하지 못하는 것은 그 혜택이 지나치게 제한적으로 집중되었거나, 오히려 건전하고 다변화된 경제 기반을 구축하는 데 방해물이 되었기 때문일 수 있다.

노스럽 그러먼은 새로운 대륙간탄도미사일과 이를 제작하는 자사의 역할에 대한 지지를 확보하는 데서 해당 지역 경제 문제를 건드리고 부각시키는 일이 얼마나 중요한지 잘 알고 있었다. 2017년 2월, 새로운 미사일 개발을 위한 수의 계약을 따내기 훨씬 전부터, 노스럽 그러먼은 대륙간탄도미사일 기지를 둔 지역 사회를 순회하며 자사의 입찰을 지지하도록 설득하는 활동을 벌였다. 노스럽 그러먼의 대륙간탄도미사일 관련 부문 부사장 캐럴 에릭슨Carol Erikson은 이렇게 말했다. "우리는 지역 지도자들과 교류하기 위해 이곳에 왔습니다. 차세대 대륙간탄도미사일 체계를 실전 배치하는 데 따르는 고유한 도전과 기회를 진정으로 이해하기 위해서입니다."[31] 그는 또한 회사가 미사일 개발 과정에서 협력할 잠재적 지역 하청업체를 찾고 있다고 덧붙였다.

노스럽 그러먼 대표단에는 '회전문 인사 드림팀'이 포함되어 있었다. 이들은 은퇴한 제임스 코왈스키James Kowalski 중장(전 미국전략사령부US Strategic Command 부사령관이자 공군지구권타격사령부Air Force Global Strike Command 사령관), 러스 애나드Russ Anarde 준장(마이닛 공군기지에 배치된 대륙간탄도미사일 부대 제91미사일비행단 전 단장), 톰 컬런Tom Cullen 예비역 대령(27년간 대륙간탄도미사일 장교로 복무, 마이닛 공군기지 제740대륙간탄도미사일비행대 근무, 몬태나주 맘스트롬 공군기지 제10대륙간탄도미사일비행대 지휘)이었다. 이들 모두 노스럽 그러먼의 임원으로 활동했고, 그들의 경력은 노스럽이 결국 신형 대륙간탄도미사일 개발 계약을 따내는 데 큰 도움이 되었다. [32]

대륙간탄도미사일 기지가 있는 도시들의 상공회의소들도 특히 탄도미사일과 더 넓게는 3대 핵전력 체계를 홍보하는 데 매우 적극적이다. 그레이터샤이엔상공회의소(와이오밍주 샤이엔), 몬태나디펜스얼라이언스(몬태나주), 태스크포스 21(노스다코타주 마이닛)은 모두 '전략억제연합Strategic Deterrent Coalition'의 회원이다. 이 연합은 폭격기, 전략 잠수함, 탄도미사일 기지가 있는 지역의 조직들이 모인 네트워크로, 임무는 "3대 핵전력 체계가 미국 방위에 필수임을 홍보하는 것"이다. 활동 가운데는 합동참모본부 차장이나 미국전략사령부 부사령관 같은 연사들을 초청하는 연례 회의가 포함되어 있다. 대륙간탄도미사일 계약업체인 노스럽 그러먼, 록히드 마틴, 제너럴 다이내믹스 등이 이 연례행사를 후원한다. [33]

태스크포스 21의 임무는 지역 사회와 노스다코타주 정부 관계자, 연방 의회 의원, 일반 대중에게 국가 안보 문제, 특히 마이닛 공군기지와 미국 공군, 국가 핵무기 전력에 영향을 미치는 사안들을 알리는 것이다. 와이오밍주 단체와 마찬가지로 이곳도 3대 핵전력 체계의 중요성을 다루는 연례 심포지엄을 주최한다. 2020년 심포지엄 연사 중에는 상원대륙간탄도미사일연합 소속인 케빈 크레이머Kevin Cramer 상원 의원(노스다코타주·공화당)과 존 호븐John Hoeven 상원 의원(노스다코타주·공화당), 당시 합동참모본부 차장이던 존 하이튼John Hyten 대장이 있었다.

한편 몬태나디펜스얼라이언스는 이 지역 내 맘스트롬 대륙간탄도미사일 기지를 지원한다. 이 단체의 목표에는 매년 전략 계획을 수립해 "군사 임무를 유지·유치·강화"하고 "다른 몬태나주 군사 조직들과 국방 관련 기관들의 활동을 지원"하는 것이 포함된다. 노스럽 그러먼은 이 단체의 주요 후원사로 명기되어 있다.[34]

미국과학자연맹의 트리샤 화이트Tricia White와 맷 코르다는 위에서 언급한 상공회의소들의 활동을 다음과 같이 요약했다.

> [이들 단체는] 국방부 관리들과 군수업체들, 해당 지역구의 연방 의원들을 만나 각자 자기 지역의 기지를 대변하는 로비 활동을 벌인다. 특히 주목할 점은 이들이 자기네 지역 사회와 얼마나 긴밀히 연결되어 있는가다. 이들은 학교에서 진로 기회를 제공하고, 새로운 사업 입찰이 진행될 때 군수업체가 지역 사회 행사를 개최하도록 하며, 지역 기업들이 노스럽 그러먼, 보잉, 록히드 마틴의 하청 계약을 따내는 과정의 세부 절차를 안내한다.[35]

다른 주요 프로그램과 마찬가지로, 노스럽 그러먼은 안정적이고 충분한 자금 지원을 유지하기 위한 논리로 새로운 대륙간탄도미사일이 많은 일자리를 창출한다는 주장을 활용했다. 노스럽 그러먼은 이 프로그램이 32개 주에서 1만 개의 일자리를 만들 것이라고 주장했다. 그러나 1억 6700만 명이 넘는 미국 전체 노동 인구를 고려하면, 이는 바닷물 한 방울보다 적은 수준이다.

게다가 새로운 대륙간탄도미사일 사업이 이루어진다고 주장되는 32개 주 중 대부분은 극히 적은 일자리만 얻게 될 것이다. 만약 일자리 1만 개가 고르게 분배된다면 주당 약 310개에 불과하다. 그러나 실제로는 대부분의 주가 그보다 적을 텐데, 이는 해당 프로젝트 관련 고용의 가장 큰 몫을 차지할 새로운 생산 시설이 유타주에 있기 때문이다. 사업이 본격적으로 시작될 당시 노스럽 그러먼은 유타주에서 2500개의 일자리를 창출할 "기회"가 있다고 언급했다. 그러나 "기회"라는 표현은 그 수치가 확정과는 거리가 멀다는 점을 시사한다.[36] 어떤 경우에는 이러한 일자리 전망이 과연 합리적인 추정치인지조차 알 수 없다. 즉 새로운 대륙간탄도미사일 프로그램은 투입되는 수십억 달러에 비해 상대적으로 적은 일자리만 만들어낼 것이다. 더 중요한 점은 같은 돈을 다른 어느 곳에 쓰더라도(심지어 감세를 하더라도) 훨씬 더 많은 일자리를 만들어낼 수 있다는 사실이다.

하지만 유타주를 포함해 어디도 그러한 사실이 공개되기를 원하지 않는다. 탐사 보도 기자 테일러 반스Taylor Barnes는 유타주에 관련 자료를 요청했다가 거절당하면서 이를 확인했다. 테일러가 원한 자료는 새로운 대륙간탄도미사일 관련 일자리 전망의 근거와 신규 공장 지원에 투입되는 주 정부의 보조금 규모였다. 유타주의 한 공무원은 이 요청을 거부하면서 노스럽 그러먼의 사업 이익이 유타주 납세자의 이익보다 더 중요하다고 대놓고 밝혔다. 그 공무원은 이렇게 답했다. "노스럽 그러먼의 사적 이익이 민간의 추측성 미래 고용이나 임금 전망을 확보하려는 공익보다 우선합니다."[37]

전쟁 기계가 사회에 끼치는 영향
: 핵실험, 경찰의 군사화

다시는 사용되지 않는다 해도 핵무기는 여전히 인류의 생명과 건강에 심각한 피해를 끼칠 것이다. 1945년 트리니티Trinity 실험(실전 핵폭탄의 첫 지상 실험) 당시 핵 방사능에 뒤덮인 뉴멕시코주의 작은 마을들을 보라. 그곳에는 치명적인 암과 다른 심각한 건강 문제의 오랜 역사가 아직까지 남아 있다. '툴라로사분지피폭자연합Tularosa Basin Downwinders Consortium'의 대표 티나 코르도바Tina Cordova는 이렇게 개탄한다. "미국의 지도자들은 전쟁이라는 명목으로 자국민의 건강을 의도적으로 위험에 빠뜨리고 해를 끼쳤습니다."[38]

실험 당시 정부 관리들은 방사능 확산 경로가 "무인 지역"을 지나가도록 했다고 주장했다. 그러나 실제로는 실험장 반경 50마일(약 80킬로미터) 안에 1만 3000명이 거주하고 있었다. 이 지역 일부 가정은 안전 기준치의 10만 배에 달하는 방사능에 피폭당했다. 이로 인한 암 사망이 4~5세대에 걸쳐 이어져왔다. 오늘날까지도 뉴멕시코주의 피해 주민들은 트리니티 실험과 연관된 질병 치료를 위한 의료비를 감당할 수 있도록 연방 정부가 보상해야 한다고 요구하고 있다.

트리니티 실험의 영향을 받은 카운티들은 농업에 의존했기 때문에 특히 취약했다. 툴라로사분지피폭자연합이 2017년 발표한 보고서에서 드러났듯이, 이는 방사능 노출 가능성이 여러 경로로 열려 있었다는 뜻이다. 가장 취약했던 사람들은 "방사능 낙진에 노출된 야생 동물이나 가축을 섭취한 사람들, 방사능 낙진에 노출된 가축(소와 염소)의 젖을 마신 사람들, 방사능 낙진으로 오염된 빗물 저장고의 물을 마신 사람들, 방사능 낙진에 노출된 토양에서 자란 농산물을 먹은 사람들"이었다.[39]

뉴멕시코주 주민들은 1990년 제정된 '방사능피폭보상법Radiation Exposure Compensation Act, RECA' 대상에 포함되기 위해 정치적 싸움을 벌여왔다. 이 법은 다른 주의 피폭자들은 보상 대상으로 삼았으나 뉴멕시코주는 제외했기 때문이다. 그간의 노력은 느리지만 꾸준하게, 양당 협력을 바탕으로 이루어졌고, 미주리주 보수 성향의 상원 의원 조시 홀리Josh Hawley의 강력한 지지도 받았다. 2024년에는 방사능피폭보상법 확대 지지자들이 법안을 통과시킬 만큼 충분한 표를 확보한 듯 보였다. 그러나 하원의장 마이크 존슨Mike Johnson이 법안을 표결에 부치지 못하도록 막았다. 싸움은 계속될 것이다. 피폭자들과 그들을 돕는 그룹은 의회가 언젠가는 방사능피폭보상법을 확대해 뉴멕시코주의 방사능 관련 질병 피해자들을 포함할 것이라고 확신하고 있다. 이는 수십 년 전에 이루어졌어야 할 일이다.

핵실험으로 인한 피해는 미국 영토를 멀리 벗어난 곳에서도 발생했다. 마셜제도 주민들은 1954년 비키니 환초에서 터뜨린 15메가톤 규모의 캐슬 브라보Castle Bravo 실험이 건강에 끼친 영향을 해결하기 위한 지원을 요청하고 있다. 캐슬 브라보는 "미국의 가장 파괴적인 핵실험"으

미국은 왜 전쟁을 멈추지 못하는가

로 묘사되는데, 이는 1946년부터 1958년까지 마셜제도에서 진행된 67차례 핵실험 중 하나에 불과했다. 당시 직접적 영향을 살펴보면 화산재처럼 퍼진 낙진과 오염된 물, 잘게 부서진 산호가 주민들에게 심각한 화상과 구역질, 구토를 유발했다.[40] 미국원자력위원회US Atomic Energy Agency 소속 한 과학자는 1956년에 롱겔라프가 "세계에서 가장 심각하게 오염된 곳"이라는 연구 결과를 공개했다(롱겔라프 환초는 비키니 환초 동쪽 바로 옆에 위치한다-옮긴이).[41]

마셜제도 주민들은 미국의 핵실험으로 입은 피해에 대해 아직 충분한 보상을 받지 못했다. 주민들은 1986년 합의된 1억 5000만 달러는 태부족한 금액이라고 본다. 캐슬 브라보 실험 70년이 지난 지금 미국 의회는 아직도 올바른 조치를 취하지 않고 있다.[42]

방사능 피폭 피해자는 핵실험 지역 주민들만이 아니다. 핵폭탄 원료를 캐기 위해 미국 남서부로 끌려간 수천 명의 우라늄 광부들도 있었다. 그들은 안전 장비 없이 광산에서 근무했으며, 작업 내내, 심지어 점심시간에도 신선한 공기를 쐴 수 있는 휴식 시간조차 없었다. 게다가 오염된 물을 마셔야 했다. 그 결과(과도한 암 사망률과 방사능 관련 질환)는 비극적이면서도 예견된 것이었다.[43]

미국의 전쟁 기계가 끼치는 부정적인 영향의 대상은 핵실험 피해자들을 훨씬 넘어선다. 군사화된 대외 정책의 역효과는 2014년 미주리주 퍼거슨에서 일어난 시위에서 적나라하게 드러났다. 당시 지역 경찰관 대런 윌슨Darren Wilson에게 쫓기다 거리에서 총에 맞고 사망한 마이클 브라운Michael Brown 사건이 발단이었다. 평화 시위자들은 최루가스와 진압 장비뿐 아니라 장갑차까지 마주해야 했다. 특히 상징적인 상황이 발생했는데, 병력 수송 장갑차 위에 올라탄 경찰관 2명이 평화 시위대에게 총을 겨누었다. 그것만이 아니었다. 《워싱턴포스트》는 "현지 당국은 장갑차와 소음 기반 군중 통제 장치, 이라크와 아프가니스탄에서 미군이 사용한 것과 같은 M-4 소총, 고무 코팅 금속 탄환, 최루가스를 동원했다"라고 보도했다. [44]

해병대 출신 시민 데이비드 골드스틱David Goldstick은 "낮 시간에 평화 시위자들에게 저격 소총을 겨누는 것을 보고" 시위에 동참했다. 그는 "폭력은 거의 전적으로 경찰이 유발한 것 같다. 그들은 심지어 경찰이 아니라 준군사 조직이다"라고 말했다. [45]

이러한 군사적 무력 행사의 목적은 평화 시위자들을 위협하고, 감히 지역 경찰의 활동을 문제 삼았다는 이유로 그들을 처벌하는 것이었다. 전 세계 경찰 작전을 연구하는 제이슨 프리츠Jason Fritz는 이렇게 설명했다. "경찰이 방탄조끼를 입고 줄지어 서서 사람들의 가슴에 소총을 겨냥하고 있다. 저것은 군중을 통제하는 것이 아니라 위협하는 것이다." [46]

퍼거슨에서 사용된 것과 같은 군사 장비와 무기를 지역 경찰이 어떻게 갖출 수 있었을까? 한 가지 이유는 국방부가 잉여 물자를 헐값에 제공했다는 사실이다. '1033 프로그램'이라 불리는 국방부 계획 아래 미국 전역 50개 주의 6500개 주·지방 법 집행 기관에 70억 달러가 넘는 장비가 공급되었다. [47] 다른 공급원으로는 국토안보부의 보조금 프로그램이 있고, 군사용 등급 장비와 기타 장비를 할인된 가격에 제공하는 '1122 프로그램'도 있다. [48]

퍼거슨에서 발생한 사건이 주목받았지만, 이는 결코 예외적인 사례가 아니었다. 미국시민자유연맹American Civil Liberties Union, ACLU은 마이클 브라운이 사망하기 직전 발표한 보고서에서 "군사화된 경찰은 공격적이고 폭력적으로 행동하며, 흑인과 라틴계 공동체를 표적으로 삼고, 충격적인 속도로 사람들을 죽인다"라고 지적했다. 미국시민자유연맹은 또한 군에서 제공된 장비가 가택 침입이나 마약 단속에 자주 사용된다는 사실을 확인했다.[49]

경찰의 군사화는 이 세기의 끝없는 전쟁들에서 비롯된 대규모 중고 무기 비축 덕분에 가능해졌다. 국방부는 중고 무기를 국내 치안 기관들에 넘겼다. 오바마 행정부는 해당 프로그램을 통해 이전될 수 있는 장비의 종류를 제한하고, 군사 장비가 어떻게 사용되는지 통제하려 했다. 그러나 그러한 개혁 시도가 일상적인 치안 활동에서 군사 장비의 공격적인 사용을 억제하는 데 발휘한 힘은 "거의 없었다"라고 미국시민자유연맹과 다른 비판자들은 평가했다.[50]

군산복합체 폭주의 전형
: 의회 미국전략태세위원회

전쟁 기계가 지역 사회에 미치는 영향도 매우 중요하지만, 인간 생명에 대한 궁극적인 위협은 핵무기에서 비롯된다. 그러나 너무나 많은 선출직 정치인이 잠재적으로 세계를 파괴할 수 있는 이 무기를 인류의 미래에 대한 위험이 아니라 정치적·경제적 기회로 바라본다. 그들은 우리를 더 안전하게 만들 방안을 신중히 고려하기보다 경제적 이해를 앞세운다. 이를 보여주는 주요 사례가 의회에서 핵무기 문세를 논의하는 방식에서 드러난다. 예컨대 2023년 10월 19일 상원 군사위원회가 공청회를 열었을 때 주제는 '핵전쟁을 어떻게 막을 것인가'라는 무엇보다 중대한 사안이었다. 이날 증인으로 '의회 미국전략태세위원회 Congressional Commission on the Strategic Posture of the United States'의 공동 의장이 나섰는데, 이 위원회 명칭에 사용된 '전략 태세'라는 용어는 미국의 핵무기 비축 상태와 사용 여부를 결정하는 정책을 지칭하는 그럴듯한 표현일 뿐이었다. [51]

핵전쟁이 발발할 경우 걸린 이해관계를 고려하면(미국과 러시아 간 핵 충돌 첫 며칠 안에 최대 9000만 명이 사망하고, 방사능 피폭과 식량 생산 능력 감소가 뒤따르면 최다 50억 명의 생명이 희생될 수도 있다) 상원 의원들이 이 중대한 주제에 대해 심각한 질문을 던질 것이라 기대하는 것이 당연하다. 불행히도 그들은 그러지 않았다.

논의해야 할 사안은 많았다. 그러나 이 위원회의 핵심 권고는 위험하고 도발적이었다. 바로 전면적인 핵무기 증강이었다. 많은 독립 전문가는 이런 조치가 미국, 중국, 러시아 3자 간의 군비 경쟁을 촉발할 것이라고 우려한다. 그리고 군비 경쟁은 결국 최종 충돌 가능성을 더욱 높이는 쪽으로만 진행될 것이다.

이 위원회의 보고서는 상황을 더욱 악화시키려 했다. 앞서 여러 차례 언급한 것처럼 향후 30년간 2조 달러를 투입하겠다는 국방부의 계획에 더해, 이 보고서는 새로운 핵무기와 폭격기, 잠수함에 수천억 달러를 추가로 지출할 것을 요구했다. [52]

이 제안은 그야말로 광기의 전형이었다. 그러나 공청회에 참석한 상원 의원 대다수는 전략 태세 보고서의 불길한 함의를 파고들기보다는 자신의 지역구에 위치한 무기 체계나 시설에 대해 높은 평가를 늘어놓으면서 시간을 보냈다.

마크 켈리Mark Kelly 상원 의원(애리조나주·민주당)은 애리조나에서 RTX가 제작하는 SM-6 미사일의 중요성을 강조하면서, 해당 프로그램에 더 많은 지출을 제안한 위원회를 칭찬했다. 그는 아무런 증거도 제시하지 않은 채 SM-6가 "극초음속미사일hypersonic missile을 격추할 수 있는 유일한 무기"라고 주장했다. 이어 SM-6는 "하나로 세 가지 기능을 수행하는 미사일"이라면서 전투기, 접근 중인 미사일, 지상 목표물까지 타격할 수 있는 최고의 가성비 무기라고 묘사했다. 그리고 그의 질문은 본질적으로 어떻게 국방부를 설득해 더 많은 SM-6를 구매하게 만들 것인가에 쏠려 있었다.

켈리 의원은 자기 주의 무기 프로그램을 옹호하면서 '극초음속미사일'이라는 유행어를 정확히 짚었다. 음속보다 최소 5배 이상 빠른 속도로 비행하도록 설계된 이 무기는 현재 국방부와 해당 분야 기업들이 새로 집착하는 대상이다. 극초음속미사일을 빨리 개발하는 것은 중국과의 새로운 군비 경쟁을 떠받치는 한 축이 되고 있다.

재키 로즌Jackie Rosen 상원 의원(네바다주·민주당)은 과거에는 네바다 핵실험장Nevada Test Site으로 알려진 네바다 국가 안보 시설Nevada National Security Sites의 역할을 강조했다. 이곳이 핵탄두가 "신뢰성 있도록" 보장하는, 즉 핵전쟁에서 의도한 대로 폭발할 수 있도록 보장하는 임무를 수행한다는 것이다. 로즌 의원은 이 시설이 러시아와 중국이 미국을 공격하지 못하도록 억제하는 데 "절대적으로 필요하다"라고 말했다. 또한 그는 네바다 시설 업그레이드 과정의 "중대한 지연"을 해결하기 위해 더 많은 자금 지원이 필요하다고 촉구했다.

토미 터버빌Tommy Tuberville 상원 의원(앨라배마주·공화당)은 자신의 주에서 진행 중인 수십억 달러 규모의 군수 사업을 자랑했다. 그는 "앨라배마에서는 잠수함과 군함, 전투기, 미사일을 만듭니다. 뭐든 이름만 대면 우리가 만듭니다"라고 말했다.

에릭 슈밋Eric Schmitt 상원 의원(미주리주·공화당)은 핵무기의 비핵 부품을 생산하는 캔자스시티 플랜트가 미국 안보에 절대적으로 필수임을 증인들에게 확인해달라고 요구했다. 그의 발언은 생사가 걸린 문제에 관한 질문이라기보다 광고에 가까운 내용처럼 들렸다.

이후 분위기는 그렇게 이어졌다. 그러다 엘리자베스 워런Elizabeth Warren 상원 의원(매사추세츠주·민주당)이 흥이 오르던 분위기에 찬물을 끼얹었다. 워런 의원은 위원회 보고서의 "주요 요지"가 "핵 군비 경쟁을 옹호하는 것"이라고 지적했다. 그러면서도 "그 길로 나아갈 경우 수반되는 심각한 비용과 위험"을 인정하지 않았다고 비판했다. 이어 위원회가 권고한 핵무기 증강에 드는 비용이 얼마인지 물었다. 그리고 과거 사례를 참고하면 위원회가 제안한 자금의 상당 부분이 낭비될 것이라고 덧붙였다. 워런은 이렇게 말했다. "나는 미국을 안전하게 지키기 위해 필요한 만큼 쓸 의향이 있지만, 이미 심각한 관리 부실의 전력이 있는 프로그램들에 백지수표를 주는 것은 결코 받아들일 수 없습니다."[53]

위원회 공동 의장 매릴린 크리던Marilyn Creedon은 위원회가 비용 추정을 전혀 하지 않았다고 답했다. 그러자 워런은 보고서에서 제안한 군비 증강의 대략적인 비용이라도 제시해달라고 요구했으나, 이에 대해 크리던은 회피로 일관했다.

청문회에서 다루어지지 않은 쟁점 중 하나는 위원회의 수많은 이해 충돌conflict of interest 문제였다. 공동 의장 존 카일Jon Kyl은 과거 노스럽 그러먼의 로비스트로 활동했다. 이 회사는 공군의 신형 폭격기와 신형 대륙간탄도미사일 센티널의 주요 계약업체였다. 공동 의장 크리던은 미국 핵탄두 프로그램을 관리하는 국가핵안보국National Nuclear Security Administration에서 근무한 적이 있다. 현재 크리던은 그린 마블 그룹Green Marble Group이라는 컨설팅회사를 운영하고 있다. 이 회사는 "핵, 우주, 대량 살상 무기 대응에 중점을 둔 국가 안보 공동체를 위한 활동"이라고 자사의 업무를 설명한다.

위원 프랭크 밀러Frank Miller는 비즈니스 자문 회사인 스코크로프트 그룹Scowcroft Group에서 일하는데, 이 회사는 정부의 무기 구매 담당자들과 군수업체들을 직접 상대하며 국가 안보 문제에 관한 '전략적·전술적 조언'을 제공한다.

끝으로 위원 리베카 하인릭스Rebecca Heinrichs와 마셜 빌링슬리Marshall Billingslea는 모두 강경 성향의 허드슨연구소Hudson Institute에 몸담고 있다. 이 연구소는 록히드 마틴과 노스럽 그러먼 같은 군수업체들에서 자금을 지원받고 있다. 전체적으로 12명의 위원 중 9명이 군수산업과 연계되어 있었다. 결코 공정하다고 보기 어려운 집단이었다. [54]

2017년 노벨 평화상을 수상한 핵무기폐기국제운동International Campaign to Abolish Nuclear Weapons, ICAN의 프로그램 담당자 수지 스나이더Susi Snyder는 위원회 내 이해 충돌 문제의 맥락을 이렇게 짚었다. "우리가 일관되게 목격해온 것은 핵 군수산업이 영향력을 매수한다는 사실입니다. 이는 우리가 안보에 관한 진지한 결정을 내릴 수 없음을 의미합니다. … 우리를 안전하게 만들 도구와 자원에 관해 토론하기보다 어느 회사가 계약을 따낼지를 두고 토론하는 상황이 벌어지고 있습니다."[55]

상원에서 열린 전략 태세 청문회는 스나이더가 지적한 과정의 대표적인 사례였다. 위원회가 공익보다 특정 이익을 우선하는 편향은 워싱턴에서 흔히 나타나지만, 핵무기 정책을 다룬 이 청문회는 논의되는 현안의 위중함을 고려할 때 특히 뻔뻔했다. 이는 군산복합체가 폭주하는 모습의 전형을 보여주었다.

앞서 언급했듯이 국방부의 신형 대륙간탄도미사일 사업에서 얻을 수 있는 수익은 이를 개발·배치하는 데 따르는 위험을 결코 정당화할 수 없다. 이번 장 첫머리에서 소개한 전 국방장관 윌리엄 페리는 비영리 재단 플라우셰어스 펀드Ploughshares Fund의 톰 콜리나Tom Collina와 함께 쓴 책에서, 새로운 대륙간탄도미사일을 개발하기보다는 단계적으로 폐지할 것을 권고했다. 이들의 논거는 이렇게 함으로써 공격 경보가 발령되면 곧바로 핵무기를 발사해야 한다는 "선제 사용 아니면 상실"이라는 사고방식을 제거할 수 있고, 그에 따라 우발적 충돌 위험이 감소한다는 것이다. 이들은 또 대륙간탄도미사일은 방어에 필요하지 않다고 강조하며 이렇게 설명했다. "미국의 핵잠수함 전력만으로도 확실한 억지력을 보장하기에 충분하며, 이는 예측 가능한 미래에도 계속 유효하다."[56]

1970년대 초 펜타곤 페이퍼(미국이 베트남전쟁에 개입하려고 통킹만 사건을 조작했다는 내용이 담긴 미국 국방부 비밀문서-옮긴이)를 폭로한 인물로 가장 잘 알려진 고 대니얼 엘즈버그Daniel Ellsberg는 대륙간탄도미사일의 강력한 비판자이기도 했다. 그는 경력 초기에 국방부에서 핵 타격 및 정책 수

립 업무를 맡았으며, 그 경험을 바탕으로《인류 종말 기계: 핵전쟁 계획
자의 고백The Doomsday Machine: Confessions of a Nuclear War Planner》(2017)이라는 책
을 집필했다. 엘즈버그는 노먼 솔로몬Norman Solomon과 함께 월간지《더
네이션The Nation》에 기고한 글에서 "지상 배치 핵미사일은 세계 종말로
이어질 사고를 기다리는 존재이며, 신뢰할 만한 억지력에는 전혀 불필
요하다"라고 강력히 주장했다. 엘즈버그와 솔로몬은 대륙간탄도미사
일 폐기를 "핵전쟁 위험을 줄이기 위한 단 하나의 최선의 선택"이라고
묘사했다.[57]

엘즈버그는 2018년 2월《원자력과학자회보The Bulletin of the Atomic
Scientists》와 한 인터뷰에서 티어니 의원과 비슷한 논지를 강조했다.

> 미국이나 다른 나라에서 이런 대규모 핵무기 비축이 유지되는 것은, 그것
> 이 군산복합체와 항공우주산업, 전자산업, 무기 설계 연구소들에 엄청난
> 이익이 되기 때문입니다. 무기 현대화와 정확성 향상, 발사 시간 단축 등 모
> 든 것이 그렇습니다. 아이젠하워가 거론한 군산복합체는 매우 강력한 영향
> 력을 행사합니다. 우리는 부당한 영향력에 대해 이야기해왔고, 그것을 반
> 세기가 넘도록 겪어왔습니다.[58]

요컨대 대륙간탄도미사일은 극도로 위험하고 전혀 불필요할 뿐 아
니라 엄청나게 비싸기까지 하다.[59] 소수의 주와 군수업체, 상원 의원
선거 캠페인에 돈이 계속 흘러들어가도록 대륙간탄도미사일을 존속시
키는 것은(그 존재 자체가 지구의 미래를 위태롭게 만드는 상황에서) 더 이상 우리
가 감당할 수 없는 거래다.

4장

죽음을 파는 상인들

록히드 마틴과 F-35
: 펜타곤 역사상 가장 비싸고 결함 많은 무기 체계

2022년 5월, 러시아가 우크라이나를 침공한 지 석 달도 안 되었을 때였다. 록히드 마틴의 CEO 짐 테이클릿Jim Taiclet은 CBS의 일요 시사 프로그램 〈페이스 더 네이션Face the Nation〉에 나왔다. 미국 최대 무기 제조업체의 수장은 먼저 진행자 마거릿 브레넌Margaret Brennan에게 "어머니 날을 축하합니다"라고 인사를 건넸다. 브레넌은 이에 화답하듯 CEO와 록히드 마틴에 더없이 호의적인 '소프트볼 질문softball question'(쉬운 질문, 사소한 질문)들을 던졌다. 실제로 미디어 분석가 댄 프룸킨Dan Froomkin은 이 인터뷰 전체를 "인포머셜infomercial"(정보 광고, 해설식 광고)이라고 논평했다. 브레넌은 "테이클릿과 그의 회사가 우크라이나의 수요를 맞추기 위해 생산을 '늘리는' 게 정말 힘들겠습니다"라며, 의회가 보조금 프로그램(반도체 칩 생산을 지원해 록히드 마틴이 더 빨리 무기를 만들 수 있게 할 제도) 승인을 지연하고 있다고 추측했다. "이 프로에 나온 기업인들이 보조금 지급이 얼마나 시급한 일인지 거듭해서 강조했는데요"라고 브레넌은 친절하게 덧붙였다. 이어 "의회는 여전히 표결에 부치지 않았습니다"라며 안타까움을 표한 뒤 테이클릿에게 "대통령 책상으로 곧 올라가게 할 만한 약속을 워싱턴에서 누군가로부터 받으신 게 있나요?"라고 물었다.[1]

이들 질문과 발언은 무기회사가 스스로를 홍보한 것이 아니었다. 오히려 주류 언론사의 저명한 저널리스트가 사실상 무기회사의 응원단 역할을 수행한 것이었다.

브레넌이 할 수 있었던 다른 질문들은 얼마든지 있었다. 록히드 마틴이 전쟁으로 막대한 이익을 거두고 있다는 사실은 전혀 언급되지 않았다. 이 회사가 효과적인 무기 체계 연구개발에 쓰는 돈보다 자사주를 사들이며 주가를 끌어올리는 데 훨씬 더 많은 돈을 쏟아붓고 있다는 사실도 언급되지 않았다. 테이클릿이 연간 2200만 달러가 넘는 보수를 받고 있으며, 이 막대한 연봉은 본질적으로 납세자들이 지급한 보조금이 더해진 결과라는 사실도 언급되지 않았다.[2] 아마 가장 중요한 점은, 테이클릿과 록히드 마틴의 성과가 그리 좋지 않다는 사실 역시 전혀 언급되지 않았다는 것이다.

테이클릿이 이끄는 록히드 마틴은 지난 30년 중 최대 규모의 조달 실패 사례 중 하나에 연루되어 있었다. 바로 F-35 전투기다. 이 전투기는 초기에는 군수 조달의 미래로 떠받들어졌다. 처음에 '통합 타격 전투기Joint Strike Fighter, JSF'라고 불린 이 프로젝트는 1990년대 중반에 시작되었는데 록히드 마틴과 보잉, 맥도널 더글러스가 경쟁에 참여했다. 이 프로젝트에 걸린 대가는 엄청났다. 통합 타격 전투기는 공군, 해군, 해병대 등에서 두루 사용할 새로운 전투기가 될 예정이었기 때문이다.

2001년 10월, 록히드 마틴은 현재 가치로 최대 2조 달러에 이를 수도 있는 막대한 규모의 계약을 따냈다.[3] 통합 타격 전투기를 록히드 마틴에 맡기기로 한 최종 결정은 조지프 던퍼드Joseph Dunford 장군이 내렸는데, 그는 이후 이 회사의 이사회에 합류했다. 전형적인 회전문 인사의 또 다른 사례였다.[4]

한편 통합 타격 전투기 이전에 록히드 마틴은 공군용 F-16을 제작했고, 맥도널 더글러스는 공군용 F-15와 해군용 F-18을 제작했다. 맥도널 더글러스는 민간 항공기 시장에서 보잉, 에어버스와 경쟁하려고 했다. 하지만 이 사업에서 보잉과 에어버스에 밀리면서 경영이 어려워졌다. 이는 곧 통합 타격 전투기 경쟁에서 패배할 경우 가장 큰 손실을 입는 기업이 맥도널 더글러스라는 뜻이었다. 그리고 그 패배는 실제로 맥도널 더글러스의 전투기 사업에 커다란 공백을 남기며 치명타가 되었다. 회사는 끝내 회복하지 못했고, 결국 1997년 보잉에 인수되었다. 이는 보잉이 록히드 마틴과 경쟁할 수 있을 만큼 충분한 자원을 가진 초대형 기업으로 몸집을 키우기 위한 노력의 일환이었다.[5]

통합 타격 전투기 수주로 록히드 마틴은 국방부 자금 경쟁에서 경쟁사들을 압도적으로 앞서 나가게 되었다. 오늘날 테이클릿이 이끄는 록히드 마틴은 매년 국방부로부터 400억~600억 달러 규모의 계약을 따낸다. 이 수주 금액은 차순위 업체보다 대개 100억~200억 달러 더 많은 규모다.[6] 또한 현재 F-35로 알려진 통합 타격 전투기는 회사의 가장 수익성 높은 프로그램으로, 여러 결함에도 불구하고 매년 120억~130억 달러의 예산을 받고 있다.[7]

초기부터 F-35는 예산 초과와 성능 문제에 시달렸다.[8] 이런 결과는 전혀 놀라운 일이 아니었다. 복잡하고 상충하는 요구 사항들이 애초에 이 프로그램에 욱여넣어졌기 때문이다. F-35는 모든 이들에게 모든 것이 되기를 요구받았다. 즉 공군에는 전투기/폭격기, 해군에는 항공모함 이착륙 전투기, 해병대에는 단거리 이륙 및 수직 착륙기가 되어야 했다. 배경이 된 발상은 공통 기종 하나를 각 군의 필요에 맞게 개조할 수 있다는 것이었다.

그러나 오늘날 F-35는 요구된 임무 중 어느 것도 제대로 수행하지 못하고 있다. 지상군을 효과적으로 지원하기에는 속도가 너무 빠르고, 많은 폭탄을 탑재하기에는 기체가 너무 가볍다. 공중전에서는 이전 세대 전투기들보다 열세이다. 게다가 유지·보수가 너무 어려워 거의 절반의 시간을 격납고에서 정비받으며 보낸다. 또한 조종사에게 핵심 정보를 전달하도록 설계된 첨단 헬멧, 항공기를 손쉽게 수리·정비할 수 있도록 만든 자동화 물류 시스템, 여러 핵심 기능을 제어하는 소프트웨어에서도 문제가 발생했다. 프로그램이 시작된 지 20년이 지난 2022년에도 여전히 800건이 넘는 결함이 해결되지 않았고, 이 중 6건가량은 조종사의 생명을 위협할 수 있는 수준이었다.[9]

시민 단체 정부감시프로젝트가 지적했듯이, F-35는 펜타곤 역사상 가장 비용이 많이 드는 무기 프로그램이 될 것임에도 불구하고 전투에 완전히 준비되지 못한 채로 남을 가능성이 크다.[10] 그리고 이는 미국이 자금을 쏟아붓고 있는 결함투성이 무기 체계 중 하나에 불과하다. 그러니 펜타곤 예산이 사상 최초로 1조 달러에 육박하는 것도 놀랄 일이 아니다.

지금까지 록히드 마틴은 자사의 실패에 책임을 지지 않았다. 사실 지금 이 순간에도 록히드 마틴과 동업자들은 정부의 감시와 규제를 완화하는 한편 펜타곤 자금을 더 빨리 받아내려고 한다. 이는 업계의 숙원이었는데, 이들은 우크라이나와 가자지구 상황을 빌미로 이를 되살리고 있다. 지난 수십 년 중 요즘이 행정부와 의회가 이들의 요구에 가장 호의적이기 때문이다. 미국 방위산업계가 우크라이나에 대포와 탄약, 미사일, 기타 기본 무기 체계를 안정적으로 공급할 수 있을지가 쟁점이 되면서 군산복합체를 초대형화하라는 요구가 제기되었다. CBS의 브레넌이 테이클릿과 한 인터뷰에서 "그냥 해치우세요"라면서 부추긴 것처럼 말이다.[11]

방산업계의 요구 목록은 펜타곤 핵심 관리들의 목표와 대체로 일치한다. 여기에는 펜타곤 보조금을 받아 더 많은 무기 공장 짓기, 복잡한 무기 구매 규정을 단순화해 서류 절차를 줄이고 군에 납품되는 무기 체계가 광고한 대로 작동하는지 독립적으로 평가하는 과정 축소하기, 성과와 무관하게 특정 공급업체를 이용하도록 펜타곤을 묶어두는 다년 계약 시행하기, 기업이 정부에 제출해야 하는 가격 정보의 양을 줄여 기본 품목에 과도한 비용을 청구하기 쉽게 만들기, 그리고 미국산 무기를 수입하는 국가들의 인권 기록 심사 기간 단축 등 해외 고객에게 무

기를 신속히 공급하는 데서 걸림돌 제거하기 등이 포함된다.[12]

2025년 1월 트럼프 2기 행정부가 출범하면서 업계가 이런 요구를 관철하기가 훨씬 더 쉬워졌다. 수많은 행정명령 가운데 특히 2025년 4월 나온 두 건은 무기 생산업체에 대한 규제를 줄이고 미국 무기를 해외 고객에게 공급하는 일에서 승인과 인도를 신속하게 하는 데 초점을 맞추었다.[13] 무기 체계 구매와 수출 과정에서 불필요한 서류 작업과 관료적 절차를 줄일 여지가 많다는 점은 의심할 여지가 없다. 다만 두 지침은 새로운 무기 체계의 독립적 시험·평가를 축소하고, 계약 담당관이 방산업체와 공정한 거래를 맺고 폭리를 피하기 위해 활용할 수 있는 정보를 제한하는 등, 좋은 제도까지 함께 없앨 위험이 있다. 따라서 의회가 이 지침들의 이행을 면밀히 감시해야 한다. 그럼으로써 초과 비용 발생과 일정 지연, 불량 무기 납품을 막기 위한 안전장치를 지키고 강화하는 역할을 맡아야 한다.

외국에 대한 군사 장비 판매와 관련해 기존 수출 심사 절차는 미국이 공급한 무기가 테러리스트, 범죄 조직, 인권 침해자 손에 들어가지 않도록 하기 위한 내용을 담고 있었다. 새 행정명령의 기조는 이를 축소하는 것이다. 또한 전체 거래 중 의회에 통보되는 건이 줄어들기 때문에, 어떤 나라가 미국 무기를 받게 될지에 대한 의회의 영향력이 더욱 약해질 것이다. 현재 의회가 무기 판매 결정을 더 강력하게 통제할 필요가 있는 상황임을 고려할 때 이는 매우 심각한 변화다. 또 의회가 50년 전 무기수출통제법Arms Export Control Act을 통해 이 권한을 부여받았는데도 지금껏 단 한 건의 거래도 성공적으로 부결시키지 못했다는 점에 비추어 볼 때도 그러하다.[14]

이러한 양보 조치들(그중 다수는 수십 년간 업계가 바라던 사항이다)은 앞으로 쏟아질 막대한 자금과 결합해 방위산업 분야에서 낭비와 사기, 남용의 위험을 더욱 키울 것이다.

이 모든 것이 미국 동맹국들과 미국의 안보에 도움이 되는 것처럼 포장되어 있지만, 실제 수혜자는 더 적게 공급하면서 더 많은 비용을 청구할 수 있게 될 록히드 마틴과 RTX 같은 군수업체뿐이다. 미국 국방부조차 이를 인정했는데, 2022년 2월 발표한 보고서에서 무기 제조의 소수 기업 집중이 "국가 안보를 위태롭게 한다"라고 지적했다. 해당 보고서와 다른 분석가들은 높은 조달 가격과 핵심 물자를 필요한 만큼 신속히 생산하지 못하는 문제점 등을 언급했다. 이 우려는 현실이 되었다. 러시아의 침공 이후 우크라이나가 자국 방어에 필요한 무기를 제공하는 과정에서 이 기업들이 차질을 빚은 것이다.[15]

소련 붕괴 후 미국의 새로운 세계 전략과 5대 군수기업의 탄생

항상 이랬던 것은 아니다. 사실 미국의 5대 군수업체가 늘 지금처럼 거대하고 막강하지는 않았다. 앞서 이야기했듯이 이들이 현재와 같은 규모와 영향력을 갖게 된 것은 수십 년 전 클린턴 행정부 시절, 베를린 장벽이 무너지고 냉전이 끝난 지 불과 몇 년 뒤에 이루어진 결정들 덕분이었다.

갑자기 미국은 소련과 같은 강력한 적수를 더 이상 갖지 않게 되었다. 이런 주요 경쟁자의 부재로 인한 우려를 가장 잘 표현한 사람이 당시 합참의장이던 콜린 파월Colin Powell 장군이었다. 그는 이렇게 말했다. "곰곰이 생각해보라. 내가 상대할 악마들이 사라지고 있다. 악당들이 사라지고 있다. 이제 남은 건 [쿠바의 피델] 카스트로와 [북한의] 김일성뿐 이다."[16] 적의 부재는 곧 미국이 높은 국방부 예산을 유지할 핵심 명분을 잃었음을 의미했다. 이 변화는 국방부와 군부, 군수산업계에 상당한 불안을 불러일으켰다. 수십 년간 유지되어온 군산복합체는 심대한 타격을 입었다. 1989년 베를린 장벽 붕괴 직후 몇 년 동안 국방부 예산은 인플레이션을 고려했을 때 14% 감소했다. 더 중요한 것은 군수업체의 생명줄인 무기 조달 지출이 50% 이상 줄어들었다는 점이다.[17]

냉전 이후 군비 지출이 줄어든 상황에서 국방부와 클린턴 행정부는 두 가지 대응을 내놓았다. 첫째는 새로운 적을 찾는 것이었다. 소련과 맞서 싸울 하드웨어가 더 이상 필요없어지자 국방부는 동시에 여러 전쟁에서 승리할 수 있는 하드웨어를 요구하는 새로운 전략 계획을 수립했다. 이에 대해 군사 분석가 마이클 클레어Michael Kare는《불량 국가와 핵 무법자: 미국의 새로운 대외 정책 모색Rogue States and Nuclear Outlaws: America's Search for a New Foreign Policy》(1996)에서 자세히 기술했다. 구체적으로 살펴보면 국방부의 계획은 미국이 '주요 지역 분쟁' 두 곳에서 동시에 대응할 능력을 갖추어야 한다고 주장했다. 이런 시나리오에서 가장 가능성 높은 적국은 이라크와 북한이었는데, 하나는 '불량 국가'였고 다른 하나는 '핵 무법자'였다.[18]

둘째 대응은 기존에 생각했던 방어 개념을 넘어서는 것이었다. 만약 초강대국 적대자가 부재하는 상황에서도 미국이 군사적 야망과 지출을 줄이지 않는다면 어떻게 될까? 만약 미국이 군사적 우위를 이용해 자국의 이익에 맞게 세계를 적극적으로 재편하고 잠재적인 경쟁자들을 겁주려 한다면 어떻게 될까?

이러한 사고는 폴 울포위츠Paul Wolfowitz의 발상이었는데, 그는 이후 부시 행정부의 2003년 이라크 침공을 옹호하는 주요 인물이 되었다. 울포위츠의 이러한 생각은 1992년 전략 메모에서 처음 제시되었고, 곧바로 유출되었다. 《뉴욕타임스》는 "이 기밀 문건은 단 하나의 초강대국이 지배하는 세계를 주장한다"라고 보도했다.[19] (당시 울포위츠는 국방부 차관으로 재직했다. 예일대학교 정치학과 교수 출신인 그는 미국의 신보수주의neo-conservatism, 약칭 네오콘neocon의 핵심 인물이었다. 네오콘은 미국이 군사력을 바탕으로 세계 패권국으로 부상하는 것을 목표로 제시했다. 울포위츠는 국방부 차관으로 임명되기 전 국무부 정책기획실장, 동아시아태평양 담당 차관보 등을 역임했다. 이후 2000년대 초에는 국방부 부장관으로 활동했다-옮긴이)

울포위츠와 그의 동지들이 만들어낸 독트린에 따라 미국은 무력과 무력 위협을 대외 정책의 중심에 두었다. 외교는 다시 뒷전으로 밀려났다. 이에 따라 20년에 걸쳐 이라크에서 벌어지는 재앙 같은 전쟁에 미국이 개입하는 무대가 마련되었다(2003년 시작된 이라크전쟁은 2011년 미군 철수로 끝났지만 이후 이라크에서 내전과 내란이 잇따라 벌어져 미국의 개입도 계속된다-옮긴이). 클린턴 행정부 말기에 울포위츠와 딕 체니Dick Cheney가 주도해 설립한 네오콘 싱크탱크 '새로운 미국의 세기를 위한 프로젝트Project for the New American Century'가 이 전쟁을 옹호했다. 그들은 조지 W. 부시 행정부에 들어가 이 전쟁을 직접 주도하게 되었다.

하지만 그 시대의 특징은 국방부가 냉전 수준으로 예산을 회복하기 위해 새로운 명분을 꾸며내는 데만 국한되지 않았다. 동시에 방산업계와 국방부의 지도자들은 냉전 종식 후 군비 지출 감소로 인해 무기 제조 기반에 생긴 과잉 생산 능력을 줄일 방법을 찾기 시작했다. 해답은 1993년 군수산업 경영진과의 만찬 자리에서 국방부 부장관 윌리엄 페리가 제시했는데, 훗날 이 만찬은 '최후의 만찬'으로 불리게 되었다. 당시 저녁 자리에 참석한 방산업체 마틴 매리에타Martin Marietta의 CEO 노먼 오거스틴Norman Augustine은 페리의 메시지를 이렇게 전했다. "국방부는 방위산업 기반에 너무 많은 회사가 있다고 봤어요. 감당할 수가 없다는 것이죠. 반쯤만 가동되는 공장들과 연구개발에 투자할 돈이 없는 회사들, 엄청난 간접비와 높은 비용을 가진 회사들을 두고 볼 수 없다고 했습니다. 그래서 산업을 통합해야 한다고 말했어요." 회의 참석자 중 또 다른 이는 페리의 발언은 본질적으로 이런 의미였다고 전했다. "여러분 왼쪽을 보고, 오른쪽을 봐요. … 여러분 중 하나는 1년 안에 사업을 접게 될 겁니다."[20]

페리는 거침없이 말했다. "우리는 방위산업 기업들이 망하길 기대합니다. 우리는 그 과정을 지켜볼 것입니다."[21] 이 발언은 1990년대 방위산업 합병 붐의 시작을 알렸다. 그 과정이 끝났을 때 50개가 넘던 주요 계약업체 중 단 5개만 남았다. 록히드는 마틴 매리에타와 합병했고, 오거스틴이 이 새로운 초대형 기업의 수장을 맡았다. 현재 미국 최대 무기 계약업체로 압도적인 규모를 유지하고 있는 록히드 마틴은 이를 비롯해 총 22개 개별 기업이 합병과 인수를 거듭한 결과물이다. 다른 기업들도 뒤처지지 않으려 서둘렀다. 노스럽은 그러먼과 합쳤고, 보잉은 맥도널 더글러스를 인수했으며, 레이시온은 휴스 항공Hughes Aircraft과 이-시스템스E-Systems를 인수했다. 여러 중소기업도 합병했다.[22]

이러한 합병은 그 자체로 논란을 불러일으켰다. 공급자가 줄어들면 경쟁이 약해지고 가격이 상승하며, 살아남은 초대형 기업들이 더 많은 힘을 갖게 될 것이라는 우려가 제기되었다. 이 우려는 사실로 드러났다.

산업에 미칠 장기적 영향보다 더 논란이 된 것은 클린턴 행정부가 합병을 세금으로 보조했다는 사실이었다. 국방부는 록히드, 마틴 매리에타, 보잉 등 방산업체들에 수십억 달러의 '구조 조정 비용'을 지원했다. 이 정부 보조금은 공장 폐쇄와 장비 이전 자금, 해고 노동자에 대한 퇴직금, 심지어 합병으로 자리에서 물러난 이사와 임원에게 '황금 낙하산golden parachute'이라 불린 거액의 퇴직 보상금을 지급하는 비용까지 지원하는 데 쓰였다. 보조금을 제공하기로 한 결정은 국방부 부장관에 이어 장관에 오른 윌리엄 페리와 존 도이치John Deutch CIA(중앙정보국) 국장이 내렸는데, 두 사람 모두 클린턴 행정부에 들어오기 전까지 마틴 매리에타와 당시 그 회사 CEO 노먼 오거스틴의 자문역으로 근무한 이력이 있었다. 이상하게도 이 두 사람은 이해 충돌 면제 승인을 받아, 전 고용주에게 큰 보상을 안겨주는 결정을 내릴 수 있었다.

미국 정부의 합병 과정 보조 중 가장 어처구니없는 일은 노먼 오거스틴에게 수백만 달러를 지급한 것이었다. 그는 마틴 매리에타가 록히드와 합병하면서 직위가 없어졌다는 이유로 820만 달러의 퇴직금 패키지를 받았는데, 그중 일부에 세금이 사용되었다. 이 지급이 더더욱 터무니없었던 것은 실제로는 오거스틴이 직업을 잃지 않았기 때문이다. 그는 단지 마틴 매리에타의 CEO에서 새로운 통합 기업 록히드 마틴의 CEO로 자리를 옮겼을 뿐이었다.

당시 버몬트주 하원 의원이던 버니 샌더스Bernie Sanders는 이를 용납하지 않았다. 그는 수천 명의 노동자가 해고되는 와중에 고액 연봉 임원들에게 보조금을 지급하는 이 정책을 "해고에 대한 보상payoffs for layoffs"이라고 비판하면서, 록히드 마틴과 다른 주요 방산업체들에 대한 정부의 합병 보조금 일부를 환수하는 법안을 발의해 의회를 통과시켰다. 그러나 합병 자체는 허용되었고, 그로 인한 부정적 결과는 오늘날까지 이어지고 있다.

빅5 방산업체의 화려한 행보와 '회전문 인사' 동맹

1990년대의 합병 열풍은 아이젠하워가 상상조차 하지 못했을 만큼 거대하고 강력한 방산기업들을 만들어냈다. 록히드 마틴은 2023년 640억 달러 이상의 무기 관련 매출을 올렸는데, 이 업체는 미국 정부의 주요 대외 기관인 국무부 예산과 맞먹는 금액 또는 넘어서는 금액을 정기적으로 받아왔다. 상위 5개 방산업체는 2023년 미국과 해외 정부로부터 총 2070억 달러 규모의 무기 계약을 따냈는데, 이는 연방 정부 전체 계약 금액과 비교하면 약 3분의 1에 해당한다.[23] 현재 국방부 예산은 아이젠하워가 1961년 고별 연설을 했을 당시보다 무려 3500억 달러(물가 상승률을 반영해 조정한 금액)나 더 많다. 이런 증가는 상위 5개 방산업체에 대박을 안겨주었는데, 이들이 2023년에 받은 자금은 러시아 전체 군사 예산을 넘어섰다.[24]

예상할 수 있듯이 국방부는 전투에 필요한 대부분을 상위 5개 방산업체에 의존한다. 이들이 생산하는 무기 체계의 긴 목록 중 일부는 다음과 같다. 록히드 마틴은 전투기/폭격기, 전투함, 러시아-우크라이나전쟁에서 크게 쓰인 대전차 미사일 재블린, 다연장로켓포 하이마스High Mobility Artillery Rocket System, HIMARS, ATACMS(에이태큠스, 에이테킴스) 같은 전술 미사일, 미사일 방어 체계, 군사 위성, 수송기와 헬리콥터, 잠수함발사탄도미사일submarine-launched ballistic missile, SLBM을 만든다. 노스럽 그러먼은 신형 B-21 폭격기와 센티널 대륙간탄도미사일을 포함해 핵무기 운반 체계에 특화되어 있다. 제너럴 다이내믹스는 탱크와 폭탄, 핵미사일을 탑재하는 잠수함을 만든다. RTX는 유도폭탄과 공대공미사일, 미사일 방어 체계, 어뢰, 순항미사일을 제작한다. 보잉은 공격 헬기와 유도폭탄, 대함 미사일, 헬리콥터, 공중급유기, 전투기, 무인기를 만든다. 상위 5개 업체가 차지하지 않은 유일한 주요 분야는 항공모함과 대포인데, 항공모함은 버지니아주에서 HII(옛 헌팅턴 잉걸스 인더스터리스Huntington Ingalls Industries)가, 대포는 펜실베이니아주와 다른 주에서 BAE 시스템스BAE Systems가 제작한다.

국방부가 크게 의존하는 이 무기 체계를 상위 5개 업체가 전부 직접 생산하는 것은 아니다. 대신 수만 개에 이르는 하청업체 네트워크에 외주를 주는데, 그중 상당수는 대기업이 자체적으로 만들 수 없는 복잡하고 필수적인 부품을 생산한다. 그런데 이 소규모 업체들은 "대기업들이 국방부로부터 받은 자금의 상당 부분을 빼돌려 자기 이익을 챙기면서, 정작 하청 네트워크에는 재정적 압박을 가한다"라고 불평해왔다.

오늘날로 넘어와보자. 2020년대 들어 지금까지는 상위 5개 업체에 호황기였다. 국방부가 중국에 대해 미국 군사력을 '추격해오는 위협

pacing threat'으로 재차 규정하고, 2022년 2월 러시아의 우크라이나 침공에 새롭게 초점을 맞추면서 워싱턴에는 냉전적 분위기가 짙게 깔렸다. 이는 록히드 마틴과 그 동맹의 수익은 물론 명성까지 끌어올렸다. 적어도 미국이 지원한 가자지구 학살이 기업 주도 무기 거래의 어두운 단면을 드러내기 전까지는 말이다. 그러나 미국의 많은 정치권 인사들은 이스라엘이 가자지구에서 저지른(수많은 독립 전문가들이 집단 학살로 규정한) 전쟁 범죄에 해당 무기 체계가 사용되었음에도 여전히 방산업체들을 치켜세우고 있다. 무기 로비스트가 이 책의 공저자 하팅에게 반은 농담조로 말한 것처럼. "우린 대부분의 시간엔 죽음의 상인이지만, 필요할 때는 민주주의의 병기창이 됩니다."

새로 투입되는 정부 자금이 모두 무기 비축을 위해 쓰이는 것은 아니다. 방산업체로 흘러가는 신규 자금 중 수백만 달러는 과도한 경영진 연봉을 지급하는 데 전용된다. 상위 5개 방산업체 CEO는 연평균 2000만 달러 이상을 받고 있다. 여기에 다른 주요 임원들의 보수를 합친 총액은 연간 2억 8700만 달러가 넘는다. 이는 녹색 에너지 분야에서 2800개 이상의 일자리를 창출하거나 군에서 6100명 이상의 신병을 고용할 수 있는 규모다.[25]

게다가 록히드 마틴 같은 회사들은 혁신적 프로젝트를 지원하거나 우크라이나를 지원할 충분한 무기 생산 자금이 부족하다면서 위기론을 외치는 한편, 실제로는 수십억 달러를 자사주 매입에 사용해왔다. 이는 자사 주가를 인위적으로 끌어올리는 효과만 있을 뿐, 공공 방위에는 전혀 기여하지 않는 행위다. 2022년 한 해에만 록히드 마틴은 자사주 79억 달러어치를 매입했다.[26] 군수업체들의 자사주 매입을 꾸준히 비판해온 엘리자베스 워런 상원 의원(매사추세츠주·민주당)은 2022년 9월 청문회에서 이렇게 강조했다. "자사주 매입은 주가를 조작하고 기업 경영진의 이익을 늘리는 데 주로 쓰입니다. 그 돈을 공장을 짓거나, 근로자를 고용하거나, 근로자 훈련에 투자하는 데 대신 사용할 수 있습니다."[27]

방산업계가 유리한 대우를 얻기 위해 의회와 행정부를 압박하는 것은 믿는 구석이 있어서다. 많은 의원, 의회 보좌관, 국방부 관리, 군 장교가 정부를 떠난 뒤 방위산업계에 들어가면 거액의 보상 꾸러미를 받을 수 있다고 기대한다는 사실이다. 이른바 '회전문' 현상은 관리들이 정부를 떠나기도 전에 이미 심각한 영향을 미칠 수 있다. 40여 년 전 윌리엄 프록스마이어William Proxmire 상원 의원이 이렇게 지적했듯이 말이다.

> 고위 군 장교들이 주요 방산업체의 일자리로 쉽게 이동하고, 반대로 주요 방산업체의 최고 경영진이 국방부 고위직으로 옮겨가는 현상은 군산복합체가 실제로 작동하고 있음을 보여주는 명백한 증거다. 이는 직권 남용의 가능성을 높이기 때문에 공익에 실질적인 위협이 된다. 조달 기획이나 규격 수립에 관여한 장교들이 은퇴를 1~2년 앞둔 상황에서, 은퇴 후 외부에서 잘 지내고 있는 2000명 넘는 동료 장교들의 사례를 눈앞에 두고서 과연 얼마나 강경한 협상을 하겠는가?[28]

이 현상은 7장에서 더 자세히 살펴보겠지만, 정부에서 방위산업계로 이동하는 회전문을 통해 얼마나 많은 돈을 벌 수 있는지는 여기서

   미국은 왜 전쟁을 멈추지 못하는가

강조해둘 만하다. 예컨대 합참의장을 지낸 조지프 던퍼드 전 장군은 록히드 마틴에서 연간 32만 5000달러를 받는다. 이는 주로 이사회와 산하 위원회 회의에 참석하는 정도의 파트타임 직위다. [29]

방산 스타트업이나 방산에 투자하는 벤처캐피털 회사로 자리를 옮긴 전직 군인과 국방부 관리는 더 큰 돈을 벌 수 있다. 투자한 회사가 크게 성공할 경우 수백만 달러를 벌 가능성도 있다. 이런 길을 택한 인사들에는 트럼프 행정부에서 국방장관을 지낸 뒤 방산 기술 스타트업에 투자하는 벤처캐피털 회사 레드셀Red Cell에서 일하게 된 마크 에스퍼Mark Esper, 육군 특전사 출신으로 방산 벤처캐피털 회사 스노포인트 벤처스Snowpoint Ventures를 공동 설립한 더그 필리폰Doug Philipone, 합참차장을 지낸 뒤 레드셀에서 활동하고 있는 폴 셀바Paul Selva, 스카우트 벤처스Scout Ventures에 합류한 전 육군장관 라이언 매카시Ryan McCarthy, 럭스 캐피털Lux Capital에 합류한 전 특수작전사령관 레이먼드 앤서니 토머스 3세Raymond Anthony Thomas III가 있다. [30]

《뉴욕타임스》의 에릭 립턴Eric Lipton이 조사한 바에 따르면 2018년부터 2023년 사이에 전직 국방 및 국가 안보 관리 50명이 방산 관련 벤처캐피털 회사로 자리를 옮겼다. 이는 실제보다 적게 집계된 숫자일 것이 분명하다. 국방부 획득유지 담당 차관을 지낸 엘런 로드Ellen Lord는 왜 이렇게 많은 군과 국방부 인사들이 방산 기술 스타트업에 투자하는 회사들로 몰려들고 있는지에 대해 립턴에게 이렇게 설명했다. "지금은 국방 커뮤니티와 사모펀드 간의 연계 자체가 세련된 일처럼 여겨집니다. 또한 그들은 큰돈을 벌고 엄청난 수익을 올릴 수 있기를 기대하고 있습니다." [31]

무기 계약업체가 재정과 정책 면에서 누릴 수 있는 잠재적인 이점 중 하나는 의회의 핵심 의원들이 이들 기업의 주식을 보유하고 있다는 사실에서 나온다. 이는 그들이 투자한 회사에 유리한 행동을 취하도록 영향을 미칠 수 있다. 민주당의 미시간주 하원 의원 러시다 털리브Rashida Tlaib는 의원들이 무기 관련 기업의 주식을 보유하는 것을 금지하는 법안을 발의했으나 아직 통과되지 않았다. [32] 《비즈니스인사이더Business Insider》의 조사에 따르면 하원과 상원의 군사위원회 위원 최소 15명이 록히드 마틴과 보잉, RTX 같은 주요 방산업체의 주식을 보유하고 있다. 이들은 바로 자신이 투자한 기업의 운명을 직접 좌우하는 예산 결정을 내리는 의원들이다. 이보다 더 명백한 이해 충돌을 상상하기는 어렵다. [33]

하지만 결국에는 이들 거대 기업이 거둔 이익이 모든 반대 의견을 뒤집어버린다. 부패나 효율성 문제가 제기될 때뿐 아니라, 록히드 마틴의 F-35 사례에서처럼 무기 체계가 제대로 작동하는지가 쟁점일 때조차 마찬가지다.

좀비처럼 되살아나는 부실 무기
: 보잉의 KC-46 공중급유기와 벨-보잉의 오스프리

현재 가장 큰 사례는 보잉이다. 이 회사는 민간과 군수 양쪽 사업에서 거의 재앙에 가까운 실패를 겪었다. 보잉은 민간 항공기인 737 맥스 8과 맥스 9의 결함으로 계속해서 언론의 헤드라인을 장식해왔다. 가장 최근 사건은 2024년 1월 알래스카항공이 운행하던 737기의 문이 비행 중 떨어져 나간 사고였다. 2018년과 2019년에 발생한 맥스 8 추락 사고(사망자 346명)의 뒤를 이은 사건이었다. 이런 문제들로 인해 아메리칸항공 CEO 로버트 아이섬Robert Isom은 보잉의 최고 경영진에게 "정신 똑바로 차려라"라고 요구했다. 보잉의 실패 기록을 다룬 AP 기사에서는 다음과 같이 더욱 가혹한 평가가 나왔다. "두바이에 본사를 둔 국제 대형 항공사 에미레이트항공의 사장은 《파이낸셜타임스》와 한 인터뷰에서 보잉의 기준이 '점진적으로 하락'해왔는데 이는 경영진의 실수 때문이고 특히 재무 성과가 공학적 우수성보다 우선시되었다고 지적했다."[34]

수십 년 동안 보잉과 그 협력업체들은 안전 검사를 외주로 돌렸고, 임금과 근로 조건을 둘러싼 직원들의 요구에 강경하게 대응했으며, 협력업체들을 옥죄었다. 회사의 노동 문제는 2024년 가을 7주간의 파업으로 이어졌고, 이로 인해 주요 시스템 생산을 정상 궤도에 올리려던 노력이 더욱 지연되었다.[35] 온갖 문제 속에서도 보잉은 자금을 기본 운영에 투자하기보다 주주의 이익을 챙기는 자사주 매입에 대거 투입하는 길을 택했다.[36]

보잉이 상업용 항공기 부문에서 기록한 실적은 위태로울 정도로 부진했다. 이 결과는 여러 요인으로 설명될 수 있다. 보잉은 국내외에서 밀려드는 주문을 맞추기 위해 품질보다 물량을 우선시했고, 숙련 노동자들이 업계를 떠나자 경험 부족 검사관들에게 의존했으며, 더 많은 항공기를 더 빨리 내놓기 위해 검사 횟수를 줄였다.[37] 이 회사의 한 엔지니어는 보잉이 대형 여객기 생산의 상당 부분을 하청업체에 외주화한 결과 품질 저하와 결함 발생의 위험이 커졌다고 수년간 주장해왔다. 예를 들어 737의 주요 하청업체인 스피릿Spirit의 노조 위원장 코넬 비어드Cornell Beard는 "스피릿이 직원들에게 너무 빠르게 일을 끝내라고 압박한 탓에 발견되지 않은 결함이 있는 항공기가 전 세계에 퍼져 있다"라고 말했다. 또 보잉의 생산 문제를 조사한 《월스트리트저널》의 보도에 따르면, "노조 대표들은 회사가 여러 결함을 지적한 검사관들을 라인 작업에서 빼고 계약직으로 교체했다"라고 경영진에게 항의했다.[38] 보잉이 품질과 건전한 생산 관행보다 재무 수익을 우선시하게 된 전환에서 가장 중요한 역할을 한 인물은 제너럴 일렉트릭General Electric에서 임원을 지낸 뒤 CEO가 된 제임스 맥너니James McNerney였다. 크리스 이지도어Chris Isidore 기자는 이렇게 설명했다. "전문가들과 비평가들은 보잉의 문제들이 수년에 걸쳐 누적된 결과라고 말한다. 일부는 최고 경영진에서 시작된 기업 문화의 변화, 즉 한때 보잉이 칭송받던 안전과 공학적 역량보다 이익을 앞세운 결과라고 지적한다. 이는 회사의 미래뿐 아니라 보잉 항공기에 탑승한 승객들의 안전까지 심각한 위험에 빠뜨렸다."[39]

보잉에서 민항기 부분과 군수 부문은 대조적이었다. "한쪽에서는 '우리는 많은 항공기를 만들겠다'라고 말하고, 다른 한쪽에서는 '우리는 국방부와 의회를 상대로 로비해 방위 예산을 따내겠다'라고 말한다. 두 부문은 큰 대조를 이룬다."[40] 베테랑 항공우주 분석가 리처드 아불라피아Richard Aboulafia의 설명이다. 대비되는 차이는 언론 반응에서 나타났다. 737 문제는 전 세계 주요 언론의 1면을 장식했지만, 보잉 무기 프로그램의 문제는 전문 방산 매체 외에는 거의 다루지 않았다.

보잉의 KC-46 공중급유기는 전쟁산업의 부실한 성과와 막대한 비용 초과를 보여주는 대표 사례다. KC-46 프로그램의 비용은 최초 예상보다 69억 달러 초과되었고, 이미 7년이나 일정이 지연된 상태인데도 이 공중급유기는 여전히 기술적 문제에 시달리고 있다.[41] 가장 큰 문제는 원격 시각 시스템Remote Vision System, RVS의 성능 결함과 관련이 있다. 이는 급유기가 팔처럼 뻗는 붐boom을 수유 항공기에 조종·삽입해 연료를 주입할 때 승무원이 사용하는 카메라와 디스플레이 장치다. KC-46의 원격 시각 시스템은 기본적으로 정확한 정보를 제공하지 못해 급유 과정에서 수유 항공기가 손상을 입을 수 있다. 이는 단순한 작은 결함이 아니라 애초에 이 항공기가 설계된 임무를 수행할 수 없다는 의미다. 문제는 여기서 그치지 않는다. 원격 시각 시스템이 작동하지 않을 뿐 아니라, 이 공중급유기를 사이버 공격으로부터 보호하기 위한 필수 소프트웨어 개발도 지연되고 있다.[42]

KC-46 프로그램의 결함은 보잉에 재정적 재앙을 안겨주었다. 국방부 계약 대부분은 계약업체에 유리하게 체결되지만, 보잉은 KC-46에 대해서는 고정가 계약에 서명했다. 공중급유기를 여전히 괴롭히는 막대한 문제들을 감안할 때, 그동안 보잉은 수십억 달러에 달하는 초과 비용을 스스로 부담해야 했다.

보잉의 KC-46이 낭패에 이르는 긴 과정에는 우여곡절이 많았다. 9·11 테러 직후 몇 달 동안 상원 세출위원회의 강력한 위원장으로 활동한 테드 스티븐스Ted Stevens(알래스카주·공화당)는 공군이 보잉으로부터 200억 달러에 공중급유기 100대를 임차하도록 하는 조항을 2002 회계연도 국방수권법National Defense Authorization Act, NDAA에 삽입했다. 예상대로 스티븐스의 이런 행동은 보잉이 집중적으로 벌인 로비의 결과였다. 보잉이 2001년 12월 스티븐스가 보잉 수정안을 법안에 끼워넣기 직전에 시애틀에서 열린 후원 행사에서 그의 재선 캠페인을 위해 2만 달러를 모금해준 것은 그 로비의 일환이었다.[43]

보잉의 공중급유기 계약 추진 과정에서 정치 자금 지원을 받은 동맹은 스티븐스 한 사람만이 아니었다. 보잉이 계약을 따내도록 도운 인물 중에는 국방부 조달 담당 관료 달린 드루연Darleen Druyun도 있었다. 그는 보잉을 돕는 과정에서 수많은 이해 충돌 관련 법을 위반했다. 드루연은 국방부에 재직하는 동안 여러 보잉 프로그램을 감독하는 동시에 보잉과 채용 문제를 협상했고, 결국 딸과 사위가 회사에 일자리를 얻도록 했다. 재판 과정에서 드루연은 자기 가족에 대한 이런 대가성 조치가 없었다면 보잉이 특정 계약을 따내지 못했거나 훨씬 적은 금액만 받았을 것이라고 인정했다. 내부 영향력 행사가 대개 대수롭지 않게 넘어가거나 대중의 눈에 띄지 않게 숨겨지는 것과 달리 드루연의 위법 행위는 9개월 징역형으로 이어졌다. 당시 드루연의 주요 접촉 창구였던 보잉 임원 마이클 시어스Michael Sears는 유죄 협상 과정에서 징역 4개월 형을 받아들였다.[44]

드루연의 범죄는 고 존 매케인John McCain(애리조나주·공화당) 상원 의원의 집요한 노력이 없었다면 결코 드러나지 않았을지 모른다. 매케인 의원의 조사로 드루연과 보잉 관계자들 간 범죄의 증거가 될 만한 이메일이 밝혀졌고, 이는 형사 고발 사건의 근거가 되었다.[45]

보잉 공중급유기 계약의 기원에 얽힌 부패가 드러나면서 공군은 2003년 10월 계약을 다시 입찰에 부쳤다. 새로운 입찰을 처음에는 유럽의 방산업체 EADS(현 에어버스)와 미국의 노스럽 그러먼으로 구성된

미국은 왜 전쟁을 멈추지 못하는가

팀이 따냈다. 그러나 보잉은 계약 과정에서 규칙을 벗어난 부분이 있다며 이의를 제기했고, 결국 2011년 진행된 재입찰에서 계약을 다시 따냈다. 보잉은 새 공중급유기 계약에서 비교적 낮은 가격을 제시했고, 고정가 계약에 동의했다.[46] 이 결정의 배경에는 기존 항공기인 보잉 767을 개조하는 것이기 때문에 적어도 방위산업계 기준으로는 프로젝트가 꽤 수월하리라는 판단이 있었다. 그러나 앞서 언급한 것처럼 급유 시스템에서 벌어진 문제는 보잉에 끔찍한 악몽으로 드러났다.

KC-46 프로그램으로 보잉이 재정적 타격 받은 이후, 향후에도 고정가 계약 조건을 활용하는 것이 과연 합리적인지를 놓고 업계와 국방부 내부에서 회의론이 일었다. 업계 비판자들은 방산업체가 자사 초과 비용의 일부를 책임지는 것이 공정하다고 지적했다. 그러나 다른 프로그램들에서는 이와 뚜렷이 대조되는 일이 벌어졌다. 즉 기업들이 부실한 결과에 대해 오히려 보상을 받은 것이다. 그 방식은 개발·생산 과정에서 실수로 발생한 결함을 바로잡는다며 수십억 달러 규모의 신규 계약을 따내는 것이었다.

또 다른 부실한 생산과 결함 있는 유지·관리 사례는 벨-보잉Bell-Boeing의 V-22 오스프리Osprey다. 이 항공기는 헬리콥터처럼 제자리 비행이 가능하면서 동시에 비행기처럼 날 수 있어야 한다. 1986년 처음 발주된 오스프리는 사실상 어디서든 이착륙할 수 있도록 설계되었고, 광범위한 전장 활용을 약속했다. 그러나 KC-46 프로그램과 달리 오스프리 사례는 비용 초과 문제를 훨씬 넘어서는 비극적인 결과를 초래했다.[47]

2023년 12월 기준으로 미국 해군과 공군, 해병대는 약 400대의 오스프리를 운용하고 있었다. 그러나 이 항공기는 적에게만큼이나, 어쩌면 적보다 더 승무원에게 위험하다는 사실이 입증되었다. 오스프리는 지금까지 10건의 치명적 추락 사고에서 무려 64명의 사망자를 냈다.[48] 가장 최근 사고는 2023년 11월 29일 일본 해안에서 발생했으며, 추락으로 탑승자 8명이 목숨을 잃었다. 이로 인해 미국과 일본 군대는 조사가 끝날 때까지 오스프리의 운항을 전면 중단시켰다.[49] (일본은 미국을 제외하고 오스프리를 사용하는 유일한 나라다.) 최근 오스프리 추락 사고에 대한 정보는 제한적이다. 기계적 결함이 확인되었지만 그 외에는 알려진 바가 많지 않다. 그러나 분명한 점은 이러한 결함에도 국방부가 오스프리를 다시 운용하기 위해 준비하고 있다는 사실이다.

오스프리가 안전하지 않다는 증거가 이토록 많은데도 불구하고 어떻게 해서 오스프리는 그동안 계속 운용되었을까? 이야기는 1989년 4월로 거슬러 올라간다. 당시 국방장관 딕 체니는 국방비를 삭감하기 위해 오스프리를 폐기하겠다고 발표했다. 이 결정에 영향을 준 것은 1989년 초 국방부 프로그램 분석평가실의 보고서였다. 이 보고서는 오스프리가 지나치게 비쌀 뿐 아니라 불필요하다고 주장했다. 체니의 발표가 나오기 전 3년 동안 오스프리 개발 비용으로 이미 13억 달러가 집행된 상태였다.[50]

오스프리를 폐기하겠다는 체니의 결정으로 국방부와 의회 간 싸움이 촉발되었다. 그 중심에는 초선 하원 의원 커트 웰던Curt Weldon (펜실베이니아주·공화당)이 있었다. 웰던은 오스프리가 폐기되면 자신의 지역구에서 이 프로그램에 의존하는 일자리 약 2000개도 사라질 것을 우려했다. 이를 막기 위해 웰던은 체니의 다른 계획, 즉 F-14D 전투기 프로그

　　　　　　　　　　　　미국은 왜 전쟁을 멈추지 못하는가

램 폐기에 반대하는 다른 의원들과 손을 잡았다. 이들은 펜타곤 예산에 F-14D 추가 생산을 위한 10억 달러와 오스프리 생산을 위한 3억 5100만 달러를 삽입하는 데 성공해 체니의 결정을 뒤집었다. 그러나 오스프리의 정치적 곤란은 거기서 끝나지 않았다. 국방부는 1991 회계 연도 예산안에서 다시 오스프리 프로그램을 삭감했다. 이번에 웰던은 곧장 제조사 벨 헬리콥터Bell Helicopter와 보잉의 사장들에게 전화를 걸어 최후 통첩을 날렸다. 즉 오스프리 프로그램을 위해 총력을 다하지 않으면 앞으로 벨과 보잉 제품에 대한 의회의 지원은 줄어들 것이라고 경고했다. 예상대로 웰던은 그들의 지지를 얻어냈다.[51]

앞서 1990년 2월에 '틸트로터 기술 연합Tilt-Rotor Technology Coalition'이 결성되었는데, 이는 곧 '오스프리 로비'라고 불리게 되었다. 이 단체는 벨 및 보잉과 결탁해 오스프리 생산에 필요한 다양한 하청업체들의 명단과 그 업체들의 위치를 공개했다. 이전까지는 이 항공기를 위해 로비하지 않았던 의원들도 프로그램이 중단되면 자신의 지역구가 부정적 영향을 받을 수 있음을 깨닫게 되었다. 결국 하원과 상원의 군사위원회는 프로그램을 종료하려는 국방부의 결정을 뒤집었다. 이 항공기 예산은 1991년 예산안에서 되살아났고, 이후로 계속 유지되었다. 그로부터 30여 년이 지난 지금 오스프리는 아직 신뢰성을 입증하지 못하고 있다. 국방부는 여전히 오스프리에 매달리고 있다.

수십억 달러가 낭비되었음에도 이 항공기를 계속 운용하는 것은 전혀 합리적이지 않다. 이미 2003년부터 오스프리가 근본적으로 안전하지 않다는 경고가 제기되었다. 당시 국방부 오스프리 프로그램 분석가 렉스 리볼로Rex Rivolo가 작성한 메모에는 나란히 배치된 엔진이 항공기를 전복 위험에 빠뜨리고, 엔진의 강한 진동이 부품 고장을 일으키며, 로터에서 발생하는 강한 하향 기류가 흙먼지를 일으켜 시야 확보를 어렵게 만든다는 내용이 담겨 있었다. 리볼로는 2023년 인터뷰에서 이렇게 말했다. "그게 2003년이었죠. … 이후 우리는 빈발하는 사고를 목격해왔는데, 전부 내가 그 메모에서 지적한 대여섯 가지 문제와 얽혀 있었습니다."[52]

오스프리 추락 사고로 목숨을 잃은 희생자들의 가족과 친구들은 이 프로그램의 지속에 강하게 문제를 제기해왔다.[53] 예를 들어 2022년 6월 캘리포니아에서 발생한 추락 사고로 사망한 해병대 일병 에번 스트릭랜드Evan Strickland의 유가족은 오스프리의 결함과 더 엄격한 관리 감독 필요성에 대해 공개적으로 목소리를 높였다. 그러나 비극은 1년 뒤인 2023년 8월 에번의 친구였던 스펜서 콜라트Spencer Collart 상병이 호주 인근에서 또 다른 오스프리 추락 사고로 목숨을 잃으면서 더욱 커졌다.[54]

에번 스트릭랜드의 목숨을 앗아간 추락 사고는 클러치가 제대로 맞물리지 않는 문제 때문에 발생했다. 이 문제는 2010년에서 2020년 사이에만 12차례 발생한 것으로 보고되었다. 이전의 클러치 문제들은 치명적인 사고로 이어지지는 않았지만, 만약 클러치 이상이 발생하면 양력을 상실하고 갑작스러운 추락으로 이어질 수 있다는 사실은 이미 10년 넘게 알려져 있었다. 에번과 4명의 해병을 태운 오스프리는 실제로 하늘에서 곧장 추락했으며, 너무 빠르게 떨어져서 누구도 조난 신호를 보낼 겨를이 없었다.[55] 이 치명적인 추락 이후에도 클러치 문제와 관련된 사고가 여섯 번 더 발생했다. 최근 사건은 2023년 1월에 일어났다. 그러나 이 문제는 아직도 해결되지 않고 있다.

 미국은 왜 전쟁을 멈추지 못하는가

군인들은 점점 더 오스프리를 경계하고 있다. 한 군인은 익명으로 "오스프리 공동체에서 아는 사람이 사망하지 않은 사람을 찾기 힘들다"라고 말했다. 더 나아가 그는 추락 사고로 친구를 잃은 뒤 아이에게 다시는 오스프리를 타지 않겠다고 약속했다고 밝혔다. 군이 2007년 이 항공기를 운용하기 시작한 이후 공중 및 지상 사고로 64명이 사망하고 93명이 부상당했다. 오스프리는 2024년 대부분의 기간 동안 임무에서 제외되었다. 이 글이 작성되는 시점 기준으로는 2025년 중반이나 말까지도 완전한 현역 임무 복귀는 아직 예정되어 있지 않다.[56]

보잉이 안전하고 실용적인 항공기를 적정한 가격에 생산하는 데 심각한 문제를 겪고 있다는 점을 고려하면, 2025년 3월 트럼프 행정부가 보잉을 공군 차세대 전투기 F-47 제작 경쟁의 승자로 발표한 것은 다소 놀라운 일이었다. 베테랑 기자이자 군비 분석가인 앤드루 코번Andrew Cockburn은 이 결정이 "그야말로 단순한 구제 금융"이라고 논평했다.[57] 다른 이들은 보잉을 F-47 제작사로 선정한 것을 어떻게 평가하든 간에, 보잉을 살려둘 필요성을 고려한 결정일 가능성이 있다고 풀이했다. 그러지 않을 경우 고정익 군용기를 생산하는 업체가 록히드 마틴과 노스럽 그러면 단 두 곳만 남고, 정부는 훨씬 더 집중된 방위산업을 상대해야 한다고 설명했다. 그러나 보잉에 이 프로그램을 맡기는 것에는 회사 경영이 대대적으로 개선되지 않는 한 큰 위험이 따른다. F-35 프로그램에서 경험한 일정 지연과 비용 초과, 수백 건의 미해결 결함이라는 전철을 밟지 않으려면 국방부와 의회, 대중이 이 프로그램을 철저히 감시해야 한다.[58]

프로젝트 지연과 초과 비용, 제품 결함 등을 고려할 때, 미국이 대형 방산업체에 더 많은 돈을 쏟아붓는 것은 효과적인 차세대 무기 체계를 생산하기보다는 낭비만 늘릴 가능성이 크다. KC-46, F-35, 센티널 같은 값비싸고 성능은 떨어지는 프로그램은 취소하거나 규모를 줄이고, 대신 더 단순하고 신뢰할 수 있으며 저렴한 대안으로 전환해야 한다. 새로운 기술적 정점에 도달하려다 오히려 숫자도 적고 효용도 적은 체계를 생산하는 대신, 국방부는 제때 생산 가능하고 현장 병력을 안정적으로 지원할 수 있는 단순한 체계를 목표로 삼아야 한다. 무엇보다 군비 지출과 방위산업의 규모는 무력 사용을 최후 수단으로 하고 동맹국이 자국 지역 방위의 주체가 되는, 덜 군사화된 대외 정책과 연계되어야 한다.

그러나 이러한 변화를 이루기는 어렵다. 대형 방산업체들이 무기 조달 체계를 지금의 비효율적 상태로 유지함으로써 이익을 얻고 있기 때문이다. 현재 정책의 대가는 너무 크다. 오스프리 사례처럼 시스템 결함으로 사망한 인원만이 아니라, 아프가니스탄전쟁과 이라크전쟁 같은 분쟁은 수천 명의 군인 목숨을 앗아갔고 수십만 명에게 팔다리 절단부터 외상성 뇌손상TBI, 외상 후 스트레스 장애PTSD에 이르는 신체적·정신적 상처를 남겼다.

방위산업이 더 작아지고, 더 집중적이 되고, 더 책임감 있게 되면 미국은 훨씬 적은 세금으로도 더 효과적인 국방을 할 수 있다. 하지만 그런 상태는 전쟁 기계의 권력과 영향력을 줄일 때만 실현될 수 있다. 지금의 전쟁 기계는 미국과 동맹국의 강력한 방위를 위한 올바른 도구를 제공하는 것보다 돈을 버는 데 더 관심이 있기 때문이다.

전쟁 기계의 비용

5장

해외에서는 끝없는 전쟁,
국내에서는 끝없는 비용

굶주림과 상처에 시달리는 참전 용사들

"끝없는 전쟁은 끝없는 참전 용사를 낳습니다. 그들은 흔히 자신들의 노력이 의미가 있었는지, 더 나은 뭔가로 이어졌는지 의문을 품게 됩니다." 26년간 육군에서 복무했고 현재 샌디에이고주립대학교 '전쟁사회연구센터' 소장인 그레고리 대디스Gregory Daddis는 이렇게 말했다. 실제로 이라크전쟁과 아프가니스탄전쟁에 참전한 많은 용사가 정부에 배신감을 느낀다. 다큐멘터리 영화 〈내가 당신에게 알려주고 싶은 것 What I Want You to Know〉(2023)에서 드러나듯이, 참전 용사들 중 상당수는 왜 자신이 그 전쟁에 파병되었는지 확신하지 못했고, 임무가 달성 불가능하다고 믿었으며, 정부가 전황에 대해 거짓말을 했다고 느꼈다. 또 다른 이들은 전쟁 중 자신이 한 행동으로 무고한 민간인이 사망했다는 사실을 받아들이는 데 어려움을 겪었다.[1]

21세기 미국의 전쟁을 수행한 참전 용사가 들려주는 이런 비판의 목소리가 왜 사회와 의회에서 울려 퍼지지 않는 걸까? 이 다큐멘터리의 공동 제작자이자 해병대 출신으로 아프가니스탄에서 복무한 토미 펄롱Tommy Furlong은 이렇게 설명한다. "복무 기간을 되돌아보며 성찰하는 것은 쉽게 할 수 있는 일이 아닙니다. 무척 힘들죠. 잘 드러나지 않는 부분은 전쟁이 매우 사적인 경험이라는 점이에요. 자신의 경험을 이야기하기 어렵고, '내 시간이 제대로 쓰이지 않았고, 우리의 기량이 낭비되었다'라고 공개적으로 말하기란 결코 쉬운 일이 아닙니다."[2]

대디스에 따르면 참전 용사 대다수는 "피와 자원이 허비되었다고 생각했고", 이라크나 아프가니스탄에서 "현지 주민들이 우리를 원한다고 믿기 어려워했다." 실제로 9·11 사태 이후 전쟁에 파병된 많은 용사가 "자신들이 속았다는 느낌을 뚜렷하게 갖고 있다."[3] 이러한 환멸은 미국이 이라크와 아프가니스탄에서 벌인 21세기 전쟁의 막대한 인명 피해를 고려할 때 더욱 심각해진다. 브라운대학교 '전쟁 비용 프로젝트' 조사에 따르면, 9·11 이후 미국이 치른 전쟁에서 미군 병사 7000명 이상이 전사했고, 민간 계약자(그중 다수가 전직 현역 군인) 8000명이 목숨을 잃었다. 또한 5만 2000명 이상의 군인이 부상당했다.[4] 더 안타까운 것은 이 전쟁에 참전한 이들의 인명 피해가 전장 너머까지 이어진다는 사실이다. 참전 용사들은 자살률과 외상 후 스트레스 장애 발생률이 급증했다고 보고되었다.[5] 지금까지 3만 명이 넘는 현역 군인과 참전 용사가

스스로 목숨을 끊었고, 60만 명이 넘는 참전 용사가 외상 후 스트레스 장애 진단을 받았다.[6]

크리스 오버펠트Chris Overfelt는 외상 후 스트레스 장애와 싸우고 있는 참전 용사 중 한 사람이다. 그는 2002년부터 2011년까지 공군 국가방위군에서 항공기 정비사로 복무하며 이라크와 아프가니스탄에서 진행된 미국의 군사 작전을 직접 지원했다. 이후 전역한 그는 '평화를 위한 참전 용사들Veterans for Peace'에 합류했는데, 이름에서 알 수 있듯 이 단체는 미국이 치른 전쟁의 끔찍한 인명 피해를 직접 경험한 참전 용사들로 구성되어 있다. 오버펠트는 2019년에 공개적으로 이렇게 말했다. "나는 간접적으로 두 주권 국가, 이라크와 아프가니스탄의 파괴에 가담했습니다. … 이 두 나라가 내 생애 안에 그 참화를 회복할 가능성은 거의 없습니다. 내 평생 무엇을 하든 이 무의미한 전쟁에서 목숨을 잃은 수십만 명의 이라크와 아프가니스탄 남성, 여성, 어린이를 대신할 수는 없습니다."[7]

국내 상황에 대해 오버펠트는 미국의 영구적인 전쟁 경제가 끼치는 영향을 격렬히 비판한다. 그는 이렇게 말한다. "무기와 감옥에는 언제나 돈이 충분하지만, 가난한 이들을 위한 교육에는 결코 충분하지 않다는 것은 비밀이 아닙니다. 시민들에게 절실히 필요한 의료와 교육에 쓰여야 할 돈이 대신 보잉, 록히드 마틴, 레이시온, 노스럽 그러먼 등으로 흘러갑니다. 그리고 이런 목록은 끝없이 이어집니다."[8]

아이러니하게도 오버펠트 같은 수많은 참전 용사들이 자신들이 싸워 지켜낸 연방 정부로부터 제대로 된 지원을 받지 못하는 경우가 많다. 사실 일부 참전 용사들은 국방부 예산이 사상 최고 수준에 근접하는 바로 그 시기에 말 그대로 굶주림에 시달리고 있다.

군에서 민간인으로의 힘든 전환을 겪는 참전 용사들에게 "굶주림은 예외라기보다 오히려 흔한 일"이라고 네브래스카주 출신 참전 용사 모이세스 몬탈보Moises Montalvo는 전했다. 모이세스가 인종과 경제 정의 증진에 주력하는 종교 행동 단체 카이로스 센터Kairos Center가 제작한 영상에서 들려준 말이다. 그는 일부 참전 용사들은 "아이들에게 음식을 주기 위해 스스로 끼니를 줄여야 하는 문제와 매일 씨름한다"라고 덧붙였다. 그는 많은 참전 용사들이 정부에서 제공하는 영양 지원 덕분에 겨우 굶주림을 면하고 있지만, 이러한 지원조차 언제나 국방부 예산을 늘리려고 하는 의원들 때문에 정기적으로 위협당하고 있다고 지적한다.[9]

참전 용사이자 모이세스의 배우자인 앤절라Angela는 2022년 6월 반反빈곤 집회에서 "네브래스카주에서만 3만 4000명의 참전 용사가 빈곤 속에 살고 있습니다"라고 강하게 외쳤다. 이는 주 내 참전 용사 4명 중 1명꼴이다. 또한 앤절라는 이 문제가 네브래스카주를 훨씬 넘어선다는 점을 분명히 했다. "이 나라 곳곳에 가난하고 노숙하는 참전 용사들이 있습니다. 우리는 부유층의 이익을 위해 가난한 사람들의 생명과 건강을 희생시키는 이 전쟁 경제를 끝내라고 함께 요구해야 합니다."[10]

이러한 빈곤은 예컨대 웨스트버지니아주에도 드리워져 있다. "여기 애팔래치아에서는 사람들이 두어 가지 일을 하면서도 식료품을 살 여유가 없어 아이들이 굶주리고 있습니다"라고 크리스 킨케이드Kris Kinkaid는 설명한다. "우리 지역 상원 의원은 시간당 11달러면 웨스트버지니아주 주민들이 충분히 살 수 있다고 하지만, 분명히 말하건대 우리는 11달러로는 생활할 수 없습니다. 그것으로는 우리의 필요를 충족시키기에 턱없이 부족합니다."[11]

너무나 많은 미국인이 자신과 가족을 위한 제대로 된 삶을 꾸리기 위해 고군분투해야 한다는 사실은 더 이상 논쟁의 여지가 없다. 그러나 앤절라가 지적한 대로, 전쟁 경제가 빈곤과 경제적 불안정의 주요 원인이라는 비판은 과연 타당할까?

전쟁 경제의 실상
: 미국 전체 외교 예산과 맞먹는 록히드 마틴의 연간 계약 규모

만약 질문이 "펜타곤 지출이 수천만 미국인이 누리지 못하는 기본 필요를 충족하는 데 쓰일 수 있는 자원을 빨아들이고 있는가?"라면, 답변은 단호히 '그렇다'이다. 미국의 군사 예산은 2024년에 거의 9000억 달러에 달했고, 이는 사회보장제도나 메디케이드Medicaid(미국의 공공 의료 보험으로, 극빈층에게 연방 정부와 주 정부가 공동으로 의료비 전액을 지원한다-옮긴이) 같은 권리성 지출을 제외한, 연방 정부가 집행하는 모든 활동을 포함하는 재량 예산의 절반을 훨씬 웃도는 비중을 차지했다.[12] 즉 연방 세금 중 교육, 환경 보호, 직업 훈련, 과학 연구, 법 집행 등 다른 주요 정부 활동 전체보다 더 많은 금액이 펜타곤으로 흘러들어간다는 뜻이다.

게다가 9000억 달러는 전쟁 기계의 총예산 비용을 보수적으로 잡은 금액이다. 이 수치에는 펜타곤 예산과 더불어 에너지부의 핵탄두 관련 사업 예산이 포함된다. 그러나 여기에 포함되지 않은 다른 많은 예산 항목들도 존재한다. 이런 항목들은 국가 안보를 위한 것이거나 과거 전쟁의 결과이기 때문에 군사 관련 지출로 분류되어야 한다.

이러한 군사 관련 지출에는 국토안보부와 보훈부의 예산, 국무부 예산에 포함된 군사 원조와 과거 군사 지출로 인한 국가 부채 이자 부담분이 포함된다. 이렇게 군사 지출을 더 빠짐없이 집계한 연간 총액은 거의 1조 5000억 달러에 이른다. 현재처럼 폭주하는 지출 추세가 이어진다면 머지않아 2조 달러에 도달할 것으로 전망된다.[13]

연방 정부가 경기 부양 수단으로 전쟁 기계에 의존하지 않고 대안을 마련하려는 노력은 두 변수에 발목을 잡혔다. 하나는 펜타곤의 과잉 지출이고, 다른 하나는 의회가 빈곤과 불평등 문제를 진지하게 해결하기 위한 부유층 증세를 원하지 않는다는 것이다. 미국의 심각한 경제적·사회적 위기를 외면하는 동시에 펜타곤 지출 확대를 옹호하는 이들은 현행 예산 우선순위를 더욱 강화해야 한다며, 이 지출이 만들어내는 일자리와 이익을 근거로 내세운다.

그러나 미국인 대다수는 군사화된 경제로부터 직접적인 혜택을 전혀 얻지 못한다. 그들은 오히려 인간의 기본 필요를 희생하면서 불필요한 군사력 증강에 자금을 쏟아붓는 탓에 빚어진 기회 상실로 고통을 겪는다.

그 대가는 극명하다. 예를 들어 펜타곤의 연간 예산은 바이든 정부에서 제정한 IRA Inflation Reduction Act(인플레이션감축법)의 일환으로 온실가스 감축에 매년 투자하기로 예정된 370억 달러의 20배가 훨씬 넘는다.[14] 펜타곤은 해마다 전투기 기종 단 하나에만, 앞서 언급한 값비싸고 성능 떨어지는 F-35에만 질병통제예방센터 전체 예산보다 더 많은 돈을 쓴다.[15] 130억 달러짜리 항공모함 1척은 환경보호청의 연간 예산보다 더 비싸다.[16] 록히드 마틴은 2020년 연방 정부 계약으로 750억 달러를 받았는데, 이는 국무부와 미국국제개발처United States Agency for International Development, USAID 예산을 합친 것보다 많았다. 이후 몇 년 동안 이 회사의 연간 계약 규모는 미국의 전체 외교 예산과 맞먹는 수준을 유지하고 있다.[17]

단지 재정 비용만 걸린 사안이 아니다. 21세기 내내 이어진 미국의 끊임없는 분쟁 개입이 초래한 가장 충격적인 결과 중 하나는 바로 이 전쟁들을 수행한 군인이 입은 피해였다. 최소 190만 명의 참전 용사가 9·11 이후 미국이 치른 전쟁을 겪었고, 7000명이 넘는 미군 병사가 목숨을 잃었으며, 수십만 명이 외상 후 스트레스 장애, 외상성 뇌손상, 심각한 신체 부상으로 고통받고 있다.[18]

이처럼 국내외에서 전쟁 기계가 초래한 막대한 비용은 의회나 언론에서 정기적으로 논의되지 않는다. 그러나 우리의 자원 대부분을 전쟁에 쏟아붓는 것이 얼마나 위험한 일인지는, 앞서 언급한 모이세스 몬탈보와 앤절라 몬탈보 부부처럼 그 영향을 가까이에서 목격한 이들에게는 분명하다.

이제 무엇이 미국인을 안전하고 번영하게 만드는지에 대한 진지한 성찰이 필요하다. 그것은 걷잡을 수 없는 군사 예산일까, 아니면 국민의 필요에 대한 투자일까? 펜타곤의 자원을 국내 현안으로 돌리는 것만으로는 미국이 직면한 경제적 도전을 완전히 해결하지는 못한다. 그러나 이는 가장 시급한 국가적 문제를 해결하기 위해 현실적인 방안을 세운다면 반드시 넣어야 할 요소다. 한정된 자원을 전쟁 기계에 쏟아붓는 선택은 공중 보건과 영양, 의료, 환경 보호 등 다른 우선 과제들을

　　　미국은 왜 전쟁을 멈추지 못하는가

고사시킨다. 이러한 분야에 대한 지출 부족은 또 다른 팬데믹 발생 위험, 수천만 미국인의 굶주림, 치료받지 못하는 질병, 더 오염된 공기와 물로 이어진다. 이는 단순히 예산 편성의 불균형 문제가 아니다. 총성이 울리는 전쟁터의 위태로운 목숨과 마찬가지로 소중한 생명이 걸려 있는 문제다.

주류 경제학자들은 전쟁 기계가 미국 내에 끼치는 비용을 의식적으로 무시해왔다. 그들은 전통적 지표로 볼 때 미국 경제는 양호한 상태에 있으며, 펜타곤에 매년 쏟아붓는 거의 1조 달러를 충분히 감당할 수 있다고 주장한다. 표면적으로는 제도권 분석가들의 이런 말에도 일리가 있어 보인다. 이 책을 집필하던 2024년 말 당시 미국의 실업률은 3.7%에 불과했는데, 이는 40여 년 중 가장 낮은 수준이었다.[19] 기본 소비재의 물가 상승률은 2.9%로, 2022년에 기록한 21세기 최고치인 8.0%의 절반에도 못 미쳤다.[20] 임금은 인플레이션보다 빠르게 상승하고 있었으며, 이는 지난 수십 년간의 경험과 비교할 때 큰 진전이었다. 경제학자이자 《뉴욕타임스》 칼럼니스트인 폴 크루그먼은 2024년 2월, "전반적으로 좋은 소식들"이라며 "이는 아마 1990년대 후반 이후 우리가 경험한 경제 중 최고일 것이다"라고 상황을 요약했다.[21]

그럼에도 여전히 많은 미국인이 생활비에 쪼들리고 있다. "미국인의 40%는 가난하거나, 작은 위기 하나만으로도 빈곤에 빠질 수 있는 상태입니다." 이는 '빈민 캠페인: 도덕적 부흥을 위한 국가적 호소Poor People's Campaign: A National Call for Moral Revival'를 공동 설립한 리즈 시어하리스Liz Theoharis 목사의 말이다.[22] 시어하리스는 오늘날의 문제들이 1960년대 마틴 루서 킹 주니어Martin Luther King Jr.가 제기한 문제들과 직접 연결되어 있으며, 그 중심에는 군사주의의 영향이 놓여 있다고 주장한다. 그는 이렇게 말한다. "지난 50년간 우리는 그 어떤 것과도 비교할 수 없을 만큼 성장한 전쟁 경제를 목격했습니다. 따라서 중요한 것은 여전히 진실이고 진실로 울림이 큰 킹의 베트남전 반대 틀을 사용하는 데 그치지 않고, 군사주의와 전쟁 경제가 실제로 어떤 모습인지를 더 깊이 이해하고 분석하는 것입니다." 그렇기 때문에 그는 빈민 캠페인의 목표가 단순히 펜타곤의 예산을 사회 프로그램으로 옮기는 것에 그치지 않는다고 강조한다. "핵심은 단지 돈을 옮기는 데 있는 게 아닙니다. 우리가 필요로 하는 사회를 건설하는 데 있습니다."[23]

빈민 캠페인은 빈곤과 불의를 바로잡기 위해 싸우는 전국 조직으로, 모이세스 몬탈보와 앤절라 몬탈보를 포함해 빈곤층이 주도하고 있다. 이 캠페인은 윌리엄 바버William Barber 목사가 이끄는 두 조직인 '카이로스 센터Kairos Center'와 "사회 변화를 위한 도덕적 운동을 구축하고 지원한다"는 사명에 헌신하는 단체 '리페어러스 오브 더 브리치Repairers of the Breach'를 모태로 탄생했다. 킹 목사의 비전을 이어받은 새로운 빈민 캠페인은 "체계적 인종차별과 빈곤, 생태계 파괴, 군사주의와 전쟁 경제, 종교적 민족주의의 왜곡된 도덕 담론이라는 맞물린 악에 정면 대응하는 것"을 목표로 한다. 이는 방대한 과제지만 미국이 존엄성, 참여, 관용, 경제 안정을 지켜내며 민주주의를 모든 이들에게 의미 있게 만들기 위해서는 반드시 필요한 일이다. 이 캠페인의 목표가 달성된다면, 전쟁 기계가 미치는 악영향에 정면으로 맞서게 될 것이다.[24]

카이로스 센터의 셰일리 반스Shailly Barnes는 킹 목사가 제기한 우려가 오늘날에도 여전히 중요한 의미를 갖고 있다고 강조한다. 캠페인의

미국은 왜 전쟁을 멈추지 못하는가

연구 결과에 따르면 빈곤과 차별, 펜타곤의 과도한 지출은 킹 목사가 1960년대 후반 이 문제들을 제기한 시기에 비해 비슷하거나 더 확대된 것으로 드러났다. 그는 이렇게 말했다. "우리는 모두 킹이 지적한 문제들인 빈곤, 인종차별, 군사주의라는 삼중의 악이 시간이 흐르면서 더 악화되었다고 추정했습니다." 그리고 그는 안타깝게도 실제 검토 결과 이러한 추정이 사실로 드러났다고 지적했다. [25]

경제의 진짜 실태와 시급한 변화의 필요성은 수천만 미국인의 실제 생활 여건에서 드러난다. 기존의 경제 통념에서는 빈곤선이나 그 언저리에서 살아가며 주거와 의료, 충분한 영양 등 기본 필요를 충족하기 위해 고군분투하는 미국인들의 삶의 경험은 간과된다. 그리고 이런 문제가 계속되는 가운데, 연방 정부가 이를 해결할 수 있는 능력은 펜타곤에 공공 투자의 대부분을 쏟아붓는 잘못된 우선순위의 고착화로 인해 심각하게 약화되어왔다.

미국 경제가 올바른 궤도에 있다는 통념의 첫째 결함은, 제대로 된 일자리를 얻을 가능성에 대해 너무 낙담한 나머지 아예 노동 시장 자체에서 이탈해버린 사람들을 고려하지 않는다는 점이다. 이런 "낙담한 노동자들discouraged workers"은 공식 실업 통계에 포함되지 않는다. [26] 미국 정부의 관점에서는 그들에게 일자리의 필요성이 존재하지 않는 것처럼 취급되는 셈이다.

게다가 800만 명이 넘는 미국인들이 식량이나 주거 같은 기본 필요를 충당하기 위해 두 개 이상의 직업을 가지고 일하고 있다. [27] 평균적인 미국 노동자의 구매력은 지난 40년 넘는 세월 동안 거의 변하지 않았다. [28] 한편 미국 가구의 평균 부채는 9만 달러가 넘으며, 많은 미국인

이 큰 의료 위기를 겪으면 순식간에 저축을 다 써버리거나 파산에 이르게 되는 상황에 놓여 있다.[29]

이 모든 결과로 1억 4000만 명의 미국인이 빈곤 속에서 살거나 작은 위기 하나만으로도 빈곤층으로 전락할 위태로운 처지에 놓여 있다.[30] 비극적인 것은 빈곤층에 6명 중 1명꼴로 아동이 포함되어 있다는 사실이다.[31] 게다가 매년 4400만 명의 미국인이 굶주림에 시달린다.[31] 2019년에 18만 3000명의 미국인이 빈곤 관련 원인으로 사망했는데, 이는 살인과 총기 폭력, 당뇨병, 비만으로 인한 사망자보다 많았다.[32] 한편 더 많은 미국인이 거리나 쉼터에서 생활하고 있다. 2023년 미국의 노숙자 수는 77만 명으로 사상 최고치를 기록했다.[33]

군대와 군수산업이 놀라운 경제적 이익을 가져다준다는 주장의 실상

아마 가장 충격적인 사실은, 미국이 전 세계 군사비 지출의 40%(가장 근접한 경쟁국인 중국의 3배이고, 바로 아래 순위 9개국의 지출 총액보다 더 많은 규모)를 차지함에도 산업화된 국가 중 최저 기대수명을 기록하고 있다는 점일 것이다.[34] 우선순위의 실패를 이보다 더 생생하게 보여주는 사례는 상상하기 어렵다. 미국 경제의 부정적이지만 흔히 감추어진 충격적인 사례 중 하나는 백인 남성의 기대수명이 감소하고 있다는 사실이다. 분석가들은 이 현상을 경제적 기회의 축소와 관련된 요인들, 즉 약물 과다 복용, 알코올 중독, 간 질환, 절망사death of despair로 알려진 자살 등 요인들 때문이라고 본다. 비극적이게도 평균 기대수명의 하락은 특히 22~45세 젊은 백인 남성의 사망 급증과 밀접하게 연결되어 있다. 이들은 오피오이드 위기opioid crisis(1990년대 이후 미국에서 아편 비슷한 작용을 하는 합성 진통·마취제인 오피오이드 계열 약물의 남용, 오용, 과다 복용, 중독으로 인한 사망자가 기하급수적으로 증가하면서 발생한 사회 문제-옮긴이)의 직격탄을 맞은 세대다.[35]

미국의 왜곡된 우선순위로 가장 큰 영향을 받는 이들이 목소리를 내고 정치 세력을 조직하기 시작했으며, 연방 정부와 의회, 주 정부가 세금을 사용하는 방식을 바꾸기 위해 나서고 있다. 빈민 캠페인은 이러한 문제들을 수년간 볼 수 없었던 방식으로 다시 국가적 의제로 끌어올렸다. 이 캠페인의 가장 중요한 행동이자 교훈적인 사례 중 하나는 2019년 하원 예산위원회에서 열린 '미국의 빈곤: 고군분투하는 가정의 경제적 현실Poverty in America: Economic Realities of Struggling Families' 청문회였다.[36] 이 청문회는 빈곤과 불평등에 가장 직접적으로 영향받는 사람들이 현직 의원들과 직접 마주해 중심에 섰다는 점에서 역사적 의미를 남겼다.

여러 하원 예산위원회 의원들은 '빈민 캠페인'을 어떻게 받아들여야 할지 잘 알지 못했다. 일부 의원들은 대체로 캠페인의 관점에 공감했다. 그러나 다른 의원들은 자신들이 얼마나 힘겨운 배경에서 자랐는지를 서로 앞다투어 내세우며 근거가 부족한 지적 곡예를 열성적으로 펼쳤다. 그들은 미국에 깊게 뿌리내린 빈곤과 불평등 위기에 대응해 사회 안전망을 확충하는 일만은 피하려는 듯했다. 예컨대 위원회의 공화당 간사인 스티브 워맥Steve Womack(아칸소주)은 마치 군비 지출의 효과가 반빈곤 프로그램 중 독보적인 것처럼 이렇게 강조했다.

우리나라에서 군 복무는 많은 미국인들에게 빈곤에서 벗어나는 길을 열어 주기도 했습니다. 그들은 교육을 받았고, 비즈니스나 다른 분야에서도 적용할 수 있는 기술을 익혔으며, 리더십과 팀워크의 가치를 배웠습니다. 아칸소주 방위군에서 30년 동안 군복을 입고 복무했고, 또한 웨스트포인트에 있는 미국 육군사관학교의 방문위원회 위원장을 맡은 사람으로서, 나는 군이 어려운 환경에서 자라난 젊은 남녀들의 삶을 개선하는 데 어떻게 기여했는지를 직접 목격해왔습니다.[37]

워맥의 동료 의원 중 여럿은 신앙과 가족, 근면이 개인을 빈곤에서 벗어나게 하는 핵심 요소라고 강조하면서, 1960년대에 만들어지거나 확대된 정부의 빈곤 퇴치 프로그램은 거의 효과가 없었다고 주장했다. 빌 존슨Bill Johnson 의원은 《성경》에 대한 비정통적 해석까지 끌어와 빈곤 문제는 정부가 아니라 민간 자선이 해결해야 한다고 주장했다. 그는 이렇게 말했다. "《성경》 어디에도 예수가 가난한 사람을 먹이고 과부를 입히고 고아를 돌보는 것이 가이사의 책무라고 말한 구절은 없습니다. 예수는 그것이 교회의 책임이라고 했습니다. 그것은 교회의 책임이고, 공동체의 책임이며, 당신 이웃의 책임이고, 또한 이웃으로서 당신의 책임입니다."[38]

다행히 이런 발언이 반박 없이 넘어가지는 않았다. "누군가는 거짓에 맞서야 합니다." 윌리엄 바버 목사가 강하게 외쳤다. "오늘 들은 수많은 왜곡이 내 귀를 아프게 했습니다. … 이 나라에서 부자와 빈자의 격차가 커지는 것은 가난한 사람들의 비도덕성이나 개인적 노력 부족 때문이 아니라, 바로 정책 결정이 직접 영향을 끼친 결과입니다. … 기

　　　　　미국은 왜 전쟁을 멈추지 못하는가

업 이익 집단은 여기[워싱턴]에 대표를 보내 개인의 책임과 정부 개입의 위험성을 설파하지만, 진실은 우리가 불평등에 대해, 불의한 법과 제도에 대해 집단적으로 책임져야 한다는 것입니다."[39] 바버는 또한 정의로운 사회를 향한 투쟁은 단편적 조치나 주변적 변화에 머물러서는 안 된다고 덧붙였다. "우리는 단지 빈곤 문제를 조금 완화하자는 이야기를 하는 것이 아닙니다. 킹은 빈곤과 군사주의, 인종차별, 생태계 파괴, 전쟁 경제를 끝내야 한다고 말했습니다. 그렇기에 우리는 사실뿐 아니라 예산안까지 함께 제시한 것입니다."[40]

바버 목사의 말은 울림이 있었다. 그러나 그 청문회의 핵심은 실제로 빈곤 속에서 살아온 캠페인 참가자들의 개인적 증언들이었다. 예컨대 펜실베이니아주 존스타운 출신으로 LGBTQ(레즈비언, 게이, 양성애자, 트랜스젠더, 퀴어 등 성 소수자-옮긴이) 공동체의 일원인 22세 서배너 킨제이 Savannah Kinsey는 오피오이드 위기를 강조했다. 서배너는 고향 친구 니키 Nikki의 죽음을 이야기했는데, 니키는 주민의 38%와 마찬가지로 빈곤 속에서 살았다. 빈곤에서 벗어날 뚜렷한 길이 없는 상황에서 니키는 약물에 의지했고, 결국 마약 치료 프로그램을 한 번도 이용하지 못한 채 26세에 생을 마감했다.[41]

다섯 아이의 어머니인 캘리 그리어 Callie Greer는 자신의 딸 비너스 Venus가 의료 서비스에 접근할 수 없었고, 생명을 구할 가능성이 있는 약을 살 돈이 없었던 탓에 암으로 세상을 떠난 사연을 들려주었다. 그리어는 딸의 죽음에 대한 책임이 어디에 있는지 분명히 했다. "만약 딸에게 의사가 있었더라면, 건강보험이 있었더라면 비너스는 지금도 우리와 함께 있었을 겁니다. 여러분의 아이를 구할 수 있도록 돕는 데 얼마를 지

불하시겠습니까? 여러분 머리 위에 달러 표시가 있습니까? 숫자가 있습니까? 얼마를 쓰시겠습니까? 얼마요? 비너스는 지금 여기 있어야 했습니다."[42]

사회 안전망의 뚜렷한 공백과 저소득층 미국인의 필요를 충족하기 위한 투자의 부족이 이처럼 심각한 결과를 초래했다. 이는 다른 우선 과제들을 배제한 채 펜타곤에 집행한 과도한 지출의 부작용 중 하나일 뿐이다. 미국은 미래 경제 성장을 위한 필수 기반인 기초 인프라에도 충분히 투자하지 않고 있다. 많은 사례 중 하나를 들면, 미국토목학회 American Society of Civil Engineers가 작성한 인프라 보고서는 "상수도와 하수도 시스템 같은 핵심 수자원 인프라에 대한 만성 투자 부족"을 지적하며, 그 규모가 연간 810억 달러에 달하고 갈수록 커지고 있다고 밝히고 있다. 이 보고서는 미국의 '인프라 적자'가 향후 10년 동안 3조 7000억 달러에 이를 수 있다고 추정한다.[43] 이는 어떤 기준으로 보든 엄청난 액수지만, 같은 기간 동안 펜타곤에 지출될 10조 달러가 넘는 예산에 비하면 3분의 1을 약간 넘는 수준에 불과하다.[44]

스스로를 세계에서 가장 부유한 나라라고 자랑하곤 하는 국가에 깨끗한 식수가 부족하다. 이와 같은 현실은 2014년과 2015년 미시간주 플린트에서 발생한 수질 오염 사태로 드러났다. 이 위기는 언론에 대서특필되면서 많은 미국인에게 충격을 주었다. 주 정부가 비용 절감을 이유로 플린트의 수원을 플린트강으로 전환했는데, 새로운 수원이 상수도관을 부식시켰다. 그 결과 리 앤 앳워터Lee Anne Atwater의 집을 비롯해 많은 가정의 상수도에서 납 성분이 환경보호청 안전 기준보다 7배나 높은 정도로 검출되었다. 플린트 전역에서 이와 비슷한 독성 수준이

나타났다. 결국 가정으로 공급되는 수돗물의 음용이 금지되었고, 주민들은 병에 담긴 생수에 의존해야 했다. 지역 의료센터가 실시한 조사에 따르면, 플린트에서 다섯 살 이하 아동 수천 명의 혈액에서 검출된 납의 농도가 높게 나타났는데, 이는 IQ 저하와 주의력 감소, 범죄 활동 위험 증가, 많은 잠재적 신체 질환으로 이어질 수도 있는 수준이었다.[45]

결국 이 위기는 플린트의 수자원 관리를 소홀히 한 혐의로 주 정부 관리들이 사퇴하거나 형사 기소되는 결과로 이어졌다.[46] 그러나 이 위기의 근본 원인 중 하나는 상수도와 다른 주요 인프라를 건설하거나 유지하는 데 필요한 연방 자원이 점점 부족해지는 상황에서 비용을 절감하려는 시도였다. 실제로 해당 지역에 대한 연방 지원금이 급격하게 줄었다.[47] 이러한 변화는 주 정부와 지방 정부에 막대한 부담을 지웠고, 급기야 미시간주 관리들은 플린트 사례에서처럼 위험한 지름길을 택하게 되었다.

불행하게도 플린트에서 벌어진 일은 미국 전역의 수많은 지역 사회에서 일어날 수 있으며, 실제로 일어나고 있다. 컬럼비아대학교의 섀넌 마르케스Shannon Marquez는 안전하지 않은 식수 위기의 주요 원인을 정확히 짚었다. "안타깝게도 우리는 도시에서 수돗물을 끓여 마시라는 권고가 나올 정도로 극단적인 사건이 발생했을 때만 언론을 통해 듣게 됩니다. 그러나 노후 상수도 시스템을 재정비할 자금 부족과 이로 인한 시스템 방치는 수년간 이어져왔습니다."[48] 연방, 주, 지방 차원의 대규모 지원이 없다면 식수 위협은 앞으로도 오랫동안 지속될 것이다. 미국의 왜곡된 우선순위가 초래한 가슴 아픈 결과는 경제학자들이 '기회비용opportunity cost'이라고 부르는 것이다. 그러나 이는 위에서 설명한 생존을 가르는 선택을 다소 냉정하게 표현한 용어일 뿐이다.

이미 급증하고 있는 미국의 군사 예산 증액을 옹호하는 사람들은 그것이 국가 안보를 유지하는 최선의 방법일 뿐 아니라 고임금 일자리를 창출하는 효과적인 수단이라고 주장한다. 앞에서 언급했듯이 일부 의원들은 심지어 미국 군대를 미국의 가장 효과적인 빈곤 퇴치 프로그램이라고까지 묘사했다.

그러나 이보다 더 사실과 동떨어진 주장은 없다.

기본 필요를 충족하지 못하고, 그 필요를 충족할 수 있는 가장 큰 재원인 재량 예산의 최대 몫을 펜타곤이 집어삼키는 상황에서조차, 군비 지출이 가져다주는 놀라운 경제적 이익이라는 주장은 끊임없이 되풀이되고 있다. 2023년 우크라이나에 대한 추가 군사 지원을 둘러싼 정치적 논쟁에서, 조 바이든 대통령은 회의적인 의원들을 설득하기 위해 펜타곤 지출이 독보적으로 가치 있는 일자리와 소득의 원천이라는 신화를 들먹이며 이 지원 패키지를 관철했다.[49] 그러나 "국방 지출은 경제에 좋다"라는 주장에 예산 우선순위를 두는 것은 미국의 번영에 심각한 해를 끼칠 수 있다. 이로 인해 미래 산업이 뒷전으로 밀리고 시급한 국가적 과제로부터 자금이 빼돌려지는 양상이 고착되기 때문이다.

우리는 펜타곤 예산을 국내 프로그램으로 돌리는 것이 미국의 모든 경제 문제를 해결하는 마법 같은 해법이라고 주장하지는 않는다. 우선 그런 전환을 이루는 일은 거대한 정치적 과제가 될 것이다. 또한 전환된 자금은 모든 수준의 정부, 특정 문제 해결을 위해 연방 자금을 지원받는 기업 계약자, 비영리 단체 등을 통해 효과적으로 집행되어야 한다. 게다가 펜타곤 예산을 절반으로 줄인다 해도 미국 내에서 충족되지 못하는 모든 필요를 해결하기에는 충분하지 않다. 이를 위해서는 예산 우선순위의 변화뿐 아니라 연방 세입 증대, 정부 대출과 보조금 지출의 낭비, 사기, 남용에 대한 강력한 단속을 포함하는 포괄적인 대책이 필요하다. 여기에는 현재 전쟁 계획에 쏠리는 것과 같은 관심과 집중이 필요하다.

그러므로 문제는 단순히 돈이 아니다. 대중과 정부 관리들이 무엇에 주의를 기울이고 무엇을 계획하느냐가 문제다.

폭증하는 국방 예산과 쿨어드는 군수산업 일자리

모든 미국인에게 더 잘 봉사하는 경제로 재편하기 위한 포괄적 계획 중 하나는 빈민 캠페인의 도덕적 예산moral budget이다. 이 캠페인은 펜타곤 지출 삭감, 부유한 개인과 기업에 대한 과세 증대를 통해 도덕적 예산을 1조 2000억 달러 이상 편성해 국내 필요에 투자할 것을 제안한다.[50]

도덕적 예산이 제시하는 공공 투자와 정책 변화에는 생활 임금을 보장하는 공공 일자리 수백만 개 창출, 새로운 수도관과 하수 처리 시설 같은 필수 인프라 사업 자금 지원, 영양과 소득 지원 프로그램 확대, 메디케이드와 메디케어의 충분한 재정 지원과 더불어 보편적 의료 보장으로 이행, 유아 교육을 위한 자원 확대, 에너지 효율과 친환경 에너지 투자 등이 포함된다. 이처럼 미국의 우선순위를 전환하는 것은 거대한 정치적 도전이지만, 기본 필요를 외면한 채 전쟁 기계를 먹여 살리는 것보다 훨씬 나은 길을 제시한다.

앞서 언급했듯이 기본 필요가 아니라 무기와 전쟁 투자로 발생하는 기회비용이 고려될 경우 펜타곤의 과도한 지출은 오히려 일자리를 줄인다고 분석된다. 청정에너지와 의료, 인프라, 공교육 등 사실상 다른 어떤 분야에 지출하더라도 군사 분야에 같은 금액을 지출하는 것보다 훨씬 더 많은 일자리를 창출하기 때문이다.[51]

한편 펜타곤 지출은 시간이 지날수록 점점 더 일자리를 적게 창출하고 있다. 미국 군수산업의 최대 로비 단체인 미국방위산업협회National Defense Industrial Association에 따르면, 무기 제조 분야의 직접 고용 인원은 1980년대 중반 300만 명에서 현재 110만 명으로 줄어들었다.[52] 이는 미국이 1980년대보다 지금 펜타곤에 훨씬 더 많은 자금을 지원하고 있음에도 나타난 현상이다. 무기 관련 일자리 감소는 군수 생산이 해외로 아웃소싱되고, 기본 제조 작업이 자동화되고, 과학자와 엔지니어에 더 많이 의존하면서 생산직 노동자는 점점 줄어드는 소수의 첨단 시스템 구축에 집중한 결과다.

펜타곤 지출이 일자리를 창출하는 좋은 방법이라는 신화에는 또 다른 신화가 동반된다. 군수산업 고용이 고임금의 노조 일자리union job(근로 조건과 고용 안정성 등에서 노조의 보호를 받는 일자리-옮긴이)라는 것이다. 그러나 저널리스트 테일러 반스Taylor Barnes에 따르면 지난 수십 년간 주요 무기 제조업체의 노조 조직률은 급격히 하락했다. 공군의 신형 폭격기와 대륙간탄도미사일의 주요 계약업체인 노스럽 그러먼에서 노조 일자리는 고작 4%에 불과하다. 록히드 마틴의 노조 일자리 비율도 1971년 69%에서 현재는 19%에 그친다.[53]

 미국은 왜 전쟁을 멈추지 못하는가

군수산업의 일자리 감소와 이 부문의 임금과 복지 수준 하락이 맞물리면서, 전쟁 경제에서 벗어나 인간의 기본 필요를 충족하는 데 초점을 맞춘 경제로 전환하는 일은 더 쉬워질 것이 분명하다. 그러나 그렇게 되려면 워싱턴의 방향 전환이 필요하다.

앞서 언급했듯이 조 바이든 전 대통령은 비민주 정권에 무기를 지원하는 데 회의적인 입장을 보이며 펜타곤 지출의 끊임없는 증가세를 늦추겠다고 시사했다가 이후 군수산업과 그 경제 효과의 열렬한 지지자로 변신했다. 바이든 행정부가 군비 지출의 이점을 본격적으로 홍보하기 시작한 것은 2023년 10월이었다. 그는 백악관 집무실에서 이례적인 연설을 통해 우크라이나와 이스라엘, 대만에 수백억 달러 규모의 무기 지원을 포함한 1060억 달러 긴급 배정을 홍보했다.[54] 당시 친트럼프 공화당 의원들이 자금 집행을 가로막고 있었고, 백악관은 그들을 설득할 새로운 논리를 찾고 있었다. 대통령과 그의 보좌진이 내놓은 답변은 도널드 트럼프의 입에서도 나올 법한 것이었다. "일자리, 일자리, 일자리." 바이든은 이렇게 말했다. "우리는 비축고에 있는 장비를 우크라이나에 보냅니다. 그리고 의회가 배정한 자금을 사용할 때 우리는 그 돈으로 비축고를 다시 채웁니다. … 미국을 방어하는 장비이자 미국에서 생산된 장비로 말입니다. 애리조나주에서 만든 패트리어트 미사일 방공 시스템, 펜실베이니아주·오하이오주·텍사스주 등 전국 12개 주에서 생산된 포탄, 그 외에도 많은 것들이 있습니다."[55] 주목할 점은 바이든이 특별히 언급한 4개 주 가운데 애리조나주와 펜실베이니아주는 2024년 대선 결과에 결정적 영향을 미칠 경합 주였고, 나머지 두 곳은 공화당 상원 의원이 있는 공화당 강세 지역이었다. 바이든은 이들을 설득해 우크라이나에 대한 추가 군사 지원에 찬성표를 던지게끔 하려고 한 것이다.

무기 지원에 대한 바이든 대통령의 경제 논리가 단발적이었다고 생각할 수 있지만 실상은 그렇지 않았다. 정치 매체 《폴리티코Politico》의 보도에 따르면, 집무실 연설 직후 행정부는 의원들에게 우크라이나 지원의 경제적 이점을 홍보하는 요점 정리 자료를 배포했다. 심지어 행정부 로비스트들은 우크라이나 지원금이 50개 주 각각에 얼마나 흘러들어가는지 보여주도록 제작된 작은 지도를 나누어주기까지 했다.[56] 이는 록히드 마틴 같은 기업이 F-35처럼 값비싸고 결함 많은 무기 체계를 홍보할 때 흔히 쓰는 수법이다. 백악관이 똑같은 전술로 저급한 모습을 보여준 것은 우려스러운 일이다.[57] 그리고 물론 이마저 바이든의 후계자가 대통령으로 당선되게 하지는 못했다.

앞서 살펴본 것처럼 전쟁 기계에 대한 과도한 지출은 재정 비용뿐 아니라 심각한 비재정 비용도 수반한다. 해외 전쟁을 위해 개발된 도구들이 점점 더 미국 내에서 자국민 통제에 사용되고 있는 것이다. 그러나 미국을 재건하고 모든 국민의 필요를 충족시키려면, 더 현실적인 국방 전략에 맞게 펜타곤 예산을 축소하는 것이 반드시 해결책의 일부가 되어야 한다.

6장

해외 군사기지와
군사 과잉 확장의 비용

전 세계 포괄 군사 전략
: 80개국, 17만 명, 연간 비용 550억 달러

수천 명의 병력이 주둔하는 완전한 요새든, 무장 드론의 발진 기지 역할을 하는 소규모 시설이든, 위기 상황에서 미군이 접근해 무기를 사용할 수 있도록 비축해두는 '전진 배치 거점'이든, 미국의 해외 군사기지는 미국의 대외 정책이 실행되는 가장 눈에 띄는 상징이다. 미국의 군사기지는 전 세계 80개국에 걸쳐 750곳이 존재한다.[1] 이 방대한 해외 주둔망은 시작에 불과하다. 미국은 2021년부터 2023년 사이에 78개국에서 대테러 작전을 수행했다.[2] 게다가 17만 명이 넘는 미군이 상시 해외에 주둔하고 있다.[3] 이 해외 기지 네트워크를 유지하는 데 드는 연간 비용은 무려 550억 달러에 달한다.[4]

천문학적인 국방부 예산을 밀어 올리는 가장 큰 요인이 바로 이처럼 '전 세계를 포괄하는' 미국의 군사 전략이다. 이 전략의 목표는 언제, 어디서든, 짧은 준비 기간만으로 전투를 수행할 수 있는 능력을 확보하는 것이다. 그리고 미국이 해외에서 군사력을 행사할 수 있는 능력은 전 세계에 걸쳐 있는 기지 네트워크에 단단히 뿌리를 두고 있다. 이런 해외 기지는 사실상 이라크, 아프가니스탄, 시리아, 리비아, 소말리아 등지에서 수행한 군사 개입을 떠받쳐온 중추였다.[5]

미국이 방대한 기지 네트워크에서 운영하는 몇몇 핵심 시설의 사례를 살펴보면, 그것들이 현재 미국 대외 정책 전반에서 얼마나 중요한 의미를 지니는지 알 수 있다. 특히 태평양 지역에서 증강은 주목할 만하다. 미국은 괌과 기타 태평양 도서 지역에서 기지를 건설하거나 확장하고 있으며, 필리핀 내 군사 시설 접근을 확대하고, 호주에는 새로운 해병대 기지를 건설하고 있다. 이 모든 준비는 중국과의 잠재적 전쟁을 염두에 둔 것이다.

괌

: 인도 · 태평양 지역 필수 작전 기지

모든 군사기지가 똑같이 만들어지는 것은 아니다. 미국의 750개 해외 시설 가운데 일부는 미군이 군사력을 해외에 투입하는 주요 거점 역할을 한다. 이 목록의 최상위에 있는 곳이 서태평양에 위치한 미국령 괌의 기지들이다. 괌은 1898년 미국-스페인전쟁(미서전쟁) 종전 후 스페인과 맺은 협정에 따라 미국 해군에 양도된 이후 줄곧 미군의 주둔 기지 역할을 해왔다. 현재 괌의 기지들은 확장되고 있는데, 이는 중국과의 잠재적 전쟁에 대비한 체계적인 노력의 일환이다. 국방부는 2022년 《국가 방위 전략National Defense Strategy》 보고서에서 괌이 미국 군사 계획에서 갖는 중요성을 다음과 같이 강조했다. "괌은 지역 내 주요 전력 배치 플랫폼과 물류 거점을 보유하고 있으며, 자유롭고 개방된 인도·태평양 지역을 유지하려는 미국의 노력에 필수적인 작전 기지다."[6]

《뉴욕타임스》의 대미언 케이브Damien Cave 기자가 2023년 기사에서 지적했듯이 괌 도처에 미군이 자리 잡고 있다. 그는 이렇게 썼다. "섬의 약 3분의 1이 수십 년간 미국 국방부의 통제 아래 있었다. 그러나 중국과 미국이 전략적 우위를 두고 치열하게 경쟁하는 상황에서, 인구 16만 8000명이 사는 시카고 크기의 화산섬 괌은 더욱 중요한 군사 발진 기지로 변모했다."[7] 케이브는 괌을 "국가라기보다는 주둔지에 가깝다"라고 묘사하면서, 변호사이자 작가인 줄리언 아구온Julian Aguon의 말을 인용했다. "군사주의는 괌에서 일상화되어 있습니다. 그것은 우리가 먹고 마시는 일부와도 같습니다. 우리가 힘겹게 소화해야 하는 단백질 같은 것이죠."[8]

현재 미국의 괌 내 군사 확장 계획에는 핵잠수함용 항구를 업그레이드하고 최대 12곳의 미사일 방어 체계 부지를 조성하는 것이 포함되어 있다. 이러한 변화는 일본 오키나와에서 괌으로 5000명의 해병대를 이동·배치하는 조치와 맞물려 진행되고 있다. 오키나와에서는 오래전부터 미군 주둔에 대해 주민들이 강하게 반발해왔다.[9] 해병대는 2023년 1월, 오키나와에서 옮겨오는 병력을 수용하기 위해 70년 만에 처음으로 괌에 신설 기지를 개설했다.[10] 이전에도 괌은 이미 태평양 전쟁에 대비하기 위한 미국 군사 계획의 중심지였다. 괌에는 미국 공군과 해군 기지뿐 아니라 마리아나제도 전역의 무기 시험·훈련장을 관리하는 마리아나합동지역사령부Joint Region Marianas 본부가 자리 잡고 있다. 이 섬은 해군 군수품 저장의 주요 거점이며, 미국 공격 잠수함의 모항이자 대규모 공군기지가 위치한 곳이다. 또한 사드THAAD(고고도 미사일 방어 체계) 포대도 배치되어 있다.[11]

미군 주둔에 대한 괌 내부 의견은 엇갈린다. 노년층 가운데는 2차 세계대전 중 잔혹한 일본 점령군으로부터 섬을 해방시켜준 미군의 역할을 환영하고 감사히 여기는 이들이 많다. 괌 주민 상당수가 미군에 입대하고, 또 다른 이들은 기지 안팎에서 일하며 생계를 유지한다. 괌의 전 연방 하원 의원 매들린 보댈리오Madeleine Bordallo는 하원 군사위원회 활동을 통해 수백만 달러의 자금을 괌 내 군사 시설로 유치했으며, 경제적 이익이 따른다는 이유로 미군 확장을 환영했다. 그녀는 "군과 역사적으로 공생 관계를 맺어온 괌은 우리 지역 사회에 대한 관련 투자로 상당한 혜택을 보게 될 것"이라고 말했다. 후임자인 제임스 모일런James Moylan 하원 의원 역시 비슷한 태도를 보인다. 모일런 의원은 군사기지와 군사 건설 자금을 관할하는 하원 군사위원회 산하 준비태세 소위원회에 합류했고, 괌 내 미사일 방어 체계 배치를 위한 추가 예산을 지지했다.[12]

미군 주둔에는 심각한 부작용도 있다. 섬 주민들에게 광범위한 환경 피해와 건강 문제를 일으켰고, 주민들의 정치적·경제적 장기 전망을 개선하는 정책의 발목을 잡았다. 최근의 괌 내 미군 기지 확장 계획은 새로운 반대 운동을 촉발했다. 브라운대학교 인류학 교수 캐서린 러츠Catherine Lutz는 해외 미군 기지 전반과 특히 괌에 미치는 영향을 폭넓게 연구해왔다. 러츠 교수는 괌 내 미군 주둔에 대한 반대는 "차모로인Chamorro people이 대부분인 원주민 운동에 기반을 두고 있다"라고 말한다. 이들은 땅을 빼앗기고, 군사 활동에서 발생한 유해 화학 물질 노출로 아이들이 선천성 기형을 겪고, 고향이 전략적 전초 기지로 활용된다는 사실 때문에 부정적인 영향을 받아왔다. 오랜 미군 주둔으로 인한 괌의 환경 피해로는 대규모 항공유 유출과 지하수 오염, 불발탄, 유독 화학 물질을 공기 중에 방출하는 소각장, 각종 전자 기기에 들어가는 발암 물질이 포함된 인쇄회로기판printed circuit board, PCB의 어장 유출 등이 있다.[13] 모든 것의 밑바닥에는 만약 중국과 미국 간 전쟁이 발발한다면 괌이 가장 먼저 파괴되는 곳 중 하나가 될 것이라는 사실이 있다.

미군 주둔 반대자들에게는 넘어야 할 난관이 많다. 무엇보다 괌은 철저히 미국의 정치적 통제 아래 있다. 주민들은 미국 시민권을 갖고 있지만 대통령 선거에서 투표할 수 없으며, 연방 하원 대표도 의결권이 없다. 괌대학교 사회복지학 조교수 리사 나티비다드Lisa Natividad는 미국의 정치·군사 지배에 내재한 모순을 이렇게 지적했다. "미국은 민주주의 확산을 군사력의 정당화 근거로 내세우지만, 지금도 미국 영토인 괌에는 민주주의가 존재하지 않는다."[14] 군사 분석가 밴 잭슨Van Jackson 역시 이 점을 강조했다. "괌에 대한 배타적 지배는 미국 정부가 '규칙 기반 질서rules-based order'를 수호한다는 주장과 논리적으로 양립할 수 없다.

그러나 괌 지배는 아시아 내 미국의 전략적 책략에 본질적으로 필수다.”[15]

러츠에 따르면 기지에 대한 저항이 커지는 것은 부분적으로 “이 섬은 미군 소유이며, 미군은 이곳에서 무엇이든 할 수 있다”라는 전제에 대한 강한 반대에서 비롯된다. 러츠는 이렇게 설명한 뒤, 자신들의 지위에 대한 괌 주민 다수의 인식을 다음과 같이 대변한다. “괌은 미국의 식민지다. 나는 누구도 이곳을 ‘영토’라고 부르게 두지 않는다.”[16]

군 주둔의 영향에 대한 괌 주민들의 상반된 견해 속에서, 잭슨은 미국의 괌 지배가 “주권을 가진 동맹국들의 부담을 덜어줌으로써 아시아에서 장기 주둔을 정치적으로 더 지속 가능하게 만든다”라고 설명한다. 그는 이어 이 전략적 관점이 리처드 닉슨이 제시한 ‘괌 독트린Guam Doctrine’의 핵심이었다고 설명한다. 이 독트린은 아시아 대륙 본토에 주둔한 미군을 줄이는 대신 “태평양 주변부, 더 통제 가능하고 정치적으로 예측 불확실성이 적다고 여겨지는 지역”에 미군을 배치하는 것을 추구했다.[17]

앞서 언급했듯이 미국의 괌 지배는 섬의 주권을 희생시키는 대가로 이루어져왔다. 괌 주민들이 투표를 통해 지위를 결정하게(주 승격, 독립, 자유연합free association 가운데 선택하게) 해주겠다는 약속이 있었지만, 미국 정부는 주민 투표를 거듭 연기해왔다. 1980년대에 미국 의회는 괌에 대한 연방국가 지위 부여에 반대하면서 본심을 드러냈다. 그 지위가 부여되면 “미국 정부와 미군이 괌에서 주민의 동의 없이는 어떤 조치도 취할 수 없게 되기” 때문이었다.[18] 다시 말해 우선시되는 것은 군사적 특권이고, 주민들의 뜻은 그다음이었다.

　미국은 왜 전쟁을 멈추지 못하는가

미군 주둔이 괌과 주민들에게 미치는 영향은 매우 중요한 문제다. 하지만 또 하나의 핵심 질문은 "태평양 전쟁 계획에서 미국이 괌에 점점 더 의존하는 것이 전략적으로 타당한가"이다. 이것은 전쟁 가능성을 높일 것인가, 낮출 것인가? 이 문제에 대해 러츠는 명쾌하게 말한다. "미군의 괌 주둔은 베이징의 옆구리를 찌르는 것이며, 그로 인해 여러분의 아이들이 중국과의 전쟁에 끌려갈 것이다. … 그들은 우리와 세계를 덜 안전하게 만들고 있다."[19]

괌은 이 지역 전쟁에 대비하는 미국의 군사 계획과 해외 파병에서 핵심인 여러 태평양 섬 가운데 하나일 뿐이다. 북마리아나제도와 팔라우공화국, 미크로네시아연방, 사이판, 마셜제도공화국 등이 모두 여기에 포함된다. 이들 섬은 미국의 세계 군사 전략에서 맡은 역할 때문에 큰 대가를 치러왔다. 언론인 세라 A. 토폴Sara A. Topol이 설명하듯이 "미국은 지난 100년 넘는 세월 동안 태평양 곳곳에 흩어진 작은 섬들을 지배하고, 핵실험을 하고, 주민들을 재정착시키고, 그곳에서 공격을 받기도 하고, 전쟁을 치르기도 했다."[20]

예를 들어 미국은 1944년 마셜제도를 점령한 뒤 1946년부터 1958년까지 핵실험 장소로 67차례 사용했다. 마셜제도는 그 실험으로 입은 심각한 건강 피해를 극복하기 위한 보상 문제를 두고 아직까지 싸우고 있다. 이 제도에는 로널드레이건탄도미사일방어시험장이 위치한 콰잘레인 환초가 있다.[21] 통상 시험에서는 요격 미사일이 콰잘레인을 향해 발사되는데, 서태평양 상공의 표적을 맞추는 것이 목표로, 콰잘레인에 설치된 첨단 전자 장비와 감시 체계가 이를 추적한다. 미국 공군은 2024년 6월 탄두가 장착되지 않은 미니트맨 III 대륙간탄도미사일 두

발을 콰잘레인을 향해 발사했는데, 이 훈련은 중국과 러시아와의 긴장이 고조된 시기에 했다는 점에서 비판받았다. [22]

태평양 도서 지역의 다른 곳을 보면, 미국은 북마리아나제도연방에 속한 티니안섬의 공군기지를 확충하기 위해 50억 달러 규모의 계획을 발표했다. [23] 공군이 2024년 4월 발표한 보도자료에 따르면, 티니안에서 진행되는 작업은 "2000만 평방피트(약 2제곱킬로미터)가 넘는 2차 세계대전 시기의 훼손된 포장도로를 복원해, 궁극적으로는 재정비된 활주로가 전력 해외 투입 플랫폼으로 기능할 수 있도록 하는 것"이다. 티니안 업그레이드는 공군의 '민첩 전투 배치Agile Combat Employment, ACE' 전략의 일환으로, 이 전략은 "중앙집중식 물리적 인프라에서 벗어나 더 작고 분산된 기지 네트워크로 작전을 전환해 적의 계획을 복잡하게 만들고 합동군 지휘관에게 더 많은 선택지를 제공"하는 것을 목표로 한다. [24] 티니안 비행장은 2차 세계대전 말 미국의 히로시마와 나가사키 핵 공격을 수행한 항공기가 출격한 곳이다. [25]

미국은 태평양 도서 지역에서부터 필리핀, 호주에 이르기까지 태평양과 아시아 전역에서 군사적 존재감을 강화하는 데 주력하고 있다. 이 전략의 기조는 중국이 제기하는 도전에 대해 군사에 우선순위를 두어 접근한다는 것이다. 그러나 군사 분석가 댄 그레지어Dan Grazier는 중국의 현재 군사 전략은 해외 파병이 아니라 공격을 방어하는 무기 개발에 초점을 맞추고 있다고 지적했다. [26]

대만은 미중 갈등의 주요 잠재적 발화점으로, 군사력 증강은 갈등 예방보다는 중국의 반격이나 비용이 큰 군비 경쟁을 촉발할 가능성이 더 크다. 외교, 특히 대만 관련 관계를 둘러싼 규칙에 대한 미국과 중국

미국은 왜 전쟁을 멈추지 못하는가

의 공통 이해에서 출발하는 외교만이 미중 간 전쟁을 막을 수 있는 최
선의 희망이다.

　만약 군사적 충돌이 발생한다면, 핵 대결로까지 격화되지 않는다 하
더라도 모든 관련 국가에 전례 없는 재앙이 될 것이다. 아시아와 태평
양에서 미국의 군사 확장은 미국이나 그 지역 주민을 방어하는 최선의
방법으로 당연시될 것이 아니라, 중국에 대한 더 균형 잡힌 정책의 맥
락 속에서 논의되어야 한다.

디에고가르시아
: 중동과 남아시아 전력 투입의 핵심 거점

　인도양 한가운데에 영국령인 작은 섬 디에고가르시아^{Diego Garcia}가
있다. 괌의 미군 기지와 마찬가지로, 디에고가르시아의 미군 기지는
미국이 전력을 해외에 투입할 수 있는 핵심 거점이다. 이곳의 미군 기
지는 중동과 남아시아를 향하고 있다. 미군 기지 웹사이트는 디에고
가르시아의 기본 임무를 다음과 같이 설명한다. "미국 지원 시설 디에
고가르시아의 임무는 인도양에 전진 배치된 미군 및 동맹군에게 필수
적인 지원을 제공하는 한편 미국중부사령부USCENTCOM, 미국아프리
카사령부USAFRICOM, 미국유럽사령부USEUCOM, 미국인도태평양사령부
USINDOPACOM 내 다중 전장 부대를 지원하는 것이다. … 해군 지원 시설
디에고가르시아는 미군에서 '창끝'에 해당하는 중요한 부분을 차지하
고 있다."[27]

디에고가르시아에는 개입을 위한 가장 근본적인 무력이 주둔하고 있다. 여기에는 사실상 떠다니는 군사기지로, 세계 어느 지역의 분쟁에 든 막대한 공군력을 출격시킬 수 있는 현대식 항공모함이 포함된다. 또한 섬에 배치된 장거리 폭격기는 급유 없이 중동과 남아시아에 도달할 수 있다.[28]

미국의 디에고가르시아 주둔은 1970년대 초에 이 영토를 지배하던 영국과의 합의에 따라 이루어졌다. 미군의 군사 통제를 확립하기 위해 현지 주민인 차고스인Chagossians 수천 명이 고향에서 쫓겨나 모리셔스와 세이셸로 강제 이주당했다. 그 과정에서 많은 이들이 입고 있던 옷 외에는 거의 아무것도 챙기지 못했다. 쫓겨난 차고스인들과 그들의 자녀들은 추방지에서 여전히 최빈곤층으로 남아 있으며, 강제 이주에 대한 보상과 고향으로 돌아갈 권리를 요구하는 운동을 지금도 벌이고 있다.[29]

오렐리 리셋 탈라테Aurelie Lisette Talate는 마지막으로 떠난 차고스인 중 한 사람이다. "아이 여섯과 어머니를 이끌고 모리셔스로 왔습니다. 집을 얻긴 했지만 … 집에는 문도 없고, 수도도 없고, 전기도 없었어요. 아이들과 나는 고통에 시달리기 시작했습니다. 아이들이 모두 아프기 시작했어요." 추방된 지 두 달 만에 탈라테의 아이 둘이 세상을 떠났고, 그중 한 아이는 장례 치를 돈이 없어 이름 없는 무덤에 묻혀야 했다.[30]

미국 해군이 디에고가르시아에 거점을 설치한 근거는 1950년대 후반 해군 기획자 스튜어트 바버Stuart Barber가 고안한 '전략적 섬 개념strategic island concept'으로 거슬러 올라간다. 이 구상의 전제는 탈식민 운동이 전 세계적으로 성공을 거두어 독립을 쟁취하고 있는데, 새로 들어선

   미국은 왜 전쟁을 멈추지 못하는가

정부들이 미군 기지의 지위를 위협할 수 있다는 것이었다. 바버는 이에 대응하는 전략으로 미국이나 가까운 동맹국의 정치적 통제 아래 있는 인구 희박한 지역에 기지를 세우는 것을 제시했다. 섬 주민들의 정치적 권리가 제한적이라 저항할 힘이 크지 않다는 점에서, 이런 지역의 미군 주둔이 더 안전할 것이라고 설명했다. 디에고가르시아 기지 건설은 이 개념이 특히 가혹하게 적용된 사례였다.[31]

바버는 해군에서 은퇴한 지 20년이 지나서야 추방된 차고스인들이 처한 열악한 조건을 알게 되었고, 그들의 강제 이주에서 자신이 한 역할을 후회하게 되었다. 인류학자 데이비드 바인David Vine은 디에고가르시아 기지 설치와 차고스인 추방을 다룬 《부끄러움의 섬Island of Shame》(2009)을 썼다. 바인은 바버가 그 과정에서 자신의 역할을 만회하려고 기울인 노력을 다음과 같이 요약했다. "바버는 '영국이 우리의 압력에 따라 저지른 변명의 여지가 없는 비인도적인 잘못을 바로잡아달라'는 호소를 담은 열정적인 편지를 관리, 언론사, 휴먼라이트워치에 보냈으나, 아무런 응답을 받지 못했다."[32]

휴먼라이트워치는 2023년 2월 발표한 보고서에서 "차고스인의 강제 이주와 지속적인 학대는 식민 권력이 원주민에게 저지른 반인도적 범죄에 해당한다"라고 단언했다.[33] 차고스인 지도자 올리버 반쿠Oliver Bancoult는 2008년 워싱턴을 방문해 미국과 영국의 정책에 내재한 위선을 지적하며 이렇게 말했다. "우리가 요구하는 것은 인간으로서 대우받는 것뿐입니다. 그러나 인권의 위대한 수호자라는 미국과 영국은 고향과 삶의 방식을 빼앗는 것이 한 민족의 근본 권리를 부정하는 것임을 아직까지 깨닫지 못하고 있습니다."[34]

아이러니하게도 디에고가르시아 기지 건설 과정에서 차고스인이 당한 처우에도 불구하고, 미국 해군의 해당 시설 공식 웹사이트는 이를 "자유의 발자취"라고 부르고 있다.[35] 영국은 2024년 10월, 섬의 주권을 모리셔스에 넘기기로 합의했다. 이에 따라 기지 건설 당시 강제로 추방된 일부 차고스인이 재정착할 가능성이 열릴 수는 있다. 그러나 이는 기껏해야 부분적인 승리에 불과하다. 결국 기지 자체는 여전히 유지될 것이기 때문이다. 미군은 중동, 남아시아, 아프리카에서 단기간 내 군사 개입을 가능하게 하는 역할 때문에 이 기지를 무기한 보유하려고 한다. 따라서 중동, 남아시아. 아프리카에서 신속한 군사 개입을 지원하는 데 집착하지 않는 더 절제된 대외 정책이 채택될 때만 디에고가르시아 기지는 폐쇄될 수 있을 것이다.

람슈타인

: 아프리카와 중동으로 가는 관문

작가 노먼 솔로몬에 따르면 "당신이 들어본 적 없는 가장 중요한 미국 공군기지"가 독일의 람슈타인Ramstein이다. 람슈타인은 2003년 이라크 개입에서부터 이후 이어진 소규모 전쟁에 이르기까지 미국의 중동 전쟁을 위한 후방 거점이자 경유지로 기능해왔다. 또한 람슈타인은 유럽과 아프리카에서 활동하는 공군 합동 사령부가 자리 잡고 있는 곳으로, "공중전을 위한 그랜드 센트럴 역grand central station for airborne war"으로 불린다.[36]

미국은 왜 전쟁을 멈추지 못하는가

람슈타인 기지는 유럽과 아프리카에서 임무를 수행하는 전투기들을 보유할 뿐 아니라, 아프가니스탄에서 드론 공격을 유도하는 영상 전송의 허브, 아프리카에 특수부대를 파견하기 위한 수송 기지, 그리고 시리아와 이라크의 전쟁 지역으로 탄약을 보내는 중간 기착지로도 사용되어왔다. 또한 이 기지에는 연합공군사령부Allied Air Command가 통합 배치되어 있으며, 이 사령부는 "나토 내 모든 공군과 우주 관련 사안을 관할"한다.[37] 공군 공식 웹사이트에 따르면 이 기지는 "3개 대륙에 걸쳐 1500만 제곱마일(3840제곱킬로미터) 이상을 아우르고, 104개 독립국을 포함하며, 전 세계 인구의 5분의 1 이상과 세계 GDP(국내총생산)의 4분의 1 이상을 차지하는 지역"에서 공군 작전을 지휘한다. 토니 위컴Tony Wickham 소령은 솔로몬에게 이렇게 말했다. "우리는 람슈타인에서 세계의 상당 부분에 직접 손을 뻗습니다. 우리는 이곳을 전력 파병 플랫폼으로 생각합니다."[38]

독일 람슈타인에는 5만 7000명의 미군 병력과 그 가족들이 주둔하고 있다. 이 때문에 람슈타인 주변 지역은 '리틀 아메리카'라고 불린다. 그러나 이 기지가 모든 이들에게 환영받는 것은 아니다. 독일인 3명 중 2명은 람슈타인에서 조종하는 미국의 드론 전쟁에 반대하며, 기지를 전면 폐쇄하자는 소규모이지만 활발한 운동도 전개되고 있다. 활동가 파스칼 루이그Pascal Luig는 "람슈타인이 없다면 중동에서 미국이 벌이는 전쟁도 없을 것"이라고 말한다.[39]

광범위한 군사적 존재감, 중동 기지 네트워크

디에고가르시아와 람슈타인 기지는 바레인에 있는 미국 제7함대 사령부에서부터 쿠웨이트, 카타르, 아랍에미리트의 주요 공군기지에 이르기까지 중동 본토에 있는 미군 기지들과 통합되어 있다. 미국은 2023년 말 기준으로 중동에 4만 5000명 이상의 군인과 계약직 인력을 두고 있었으며, 그중 쿠웨이트에 1만 3500명, 바레인에 9000명, 카타르에 8000명, 아랍에미리트에 3500명이 주둔하고 있었다.[40]

이들 병력은 해당 지역에서 미국의 개입을 가능하게 하는 토대이지만 동시에 공격 목표이기도 하다. 2023년 10월 이스라엘의 가자지구 전쟁이 시작된 이후로 이라크와 시리아 주둔 미군은 공격을 받아왔다.

미국이 항상 중동에 이처럼 광범위한 군사적 존재감을 가진 것은 아니었다. 현재 미군 기지 네트워크의 기원은 1978년 소련의 아프가니스탄 침공과 1979년 이란 혁명 이후, 지미 카터 행정부가 "필요하다면 무력을 동원해서라도" 중동에서 미국의 이익을 지키겠다고 공언한 데서 비롯되었다.[41] 초기의 이른바 '카터 독트린Carter Doctrine'은 중동에 신속히 병력을 투입하기 위해, 이미 동맹국 영토에 배치된 장비를 활용하는 신속배치군RDF 창설을 포함했다. 신속배치군은 현재 중동에서 남아시아까지 군사 활동을 총괄하는 미국중부사령부CENTCOM의 전신이다.

시일이 지나면서 병력과 무기를 단기간에 중동에 투입하려던 계획은 수만 명의 군사 인력을 그곳에 상시 주둔시키는 결정으로 변모했다. 이라크와 아프가니스탄에서 실패한 전쟁과 이스라엘의 가자지구 전쟁으로 인해 지역 갈등이 격화된 이후, 이제 40여 년 전에 세워진 이 중동

기지들을 계속 유지해야 할지, 아니면 미국의 존재 규모를 재고해야 할지가 새로운 질문으로 떠올랐다.

최근의 이 지역 분쟁, 즉 이스라엘의 가자지구와 레바논에 대한 파괴적 공격, 후티 반군의 홍해 선박 공격, 이라크와 시리아에서 미군과 친이란 세력 간 공격과 반격, 그리고 이스라엘과 이란 간 미사일 공방 탓에 많은 이들이 지금은 중동에서 미군 주둔을 줄일 적절한 때가 아니라는 주장을 하고 있다. 이를 반박하는 이들은 중동 주둔 미군이 후티나 친이란 민병대 같은 비국가 단체들의 공격을 유인함으로써 오히려 보복과 맞대응으로 이어지는 군사적 긴장을 고조시켜 전면적이고 광범위한 지역 분쟁으로 비화할 가능성을 높이고 있다고 주장한다.

더 현명한 전략은 미국이 해당 지역에서 아예 병력을 철수하는 동시에, 만약 미국의 개입이 필요한 분쟁이 발생하면 해군이나 공군 전력을 사용할 것임을 분명히 하는 것이다. 또한 어떠한 상황에서도 미국은 이라크에서 20년이 넘도록 실패한 전쟁처럼 장기적인 국가 재건 시도에 나서서는 안 된다.

그리고 정부 안팎의 군사주의자들 주장과는 달리, 중국이나 러시아가 현재 미국의 배치 규모에 필적하는 군사적 존재를 이 지역에 구축하려 할 가능성은 거의 없다. 반대로 중국의 비군사적 수단, 특히 지역 내 강력한 무역 관계가 병력과 무기를 쏟아붓는 것보다 훨씬 더 효과적이고 비용 효율적일 가능성이 크다. 실제로 중국이 이란과 사우디아라비아의 관계 정상화를 중재한 사례가 이를 뒷받침한다.

드론 공격과 '정치적으로 지속 가능한 전쟁'

미국은 전투 병력 파병에는 점점 더 주저하게 되었음에도 군사기지에는 더욱 집착해왔다. 주된 이유 중 하나는 새롭게 선택한 무기인 드론을 운용하려면 여러 주요 기지가 필요하기 때문이다. 또 다른 이유는 향후 중동, 남아시아, 동아시아에서 분쟁이 발생할 경우 전통적인 군사력을 투입할 선택지를 펜타곤이 확보해두고 싶어하기 때문이다.

그렇다면 왜 미국은 드론에 의존하게 되었는가? 이라크와 아프가니스탄에 직접 개입한 결과는 참담한 실패였다. 이러한 결과가 오바마 행정부 시절 핵심 정책결정자policymaker들에게 점차 뿌리내리면서, 미국의 대외 정책과 군사 정책은 우리가 이 책의 다른 곳에서 '정치적으로 지속 가능한 전쟁politically sustainable warfare'이라고 부르는 방향으로 무게 중심을 옮기게 되었다. 이는 전투 지역에 투입되는 미군 병력을 줄이고 미군의 사상자를 최소화함으로써 본국 내에서 본격적인 반대를 불러일으킬 가능성이 낮은 형태의 군사 개입을 뜻한다.

그래서 오바마 행정부는 이라크와 아프가니스탄에 주둔하는 병력 규모를 대폭 축소했다. 그러면서 드론 공격과 무기 판매, 소규모 특수부대 파견을 통한 훈련 지원, 동맹국 군대와 함께 전투 참여 등 활동을 강화했는데, 이는 모두 테러와의 전쟁이라는 명분 아래 이루어졌다.

이러한 '정치적으로 지속 가능한' 방법 가운데 오바마 행정부가 선택한 핵심 군사 수단은 드론 공격이었다. 미국이 오바마 대통령 재임 기간 동안 벌인 드론 공격은 조지 W. 부시의 두 임기 때보다 무려 10배로 급증했다. 파키스탄과 소말리아, 예멘에서만 563차례에 달했다. 영국에 기반을 둔 매체《탐사보도국Bureau of Investigative Journalism》은 "드론 사용은 미국이 알카에다와 전쟁을 이어가면서 동시에 해결 불가능하고 막대한 비용이 드는 중동과 아시아 지상전에서 군대를 철수시킨다는 오바마의 야심 찬 목적과 부합했다"라고 설명한다.[42]

《뉴욕타임스》에 따르면 두 번째 임기 초반에 오바마 대통령은 드론으로 누구를 제거할지 결정하는 과정에 깊숙이 관여했다. 그는 잠재적 목표의 사진과 간단한 약력을 담은 이른바 '야구 카드baseball card'를 검토하는 '지명nomination' 절차를 주재했다. 대통령이 이 결정을 내리는 회의는 참석자들 사이에서 '테러 화요일Terror Tuesdays'이라고 불렸다.[43] 오바마의 직접적인 개입은 예멘과 소말리아, 파키스탄처럼 공식 전쟁 지역 밖의 공격에 한정되었다. 그는 자신이 '드론 대통령' 역할을 맡고 있다는 사실에 자부심을 느끼는 것처럼 보였다. 2011년 보좌관들에게 "알고 보니 난 사람 죽이는 데 꽤 소질이 있더군. 그게 내 강점일 줄은 몰랐네"라고 농담을 하기도 했다.[44]

대통령의 참모 중 전부가 드론 공격을 테러 억제의 주요 수단으로 받아들인 것은 아니었다. 2010년에 해임된 오바마 행정부 전 정보 책임자 데니스 블레어Dennis Blair는 "백악관에서 끊임없이 되풀이된 말은 '이게 유일한 선택지다'였는데, 이는 베트남전 당시의 전사자 집계를 떠올리게 했다"라고 주장했다.[45] 블레어가 지적한 것은 존슨 행정부가 베트남전쟁에서 실제로는 전쟁에 패하고 있으면서도, (흔히 부풀려진) 적군 사망자 수를 진전의 증거로 제시하는 데 집착했다는 사실이었다.[46]

2013년이 되자 오바마 대통령은 드론 공격에 새로운 제한을 발표했는데, 이는 이후 트럼프 대통령이 철회했다. 이 제한에는 목표가 미국인의 생명에 "지속적이고 임박한 위협"을 가해야 한다는 조건이 포함되어 있었다. 그러나 휴먼라이트워치의 레타 테일러Letta Taylor는 "이 조항의 문제는 행정부가 '임박한' 위협이 되려면 얼마나 즉각적이어야 하는지 공개적으로 정의한 적이 없다는 점이고, 오바마 행정부가 때때로 그 기준을 무시했다는 점"이라고 비판했다. 레타는 "얼마나 자주 그런 일이 일어났는지는 오바마 행정부의 많은 드론 관련 비밀 중 하나였다"라고 덧붙였다.[47]

미국이 대테러 활동에서 드론을 비롯해 다른 방식의 공중 폭격에 의존해야 한다는 주장의 핵심 근거는, 이 방식이 더 정확해 민간인 사상자를 줄이면서 미군의 위험도 낮출 수 있다는 기대였다. 그러나 독립적인 분석에 따르면 드론과 공중 폭격을 통한 민간인 피해 억제 능력은 크게 과장된 것으로 나타났다. 오바마 행정부는 2016년 4월 미군 공습으로 ISIS 전투원 2만 5000명이 사망했지만 민간인 희생자는 단 21명이라고 주장했고, 오바마는 이를 "역사상 가장 정밀한 공습"이라고 평가했다.[48] 하지만 행정부의 낙관적인 수치와 달리, 영국 매체《탐사보도국》은 오바마 행정부 시절 파키스탄과 소말리아, 예멘에서 미군 드론 공격이 563회 벌어졌고, 그 과정에서 민간인 384~807명이 사망했다고 추정한다.[49] 또한 모니터링 단체 에어 워즈Air Wars는 9·11 이후 전쟁에서 드론과 전통적 공습을 합한 미군의 전체 공습으로 인해 민간인 2만 2000~4만 8000명이 사망했다고 추산한다. 이는 오바마 행정부가 2016년에 제시한 수치보다 최소 1000배 이상 많다.[50]

《뉴욕타임스》의 아즈맛 칸Azmat Khan은 미군 공습으로 인한 사상자에 관한 기밀 정부 보고서 1300건을 면밀히 검토한 결과, "공중전의 특징

     미국은 왜 전쟁을 멈추지 못하는가

은 심각하게 결함 있는 정보와 성급하고 흔히 부정확한 목표 선정, 민간인 수천 명(그중 상당수는 아동)의 죽음"이라며 "이는 미국 정부가 내세우는 전지적 시각을 가진 드론과 정밀 폭탄으로 수행되는 전쟁이라는 이미지와 극명히 대조된다"라고 결론 내렸다.[51]

바이든 행정부는 트럼프 시절과는 정반대로, 민간인이 사망하지 않을 것이 '거의 확실한near certainty' 상황이 아니면 드론 공격을 금지한다는 규정을 세웠다.[52] 에어 워즈가 집계한 자료에 따르면 바이든 집권기 동안 미군 드론 공격 건수는 급감했고 2022년에는 36건으로 최저치를 기록했다.

바이든 임기 동안 미국의 가장 눈에 띄는 군사 행위는 동맹국에 대한 무기 지원 확대였는데, 특히 이스라엘과 우크라이나에 수백억 달러 규모의 군사 원조를 제공한 것이 대표적이다. 이스라엘에 대한 무기 판매의 결과는 참혹했다. 무차별 폭격을 부추겨 이 글이 집필되는 시점까지 4만 6000명 이상이 사망했는데, 그중 많은 수가 여성과 아동이었다. 미국의 이스라엘에 대한 군사 지원은 2차 세계대전 이후 물가 상승률을 반영해 총 2500억 달러를 넘어섰으며, 여기에는 2024년 4월 의회를 통과한 140억 달러 규모의 '긴급' 패키지도 포함되어 있다. 이에 힘입어 이스라엘은 가자지구 등에 대한 공격을 확대했고, 이에 대응해 미국의 대이스라엘 군사 지원을 중단하라는 운동이 활발하게 일어났다.[53]

미국의 군사 확장을 이끄는 중요한 근본 요인 중 하나는 미국의 기업들, 컨설턴트들, 정책결정자들에게 돌아가는 경제적 이익이다. 예를 들어 조지프 윤Joseph Yun은 바이든 행정부 때 태평양 지역 협상을 총괄하는 대통령 특별 대표로 활동했다. 그는 이 공직에 재직하면서 동시에 전략 자문 회사인 디 아시아 그룹The Asia Group, TAG의 수석 고문으로 고용되어 있었다. (조지프 윤은 앞서 오바마 행정부에서 국무부 동아시아·태평양 담당 부차관보와 한국·일본 담당 부차관보 등을 역임했다-옮긴이) 탐사 보도 기자 조너선 가이어Jonathan Guyer에 따르면, 이 "초연결 워싱턴 컨설팅회사"는 주로 "전직 정부 지도자들로 구성되어 있으며, 이들이 주요 기업과 군수업체에 조언을 제공한다."[54] 특기할 점은 디 아시아 그룹이 정식 로비스트가 따라야 하는 이해 충돌 규정을 적용받지 않아 고객 명단을 비밀로 유지할 수 있다는 것이다. 그러나 전직 고위 행정부 관리들이 대거 포진해 있는 만큼 이 조직은 웬만한 로비 단체 못지않게, 아니 그 이상으로 강력한 권력과 영향력을 행사한다. 디 아시아 그룹의 한 전직 직원은 이 운영 방식이 "본질적으로 부패했다"라고 가이어에게 말했다.[55]

이러한 관행에 비추어 볼 때 윤이 바이든 행정부에서 일하는 동안에도 디 아시아 그룹과 관계를 유지했다는 사실은 주목할 가치가 있다. 윤은 2024년 초 마셜제도, 미크로네시아, 팔라우의 시설에 대한 미국의 독점적 접근권을 보장하는 자유연합협약Compacts of Free Association, COFA을 연장하는 협상을 했는데, 그 대가로 향후 수십억 달러에 달하는 막대한 미국 원조가 제공되도록 했다. 윤은 헤리티지재단Heritage Foundation과 한 인터뷰에서 이 협정의 중요성을 이렇게 요약했다. "우리가 그들로부터 얻는 가장 중요한 것은 물론 그들의 땅, 공기, 그리고 물에 대한 접근권입니다. 이는 대단히 중요합니다."[56] 오바마 행정부 시절 펜타곤에서 근무한 진보 성향의 분석가이자 아시아 전문가인 밴 잭슨은 이 협정을 훨씬 어두운 시각에서 바라본다. 그는 이를 "낡은 제국주의 시대의 잔재"라고 부르며 "미국은 그들에 대해 완전한 거부권과 통제권을

　　　　　　　　미국은 왜 전쟁을 멈추지 못하는가

가지고 있다"라고 비판했다. [57]

윤이 협상한 협정은 디 아시아 그룹 고객사인 록히드 마틴의 금고를 채우는 데 도움이 될 것이다. 록히드 마틴은 마셜제도에 위치한 로널드 레이건탄도미사일방어시험장을 운영하고 있으며, 이 섬에 있는 또 다른 기지는 회사가 "세계에서 가장 진보한 레이더"라고 부르는 장비를 보유하고 있다. [58] 펜타곤이 태평양 지역에 새로운 레이더 및 미사일 방어 체계를 구축함에 따라 록히드 마틴을 비롯한 주요 미국 군수업체들은 수십억 달러 규모의 추가 계약을 따낼 가능성이 크다. 노스럽 그러면과 RTX 같은 디 아시아 그룹의 다른 군수업체 고객사들도 태평양 군비 확장의 혜택을 받을 수 있다.

윤은 디 아시아 그룹에서 정치적으로 연결된 유일한 인물이 아니다. 이 단체는 커트 캠벨kurt Campbell이 공동 설립했는데, 그는 백악관에서 중국 정책을 총괄한 뒤 바이든 행정부 국무부의 차관보급 자리로 옮겼다. 국무부는 윤이 정부 협상가이자 민간 자문가로서 이중 역할을 수행하는 데 문제가 없다고 주장하지만, 전 백악관 윤리 변호사 리처드 페인터Richard Painter는 동의하지 않는다. 그는 이렇게 말한다. "내가 국무부의 윤리 자문이라면 … 그에게 회사가 컨설팅 사업을 하는 세계 지역과 관련된 일은 일절 할 수 없다고 말했을 것이다. 난 그게 마음에 들지 않는다. 허용하지도 않았을 것이다." [59] 잭슨은 이 모든 구조가 강한 부패의 냄새를 풍긴다고 지적한다. "당신은 외교 정책을 옹호하고 집행하는데, 그 정책이 당신 회사 고객들에게 이익이 되는 군사적 수요를 만들어낸다. 이해 충돌이 너무나 적나라하다." [60]

해외 기지 운용의 걸림돌

: 광범위한 부패, 숙련 인력 부족, 해군과 군수업체들의 무능

미국이 서태평양에서 해군의 입지를 확대하려 하지만, 이미 존재하는 거대한 기지 네트워크조차 제대로 활용하지 못하고 있다. 여러 중대한 장애물 때문이다. 광범위한 부패, 숙련 인력 부족, 합리적인 비용과 기한 내에서 전투 준비가 완료된 선박을 건조하지 못하는 해군과 군수업체들의 무능, 그리고 열악한 정비로 인해 함대의 상당 비율을 동시에 배치하기조차 어려운 현실 등이 그것이다.

우선 부패를 보자. 전 세계적으로 해군은 예인선으로 군함을 항구로 끌어들이거나 연료 보급, 정비 같은 다양한 서비스를 위해 외부 계약업체를 활용한다. 그중 한 업체인 글렌 디펜스 마린 그룹GDMA은 해군 함정의 입항을 위한 항만을 준비하고, 해군 인력이 육지에 있을 때 각종 서비스를 제공했다. 그러나 이 계약을 따내기 위해 회사 소유주 레너드 프랜시스Leonard Francis('팻 레너드'라는 별명으로도 알려져 있다)는 해군 인사들과 일련의 부패한 관계를 맺었다. 21세기 첫 20년 동안 프랜시스는 노골적인 뇌물, 값비싼 식사와 선물, 그리고 종종 '콜걸'이 포함된 호화로운 파티 초대 등을 통해 해군 인사들을 회유했다.[61]

프랜시스의 불법 행위가 적발되면서 부패의 사슬이 줄줄이 발각되었다. 그의 영향력 행사에 휘말린 해군 인사가 수십 명에 달했고, 그중에는 24명의 해군 장교도 포함되어 있었다. 아마 가장 심각한 점은, 그의 연락책 중 일부가 태평양에 배치된 해군 함정에 대한 육상 지원에서 그의 회사가 독점권을 유지하도록 돕는 데 유용한 기밀 정보를 제공했

고, 프랜시스가 최소 3500만 달러를 해군에 과다 청구하는 동안 침묵을 지켰다는 사실이다.[62]

연방 수사 결과 33명의 관계자가 기소되었고, 그중 다수는 해군 장교였다. 기소된 최고위급 인사는 로버트 길보Robert Gilbeau 소장이었는데, 그는 연방 수사관들에게 거짓말한 혐의로 결국 18개월간 복역했다. 그러나 길보는 예외적인 경우였다. 블레이크 허징어Blake Herzinger가 작성해 2022년 10월《포린폴리시Foreign Policy》에 게재한 분석에 따르면, 스캔들에 연루된 고위 장교 대부분은 형사 처벌을 받지 않았고 단순히 해군에서 강제 퇴역당하는 데 그쳤다.[63]

재판이 진행되면서 2017년에 일부 반전이 일어났다. 연방 판사들이 뇌물 수수나 프랜시스에게 민감한 정보를 제공한 혐의로 기소된 해군 장교 10명의 유죄 판결을 뒤집은 것이다. 뇌물 사건은 검찰의 잘못된 증거 제시와 피고 측에 유리한 정보 은폐 등 위법 행위를 근거로 기각되었다.[64]

프랜시스의 파란만장한 이야기는 더더욱 터무니없을 뿐 아니라, 한층 더 흥미롭다. 스캔들에 연루된 혐의로 선고를 받기 3주 전, 그는 위치 추적용 발목 전자 장치를 떼어내고 해외로 도주했다. 결국 그는 베네수엘라로 피신했다. 그러나 2024년 미국이 니콜라스 마두로 베네수엘라 대통령의 최측근을 석방하고 미국인 10명의 석방을 확보하는 협상의 일환으로 미국 교도소로 송환되었다.[65]

해군은 이 스캔들 이후 여러 반부패 대책을 시행했다. 프랜시스와 거래한 수백 개 업체의 참여를 정지시키거나 입찰 자격을 영구 박탈했고, 계약업체를 감시하는 방식을 변경했다. 그러나 텍사스 세인트메리스대학교 로스쿨 법학 교수이자 워리어 디펜스 프로젝트의 소장인 제프리 애디콧Jeffrey Addicott 같은 기업 부패 추적 전문가들은 '팻 레너드 스캔들' 같은 사건이 애초에 발생하기 쉬운 근본 문제가 있다고 지적한다. 대규모 자금이 집행될 때 그 돈이 어떻게 쓰이는지에 대한 적절한 안전장치가 부족하다는 것이다. 그는 이렇게 설명한다. "우리는 계약 업체들이 이 업무를 제대로 수행할 것이라고 믿을 수밖에 없는데, 흔히 서류 작업을 할 시간이 없거나, 나중에 서류가 갖추어질 것이라고 생각한다. 그 결과 수많은 사기, 낭비, 남용이 발생했다."[66]

현재 서태평양에서의 지출과 배치 급증에 따라 '팻 레너드 스캔들'만큼은 아니더라도 부패 행위가 비교적 쉽게 발생할 수 있는 환경이 조성되고 있다. 더 크고 효과적인 해군을 목표로 하는 데서 둘째 장애물은 인력 부족이다. 이로 인해 함정은 인원이 부족한 상태에서 운영되고, 수병들은 충분한 수면 없이 장시간 근무를 이어가고 있다. 이러한 문제는 2017년 6월 해군 구축함 USS 피츠제럴드호와 필리핀 선적 컨테이너선의 충돌 같은 사고로 이어졌다. 수병 17명이 이 사고로 목숨을 잃었다. 미국의 비영리 언론 매체《프로퍼블리카ProPublica》의 조사에 따르면, 미국 함대가 태평양에서 겪고 있는 문제, 그리고 그로 인해 발생한 치명적 사고의 원인은 다음과 같이 요약된다.

함대는 수병이 부족했고, 그나마 있던 인원들도 흔히 훈련이 미흡한 상태에서 탈진할 때까지 일했다. 전투함은 고장이 잦았고, 멈추지 않는 고강도의 작전 일정 탓에 필요한 수리를 할 기회조차 거의 없었다. 해군 수뇌부는 수병들이 기존 함정을 제대로 운용하고 유지하기 위해 고군분투하는 와중

   미국은 왜 전쟁을 멈추지 못하는가

에도 더 새롭고 정교한 함정을 구매하는 데 몰두했다. 지구 반대편에 있는 펜타곤은 더 많은 임무를 수행하기 위해 함정을 추가로 요청하는 승인 서류에 계속 서명하고 있었다.[67]

더 크고 효과적인 해군 건설을 막는 셋째 장애물은 합리적인 기간 내에 저렴하고 신뢰할 만한 함정을 건조하지 못하는 것이다. 이 문제의 대표적인 사례가 연안전투함littoral combat ship, LCS인데, 비평가들은 이를 "쓰레기 같은 작은 배Little Crappy Ship"라고 부른다. 연안전투함은 두 종류가 있는데, 하나는 오스탈Austal과 제너럴 다이내믹스가 앨라배마주에서 건조한 것이고, 다른 하나는 록히드 마틴이 위스콘신주에서 건조한 것이다. 이 함정은 개발 및 배치 당시 다른 함정보다 더 저렴하고 기동성이 뛰어나며, 해저 기뢰 제거에서부터 특수부대를 연안까지 수송해 육상 임무를 수행할 수 있도록 하는 등 다목적 임무를 수행할 것으로 기대되었다. 그러나 이 '기적의 함정' 사업은 결국 막대한 납세자 돈을 낭비한 채 끝났다. 예산 초과와 일정 지연은 물론, 맡은 임무조차 제대로 수행하지 못했다. 더 큰 문제는 가볍고 빠른 함정을 만들겠다는 목표로 인해 연안전투함이 경무장 상태로 설계되어, 적 전투함 앞에서는 사실상 무방비 상태가 되어버렸다는 점이다. 해군 입장에서 마지막이자 치명적 약점은 연안전투함이 중국과의 전쟁에서 거의 쓸모가 없을 것이라는 사실이었다.[68]

위와 같은 상황을 고려해 해군은 결함이 많은 이 함정들을 상당수 조기 퇴역시키기로 결정했으나, 정비와 수리로 이익을 얻는 업체들과 이들 시설이 자신의 선거구 안팎에 있는 의원들의 거센 반대에 부딪혔다. 그 결과 해군은 처음 계획했던 규모의 절반만 실제로 퇴역시킬 수 있었다. 그러나 퇴역 대상으로 지정된 일부 함정이 계획보다 더 오래 함대에 남아 한정된 정비 예산을 빨아들였다. 그 결과 다른 곳에서 더 효율적으로 활용될 수 있었을 승조원들의 시간이 낭비되었다. 이는 지역구 예산 챙기기 정치와 군수업체의 의회 로비로 인해 해군의 새로운 도전에 대비하는 능력이 얼마나 약해지는지를 잘 보여준다.[69](다음 장에서 심각한 결함에도 불구하고 연안전투함을 유지하게 만든 로비 활동과 영향력 행사에 대해 다룬다.)

연안전투함 사례에서 드러난 수많은 문제가 해군의 모든 함정 프로그램에서 나타나는 것은 아니다. 그러나 예산 초과, 성능 문제, 새로운 임무와의 부적합성은 신형 구축함 건조에서부터 노후 항공모함과 구축함을 새 모델로 교체하려는 시도에 이르기까지 해군의 주요 사업 상당수에 공통으로 나타나는 특징이다.

지금 상황에서 해군이 함대 규모를 현재 286척에서 350~500척으로 확대하려는 계획을 실행할 가능성은 거의 없다고 해도 과언이 아니다. 해군의 목표 함정 수 전망치가 이렇게 크게 차이 나는 것은 혼란스러운 전략, 제한된 군함 건조 산업 역량, 그리고 자신의 주에 조선소를 둔 강력한 의원들의 압력 때문이다. 예컨대 상원 군사위원회 위원인 미시시피주 상원 의원 로저 위커Roger Wicker나, 하원 군사위원회 해양전력소위원회의 민주당 간사인 코네티컷주 하원 의원 조 코트니Joe Courtney 같은 인물들이다.[70]

결국 전쟁 기계의 비용 측면에서 중요한 점은 이것이다. 해외 주둔, 지역 분쟁 개입, 드론 공격과 각종 폭격, 그리고 인권 침해 국가나 침략

 미국은 왜 전쟁을 멈추지 못하는가

국에 대한 무기 판매 등 어떤 방식이든, 미국의 전 세계 군사 패권 추구
는 표적 국가 국민뿐 아니라 미군과 미국 시민의 안전에도 득보다 실이
훨씬 많았다는 사실이다. 이제는 비용만 크고 역효과를 내는 이 '지구
전역 포괄' 군사 전략을 재고하고 수정할 때가 한참 지났다.

3부

전쟁 기계의 판매

7장

전쟁 기계의 로비스트들은
어떻게 워싱턴을 설득하는가

'쓰레기 같은 작은 배' 연안전투함 사업이 살아남은 이유

2023년 후티 반군은 홍해에서 상선을 공격하기 시작했다. 미국이 지원하는 이스라엘의 가자지구 침공에 대응해 후티 전투원들은 미사일과 드론으로 해상 목표물을 폭격하고, 소형 보트와 헬리콥터를 이용해 해안 가까이에서 선박을 나포했다. 이러한 공격을 격퇴하고 중요한 해상 운송로를 유지하기 위해 미국 해군은 항공모함 1척과 구축함 4척 등 다양한 함정을 적어도 9척 파견했다. 그러나 그 자리에 있어야 했던 함정 하나는 눈에 띄지 않았다. 바로 연안전투함LCS 이었다. 2008년에 취역해 2023년까지 20여 척이 건조된 연안전투함은 홍해와 같은 해안 근접 수역, 즉 '연안' 전투를 위해 특별히 설계된 군함이었다. 그러나 연안전투함은 이 중요한 분쟁 지역에 전혀 모습을 드러내지 않았다. 이유는 그것이 미국 역사상 최악의 군사적 낭비 사업 중 하나였다는 데 있다.

상상 가능한 거의 모든 지표에서 연안전투함은 철저한 실패작이었다. 후티 반군이 홍해에서 선박을 공격하기 시작한 때보다 10여 년 전부터 연안전투함의 치명적 결함은 이미 잘 알려져 있었다. 이 함정은 당초 계획보다 비용이 2배나 들었고, 균열과 부식 문제에 시달렸다. 심지어 여러 척의 연안전투함이 바다에서 동력을 잃고 예인되어 항구로 돌아가야 했던 사례도 있었다. 순찰함으로 설계되었지만 연안전투함은 실제 항속 거리가 매우 제한적이었다. 승조원들에 따르면 연료를 지나치게 많이 소모했기 때문이다. 그래서 별명이 '연료 먹는 돼지gas hog'였다.[1] 기뢰 제거나 잠수함 격멸 같은 임무를 수행할 예정이었지만 실제로는 전혀 적합하지 않았고, 결국 이들 임무는 다른 해군 전력으로 떠넘겨졌다. 단순한 실패를 넘어 연안전투함은 위험하기까지 했다. 곳곳에 만연한 문제로 인해 탑승한 모든 해군 병사의 생명을 불필요하게 위협한 것이다. 심지어 미국 국방부 산하 시험평가국조차 "연안전투함은 적대적 전투 환경에서 생존할 것으로 예상되지 않는다"라고 공식 발표했다. 이는 곧 이름에 '전투'라는 단어가 들어간 함정이 실제 전투에서는 살아남지 못한다는 말이나 다름없었다.[2]

2023년과 2024년에 홍해에서 연안전투함이 전혀 보이지 않은 것도 당연했다. 그러나 이것은 군사 전문가들에게 더 큰 의문을 불러일으켰다. "연안전투함이 후티 반군과도 싸울 수 없다면, 도대체 싸울 수 있는 대상은 누구인가?"라고 오랜 군사 전문 기자 데이비드 액스David Axe는 묻는다. "가능한 답은 '없다'는 것이다."**3**

그렇다면 연안전투함은 애초에 왜 건조되었을까? 또한 왜 해군은 그렇게 많은 수를 구매했을까? 앞 장에서 암시했듯이, 짧게 말하면 이는 해군 장병들이나 전략가들이 아니라 로비스트들이 지금은 '쓰레기 같은 작은 배'로 알려진 실패작의 수명을 인위적으로 연장한 결과였다.

여기서 전쟁 기계가 등장한다. 매년 4000억 달러가 넘는 세금이 국방부 계약업체로 흘러가는 상황에서 오늘날의 군산복합체는 단지 전쟁 무기만 만드는 것이 아니다. 그것은 동시에 영향력이라는 무기도 만들어낸다. 이 무기에는 할리우드 영화, 대학 연구 자금, 전문가 분석, 호의적인 언론 보도, 그리고 이 책에서 다루는 수많은 다른 것들이 포함된다. 그러나 무엇보다 국방부 계약업체가 매년 엄청난 규모의 세금을 받아내는 구조는 일자리를 만들어낸다. 단순히 주요 선거구 내 일자리뿐 아니라 워싱턴 D.C.의 권력 레버를 직접 움직일 줄 알고, 로비스트의 급여가 보장해주는 생활 방식을 원하는 사람들을 위한 일자리까지 만들어내는 것이다.

이런 일자리는 대외 정책과 국방 정책이 실제로 어떻게 결정되는지에 대한 내부 지식과 인맥이 있는 사람들과 연결된다. 그들이 해야 할 일은 국방부 계약업체가 원하는 대로 정책이 형성되도록 돕는 것뿐이다. 변화에 저항하고, 돈을 낭비하며, 결국 미국을 덜 안전하게 만드는 이 집단적으로 비합리적인 체제에서 그들은 개인적으로는 합리적인 재정 선택을 하고 합류하는 셈이다.

군이 변기 시트나 다른 흔한 생활용품에 터무니없이 많은 돈을 쓴다는 이야기를 들어본 적이 있다면, 그것은 바로 정부감시프로젝트Project on Government Oversight, POGO의 활동에 대해 들어본 것이다.[4] 비영리 단체인 정부감시프로젝트는 1980년대 국방부의 낭비성 지출을 폭로하면서 이름을 알리기 시작했다. 그 후 수십 년 동안 정부감시프로젝트는 군사 지출에서 낭비, 사기, 남용을 꾸준히 밝혀내며 수많은 군 내부고발자와 긴밀히 협력해왔다.

이런 내부고발자들이 정부감시프로젝트와 안전하게 연결될 수 있었던 방법 중 하나는 비밀 핫라인이었다. 이 핫라인은 이 책을 공동 저술한 벤 프리먼이 정부감시프로젝트에서 국가 안보 연구원으로 근무한 2011~2013년에도 운영되고 있었다. 여러분은 아마 이렇게 생각할지도 모르겠다. '와! 내부고발자 핫라인이라니 멋진데! 정부 부패를 폭로하는 사람들과 직접 통화할 수 있다니 정말 보람 있겠어.' 하지만 이는 크게 잘못 짚은 상상이다. 내부고발자 핫라인은 생각만큼 재미있지 않으며, 실제 내부고발자와 통화할 기회도 자주 오지 않는다. 전화를 거는 사람 대부분을 음모론자라 부르는 것은 오히려 음모론자들에 대한 모욕일 정도였다. 많은 사람이 개인적인 불만을 늘어놓거나, 마치 드라마 〈X-파일〉의 줄거리를 설명하는 듯한 이야기를 하곤 했다. 그러나 정부감시프로젝트의 전무이자 회장으로서 32년 동안 단체를 이끌어온 대니엘 브라이언Danielle Brian은 최근 들어 상황이 달라졌다고 말했다. 지금은 정부감시프로젝트에 실제로 의미 있는 내부고발자들이 대거 몰려들고 있다는 것이다. 그래서 정부감시프로젝트는 계속해서 이 핫라인을 홍보하고 있으며, 웹사이트 POGO.org에 다양한 내부고발자 자료를 추가하고 있다.[5]

프리먼이 근무하던 시절, 핫라인 전화 중 일부는 미국 해군이 최신 함정인 연안전투함과 관련해 의회와 국민을 기껏해야 호도하고 있을 뿐이라는 증거를 가진 사람들이 건 것이었다. 그는 이 내부고발자들과 협력해 1세대 연안전투함을 조사했고, 그 과정에서 모든 미국 해군 승조원의 생명을 위협하는 심각한 문제들이 드러났다.

정부감시프로젝트는 2012년 4월 하원과 상원 군사위원회의 위원 전원에게 서한을 보내 이 충격적인 괴리를 폭로했다. 서한에는 국방부 내부 문건에서 유출된 균열, 부식, 기타 장비 고장의 생생한 사진들이 첨부되어 있었다. 정부감시프로젝트 서한의 단호한 결론은 이랬다. "록히드 마틴의 USS 프리덤[LCS-1, 첫 번째 연안전투함]은 취역 이후 결함 있는 설계와 고장 난 장비에 시달려왔으며, 최소 17곳 이상의 균열이 확인되었고, 엔진 관련 고장을 반복적으로 겪어왔다. … 이러한 균열과 다수의 장비 고장은 함정에 탑승한 모든 인원의 생명을 위태롭게 한다."[6]

프리먼의 조사와 다수 독립 분석가의 활동에 따라 미국 납세자의 돈 낭비, 국가 안보의 필요성, 해군 장병들이 직면한 위험을 고려할 때 연안전투함 프로그램은 축소하거나 심지어 중단해야 한다는 점이 분명해졌다. 그러나 프리먼이 당시 알지 못한 사실은 연안전투함을 건조하는 계약업체를 대변하는 로비스트들이 이 '쓰레기 같은 작은 배'를 살려내기 위해 열띤 캠페인을 벌이고 있었다는 것이다.

정부감시프로젝트가 연안전투함 조사 결과를 발표한 해인 2012년, 프리덤급Freedom class 연안전투함(정부감시프로젝트 보고서가 다룬 함급)을 건조하던 록히드 마틴은 로비 활동에 1500만 달러 이상을 썼다.[7] 같은 해 다른 함급인 인디펜던스급Independence class을 제작하기 위해 협력했던 제너럴 다이내믹스와 오스탈은 합쳐서 1100만 달러 이상을 로비에 투입했다.[8] 이것이 바로 연안전투함 프로그램이 가진 핵심 정치적 이점이었다. 두 거대 국방부 계약업체가 이 프로그램을 밀어주고 있었던 것이다. 게다가 두 함급이 미국의 전혀 다른 지역(앨라배마주와 위스콘신주)에서 건조되고 있었기 때문에, 이 프로그램은 의회의 두 세력에게 지지를 받았다.

정부감시프로젝트의 조사와 다른 저명한 연안전투함 비판들이 나오고 난 뒤, 조선업체 중 하나인 오스탈은 2013년 초 자사를 대신해 로비를 진행하도록 이노베이티브 페더럴 스트래티지스IFS를 고용했다.[9] 당시 이노베이티브 페더럴 스트래티지스는 비교적 작은 로비회사로 2013년에 올린 로비 매출이 '고작' 220만 달러에 불과했지만, 연안전투함을 팔아치우려는 큰 계획을 세우고 있었다. 이노베이티브는 연안전투함의 성능이나 국가 안보 가치에 초점을 맞추지 않았다. 로비스트들은 주로 의회 선거구에 일자리를 창출한다는 가치를 내세웠다. "그때부터 균열이 드러나기 시작한 셈이죠." 현재 국방부 지출의 자금 흐름을 추적하는 대표적 전문가인 스티븐 셈러Stephen Semler의 말이다. 그는 당시 이노베이티브에서 근무했으며, 균열이 나고 녹이 슬어 있는 사진들이 떠도는 상황에서 성능으로 연안전투함을 의회에 팔아넘기는 일은 험난할 것임을 알고 있었다. 그래서 이노베이티브는 성능 대신 의회를 대상으로 연안전투함 납품업체들이 가져올 고용 효과를 내세우는 의회 로비 총공세를 기획했다. 이는 국회의사당에서 일주일간 이어진 연안전투함 협력업체 중심의 로비 활동으로 이어졌다.

셈러에 따르면 첫 단계는 이랬다. "우리는 연안전투함 프로그램의 주요 계약업체들과 하청업체들 모두에 연락해 그들의 사무소, 공장, 또는 회사의 어떤 부문이 어디에 위치해 있는지, 그리고 각 현장에 얼마나 많은 사람이 고용되어 있는지를 물었어요. 그러고 나서 그 정보를 지도에 표시했어요. 해당 선거구를 파악하고, 그 지역 하원 의원의 위원회 배정과 투표 기록, 그 주 상원 의원 2명의 기록까지 조사했어요. 즉 이 끔찍한 프로젝트의 물리적 기반이 어디에 있는지, 그 결과로 생긴 고용을 어떻게 활용해 정부가 계속 예산을 지출하게 할 수 있을지를 계산한 것이죠."

이 정보를 손에 넣자 이노베이티브를 앞세운 연안전투함 납품업체 연합은 힘을 얻었다. 이 정보는 연안전투함 프로그램 삭감을 고려할 수 있는 모든 의원을 강력하게 압박할 수 있는 수단이었다. 로비 총공세가 진행되는 동안 이노베이티브는 그들의 선거구 안에 연안전투함 관련 일자리가 있는(관련성이 다소 희박하더라도) 모든 의원실에 연안전투함을 없애는 것이 곧 그들의 지역구 일자리를 없애는 것임을 알렸다. "우리가 연안전투함 예산을 계속 유지해야 한다고 주장한 근본 논리는 연안전투함이 미국의 국가 안보를 보장하는 어떤 수단이라는 데 있지 않았어요." 셈러는 이렇게 회상했다. "그 논리는 산업 정책으로 포장된 것이었죠."[10]

이 계획은 2013년에 효과를 발휘했고 그 이후로도 계속 통했다. 연안전투함 프로그램과 관련된 계약업체들은 이 프로그램이 의회 선거구에 가져다주는 일자리의 중요성을 강조했고, 해당 선거구와 주를 대표하는 의원들은 꾸준히 연안전투함 프로그램을 지지했다. 심지어 해군 내부에서도 이 함정에 대한 비판은 용납되지 않았다. 연안전투함 내

     미국은 왜 전쟁을 멈추지 못하는가

부자들과 해군 고위 인사들을 인터뷰한 2023년《프로퍼블리카》조사에 따르면 "이 함정을 비판한 장교들은 불이익을 받았다." 불이익에는 "원치 않는 보직 발령이 있었고, 심지어 해임까지" 포함되었다.[11]

따라서 LCS-1(1호 연안전투함)의 문제점이 드러난 이후에도 10년이 넘는 기간 동안 연안전투함 프로그램에는 거의 제약 없이 돈이 흘러들어 갔다. 그 과정에서 LCS-1 내부고발자들이 제기한 문제들이 해결되지 않았음은 분명해졌다. 그 수많은 결함 탓에 이미 7척이 퇴역했는데, 그마저 해군이 운용할 예정이던 기간의 절반도 채우지 못한 채였다. 그리고 더 많은 함정이 조기 퇴역을 앞두고 있다. 오늘날 연안전투함 프로그램은 마침내 취소되었다. 어쨌든 해군은 2024년 말 USS 피어Pierre라는 38번째이자 마지막 연안전투함을 진수했다. 최근에 취역한 함정들이 얼마나 오래 현역으로 남을지 불분명하기에 연안전투함은 여전히 일종의 '좀비 프로그램'으로 남을 것이다.

납세자들에게 이 모든 것의 비용은 얼마나 될까? 미국 정부회계감사원Government Accountability Office, GAO(정부책임처)의 군사 분석가로 근무하다 은퇴한 존 펜들턴John Pendleton에 따르면, 최근 취역한 연안전투함들이 운항을 멈출 때쯤이면 비용은 1000억 달러 이상이 될 것으로 추산된다. 그는 아마 누구보다 오랫동안 연안전투함 프로그램을 연구해온 인물일 것이다. 펜들턴은《프로퍼블리카》조사팀에 이렇게 말했다. "납세자들이 얻는 것은 생존성이 제한적이고 임무도 단일한 채 30척도 안 되는 함정입니다."[12]

로비스트

: 전쟁 기계가 제공하는 가장 영향력 있는 일자리

의회 선거구 내 일자리는 연안전투함 로비스트들에게 핵심 협상 카드였지만, 일자리를 영향력의 무기로 사용하는 국방부 프로그램은 이 것이 처음도 마지막도 아니었다. F-35 프로그램에 참여한 계약업체들은 미국 50개 주 전체에서 일자리를 책임지고 있다고 주장하며, 대화형 지도interactive map를 통해 각 주에 일자리가 얼마나 많이 있는지를 보여준다.[13] 대통령들 역시 무기 수출을 홍보할 때 일자리를 이용한다. 도널드 트럼프는 이 논리를 내세워 사우디아라비아에 수십억 달러 규모의 무기 판매를 밀어붙였고(사우디아라비아는 이후 그의 사위가 운영하는 헤지펀드에 20억 달러를 투자했다), 조 바이든 역시 미국 대통령이라기보다는 록히드 마틴의 로비스트에 더 가까운 모습으로 우크라이나에 보내는 무기가 미국 내 일자리를 창출한다는 주장을 반복해서 강조했다.[14]

하지만 의회 선거구의 일자리는, 또는 단순히 그런 환상조차 전쟁 기계가 제공하는 가장 영향력 있는 일자리라고 보기는 어렵다. 그 영예는 아마 전쟁 기계가 전직 의원과 그 보좌진, 전직 국방부 관리에게 제공하는 로비스트 또는 유사 로비스트 직종에 돌아갈 것이다. 왜 이런 일자리가 그토록 엄청난 힘을 가지는지 더 잘 이해하기 위해서는 워싱턴의 삶을 지탱하는 경제 구조를 들여다봐야 한다.

"사람들이 왜 D.C.에서 로비스트가 되는지 알고 싶나요? 내가 보여주죠." 워싱턴의 권력자들이 모여드는 명소인 바비 밴스 스테이크하우스는 25달러짜리 샐러드를 먹고 몇 분이면 백악관으로 걸어갈 수 있는

미국은 왜 전쟁을 멈추지 못하는가

위치에 있다. 이곳에서 한 대형 로비회사의 로비스트가 벤 프리먼에게 점심 식사 중 이렇게 말했다. 그는 곧 스마트폰을 들어 월간 비용으로 2500달러가 찍힌 보육 앱 화면을 보여주었다. "난 아이가 둘이니까, 그게 매달 5000달러예요. 지붕을 얹어주거나 먹을 걸 주기 전 비용이죠."

그가 말한 '지붕'(집)은 워싱턴의 터무니없이 비싼 주택 시장에서 방 3개짜리 주택에 들어가는 매달 4000달러가 넘는 주택담보대출 원리금에 해당한다. 결국 그의 네 식구가 생활하는 데 필요한 기본 요소(음식, 의복, 주거, 보육)만으로도 그가 과거에 의회 보좌관으로 일할 때 받았던 실수령액을 초과했다. 그는 이렇게 말했다. "나는 집을 갖고 가정을 꾸리고 싶었지만 내 월급으로는 그럴 수 없다는 걸 알았어요. 로비스트가 되고 싶었던 건 아니었죠. 하지만 집과 가족을 원하는 마음이 로비스트가 되고 싶지 않다는 마음보다 훨씬 강했어요. 그래서 선택은 쉬웠죠."

이 전환점은 의회와 행정부에서 오래 일하는 직원이라면 누구나 언젠가 마주하게 되는 것이다. 즉 상대적 빈곤을 감수하고 계속 공직에 남을지, 아니면 가족의 생계를 더 잘 책임지기 위해 떠날지를 선택해야 하는 순간이다. 최근 몇 년간 미국 수도의 생활비 구조는 이 문제를 더욱 악화시켰다. 의회와 행정부 직원들의 급여는 전국 평균을 훨씬 웃돌지만 워싱턴의 생활비가 비정상으로 높다. 2015년 이후 주택 가격은 55% 상승했고, 소비자물가는 26% 올랐다. 그 결과 워싱턴은 미국에서 가장 살기 비싼 도시 중 하나가 되었다. 인플레이션을 반영하면 의회 직원들의 실질 임금은 오히려 하락해왔다.[15] 종합해보면 이와 같은 워싱턴의 경제 현실로 인해 이상주의적 의회, 행정부 직원 중 상당수가 처음 워싱턴에 왔을 때는 경멸했을지 모를 직업들을 고려하게 된다.

로비스트의 연봉이 아무리 화려하다 해도(일부는 연간 100만 달러를 넘는다) 그 돈이 수십억 달러 규모의 국방부 계약으로 이어질 수만 있다면 군수업체들에는 한 푼도 아깝지 않은 투자다.[16] 그래서 로비산업은 군산복합체의 심장부이자, 국방부 계약업체들이 과거 정부 인력을 활용해 미래 정부 정책에 영향력을 행사하는 가장 직접적인 수단이다. 군산복합체가 가진 영향력의 무기는 실로 다양하지만, 다른 어떤 것도 로비만큼 직접 미국 정책 변화를 만들어내지는 못한다. 로비는 전쟁 기계가 끊임없이 돌아가도록 기름칠을 해주는 역할을 한다.

이 자기 영속 시스템에서 국방부 계약업체들은 매년 세금으로 조달되는 돈 수천억 달러를 받는다. 그리고 그 돈의 일부를 로비와 기타 영향력 행사에 사용해 다음 해에도 더 많은 세금 자금을 확보하도록 만든다. 이런 순환이 지난 80년간 해마다 반복되었다. 그 결과 오늘날 미국에서 국방부 계약업체들이 매년 국방부 전체 예산의 절반 이상을 가져가지만, 워싱턴에서는 왜 그런지 감히 묻는 이가 거의 없는 지경에 이르렀다.

이 시스템은 실제로 조작되고 있다. 이번 장은 전쟁 기계의 로비스트들이 그것을 어떻게 조작하는지 이야기한다.

국방부 계약업체들은 영향력 게임에서 거의 비용을 아끼지 않으며, 미국 정책을 자기들 뜻대로 비틀기 위해 소규모 '로비스트 군대'를 구축해왔다. 2024년 한 해에만 국방부 계약업체들은 로비에 1억 4800만 달러 이상을 썼고, 로비스트 945명을 고용했다.[17]

이를 모두 합치면 오늘날의 전쟁 기계는 의원 1명당 거의 2명의 로비스트를 고용하고 있으며, 의원 1명당 27만 5000달러 이상을 로비 자

 미국은 왜 전쟁을 멈추지 못하는가

금으로 쓰고 있는 셈이다. 하원 의원과 상원 의원 대부분 연봉이 20만 달러 이하라는 점을 고려하면, 국방부 계약업체들이 의회 의원들이 버는 돈보다 더 많은 자금을 그들에게 영향력을 행사하는 데 쓰고 있다는 뜻이다. 이 수치가 아무리 놀라워 보여도 2024년은 국방부 계약업체들에 예외적인 해가 아니었다. 2004년 이후 이들은 매년 1억 달러 이상을 로비에 쏟아부어왔고, 최소 700명의 로비스트가 그들을 위해 활동해왔다.[18]

이 로비스트들이 국방부 예산을 끊임없이 더 키워가는 정도는 아무리 강조해도 지나치지 않지만, 사실 그들은 군수업체 영향력의 '창끝'에 불과하다. 이번 장의 뒤에서 다시 다루겠지만, '로비스트'라는 공식 직함을 갖지 않고 정부를 상대로 로비 활동을 벌이는 국방부 계약업체 직원들이 더 많다. 또한 이 책 후반부에서 보듯이, 로비스트들은 국방부 계약업체들이 행사하는 다른 수많은 영향력 무기들의 도움도 받는다.

하지만 지금은 국방부 계약업체 로비스트들이 실제로 어떻게 활동하는지부터 살펴보자. 이는 여러분이 상상한 것만큼 사악하지는 않지만, 여러분이 상상했던 것보다 훨씬 더 나쁜 결과를 낳는다.

5개 주요 군수기업 로비스트들이 미국의 국방 정책을 좌우한다

이 책에서 인터뷰한 전현직 로비스트 중 상당수는 자신들의 실제 업무가 우리가 흔히 생각하는 것보다 훨씬 지루하다고 설명했다. 그들은 현금이 가득 든 서류 가방을 들고 의회 사무실에 들어가 부탁을 청하는 것이 아니다. 선거 자금 기부가 엄청나게 중요하긴 하지만, 로비 활동이 직접 거래 형태를 띠는 경우는 드물고, 대가성 거래의 명백한 증거도 거의 없다. 실제로는 합법적 부패의 생태계 전체가 작동하는데, 여기서 고액을 받는 국방부 계약업체 로비스트들은 고객에게 일자리와 돈, 무엇보다 정보를 제시하면서 유리한 결과를 추구한다.

가장 기본적인 차원에서 국방부 계약업체 로비스트들은 연방 관료제와 정책 결정 시스템이 어떻게 작동하는지를 이해해야 한다. 자신들은 제도에 대한 이런 지식 덕분에 고객을 위한 '가이드 또는 셰르파' 역할을 할 수 있다고, 여러 국방부 계약업체를 대표하는 한 현직 로비스트가 익명을 전제로 설명했다. 이후 업무는 고객마다 다르다. 어떤 국방부 계약업체들은 의회와 국방부 동향을 살펴보는 '눈과 귀' 역할만 원한다. 다른 업체들은 정책권 내에서 회사의 인지도를 높여줄 대변인 역할을 더 중시한다.

그러나 대다수 국방부 계약업체가 로비스트를 고용하는 이유는 단 하나다. 돈을 버는 데 도움을 받기 위해서다. 이는 보통 국방부 계약을 따내고 법률 제정에 영향을 미치도록 돕는 것을 뜻한다. 하지만 이 부분조차 대중이 흔히 생각하는 것만큼 거래적이지는 않다. "의원들은 통제할 수 없고, 다만 달랠 수 있을 뿐이다"라고 또 다른 현직 로비스트가 설명했다. 이 달램은 보통 정보의 형태로 나타난다. 예컨대 법안의 특정 조항이 한 상원 의원이나 하원 의원의 지역구 유권자들에게 어떤 영향을 줄지에 관한 정보다. "우리는 그들이 알지 못했을 수도 있는 정보를 제공했다." 한 전직 국방부 계약업체 로비스트의 말이다. "그래서 약간은 주고받는 성격이 있다."[19]

　　　　　　　　　　미국은 왜 전쟁을 멈추지 못하는가

비록 그 정보는 로비회사에 돈을 대는 방산업체들의 이익 쪽으로 치우쳐 있겠지만, 그렇다 하더라도 의회 직원들에게도 큰 가치를 지닐 수 있다. 이들은 박봉일 뿐 아니라 과중한 업무에 시달리고 있기 때문이다. 특히 개별 의원실에서 일하는 보좌진은, 의회 위원회 소속이 아닌 경우 감당하기 벅찰 정도로 폭넓은 분야를 맡고 있기 때문에 매일 모든 업무에서 전문성을 발휘하기란 불가능하다. 게다가 대체로 나이가 매우 젊고, 자신이 맡은 분야에 대한 경험이 제한적이거나 전혀 없는 경우도 많다. 대중이 TV에서 점점 나이 든 정치인들을 보는 것과 달리 하원 보좌진의 거의 60%는 아직 서른 살이 되지 않았다.[20] 보좌진은 이렇게 경험이 부족하고 도저히 감당할 수 없을 만큼 업무가 많은 가운데, 방대한 법안을 제한된 시간 안에 분석하고 자신이 보좌하는 의원에게 권고안을 제공해야 하는 상황에 종종 처한다.

예를 들어 2024년 국방수권법NDAA(일명 국방정책법안)은 거의 1000쪽에 달했다.[21] 이 수많은 페이지 중 어느 한 문구의 뉘앙스 차이가 상관의 지역구에서 일자리를 늘리거나 잃게 만드는 차이가 될 수 있고, 따라서 재선 여부를 좌우할 수도 있다. 걸린 대가가 그만큼 크다.

바로 여기서 국방부 계약업체의 로비스트들이 등장한다. 그들이 일을 잘한다면, 적어도 그들이 속한 로비회사 전체는 국방수권법의 모든 뉘앙스를 숙지하고 있을 뿐 아니라 그것이 특정 의원에게 어떤 영향을 미칠지 잘 이해하고 있다. 우리가 인터뷰한 모든 로비스트들은 자신들의 일이 개별 의원실, 심지어는 개별 직원에게 맞게 모든 것을 맞춤화하는 것이라고 설명했다. "일반적인 것을 구체적으로 만드는 것"이라고 한 현직 로비스트는 말했다.

공화당 의원실의 경우 이는 특정 국방수권법 조항이 어떻게 그 지역구에 일자리를 가져다줄 수 있는지를 강조하는 것일 수 있다. 반면 민주당 의원실에서는 그 조항이 중소기업에 주는 가치나 긍정적인 환경 영향을 부각하는 식이다.

의회 보좌진이 처한 현실적으로 불가능해 보이는 제약을 고려할 때, 이러한 정보는 대단히 귀중할 수 있다. 하지만 결코 공정하지는 않다. 로비스트들은 국가에, 심지어 미군에 최선이 무엇인지를 위해 활동하는 객관적 정보 중개인이 아니다. 그들의 1차 목표는 고객의 이익 증진이다. 만약 어떤 로비스트가 고객의 이익을 희생하면서까지 미국의 국가 안보를 옹호한다면, 그는 곧 업무 경비 계정을 잃게 될 것이다. 만약 국방부 계약업체를 대신해 이루어지는 로비 활동이 미국 국가 안보에 이득을 주는 경우가 있다면, 그것은 다만 운 좋은 우연일 뿐이다.

로비스트들은 국방부와 일하는 업체들 사이에 고르게 분포되어 있지 않다. 국방부로부터 가장 많은 매출을 올리는 업체들이 가장 많은 로비스트를 두고 있다. 실제로 국방부 계약업체는 5만 개가 넘지만 상위 5개 '주요' 국방부 계약업체가 나머지 모든 업체를 합친 것만큼 로비 활동에 돈을 쓴다.[22] 이 5개 기업의 로비스트가 미국의 국가 안보 정책, 특히 국방부와 관련된 정책이 어떻게 만들어지는가에서 핵심 역할을 한다. 그 결과 변화에 저항하고 이미 국방부 지출로 가장 많은 이익을 얻고 있는 이들을 더 이롭게 하는 시스템이 자리 잡게 되었다.

이것이 전쟁 기계가 실제로 우리를 더 안전하게 만들지 못하는 핵심 이유다. 애초에 그렇게 설계되지 않았기 때문이다. 이 시스템은 납세자의 돈이 국방 부문으로 더 많이 흘러 들어가게 하고, 이 흐름과 연결

　　　　　　　　　　　　미국은 왜 전쟁을 멈추지 못하는가

되어 있다면 록히드 마틴의 CEO든 워싱턴 K스트리트(로비회사들이 줄지어 있는 거리-옮긴이)의 로비스트든 누구나 부유해지게끔 고안되었다. 이 시스템은 군에 가장 훌륭한 서비스나 제품을 제공하는 회사를 보상하는 능력주의 체제가 아니다.

실제로 21세기에 들어서면서 연안전투함 사례가 단적으로 보여주는 것처럼, 병사들이 정말로 원하는 무기 체계와 주요 국방부 계약업체를 대신해 활동하는 로비스트들이 밀어붙이는 무기 체계 사이에는 커다란 간극이 벌어졌다.

회전문

: 군산복합체에 내재된 완전히 합법적인 부패 시스템

그리고 미국 내 일자리 창출이라는 허위 주장을 미국과 다른 나라들에 무기를 떠넘기는 데 수없이 이용해왔듯이, 국방부 계약업체들은 동시에 또 다른 강력한 영향력 무기를 동원한다. 바로 선거 자금이다. 그들은 의회와 대통령이 자기네 뜻대로 움직이도록 달래기 위해 선거 자금을 댄다.

로비 관련 비영리 단체 오픈시크릿에 따르면, 방위산업 부문은 2024년 선거운동에 최소 3000만 달러를 기부했다.[23] 하원, 상원, 대통령 선거 전체에 쓰인 159억 달러와 비교하면 새 발의 피지만, 이 돈이 모든 후보자에게 고르게 분배된 것은 아니었다. 오히려 반대였다.[24] 선거 자금은 방산업체들에 유리한 쪽으로 저울을 기울일 수 있는 정책결정자들, 즉 대통령 후보와 군사위원회 또는 국방 세출소위원회에 몸담은 의원들에게 집중적으로 흘러갔다. 한마디로 국방부 예산의 규모와 구성을 좌우하는 데 가장 큰 발언권을 가진 이들에게 돈이 간 것이다.

방위산업 부문으로부터 가장 많은 선거 자금을 받은 이는 아마 국방부 예산에 가장 큰 영향력을 행사하는 하원 의원 켄 캘버트Ken Calvert일 것이다. 캘버트가 위원장으로 있는 하원 세출소위원회는 국방부로 얼마의 세금이, 그리고 어디로 흘러갈지를 결정하는 데서 핵심 역할을 한다. 캘버트는 2024년 선거 기간에 방위산업 부문으로부터 81만 달러 이상을 받았는데, 이는 그의 선거 자금 모금액의 10%가 넘는 수준이었다.[25] 캘버트의 캘리포니아주 지역구에는 매년 국방부로부터 100억 달러 이상을 따내는 방산업체들이 밀집해 있기도 하다.

방산업체 기부금의 두 번째로 큰 수혜자는 앨라배마주 출신 공화당 의원 마이크 로저스Mike Rogers였다. 그는 공화당이 2022년 선거에서 하원을 장악한 뒤 하원 군사위원회 위원장을 맡았다. 앞서 언급했듯이 군사위원회는 국방부를 감독하고 매년 국방수권법안을 작성한다. 앨라배마주는 국방부의 후한 지원을 받는 주요 지역 중 하나로, 헌츠빌에 미사일과 미사일 방어 프로그램 관련 계약이 몰려 있다. 헌츠빌은 이 주요 경제 활동 덕분에 '로켓 시티'라고 불리기도 한다. 또한 제너럴 다이내믹스와 오스탈이 제작하는 연안전투함 변형 함정도 앨라배마주 모빌 조선소에서 생산된다. 2024년 선거 기간에 국방부 계약업체들은 로저스의 선거운동에 50만 달러 이상을 기부했는데, 이는 해당 주기에서 그가 모은 자금의 4분의 1이 넘는 규모였다.[26]

그러니 로저스가 방산업계의 목표인 연간 국방부 지출의 3~5% 인상(인플레이션 조정 기준)을 강력히 옹호해온 것은 놀랄 일이 아니다. 그는 이 목표가 실현되도록 돕는 몇 안 되는 의원 중 한 사람으로, 국방부 예산을 계속 밀어 올려 몇 년 안에 연간 1조 달러라는 사상 최고치에 도달할 수 있는 지경까지 증액했다. 국방부 계약업체의 로비스트들은 왜 선거 자금 기부가 선출직 정치인들에게 중요한지, 그리고 더 일반적으로는 의회 의원들과 행정부 관료들이 정확히 무엇을 원하는지를 잘 안다. 왜일까? 대체로 이 로비스트들 자신이 과거에는 의원이었거나 최소한 의회나 행정부에서 일했기 때문이다. 거기서 얻은 지식은 이 전직 관료들을 국방부 계약업체가 탐내는 인재로 만들었고, 업체들은 그들의 정부 시절 급여를 단번에 2~3배로 올려줄 의향이 있다. 그리고 이들은 대거 이 제안을 받아들인다.

논란의 여지는 있겠지만, 국방부 계약업체들이 정치적 영향력을 확보하기 위해 활용하는 가장 값진 일자리들은 의원 지역구의 주민들에게 돌아가지 않는다. 대신 바로 의원들 자신에게 돌아간다. 의원들은 공직 경력을 내려놓고 이러한 특수 이익을 위해 봉사하게 되는 것이다.

"그가 우리 회사에서 일하기를 원하지만, 우리는 먼저 거래를 요구하고 있습니다." 국방부 계약업체 넥스트 점프Next Jump의 두 공동 CEO인 찰리 킴Charlie Kim과 메건 메신저Meghan Messenger가 2021년 4월 나눈 대화 중 일부다. 발언자는 킴이다.[27] 두 CEO는 미국 해군 유럽사령부와 아프리카사령부의 사령관이었던 4성 제독 로버트 버크Robert Burke를 채용하는 문제를 논의하고 있었다. 킴이 방금 동료에게 한 말은 버크가 거액의 국방부 훈련 계약을 자신들에게 몰아주는 대가로 그에게 일자리를 제안하고 있다는 뜻이었다.

만약 사실이라면 이는 물론 불법이다. 그럼에도 버크는 복무 중이던 그해 7월, 두 CEO와 점심을 함께하며 그 거래를 마무리하려 했다고 전해졌다. 계획은 버크는 넥스트 점프가 인력 훈련 계약을 따내도록 돕고, 이후 약 6개월간 해군에 더 남아 고위 해군 지휘부가 또 다른 계약을 이 회사에 주도록 돕는다는 것이었다. 킴의 말에 따르면 그 계약은 "수억 달러" 규모의 가치가 있을 것이었다. 버크가 해군을 떠나면, 그는 연봉 50만 달러와 스톡옵션 10만 달러가 포함된 일자리를 제안받게 되어 있었다.

이 계획은 2021년 말에 실행된 것으로 알려졌다. 버크가 넥스트 점프에 33만 5135달러 규모의 훈련 계약을 따내도록 도운 것이다. 훈련이 진행된 후에도 버크는 계획대로 6개월 동안 군에 남아 넥스트 점프의 훈련을 계속 홍보했고, 잠재적인 수억 달러 규모의 계약을 넥스트 점프에 몰아주려고 애썼다. 그 과정 내내 버크는 이 회사와의 관계를 숨겼다. 그리고 계획대로 2022년 10월, 버크는 넥스트 점프에서 근무를 시작했고 실제로 연봉 50만 달러와 스톡옵션 10만 달러를 받았다.

그러나 이 계획은 세 사람이 2024년 5월 31일 뇌물 수수 및 기타 혐의로 체포되어 기소되면서 완전히 무너졌다. 만약 버크가 유죄 판결을 받는다면 미국 해군 제독이 복무 중 연방 범죄를 저지른 혐의로 유죄를 선고받는 두 번째 사례가 될 것이다.[28] 이 사건에서 거론된 잠재적 계약 규모가 워낙 거대했기 때문에 뇌물 수수 혐의가 놀라울 수도 있지만, 이는 최근 몇 년간 해군이 겪은 최악의 스캔들은 아니다. 그 불명예는 6장에서 상세하게 다룬 '팻 레너드 스캔들'에 돌아간다. 크레이그 휘틀록Craig Whitlock은 《팻 레너드: 어떻게 한 사람이 뇌물로 유혹해 미국 해군을 속였나Fat Leonard: How One Man Bribed, Bilked, and Seduced the U.S. Navy》(2024)
에서, 체중 350파운드(159킬로그램)의 말레이시아인 레너드 프랜시스가
"수많은 군 장교들에게 뇌물을 주고, 수백만 달러 규모의 국방 계약을
속여 빼돌렸으며, 미국 해군을 미국 역사상 최악의 부패 스캔들 가운데
하나로 마비시켰다"라는 사실로 유죄 판결을 받았다고 썼다. 전체적으
로 보면 현역 군인 685명을 포함해 거의 1000명이 이 스캔들에 연루되
었다. [29]

버크 사건과 팻 레너드 스캔들에 휘말린 많은 인물의 아이러니는,
범죄를 구성하는 요건이 '시기'였다는 점이다. 국방부에서 근무하는 동
안 국방부 계약업체로부터 돈을 받고 계약을 그들에게 몰아주는 것은
불법이다. 그러나 피의자들이 단지 국방부에서 은퇴할 때까지만 기다
렸더라면, 그들은 법망에 걸릴 걱정 없이 국방부 계약업체에서 수십만
달러의 안락한 고액 연봉 자리를 얻고, 옛 동료들이 새 고용주에게 계
약을 주도록 압박할 수 있었을 것이다.

이는 군산복합체에 내재된 완전히 합법적인 부패 시스템으로, 민간
인과 현역 군인에게 국방부 계약업체와 잘 지내도록 하는 강력한 유인
을 만들어낸다. 바로 '회전문'이라고 불리는 시스템이다.

국방부 계약업체를 위해 일하는 로비스트 대부분은 회전문을 거쳐
왔다. 즉 국방부나 의회의 고위직을 거쳤거나, 심지어 의원으로 활동한
경력이 있다. 그들은 회사에 수십억 달러를 안겨줄 수 있는 결정을 내
리는 정부 관료들과 촘촘히 얽힌 인맥망을 지닌 채 온다. 요컨대 군산
복합체 로비스트는 자신이 '무엇을 아는가'만큼이나 '누구를 아는가' 때
문에 고용된다.

앞서 살펴본 것처럼 의회 보좌진은 개인적인 금전적 유인에 직면해 있어, 이상주의를 접고 워싱턴 D.C. 안팎의 1만 2000명이 넘는 등록 로비스트 대열에 합류하게 되는 경우가 많다.[30] 의원들도 정부를 떠나 결국 정부에 영향을 미치는 사업으로 들어서게 만드는 유인 구조에 놓여 있다. 실제로 이 시스템은 너무나 공고해져서 의회를 떠난 하원과 상원 의원 가운데 절반 이상이 결국 로비스트가 된다. 달리 말해 전직 의원은 다른 모든 직업을 합친 것보다 로비스트가 될 가능성이 더 높다.[31] 일부는 이것이 애초에 의도된 구조라고 주장한다. 로비스트 경력이 선출직 정치인 경력보다 훨씬 더 수익성이 크기 때문이다. "현행 제도는 많은 의원에게 그저 징검다리일 뿐"이라고 하버드대학교 로스쿨 교수이자 제도적 부패 전문가인 로런스 레식Lawrence Lessig은 경고한다. "더 높은 정치적 지위로 가는 징검다리가 아니라, 로비회사로 가는 징검다리인 것이다."[32]

레식의 지적대로 회전문은 워싱턴에서 너무나 당연한 삶의 한 부분이어서, 《폴리티코》가 "회전문의 문지기"라고 묘사한 아이번 애들러Ivan Adler 같은 사람들이 이를 지속시키며 돈을 번다.[33] 애들러는 로비스트가 아니다. 그는 로비스트를 만들어낸다. 그는 의회와 행정부 청사를 돌아다니며 정부 경력을 고액 연봉의 미국 정부 영향력 행사 사업으로 바꿀 준비가 된 보좌진이라는 '금맥'을 찾아낸다. 애들러는 스스로를 "로비스트 헌터"라고 부른다. 그의 이름을 딴 회사인 아이번 애들러 앤드 어소시에이츠는 의회 보좌진과 다른 정부 인력을 워싱턴 D.C.의 로비회사와 홍보회사로 영입하는 데 특화되어 있다. 애들러와 그와 같은 수많은 사람이 모든 영역에서 맹렬히 돌아가는 회전문을 더욱 빠르게 돌리고 있다.

여러 회전문 가운데 정부와 군수산업 사이에서 돌아가는 것이 가장 크다. 2024년에 국방부 계약업체들을 위해 일한 로비스트 945명 중 거의 3분의 2가 회전문을 거쳐 왔다.[34] 그리고 이 회전문 로비스트의 절대다수는 국방부 최상위 계약업체들을 위해 활동하고 있다. 특히 엘리자베스 워런 상원 의원(매사추세츠주·민주당)이 의뢰한 국방부 회전문에 대한 조사에 따르면, 2022년 기준 상위 20개 방산업체가 전직 정부 관리나 군 장교, 의원, 의회 고위 보좌관을 로비스트, 이사회 구성원, 고위 임원으로 고용한 사례가 672건에 달했다. 이 가운데 91%에서 회전문을 거친 인물들이 공식 등록 로비스트가 되었다고 한다.[35]

왜 국방부 최상위 계약업체들에서 회전문이 그토록 뜨겁게 돌아가고 있는 걸까? 국방부 예산 절차, 미국 무기 판매 등에 필요한 지식을 가진 사람이라면 누구든 군수업체의 효과적인 로비스트가 될 수 있지 않을까? 이론상으로는 그렇지만 실제로 외부인은 관련 지식이 있더라도 정책결정자에게 접근하기조차 쉽지 않고, 그들의 결정을 영향력 있게 좌우하기란 더더욱 어렵다.

회전문 인사들이 특히 환영받는 첫째이자 가장 명백한 이유는 그들이 이미 의회에서 잘 알려져 있기 때문이다. 상원 의원은 대개 일반 유권자의 이메일이나 전화를 받기는 하지만, 신뢰할 만한 전직 동료나 보좌관의 연락에 훨씬 더 적극적으로 반응한다. 때에 따라 영향력 있는 전직 의원이나 보좌관은 의뢰인의 절실한 표가 필요한 현역 의원의 개인 전화번호를 알고 있을 수 있다. 이런 경우 전직 동료에게서 오는 문자 메시지가 어떤 대면 회의보다 훨씬 더 강력한 힘을 발휘할 수 있다.

둘째 이유는 전직 선출직 공직자들이 정책 결정 과정을 속속들이 알고 있기에 로비업체들 사이에서 몹시 탐내는 대상이라는 점이다. 보좌관 출신인 한 로비스트는 이를 이렇게 설명했다. "어떤 서비스든 경험 있는 사람들이 경험 없는 사람들에게는 가치 있는 존재가 되는 법이니까요."[36]

구체적인 사례로 베이커 도넬슨Baker Donelson 소속의 짐 다이어Jim Dyer가 있다. 그는 록히드 마틴과 제너럴 다이내믹스를 비롯한 여러 방산업체를 대신해 의회를 상대로 로비 활동을 한다. 로비스트 경력을 시작하기 전 다이어는 9년 동안 하원 세출위원회 국장을 지냈고, 조지 H. W. 부시 행정부 때 백악관 입법부 담당 부서에서 두 차례 근무했으며, 국무부와 해군부(국방부 산하)에서도 일했다. 다이어가 가진 영향력과 인맥을 민주당과 공화당 진영 모두에서 900배로 불려보라. 워싱턴에서 무기 로비가 얼마나 막강한 위력을 발휘하는지 쉽게 가늠할 수 있는 방법이다.

수백 명에 달하는 군수업체 로비스트 중 대다수는 과거 정부 근무 경력이 있지만, 사실 이는 군산복합체에 대한 회전문 인사의 영향 가운데 일부일 뿐이다. 직함에 '로비스트'라는 말이 없이도 상당한 양의 로비 활동이 이루어지고 있기 때문이다.

미국 내 군수업체만이 아니라
외국 정부를 위해서도 일하는 로비스트들

　로비스트 등록이 법적 의무라는 점을 고려할 때, 로비 활동을 많이 하기란 꽤 어렵다. 로비공개법Lobbying Disclosure Act, LDA은 업무의 20% 이상을 로비 활동에 할애하는 사람은 이 법에 따라 등록하고, 필요한 서류를 제출하며, 공식적으로 로비스트라는 직함을 받아야 한다고 규정한다. 그러나 이 20% 기준치 아래에서도 펜타곤 군수업체들을 대신해 정치 과정을 영향력 있게 움직이는 방대한 활동이 존재하며, 이런 부분은 공식 자료에 결코 로비스트의 활동으로 보고되지 않는다.

　예를 들어 2019년 정부회계감사원 조사에 따르면 국방부 고위 인사 및 조달 담당자 출신 1718명이 주요 방산업체에 고용되었다.[37] 이 조사는 펜타곤 상위 14개 군수업체만을 대상으로 했으며, 전 해군 제독 버크를 채용한 소규모 업체나 '팻 레너드'가 운영한 회사는 포함되지 않았다. 이 수치에도 많은 것이 담겨 있지만, 이는 국방부 회전문 인사의 '비非로비' 측면을 나타내는 단서 중 하나일 뿐이다.

　더 놀라운 수치가 있다. 이 이직자 1718명 가운데 조달 담당자의 비율이 무려 94%에 달했다. 조달 담당자는 거대하고 복잡한 국방부 관료 조직 속에서 흔히 '왕국의 열쇠'를 쥐고 있다. 이들은 계약을 작성하고 관리하고 감사하며, 고대 외국어 문서와 같은 연방조달규정Federal Acquisition Regulations, FAR을 어떻게든 해석해낸다. 요컨대 이들의 전문성은 다음 대형 계약을 따내려는 펜타곤 군수업체들에 매우 귀중하다. 따라서 주요 방산업체마다 전직 국방부 조달 담당자 수백 명을 고용하고 있다는, 정부회계감사원이 밝혀낸 사실은 전혀 놀랍지 않다.

우리가 인터뷰한 로비회사 중 한 곳은 소규모 신생 펜타곤 군수업체들을 대변했는데, 이들은 국방부 회전문 인사에서 가장 큰 문제는 대형 방산업체들이 조달 담당자들을 채용하는 관행이라고 설명했다. 한 로비스트는 이렇게 불만을 토로했다. "조달 담당관들은 국방부에 있을 때 계약서를 작성할 수 있고, 이후에는 자신이 직접 작성했던 바로 그 계약의 입찰서를 쓰는 업체로 옮겨갑니다." 대형 업체들은 이런 전직 조달 담당자들을 너무 많이 고용하고 있다. 따라서 새로운 기술이나 더 나은 제품을 개발했지만 회전문 인사에는 투자하지 않은 소규모 업체들이 참여하기에는 조달 과정이 불리하게 돌아간다. 그 결과 미군에는 혁신을 가로막는 거대한 장애물이 들어선다.

정부회계감사원은 회전문을 통해 옮겨간 전직 조달 담당자 외에도 전직 장군과 제독 75명이 상위 14개 펜타곤 군수업체에서 근무하고 있음을 확인했다. 그리고 국방부 최고위직에서 회전문 인사가 훨씬 더 빠르게 돌아간다는 증거도 있다. 2018년 6월부터 2023년 7월 사이에 전역한 미군 4성 장군 32명의 행적을 보자.[38] 그들 중 80% 이상이 방위산업계로 옮겨 이사회 구성원, 고문, 임원, 컨설턴트, 로비스트, 또는 방위산업에 투자하는 금융기관의 구성원으로 활동하게 되었다.

회전문 인사는 양방향으로 작동한다. 방위산업계 임원들과 이사회 구성원들이 흔히 국방부 고위직에 발탁되곤 한다. 단적으로 최근 5명의 국방장관 중 4명이 주요 펜타곤 군수업체의 이사회 출신이었다. 이런 의미에서 회전문은 단순히 '펜타곤 이후의 진로 선택'만을 뜻하지 않는다. 사실상 이것은 회전문을 지지하는 이들에게 재정과 직업 면에

     미국은 왜 전쟁을 멈추지 못하는가

서 보상을 제공하도록 설계된 자기 강화식 메아리 방인 셈이다.

아이젠하워가 미국 국내 요인이 군산복합체를 키울 수 있다는 점을 예언자처럼 짚어 보였지만, 그는 군산복합체의 핵심 동맹을 언급하지 않았다. 바로 미국의 군사주의로부터 이익을 얻는 외국 국가들이다. 펜타곤 군수업체와 마찬가지로, 자신들의 뜻대로 미국의 대외 정책을 움직이려는 외국 정부들은 매년 수억 달러를 미국 내 로비와 홍보에 쏟아붓는다. 많은 경우 이러한 활동의 목표는 펜타곤 군수업체를 위해 일하는 로비스트들의 목표와 동일하다.

그래서 펜타곤 군수업체 로비스트들이 의회를 찾아가 무기 판매나 해외 군사 지원을 요구할 때, 그들이 두드리는 문은 이미 해당 무기의 수혜 대상인 바로 그 외국 정부를 대신해 활동하는 로비스트들이 먼저 발로 차 열어놓은 문인 경우가 많다. 이런 방식으로 외국 정부의 로비스트들은 군산복합체와 보조를 맞추어 활동하는 경우가 흔하다. 이는 특히 무기 판매나 해외 미군 기지 유치를 요구할 때 두드러진다. 더 일반적으로는 미국이 사실상 그들의 안보를 지원해주도록 부추긴다. 그 지원이 장기적으로 미국의 이익에 부합할지 아닐지는 부차적이다.

사실 일부 외국 정부의 로비스트들은 동시에 펜타곤 군수업체의 로비스트이기도 하다. 이를 하워드 "벅" 매키언과 그의 회사 매키언 그룹이 단적으로 보여준다. 매키언의 로비회사는 수년 동안 사우디아라비아와 그 정권의 주요 무기 공급업체인 록히드 마틴을 동시에 대변해 왔다.

매키언에게 군수산업으로부터 돈을 받는 일은 새로운 활동이 아니었다. 매키언이 연방 하원 의원으로 활동할 당시, 그가 대표한 캘리포니아주 선거구에는 록히드 마틴과 보잉, 노스럽 그러먼이 소유한 공장이 있었고, 스텔스 전투기부터 감시 드론까지 다양한 무기가 이곳에서 생산되었다. 이들 기업은 늘 매키언 선거 자금의 주요 기부자였고, 매키언은 기대에 부응해 흔쾌히 이 거대 방산업체들에 이익이 되는 정책과 지출을 옹호했다.[39] 방산업체들은 심지어 매키언의 부인이 캘리포니아주 의회에 출마할 때 자금을 지원하기도 했다.[40] 그녀의 핵심 공약은 식료품점에서 포장용 비닐봉투에 돈을 받지 못하도록 한다는 것이었는데, 이는 무기 제조업체와는 거의 무관해 보인다. 그러나 그녀를 지원한 진짜 목적은 매키언과 좋은 관계를 맺기 위한 것이었고, 그런 점에서 그의 부인 선거운동에 대한 기부는 크게 주효했다. 즉 매키언은 계속해서 막대한 펜타곤 지출을 지지했다. 게다가 그는 평범한 하원 의원에 그치지 않았다. 매키언은 국방부를 감독하고, 무엇보다 매년 국방정책법안이라 불리는 국방수권법을 만드는 하원 군사위원회 위원장이었다.

많은 로비스트와 마찬가지로 매키언은 의회에서 은퇴하자마자 곧바로 로비업계에 뛰어들었다. 불과 몇 달 만에 매키언의 회사는 에어로제트 로켓다인Aerojet Rocketdyne과 MBDA를 포함한 펜타곤 군수업체들과 수익성 높은 계약을 체결했다.[41] 분명히 하자면, 매키언 본인은 아직 로비 활동을 할 수 없었다. 의원들은 동료 의원들을 상대로 로비를 하기 전에 거쳐야 하는 1년간의 '냉각 기간' 규정에 걸려서였다. 매키언은 단지 전직 의원이 로비 활동을 직접 하지 않고 로비회사에서 일하거나(이 경우에는 소유하거나) 로비회사를 운영할 수 있는 법의 허점을 이용한 것뿐이었다. 1년이 지나자 매키언은 제너럴 다이내믹스, L3 테크놀로지스, 록히드 마틴 등 펜타곤으로부터 수십억 달러를 벌어들이는 여러 기업을 대신해 직접 로비 활동을 시작했다.[42]

같은 해인 2016년 매키언은 사우디아라비아 정부를 대신해 로비에 나섰다.[43] 그 이후 그의 회사는 이 중동 군주국을 위해 로비하는 대가로 400만 달러 이상을 벌어들였다.[44] 같은 기간 매키언 그룹은 록히드 마틴을 위한 로비 활동으로 100만 달러 이상을 벌었다.[45]

2017년 매키언 그룹이 사우디아라비아 및 록히드 마틴과 계약을 체결한 직후 사우디아라비아왕국은 록히드 마틴으로부터 280억 달러 규모의 군사 장비를 구매할 의사를 발표했다.[46] 그 이후 매키언 그룹은 록히드 마틴과 사우디아라비아 양측이 의회와 행정부의 장애물을 넘어 이 무기 거래를 성사시키도록 도왔다. 그러는 동안 사우디아라비아는 참혹한 예멘내전에서 미국제 무기를 사용해 민간인을 살해하고 있었다.

2018년 사우디아라비아 반체제 인사이자 《워싱턴포스트》 기고가였던 자말 카슈끄지가 튀르키예 주재 사우디아라비아 영사관에서 잔혹하게 살해된 사건 이후, 의회는 예멘내전에서 미국의 사우디아라비아 지원을 종료하는 결의안을 검토하고 있었다. 바로 그 시기에 매키언 그룹은 이 움직임을 좌절시키기 위해 뒤에서 활동하고 있었다. 이 회사는 그해 11월 14일 제임스 인호페James Inhofe 상원 의원(오클라호마주·공화당)의 군사 입법 보좌관을 포함한 여러 의회 사무실과 해당 문제를 논의했다고 보고했다.[47] 같은 날 매키언 그룹은 인호페 의원의 선거운동에 1000달러를 기부했다고 보고했다.

이 기부는 뇌물과 다름없다고 생각할 수도 있다. 하지만 놀랍게도 로비스트가 고객을 대신해 접촉하는 의원에게 선거 자금을 기부하는 것은 완전히 합법이다. 설령 그 고객이 권위주의 정권일지라도, 심지어 면담과 기부가 정확히 같은 날 이루어지더라도 말이다. 단 2주 뒤 인호페 의원은 지원 종료 결의안에 반대표를 던졌고, 이후 미국 군대와 사우디아라비아의 관계 단절 시도에 강력히 반대했다.[48]

안타깝게도 이 일화는 그다지 새로운 것이 아니다. 외국 정부를 위해 일하는 로비스트들은 매년 수백만 달러를 자신들이 접촉하는 연방 의원들에게 기부한다. 경우에 따라서는 면담하는 바로 당일에 기부하기도 한다.[49] 또한 일부 외국 정부 로비스트들은 막대한 정치활동위원회political action committee, PAC(정치행동위원회)를 관리하면서 선거 때마다 수천만 달러, 심지어 수억 달러를 기부하기도 한다. 정치활동위원회는 정치 자금을 모아 후보자나 정당에 기부하거나 특정 정책을 지지 또는 반대하는 활동을 하는 조직을 가리킨다. 예를 들어 전 상원 의원 놈 콜먼Norm Coleman은 2014년부터 사우디아라비아를 위한 로비스트로 활동해 왔으며, 동시에 2020년 미국 선거에서 1억 6500만 달러를 지출한 슈퍼팩super PAC을 관리했다[50](슈퍼팩, 즉 독립지출전용위원회independent expenditure-only political action committees는 정치활동위원회처럼 후보자나 정당을 직접 후원하는 대신 개인이나 기업, 노조를 통해 모금한 자금을 독립 지출해 광고나 미디어를 통해 간접으로 후보자나 정당을 지원하는 조직이다-옮긴이).

외국 정부와 펜타곤 군수업체를 동시에 대변하는 로비스트는 매키언만이 아니다. 방산 로비스트와 외국 대리인 간의 연결은 워낙 공고해, 2024년에는 방산업체를 위해 일하는 로비스트 945명 가운데 최소 46명이 외국 정부를 대신해 활동하는 등록 외국 대리인이었다. 게다가 이들 중 단 3명을 제외한 전원이 회전문 인사를 거쳐 왔다. 그중 2명은 매키언처럼 선출직 공직자 출신이었다. 미시간주 제1선거구 민주당 하원 의원이었던 바트 스투팍Bart Stupak은 록히드 마틴을 위해 로비 활동을 하면서 동시에 미국 내 외국 영향력을 규제하는 대표적 법률인 외국대리인등록법Foreign Agents Registration Act, FARA에 따라 카타르와 튀르키예, 홍콩을 대변하는 외국 대리인으로 등록되어 있었다. 주목할 점은 카타르가 록히드 마틴으로부터 수억 달러 규모의 무기를 구매해왔으며, 2020년에는 록히드 마틴이 제작한 F-35 전투기 구매를 공식 요청했다는 사실이다.[51] 전 상원 의원 마크 베기치Mark Begich(알래스카주·민주당) 역시 펜타곤 군수업체와 이집트, 파키스탄, 사우디아라비아, 한국 등 외국 정부들을 동시에 대변해왔다.

펜타곤 군수업체와 외국 정부를 동시에 대변하는 다른 많은 로비스트는 의회 고위 보좌진 출신이다. 예를 들어 낸시 펠로시Nancy Pelosi(캘리포니아주·민주당)의 비서실장을 지냈던 나딤 엘-샤미Nadeam El-Shami는 RTX, BAE 시스템스를 비롯한 여러 펜타곤 군수업체를 위해 로비 활동을 했을 뿐 아니라, RTX와 BAE로부터 수십억 달러 규모의 군사 장비와 무기를 공급받아온 사우디아라비아와 이집트 같은 외국 정부를 위해서도 로비를 했다.[52] 상원 공화당 원내대표 미치 매코널Mitch McConnell(켄터키주·공화당)의 전 비서실장 브라이언 맥과이어Brian McGuire 역시 펜타곤 군수업체 팔란티어와 하니웰Honeywell을 위해 일하면서 이집트와 한국 같은 외국 정부를 위한 로비를 병행했다.

더 심각한 것은 외국 정부를 위해 일하는 로비스트 중 일부는, 회전문 인사를 거쳤든 아니든, 미국 군사주의의 강화를 노골적으로 추구한다는 점이다. 가장 대표적인 것이 무기 판매와 (매키언 그룹처럼) 해외 미군 기지 유지다. 예컨대 일본과 한국은 매년 수백만 달러를 들여 자국 내 대규모 미군 기지를 유지하기 위해 영향력을 행사한다.[53] 카메룬 정부를 대리하는 로비회사 클라우트 퍼블릭 어페어스Clout Public Affairs는 〈아프리카에서 미군 철수는 왜 문제인가Why the U.S. Drawing Down in Africa Is Troublesome〉라는 제목의 글을 배포했다.[54] 로비 자금을 대는 곳은 대규모 미군 기지를 둔 나라들만이 아니다. 전 상원 의원 데이비드 비터David Vitter(루이지애나주·공화당)은 리비아 정부를 대리해 미군 기지를 리비아에 설치하라고 요구했다.[55] 중동에서는 카타르 정부를 위한 로비스트들이 알우데이드 공군기지의 중요성을 꾸준히 강조해왔다. 카타르 로비스트들이 배포한 자료에는 "이곳은 중동 최대의 미군 기지로, 테러리스트를 겨냥한 폭격기가 여기서 출격한다"라는 설명이 붙어 있었다.[56] 폴란드의 국방부 장관을 대리한 갤러거 그룹Gallagher Group은 2022년 의회 의원들을 상대로 여러 차례 무기 판매와 기지 문제에 대해 로비를 벌였다.[57] 이 로비 활동의 결과 2023년 3월 폴란드에 최초의 영구 미군 기지가 설치되는 길이 열렸다.[58]

이 목록은 끝없이 이어질 수 있다. 전쟁 기계가 해외 로비산업이라는 강력한 동맹을 거느리고 있다는 사실이 핵심이다. 이 산업은 매년 수억 달러를 쏟아부어 미국산 무기가 해외로 흘러가게 하고, 미국 납세자들이 전 세계 여러 나라의 안보를 지원하도록 만든다.

주목할 점은 로비는 군산복합체와 외국 간에 형성된 암묵적 동맹의 한 단면에 불과하다는 것이다(다음 장들에서 살펴본다). 외국 정부와 방산업체들은 매년 수백만 달러를 미국의 싱크탱크와 비영리 단체, 대학에 기부하는데, 이곳의 학자들은 흔히 자금 제공자의 주장에 동조하며 미국 대외 정책의 군사화를 정당화하는 지적 외피를 제공한다.

군산복합체와 외국 동맹의 로비는 미국의 거의 모든 대외 정책 문제(심지어 일부 국내 문제까지)에 대해 군사적 해법을 선호하도록 몰아온 것이 분명하다. 이는 자기 영속 시스템으로, 여기에 참여하려는 이들에게 재정적 보상을 안겨준다. 또한 전 세계 곳곳에 적을 상정하거나 만들어냄으로써 자신을 정당화한다. 오늘의 적이 내일의 적은 아닐 수 있지만, 이 체계가 만들어낸 막대한 예산을 정당화하려면 언제나 그리고 반드시 위협이 존재해야 한다. 이는 시간이 지나면서 전투 병력의 필요보다는 펜타곤 군수업체 주주들 이익을 채워주기 위한 낭비성 지출로 가득 찬 방대한 국방부 예산으로 이어졌다.

상위 펜타곤 군수업체들의 로비와 영향력 행사 활동은 또한 군의 혁신에 막대한 걸림돌이 되었다. 2014년 스페이스X가 공군 계약을 따내기 위해 사실상 소송까지 제기해야 했던 사례가 그 증거다. 당시 스페이스X 창립자 일론 머스크는 이 장애의 상당 부분이 '회전문 인사' 때문이었다며 이렇게 설명했다. "우리는 본질적으로 아마 자신들이 미래에 일자리를 얻지 못할 회사에 계약을 주라고 요청하는 셈이다. 우리의 경쟁 상대는 그들의 친구들이 있는 회사다. 우리와 계약하려면 그들은 친구들과 미래 은퇴 프로그램으로부터 등을 돌려야 한다. 이런 일을 기대하기란 어렵다."[59] 머스크와 스페이스X는 결국 제도적 관성을 뚫어냈고, 2024년에는 전 세계 궤도 탑재체의 87% 이상을 우주로 실어나르게 되었다.[60]

그러나 스페이스X가 부패한 펜타곤 조달 체계를 돌파한 사례는 예외적이다. 로비와 회전문 인사는 새로운 혁신 기업들을 마치 바이러스처럼 취급하는 자가면역 체계를 만들어왔다(이 책의 후반부에서 다루듯이 트럼프 2기 행정부에서 일론 머스크와 다른 기술업계 경영자들의 영향력이 이 구도를 바꿀지도 모른다). 많은 선출직 공직자들이 상위 펜타곤 군수업체를 대신해 전직 동료들을 로비하는 고액 연봉 일자리로 경력을 이어가면서 문제의 일원이 되었지만, 어떤 정책결정자들은 회전문 인사를 근절하기 위해 싸우고 있다. 그중 한 사람인 엘리자베스 워런 상원 의원은 회전문 인사의 위험성에 대해 거침없이 말했다. "펜타곤과 방위산업계 사이의 회전문은 대중의 신뢰와 우리의 국가 안보를 심각하게 훼손한다."[61]

워런 역시 스페이스X와 마찬가지로 이 부패한 생태계에서 예외적인 존재일 뿐이다. 대체로 펜타곤 군수업체들의 영향력 활동에서 흘러나오는 돈은 워싱턴을 체제에 물든 아첨꾼들로 가득 채웠고, 그들은 이를 지키기 위해 싸운다. 그리고 다음 장들에서 보겠지만 이들은 싱크탱크, 대학, 언론, 할리우드, 게임산업 등 수많은 영향력 메커니즘의 도움을 받고 있다. 로비는 군산복합체의 핵심이지만, 이것은 단지 시작에 불과하다.

8장

조작된 합의
: 매수될 준비가 되어 있는 싱크탱크

국방부 계약업체들로부터 후원금을 받는 대다수 싱크탱크들

러시아가 우크라이나를 침공한 지 2년 뒤인 2024년 2월. 우크라이나는 미국산 신형 M1 에이브럼스 탱크를 처음으로 전선에 배치했고, 이 탱크는 러시아 진지를 향해 포격을 가하기 시작했다. 그러나 우크라이나군은 이 신형 탱크를 투입한 지 불과 두 달 만에 철수시켰다. 왜 그랬을까? 거대한 과녁이나 다름없었기 때문이다. 이 탱크는 러시아 드론의 자폭 공격에 무참히 파괴되고 있었다.[1] 우크라이나의 한 전차병은 CNN과 한 인터뷰에서 미국산 신형 탱크의 치명적인 결함을 이렇게 설명했다. "이 탱크의 장갑은 현재 충분하지 않습니다. 내부 인원을 보호하지 못합니다." 그는 "솔직히 말해 지금의 전쟁은 드론 전쟁"이라면서 "그래서 드론은 탱크가 진격하면 언제나 그것을 공격하려 합니다"라고 말했다.[2]

2024년 9월까지 전투에 처음 투입된 지 불과 6개월 남짓 만에 우크라이나군에 제공된 에이브럼스 탱크 31대 중 거의 3분의 2인 20대가 러시아의 공격으로 파괴되거나 무력화되거나 노획되었다. 그 결과 이를 운용하던 우크라이나 병사들이 사망하거나 부상당했다.[3] 이런 탱크를 또 다른 미국의 '탱크'가 열렬히 선전했는데, 바로 싱크탱크였다. 이 비영리 단체들은 미국의 공공 정책에 영향을 미치려 하며, 우리가 TV, 라디오, 신문에서 보고, 듣고, 읽는 많은 전문가를 고용하고 있다. 그리고 M1 에이브럼스 탱크를 우크라이나에 제공해야 한다고 목소리를 높인 전문가 가운데 상당수는 탱크 제조사인 제너럴 다이내믹스로부터 자금을 지원받은 싱크탱크에 소속되어 있었다. 이는 전쟁 기계가 단지 무기를 만드는 데 그치지 않고 인위적인 합의까지 만들어내는 또 다른 사례다.

예를 들어 허드슨연구소의 한 보고서는 우크라이나에 더 많은 탱크를 보내야 한다고 주장했지만, 이 연구소가 탱크 제조사로부터 수만 달러를 받은 사실은 밝히지 않았다.[4] 신미국안보센터Center for a New American Security, CNAS의 한 연구원은 2023년 《포린어페어스Foreign Affairs》에 〈우크라이나에 대한 미국 군사 지원의 놀라운 성공The Surprising Success of U.S. Military Aid to Ukraine〉이라는 글을 기고했다. 여기에서 그는 곡사포, 하이마스HIMARS(고기동 포병 로켓 시스템), 대함 미사일, 방공 능력, 보병 전투 차량, 탱크를 포함한 여러 미국제 무기들이 전장에서 우크라이나의 성공에 결정적인 역할을 했다고 주장했다. 그러나 그 글에서 제너럴 다이내믹스가 신미국안보센터의 후원자라는 사실은 밝히지 않았다.[5] 《뉴욕 타임스》는 "미국 관리들은 미국 탱크가 우크라이나에 제공될 경우 미국이 군사 지원을 강화한다는 긴장 고조 신호로 비칠 것을 우려한다"라고 보도했다. 하지만 이 기사에서 전략국제문제연구소Center for Strategic and International Studies, CSIS의 한 연구원은 이미 미국이 정밀 유도 무기precision-guided munition와 다른 첨단 무기를 제공해 "긴장 고조의 한계선을 끌어올렸다"라고 주장하며 그런 우려를 일축했다. 전략국제문제연구소 역시 탱크 제조사로부터 자금을 지원받고 있다는 사실은 언급하지 않았다.[6]

미국이 우크라이나에 어떤 무기를 제공할지를 두고 논의하던 시기, 이런 사례들은 예외가 아니라 오히려 일반적이었다. 이 책의 공저자인 벤 프리먼은 보고서 〈방산업체가 자금을 댄 싱크탱크가 우크라이나 논쟁을 지배한다Defense Contractor Funded Think Tanks Dominate Ukraine Debate〉를 통해 주요 언론이 러시아-우크라이나전쟁과 관련해 싱크탱크 전문가들의 견해를 인용할 때, 압도적으로 국방부 계약업체들로부터 자금을 지원받는 싱크탱크들을 인용했다는 사실을 밝혔다. 구체적으로 살펴보면 국방부 계약업체로부터 자금을 받는 싱크탱크는 그러지 않는 싱크탱크보다 "7배나 더 자주" 인용되었다.

또한 이런 싱크탱크들은 후원자들에게 금전적 이익을 가져다줄 미국의 대외 정책 행동을 권고할 가능성이 높았다. 즉 이 보고서는 "국방부와 국방부 계약업체의 자금을 받는 싱크탱크들이 그러지 않는 싱크탱크들보다 러시아-우크라이나전쟁에 대한 미국의 군사 대응을 더 강력히 지지하는 경향"이 있음을 보여주었다.[7]

워싱턴 D.C.의 많은 조직과 달리, 이들 싱크탱크는 로비회사나 홍보대행사, 또는 늘 정체가 모호한 D.C.의 '컨설팅업체'가 아니다. 이들은 고차원적인 연구와 정치 분석에 종사하며, 미국 법전 26편(내국세법) 501(c)(3) 조항에 따른 면세 비영리 기관이다. 미국에는 2000개가 넘는 싱크탱크가 존재하는데, 이들은 흔히 편향 없는 지적 독립의 터전을 자처하며 정책결정자들에게 객관적인 조언을 제공한다고 주장한다. 그러나 이들은 미국 대외 정책의 군사화를 강화하는 데 이해관계를 가진 국방부 계약업체와 외국 정부로부터 매년 수천만 달러를 은밀히 받아왔다. 싱크탱크 중 다수가 후원자의 압력에 굴복해 전쟁 기계가 영향을 행사하는 그물망 속에서 핵심 톱니바퀴 역할을 하고 있다. 그 증거는 갈수록 더 많이 드러나고 있다.

학문적 연구에서 정치적 옹호 활동으로 결정적 전환을 이끈 헤리티지재단

미국 싱크탱크의 기원은 기업과 전쟁의 결합으로 거슬러 올라간다. 이 기원에 한 인물이 있었는데, 진취적인 자본가이자 정치가 로버트 S. 브루킹스Robert S. Brookings였다. 1차 세계대전의 조짐이 보이자, 성공한 사업가이자 자선가였던 브루킹스는 미주리주에서 워싱턴 D.C.로 옮겨왔다. 그는 신설된 전시산업위원회에 합류했고, 이 위원회에서 완제품을 담당하면서 소위원회인 가격고정위원회의 위원장이 되었다. 요컨대 그는 전쟁 수행을 지원하는 미국 정부와 미국 산업을 직접 연결하는 고리였다. 정부에서 그의 공로는 큰 찬사를 받았고, 그는 정부와 외부 연구 사이에 더 영속적인 연결 고리가 필요하다고 믿게 되었다. 그래서 그는 전후 여러 조직을 창립하거나 몇몇 조직에 참여했다. 그 조직들은 궁극적으로 1927년 그의 이름을 딴 브루킹스연구소Brookings Institution로 통합되었다.

브루킹스연구소는 미국에서 처음으로 공공 정책 연구에 집중한 비영리 기관이었고, 당시에는 그렇게 불리지 않았지만 사실상 미국 최초의 싱크탱크가 되었다. 역사 전반에 걸쳐 브루킹스연구소의 학자들은 사회보장법Social Security Act과 마셜 플랜Marshall Plan을 포함해 미국 역사상 가장 중요한 정책들의 형성에 기여했다.[8] 리처드 닉슨 대통령은 심지어 브루킹스연구소가 보관하던 민감한 문서를 회수하기 위해 연구소에 소이탄으로 공격을 가하는 방안까지 고려했다.[9]

브루킹스연구소는 이후 수많은 다른 싱크탱크가 탄생하는 길을 열었고, 이들 역시 20세기 미국의 핵심 정책들을 형성하는 데 중요한 역할을 했다. 예를 들어 미국 외교협회Council on Foreign Relations, CFR는 2차 세계대전 이후 새로운 국제 질서를 수립하는 데 중추적 역할을 했다.[10] '천재 아이들whiz kids'이라고 불린 랜드연구소RAND Corporation의 연구원들은 로버트 맥너마라 국방장관이 베트남전쟁에서 사용한 통계 기반의 논리와 전략을 개발했다(나중에 그들의 수치가 잘못되었다는 것이 드러났다). 초창기에 싱크탱크들은 목표가 제각각이었고 영향력도 증감을 거듭했지만, 인센티브 구조에 따라 학문 연구에 가까운 활동을 했다. 즉 특정 정파에 치우친 정책을 지지하기보다는 건전한 연구를 발전시켜나갔다. 싱크탱커 테비 트로이Tevi Troy는 2012년 《내셔널어페어스National Affairs》에 기고한 글에서 미국 싱크탱크의 과거에 대해 "정책 대안을 명확히 해 주고 선택은 하지 않는 것이 그들의 역할이라고 보았다. 자신들의 역할을 '정책 대안을 설명하되 특정 대안을 옹호하지는 않는 것'이라고 여겼다"라고 설명했다.[11] 이러한 싱크탱크의 역할은 적어도 부분적으로는 장기 자금 조달 모델로 뒷받침되었다. 주로 미국 정부 자체나 카네기재단Carnegie Corporation 같은 대규모 재단이 주요 재원 제공자였다. 예컨대 랜드연구소는 설립 당시부터 지금까지 연방 정부 기관들로부터 거의 전액을 지원받는 연방 지원 연구센터이다.

1980년은 학문적이며 정치에 참여하지 않는다는 기존 싱크탱크의 모델이 뒤집힌 해라고 할 수 있다. 그해 보수 성향 싱크탱크 헤리티지재단이 정치적 옹호 활동으로 결정적 전환을 선도했다. 이 재단은 진보 성향의 브루킹스연구소에 대응하는 보수 진영의 싱크탱크로 여겨졌다. 헤리티지재단은 그해 《리더십을 위한 명령Mandate for Leadership》이라는 1100쪽에 달하는 방대한 책자를 발간하면서 전환에 나섰다. 이 보고서는 로널드 레이건 대통령 당선인의 행정부에 2000개에 달하는 권고안을 제시했으며, "정부의 닳아빠진 뉴딜식 옷깃을 붙잡아 지난 48년간 쌓인 진보 정책을 털어내는 청사진"을 자처했다. 이 보고서가 레이건 행정부에 끼친 영향은 아무리 강조해도 지나치지 않다. 헤리티지재단 집계에 따르면, 레이건은 이 권고안의 60%를 실행하거나 최소한 실행을 시도했으며, 심지어 의회 대상 국정 연설에서 이 싱크탱크의 자료를 거의 그대로 낭독하기도 했다.[12] 《리더십을 위한 명령》은 이후 헤리티지재단의 《2025년 대통령 교체 프로젝트2025 Presidential Transition Project》 또는 약칭 《프로젝트 2025Project 2025》로 이어졌는데, 이는 사실상 트럼프 2기 행정부를 위한 실행 지침서 역할을 하고 있다.

《리더십을 위한 명령》 발간 이후 45년이 지난 오늘날 싱크탱크 부문은 점점 더 당파적이고, 정치 활동에 적극적이며, 특정 이해관계 집단의 자금에 의존하는 성격을 띠게 되었다.[13] 많은 싱크탱크가 노골적으로 당파성을 드러내는데, 좌파 성향의 미국진보센터Center for American Progress, CAP와 우파 성향의 헤리티지재단이 대표적이다. 또한 미국진보센터와 헤리티지재단 모두 그렇듯이 별도의 501(c)(4) 조직(비영리 기관으로 501(c)(3) 적용 기관보다 기부금에 대한 세제 혜택이 적다-옮긴이)을 설립해 자신들의 정치적 의도를 공식화하는 경우도 드물지 않다. 이런 조직은 정치 후보를 지지하거나 정치 광고를 집행하고, 풀뿌리 조직 활동에도 참여할 수 있다.[14]

싱크탱크들의 달라진 자금 조달법
: 이해관계 후원 그리고 다크 머니

싱크탱크 부문은 엄청나게 성장했는데, 전체 규모가 1980년 헤리티지재단 보고서 이후 3배 이상으로 증가했다.[15] 오늘날 싱크탱크는 공공 정책뿐 아니라 미국 여론에 영향을 끼치는 데도 막대한 역할을 하고 있다. 우리가 TV에서 보고, 라디오에서 듣고, 신문이나 잡지에서 읽는 주제의 전문가들은 흔히 싱크탱크 소속이다. 싱크탱크 종사자들은 공개적으로는 여론에 영향을 미치지만, 비공개적으로는 정책 형성에 깊이 관여한다. 그들은 의회와 행정부에 조언하고, 의회 청문회를 위한 질문을 작성하며, 청문회에 증인으로 출석하고, 심지어 입법 과정에 직접 참여하기도 한다.

우리 두 저자는 이를 직접 경험으로 알고 있다. 우리는 싱크탱크에서 근무하며, 이 모든 일을 해왔다.

싱크탱크의 자금 조달 방식도 극적으로 달라졌다. 한때 싱크탱크는 브루킹스연구소처럼 부유한 개인의 출연을 받거나 미국 정부로부터 장기적인 자금 지원을 받아 운영비를 충당했다. 하지만 오늘날 싱크탱크는 특정 이해관계 집단의 자금에 점점 더 의존하게 되었다. 그리고 이 책의 논점과 관련된 변화인데, 이제 미국의 주요 대외 정책 싱크탱크 중 상당수는 국방부 계약업체들과 미국 대외 정책의 군사화에 이해관계를 가진 외국 정부들로부터 매년 수백만 달러를 받고 있다.

"유세프Yousef, 우리가 논의했던 대로 아랍에미리트의 미사일 기술 통제 체제Missile Technology Control Regime, MTCR(현재까지 34개국이 가입한 미사일 기술 확산 방지를 위한 국제 조약-옮긴이) 가입이 가져올 잠재적 이익과 비용을 분석하는 프로젝트에 관한 신미국안보센터의 제안서를 보내드립니다. 이것이 원하신 방향인지 알려주시기 바랍니다." 2016년, 당시 신미국안보센터의 CEO 미셸 플로노이Michèle Flournoy가 주미 아랍에미리트 대사 유세프 알 오타이바Yousef Al Otaiba에게 보낸 이메일은 이렇게 시작한다. 이어 플로노이는 25만 달러를 받는 조건으로 신미국안보센터가 미국이 권위주의 정권에 군사용 무인항공기unmanned aerial vehicle, UAV를 수출할 가능성을 검토하는 연구를 수행하겠다고 확인했다. 대사는 이 비용에 동의했고, 이후 신미국안보센터는 아랍에미리트를 위해 비공개 문서를 작성했다. 이 문서는 "트럼프 행정부가 드론 수출 제한을 완화해야 한다” “무장 무인기를 포함한 무인기 수출을 올바른 사용 원칙에 동의하는 가까운 파트너와 동맹국에 한해 제한적으로 허용하는 방안을 고려해야 한다”라고 주장했다.[16]

오타이바 대사는 보고서에 매우 흡족해하며 신미국안보센터에 이메일로 감사를 표했다. 그는 이 보고서가 “논쟁을 올바른 방향으로 이끄는 데 도움이 될 것”이라고 기대했고, “일부 무인항공기 제조업체들도 유사한 결론을 주장하고 있으므로, 이 보고서는 그들의 주장을 재확인해줄 수 있습니다”라고 덧붙였다. 이 비공개 보고서에 이어 신미국안보센터는 더 직설적인 공개 보고서를 내놓았다. 여기서 “미국 드론 공급을 주저하는 것은 미국의 이익을 구체적인 방식으로 해친다”라고 주장하며, 아랍에미리트가 이 최첨단 미국 무기를 거부당한 국가 중 하나라고 언급했다.[17] 해당 공개 보고서의 제목은 〈드론 확산: 트럼프 행정부를 위한 정책 선택Drone Proliferation: Policy Choices for the Trump Administration〉이었다. 그리고 2020년 트럼프 행정부는 약 30억 달러 규모에 달하는 MQ-9 리퍼Reaper 드론 18대의 아랍에미리트 판매를 승인하기로 결정했다.[18]

아랍에미리트와 오타이바 대사는 여기서 멈추지 않았다. 아랍에미리트 대사관은 애틀랜틱 카운슬Atlantic Council에 상당한 기부를 했고, 이후 아랍에미리트의 경쟁국인 이란에 대한 미국 정책과 관련한 애틀랜틱 카운슬 보고서 초안에 의견을 개진할 기회를 얻었다. 오타이바는 이 보고서가 “무수히 많은 이유로 믿을 수 없을 만큼 문제가 많습니다”라는 이메일을 작성했다. 그는 이를 당시 애틀랜틱 카운슬 산하 담당 부서인 브렌트스코크로프트국제안보센터Brent Scowcroft Center on International

Security의 소장 배리 파벨Barry Pavel에게 발송했다. 이와 관련해 파벨은 미국 온라인 매체《디인터셉트The Intercept》에 "우리는 기업 파트너, 정부 파트너, 개인들과 이런 사안들을 다룹니다. 재단과는 그렇게 많이 협력하지 않습니다. 그들은 실제로 이런 식으로 의견을 개진하지 않죠. … 우리는 의견이 제출되면 그것을 듣고, 그런 다음 해당 논문 저자들에게 전달합니다"라고 밝혔다. 또한 파벨은 오타이바가 보고서를 검토한 유일한 기부자가 아니었다는 사실도 확인해주었다.[19]

이 모든 것은 단 하나의 외국 정부와 관련된 사례일 뿐이다. 그래서 이 책의 두 저자가 몸담고 있는 싱크탱크인 퀸시책임국정연구소Quincy Institute for Responsible Statecraft, 약칭 퀸시연구소는 '싱크탱크 자금 추적기Think Tank Funding Tracker'를 2025년 초부터 운영하고 있다. 이는 미국 싱크탱크 자금 출처를 공개한 최초의 데이터베이스로, 지난 5년간 미국 상위 50개 싱크탱크에 들어온 미국 정부, 외국 정부, 국방부 계약업체의 자금을 포함한다.

이 추적기는 두 가지 핵심 결과를 보여주었다. 첫째, 싱크탱크는 후원자 공개 의무가 없으며, 실제로 많은 기관이 이를 공개하지 않는다. 상위 50개 싱크탱크 가운데 3분의 1이 넘는 18곳이 후원자에 관한 어떠한 정보도 제공하지 않는다. 그러나 그중 일부 싱크탱크가 국방부 계약업체로부터 자금을 받는다는 사실은 알려져 있다.

워싱턴에서 가장 오래되고 영향력 있는 싱크탱크 중 하나인 미국기업연구소American Enterprise Institute, AEI는 후원자에 관한 어떠한 정보도 대중에게 제공하지 않는다. 다만 한 미국기업연구소 행사에서 사회자가 "록히드와 노스럽이 미국기업연구소에 자선 후원을 하고 있다는 점

     미국은 왜 전쟁을 멈추지 못하는가

을 언급하지 않으면 안 될 것 같습니다"라며 "우리는 그 지원에 감사합니다"라고 말한 적이 있다.[20] 그러나 미국기업연구소가 후원자 정보를 공개하지 않기 때문에 대중, 정책결정자, 언론인 중 누구도 이 싱크탱크의 권고가 군수산업의 영향력을 받는지 여부와 그 정도를 알 길이 없다.

둘째, 후원자를 공개하는 싱크탱크조차 투명성 수준은 제각각이다. 어떤 곳은 후원자가 얼마를 냈는지 금액을 밝히지 않고, 어떤 곳은 지나치게 넓은 범위로만 금액을 제시하며, 또 다른 곳은 익명의 후원자로부터 막대한 기부금을 받았다고만 보고한다. 이렇게 기부 추적 능력을 제한하는 누락과 제한이 있음에도, 우리는 미국 대외 정책의 군사화에 이해관계를 가진 국방부 계약업체와 외국 정부로부터 미국 상위 싱크탱크들에 막대한 자금이 흘러들어가고 있음을 확인했다. 다음은 우리가 밝혀낸 내용이다.

추적기에 따르면 2019년부터 2023년 사이 미국 상위 싱크탱크들은 외국 정부로부터 1억 1000만 달러가 넘는 기부금을 받았다. 물론 위에서 언급한 모든 이유로, 이는 해당 싱크탱크들로 유입되는 외국 자금의 규모를 나타내는 최소 추정치로 봐야 한다. 전체의 3분의 1 이상이 후원자 정보를 전혀 공개하지 않고, 많은 기관이 금액을 지나치게 넓은 범위로만 제시하기 때문이다.

이처럼 낮게 잡은 추정치조차 싱크탱크로 흘러들어가는 외국 자금의 흐름에 대해 많은 것을 알려준다. 우선 미국의 주요 대외 정책 싱크탱크 중 대부분이 외국 정부로부터 자금을 받고 있다. 구체적으로 후원자 명단을 공개하는 32개 싱크탱크 가운데 거의 3분의 2인 21곳이 외국 자금을 받은 것으로 나타났다. 이는 미국기업연구소, 워싱턴근동정책연구소Washington Institute for Near East Policy 등 일부 싱크탱크가 외국 정부 자금을 받지 않는 방침을 시행하고 있음에도 나타난 결과다. 한편 미국기업연구소와 워싱턴근동정책연구소는 개별 후원자에 대한 정보는 전혀 공개하지 않는 '다크 머니dark money' 싱크탱크다.

외국 정부 자금은 미국 주요 싱크탱크들 사이에 고르게 분배되지 않는다. 외국 정부 자금을 받은 상위 7곳이 전체 외국 정부 자금의 90% 이상을 차지했다. 앞서 논의했듯이 그중 몇몇 싱크탱크는 외국 후원자들에게 상당한 이익이 되는 연구를 수행했다. 이러한 싱크탱크에 대한 기부는 57개국으로부터 이루어졌다. 주요 기부국 다수는 미국의 동맹 민주주의 국가였지만, 상위 3대 기부국 중 두 나라가 아랍에미리트와 카타르 같은 권위주의 체제 국가였다는 점은 주목할 만하다. [21]

일부 싱크탱크는 국방부 계약업체를 피하기 시작했다. 헤리티지재단의 홍보 담당 부회장 롭 블루이Rob Bluey에 따르면, 2023년 "헤리티지재단은 방위산업계의 자금 지원을 거부하기로 결정했으며, 이를 통해 특정 방위 계약업체의 영향을 조금도 반영하지 않으면서 독립적인 분석을 제공할 수 있는 능력을 지킬 수 있었다." [22] 그러나 헤리티지재단은 예외일 뿐, 대다수 미국 외교 정책 싱크탱크는 여전히 국방부 계약업체로부터 자금을 받고 있다.

추적기에 따르면 2019년부터 2023년까지 미국 상위 싱크탱크들이 주요 국방부 계약업체들로부터 받은 자금은 3480만 달러 이상에 달했다. 후원자 정보를 공개하는 싱크탱크 중 3분의 2 이상이 계약업체들로부터 자금을 받았다. 앞서 언급한 여러 이유(비공개, 익명 기부자 등)를 고

  미국은 왜 전쟁을 멈추지 못하는가

려할 때, 이 수치는 국방부 계약업체 자금을 받는 싱크탱크 수와 이 기관들에 흘러들어간 계약업체 자금의 규모에 대한 최소치로 봐야 한다.

예상대로 국방부 계약업체 중 수주한 금액 순위는 싱크탱크에 기부한 금액의 순위와 겹쳤다. 노스럽 그러먼이 가장 후한 기부자였는데, 2019년부터 2023년까지 미국 주요 싱크탱크에 최소 560만 달러를 냈다. 같은 기간 노스럽 그러먼은 국방부로부터 670억 달러 이상의 계약을 따냈다.[23] 록히드 마틴은 국방부로부터 가장 많은 매출을 올리는 기업으로 2023년 한 해에만 약 500억 달러를 수주했으며, 2019년부터 2023년 사이 미국 주요 싱크탱크에 최소 260만 달러를 기부했다.[24]

앞서 이야기했고 이번 장의 뒷부분에서 더 자세히 다루듯이, 노스럽 그러먼과 록히드 마틴을 비롯한 계약업체들로부터 자금을 받은 싱크탱크 중 다수는 이 방산업체들의 무기 체계를 지지하는 연구를 발표했고, 해당 기업들에 막대한 재정 이익을 안겨줄 권고안을 내놓았다.[25] 애틀랜틱 카운슬은 외국 정부 자금 돈은 물론이고 방산업체 자금도 다른 어떤 싱크탱크보다 많이 받았다. 애틀랜틱 카운슬과 함께 국방 계약업체 기부의 최상위 수혜 싱크탱크에는 신미국안보센터, 전략국제문제연구소 등이 포함되는데, 이들은 정기적으로 무기 체계와 국방부 예산에 대해 논평을 내놓는다.

"워싱턴에는 세상을 더 나은 곳으로 바꾸겠다는 이상을 내세워 설립된 비영리 기관들이 넘쳐난다. 하지만 이상은 전기를 켜주지 않는다. 돈이 그렇게 해준다." 리비아의 무아마르 카다피Muammar Gaddafi와 시리아의 알아사드 등 세계 최악의 독재자 몇몇을 위해 일했던 홍보 전문가 필 엘우드Phil Elwood는 홍보의 이면을 전부 까발린 회고록《최악의 인간

들: 나는 어떻게 독재자들, 재벌들, 정치인들을 위해 뉴스를 만들었나 All the Worst Humans: How I Made News for Dictators, Tycoons, and Politicians》(2024)을 출간했다.[26] 그가 이 책에서 전하는 것처럼 싱크탱크들 또한 큰손 기부자의 뜻에 기꺼이 따르려 한다. 이는 워싱턴에서 가장 널리 알려진 비밀 중 하나다. 엘우드는 "내 고객은 이 사실을 알고 있었다"라며 제공받은 정보는 고객의 정적이 세금을 성실하게 신고하지 않았다는 사실이었다고 들려주었다. 그래서 엘우드는 고객에게 워싱턴의 한 비영리 단체에 큰 금액을 기부하라고 조언했다. 이어 "합법적인 비영리 단체에 고객의 선행을 홍보하는 보도자료"를 배포하도록 했다. 동시에 법무부에는 "[고객의 정적에 관한] 익명의 납세 문의 서한"을 보냈다. 순식간에 고객의 정적은 고객을 걱정하기보다 자신의 늘어나는 법률 비용에 더 신경을 쓰게 되었다.

싱크탱크와 다른 비영리 기관이 흔히 후원자의 변덕에 기꺼이 따르려 한다는 사실을 엘우드만 알고 있는 것은 아니다. 학계와 탐사 보도 기사, 싱크탱크 자체에서 나온 증거는 어떤 방식으로든 싱크탱크의 자금에 조건이 달려 있기 마련이라는 사실을 점점 더 많이 보여주고 있다. 이는 앞서 언급한 신미국안보센터 사례처럼 검열이나 노골적인 '돈 받고 연구해주기' 방식 협약으로 이어질 수 있다.

그런데 더 넓은 차원에서 볼 때, 특정 산업 분야로부터 싱크탱크에 유입되는 자금은 다원주의식 자연선택 기능을 수행하며 전체 생태계를 변모시킬 수도 있다. 결국 해당 산업을 지지하는 싱크탱크는 자금을 보상받을 가능성이 크지만, 이러한 금권 이해관계를 거스르는 싱크탱크는 빠르게 파산 위기에 직면할 수 있다.

   미국은 왜 전쟁을 멈추지 못하는가

자기 검열, 후원자 검열, 관점 걸러내기
: 싱크탱크 자금이 미치는 세 가지 영향

파리정치대학Institut d'études politiques de Paris, 약칭 시앙스포Sciences Po 소속 연구자인 쉐울브 에겔란드Kjølv Egeland와 브누아 펠로피다스Benoit Pelopidas 는 학술지 《국제관계International Relations》에 기고한 논문 〈공짜 기부 같 은 것은 없는가?No Such Thing as a Free Donation?〉에서 싱크탱크 자금이 산출 물에 어떤 영향을 미치는지에 대해 학술적으로 가장 뛰어나게 분석했 다.[27] 이 논문에는 핵무기 연구를 위해 싱크탱크에 자금을 지원하는 기 금 제공자들 그리고 수십 명의 전현직 싱크탱크 관계자들과 나눈 인터 뷰가 포함되었다. 이러한 인터뷰와 추가 연구를 토대로, 에겔란드와 펠 로피다스는 싱크탱크 자금이 미치는 영향의 세 가지 기본 메커니즘을 지적했다. 바로 '자기 검열, 후원자 검열, 관점 걸러내기selfcensorship, donor censorship, and perspective filtering'다.

"자기 검열은 서구 민주주의에 가장 큰 위협입니다. 많은 싱크탱크 전문가들이 완전한 학문적 자유를 가진 전문가인 양 포즈를 취하지만 이는 전혀 사실이 아닙니다." 한 싱크탱크 분석가는 에겔란드와 펠로 피다스에게 이렇게 말했다. 일부 기부자들에게 자신들이 돈을 대는 싱 크탱크의 자기 검열은 우연이 아니라 목표였다. 한 외국 정부의 전직 보조금 관리자는 "논쟁을 원하지 않는다면 잠재적 비판자들에게 자금 을 대는 것이 좋은 방법입니다"라고 말했다. 또 다른 보조금 관리자는 "수혜자는 만약 자신들이 지나치게 불충스럽다고 여겨지면 다음에는 지원을 받지 못할 수 있음을 압니다"라고 말했다.

불충은 두 가지 방식으로 나타날 수 있다. 하나는 소극적인 형태로, 싱크탱크 직원들이 효과적으로 자기 검열을 하지 않는 경우이고, 다른 하나는 노골적인 형태로, 후원자를 공개적으로 비판하는 경우다. 후자의 경우 처벌은 빠르고 가혹할 수 있다. 예컨대 뉴아메리카재단New America Foundation 소속의 배리 린Barry Lynn은 이 기관의 최대 후원자 중 하나인 구글을 공개적으로 비판했다가 해고되었다. 린은 당시 이 재단에서 오픈 마켓 프로그램Open Markets Program을 이끌고 있었다.[28] 그는 《워싱턴포스트》에 이렇게 설명했다. "내 그룹은 유럽연합이 반독점법 위반을 이유로 구글에 벌금을 부과한 것을 칭찬하는 성명을 발표했습니다. 그날 늦게 나는 뉴아메리카재단 내 다른 프로그램들에 상당한 지원을 제공하는 구글이 우리 기관과의 모든 관계를 끊고 싶다고 말했다는 소식을 들었습니다. 이틀 뒤 나는 오픈 마켓 프로그램 팀원 전체가 9월 1일까지 뉴아메리카재단을 떠나야 한다는 통보를 받았습니다."

린이 뉴아메리카재단에서 해고된 일은 큰 화제가 되었지만, 실제로는 후원자와 학자 간 견해 차이는 조용히 정리되는 경우가 훨씬 더 흔하다. 비공개 회의에서 해결되거나, 보고서가 발표되기 전에 후원자에게 검토할 기회를 주는 방식으로 이루어진다. 바로 이 지점에서 이해관계에 반하는 싱크탱크의 연구에 대해 '후원자의 직접 검열'이 이루어진다.

에겔란드와 펠로피다스가 인터뷰한 싱크탱크 관계자들에 따르면, 후원자들은 싱크탱크에 압력을 넣어 누구를 행사에 연사로 초청할 수 있는지, 또 그곳에서 일하는 사람들이 무엇을 말할 수 있는지를 제한한다. 어떤 경우에는 특정 후원자에 대해 비판적인 학자는 그 후원자의 요청으로 싱크탱크 행사에서 제외되었다. 또 오랫동안 준비한 한 싱크탱크 행사는 후원자의 요청으로 아예 취소되었다. 한 연구자는 "후원자가 연사들이 자신들이 불편해할 만한 이슈를 제기할지 모른다고 염려했습니다"라고 설명했다. 또 다른 학자는 싱크탱크의 고위 직원들과 편집자들이 후원자에게 유리하도록 연구 내용을 수정한다고 밝혔다. 일반적인 조언은 이랬다. "정부의 군사주의에 대해 말하지 말고 … 대신 테러리스트들이 하는 일에 대해 이야기하라."

영향력을 끼치는 이 모든 수단은 싱크탱크에서 나오는 분석을 극적으로 바꿔놓을 수 있다. 싱크탱크의 분석이 정말로 객관적이고 후원자의 영향에서 자유롭다고 안심하던 시대는 이미 지나갔다. 점점 더 많은 싱크탱크들이 학문적 탐구라기보다 로비나 홍보에 가까운 연구 결과와 활동을 내놓고 있다. 한 전직 싱크탱크 분석가는 에겔란드와 펠로피다스에게 "우리가 만들어낸 것은 연구가 아니라 일종의 선전물이었습니다"라고 말했다.

그럼에도 싱크탱크에 만연한 검열(직접적이든 간접적이든)만큼이나 진정한 후원자의 힘은 '관점 걸러내기'에 있을 수 있다. 이는 후한 기부자들이 일종의 문지기 역할을 하면서 미국 대외 정책을 형성하는 클럽에 누가 들어오고 머무를 수 있는지를 사실상 결정하는 것이다. 관점 걸러내기는 간단히 말해 '자금 지원을 받은 자의 생존'이라고 할 수 있다. "검열자의 견해에 동의하는 사람만 고용한다면 검열은 대체로 불필요해진다"라고, 군산복합체와 신미국안보센터의 유착을 폭로하는 등 싱크탱크 자금에 대한 광범위한 연구를 해온 미국퀘이커봉사위원회 American Friends Service Committee의 브렛 하인츠Brett Heinz는 설명했다. "이것은 인위적인 합의를 만들어내는 데 기여한다. 전문가들이 서로 동의하는 것처럼 보이는데, 반대하는 전문가들은 대부분 대화에서 배제되어 있기 때문이다."[29]

설령 후원자들이 특정 상황에서 개별 싱크탱크나 분석가가 무엇을 쓰거나 말하는지를 직접 결정하지는 않더라도, 애초에 누가 글을 쓰거나 발언할 수 있도록 자금을 받는지는 결정한다. "현존하는 핵 질서를 지지하는 싱크탱크들과 다른 기관들은 자금, 정치적 지원, 정책적 관련성을 누린다. 그러나 그 질서에서 벗어나는 이들은 그러지 못한다." 캠벨 크레이그Campbell Craig와 얀 루지카Jan Ruzicka는 2022년 핵무기를 지지하는 제도들에 관한 연구에서 이렇게 설명했다.[30] 이는 전체 생태계를 만든다. 외교 정책에서 그 결과는 분명히 평화에서 멀어지고 전쟁 쪽으로 기울어진 생태계다.

후원자들은 이 모든 이점을 잘 알고 있으며, 싱크탱크가 미국 정책 결정자들에게 접근할 수 있는 뒷문을 제공한다는 점도 이해하고 있다. 한 외국 정부가 보고서에서 언급했듯이 "유력한 싱크탱크에 자금을 대는 것은 그러한 접근을 얻는 한 가지 방법이며, 워싱턴의 일부 싱크탱크는 자금을 제공하는 외국 정부에만 서비스를 제공할 수 있다는 조건을 공개하고 있다."[31]

싱크탱크들 스스로도 점점 더 노골적으로 후원자와 거래성 관계를 광고하고 있다. 중동 관련 논평의 대표적 싱크탱크인 워싱턴근동정책연구소는 자사 웹사이트에서 2만 5000달러 이상을 기부하는 이들은 "우리의 연구 성과에 독점적으로 접근할 기회를 부여받으며, 지역 소규모 행사 초대, 비공개 만찬, 워싱턴의 주요 정책 현장 특별 방문 등의 혜택을 누린다”라고 공개적으로 밝히고 있다.[32] 또 다른 워싱턴의 대표 싱크탱크 윌슨센터Wilson Center는 매년 10만 달러 이상 기부하는 후원자는 센터 지도부 내 전담 연락 창구를 배정받고, 고위급 프로그램 책임자들과 함께 “비공개 살롱 토론”을 주최할 기회를 제공받으며, “전국 각지에서 열리는 비공개 비공식 행사”에 참여할 수 있다고 설명한다.[33] 외국 정부와 국방부 계약업체 자금을 가장 많이 받는 싱크탱크인 애틀랜틱 카운슬은 자사 웹사이트에 “전략적 파트너”가 되면 제공되는 혜택을 공개하고 있는데, 여기에는 비공개 만찬, 브리핑, CEO 및 회장과 연례 원탁 회의, 아울러 파트너와 애틀랜틱 카운슬 간 협력을 관리할 매니저 배정 등이 포함된다. 이 싱크탱크는 전략적 파트너들에게 “깊이 있는 협력 활동”을 약속한다.[34]

어떤 경우에는 후원자와 협력이 매우 직접적인데, 이는 싱크탱크 구성원들이 동시에 한 발은 싱크탱크에, 다른 한 발은 군사주의로부터 이익을 얻는 일에 걸치고 있기 때문이다. 싱크탱크 전문가나 이사진이 외국 정부 또는 국방부 계약업체에서도 일하는 것은 드문 사례가 아니며, 이로써 싱크탱크와 군산복합체 사이의 경계가 사실상 사라진다.[35]

예를 들어 제임스 테이클릿은 현재 록히드 마틴의 CEO로 재직 중이다. 그래서 그는 4장에서 언급한 것처럼 CBS에 출연해 의회에 우크라이나 무기 지원 자금을 더 빨리 통과시키라고 촉구했다. 그런데 그는 동시에 미국 외교협회Council on Foreign Relations의 이사로도 활동한다. 그의 회사가 거의 전적으로 국방부 계약에 의존한다는 점을 고려하면, 외교협회의 방향을 이끄는 그의 역할은 이해 충돌을 일으킬 소지가 있다.[36] 하지만 그는 결코 유일한 사례가 아니다. 미국기업연구소AEI의 이사

회 의장인 대니얼 A. 다니엘로Daniel A. D'Aniello는 칼라일 그룹Carlyle Group
의 공동 창립자이기도 한데, 이 회사는 여러 국방부 계약업체들을 소
유하고 있다.[37] 미국기업연구소는 후원자 정보를 공개하지 않는 싱크
탱크지만, 다니엘로가 이 기관에 2000만 달러를 기부했다는 사실은 공
개적으로 보고했다.[38] 린든 S. 블루Linden S. Blue는 제너럴 아토믹스General
Atomics의 공동 소유자이자 부회장인데, 이 회사는 국방부와 다른 나라
군대에 공급되는 프레데터Predator 드론을 비롯해 여러 종의 무기를 만
든다. 그런데 그는 동시에 허드슨연구소의 이사이기도 하다.[39] 블루가
이 연구소의 이사로 재직하는 동안, 이 기관은 제너럴 아토믹스의 무기
를 거리낌없이 홍보했고, 심지어 2024년에는 제너럴 아토믹스 사장 데
이비드 알렉산더David Alexander를 초청한 가운데 "무인 체계를 미국 군대
에 필수 부분으로 포함해야 한다"라고 주장하는 행사를 개최하기도 했
다.[40]

싱크탱크와 연관된 인사들은 동시에 외국 정부를 위해 일하기도 한
다. 예를 들어 버락 오바마 대통령의 전 국가안보 보좌관이었던 제임스
존스 주니어James Jones Jr.는 2011년부터 전략국제문제연구소CSIS의 이사
회 이사로 활동해왔다.[41] 존스는 2016년 사우디아라비아를 대리해 일
할 수 있는 승인을 받았고, 이후 사우디아라비아 국방부와 자문 계약을
맺은 두 컨설팅회사를 설립해 소유하고 있다.[42] 외교 자문 및 정부 관
계 컨설팅업체 요크타운 솔루션스Yorktown Solutions의 대표 대니얼 브야디
치Daniel Vjadich는 2022년 《폴리티코》로부터 "워싱턴에서 우크라이나를
위해 싸우는 남자"라는 별칭을 얻었다. 그가 회사를 외국대리인등록법
FARA에 등록하고 미국의 우크라이나 군사 지원 확보에 주력해왔다는

미국은 왜 전쟁을 멈추지 못하는가

점에서였다. [43] 동시에 브야디치는 애틀랜틱 카운슬의 비상근 선임연구원으로도 등재되어 있다. [44]

2020년 말 트럼프 행정부는 임기 말 조치들을 밀어붙였는데, 여기에는 이번 장 서두에서 언급한 아랍에미리트에 무장 드론을 판매하겠다는 발표도 포함되었다. 동시에 신미국안보센터CNAS 소장이었던 미셸 플로노이(아랍에미리트에 무장 드론 판매에 관한 보고서를 작성하는 문제로 오타이바 대사와 이메일을 주고받았던 인물)는 자신만의 군사적 기회를 앞두고 있었다. 바로 최초의 여성 국방장관이 될 가능성이었다. 권위주의 체제 국가의 대사와 밀접한 관계를 맺고 있었음에도 플로노이는 바이든 대통령이 검토하던 최상위 후보 중 한 사람이었다. 비록 그녀는 임명되지는 못했지만, 신미국안보센터 소속 직원 12명 이상이 바이든 행정부에서 자리를 얻게 되었다. [45]

이 사례는 싱크탱크에 대해 잘 알려지지 않은 사실 하나를 보여준다. 싱크탱크는 흔히 '저장 탱크holding tank' 역할을 하며, 전현직 정부 관리들에게 일종의 경력 보관소 같은 기능을 한다는 것이다. 행정부가 교체되면, 특히 백악관을 장악한 정당이 달라지면 정치적으로 임명된 관료들 대부분은 기존 자리를 지키지 못한다. 이런 전직 관료들은 새로운 생계를 찾아야 하고, 그중 대부분은 싱크탱크 부문(또는 앞서 논의했듯 로비 부문)에서 자리를 얻는다. 회전문 반대편에서는 집권한 새로운 행정부가 임명직 자리 수천 개를 채워야 한다. 외교 정책 관련 직위의 경우, 새 행정부는 흔히 국방부 계약업체의 자금을 받는 싱크탱크를 찾게 되며, 이곳에는 공직에 들어가거나 재진입하려는 지식인이 다수 대기하고 있다.

싱크탱크 인사들은 행정부의 요직을 채울 뿐 아니라, 앞 장의 로비스트들처럼 입법부도 채운다. 다만 여기서는 사람 대신 정보로 채운다. 국방부 계약업체의 자금을 받는 싱크탱크 소속 학자들은 외교 정책을 다루는 의회 청문회에 단골 증인으로 불러 간다. 스티븐 셈러는 의회가 이들을 얼마나 자주 부르는지 조사했다. 앞서 이야기한 것처럼, 셈러는 과거 연안전투함 해군 공급을 지원하는 로비스트로 활동했으나 현재는 국방부 계약업체가 미국 대외 정책에 미치는 영향을 분석하는 주요 전문가로 활동하고 있다. 그가 조사한 대상은 국방부를 감독하는 핵심 기구이자 국방수권법을 통해 국방부의 예산 청사진을 마련하는 하원 군사위원회 청문회였다. 그가 2020년부터 2022년 9월까지 이 위원회 청문회에서 증언한 학자들이 소속된 싱크탱크를 살펴본 결과 총 15개 싱크탱크가 있었고, 그중 전부가 국방부 계약업체로부터 자금을 받은 것으로 드러났다.[46]

다시 말해 하원 군사위원회는 이해 충돌의 소지가 없는 싱크탱크 증인의 발언을 전혀 듣지 못했다는 뜻이다. 군산복합체와 연결되지 않은 싱크탱크들은 말 그대로 아예 자리에 초대조차 되지 않은 것이다. 셈러는 이렇게 결론지었다. "군사 계약업체들은 겉보기에는 비정치적인 기관들을 통해 자신들의 이윤 추구 이해관계를 세탁할 수 있었고, 하원 군사위원회의 유력 의원들은 겉으로는 편향되지 않은 '전문성'에 따라 자신들의 지역구 중심 정책 입장이 정당화되는 결과를 얻었다."[47]

하원 외교위원회도 마찬가지다. 이 위원회는 전쟁 권한과 무기 수출 같은 사안에 대한 1차 관할권을 쥐고 있다. 퀸시연구소의 연구원 닉 클리블랜드-스타우트Nick Cleveland-Stout는 제117대와 제118대 의회 기간 동

                                    미국은 왜 전쟁을 멈추지 못하는가

안 하원 외교위원회에서 증언한 싱크탱크 인사의 79%가 국방부 계약 업체로부터 자금을 받은 것으로 드러났다고 밝혔다.[48] 같은 기간에 해 당 싱크탱크들은 상위 100대 국방부 계약업체들로부터 최소 2000만 달러 이상의 자금을 지원받았다.

이것이 가장 심각한 문제는 아니다. 놀랍게도 같은 기간 하원 외교 위원회 청문회에 증인으로 출석한 싱크탱크 인사의 34%만이 기부자 정보를 전면 공개하는 기관 소속이었다. 나머지는 이른바 '다크 머니 싱크탱크'였다. 그런 싱크탱크로는 미국의 대외 정책을 더 군사적으로 몰아가는 경향이 있는 민주주의수호재단Foundation for Defense of Democracies, 미국기업연구소, 워싱턴근동정책연구소가 있다. 이 부분과 관련해 우 리는 탐사 보도나 자금 흐름의 흔적을 통해서만 후원 패턴을 추정할 수 있다.

클리블랜드-스타우트는 우리와 인터뷰하면서 이렇게 주장했다. "주 요 군수업체들은 사실상 전적으로 국방부 예산에 의존해 자기 배를 불 리고 있습니다. 그런데 만약 그들이 그 돈을 이용해 대외 정책과 관련 해 의회에 로비하는 학자들을 후원한다면, 그 학자들이 무슨 말을 할까 요? 더 팽창적인 대외 정책이나 국방부 예산 증액을 주장하지 않는다 면, 그들은 새로운 후원자를 찾아야 할 위험에 처할 겁니다."[49]

미국 국방 전략의 공개 논쟁을 장악하고 있는 싱크탱크들

의회와 행정부 권력의 회랑 밖에서도 국방부 계약업체의 자금을 받는 싱크탱크들은 막대한 영향력을 행사한다. 이번 장 서두에서 언급했듯이 이 책의 공저자인 벤 프리먼이 주도한 연구는 국방부 계약업체로부터 자금을 받는 싱크탱크들이 직접적이든 간접적이든 미국이 이미 개입하고 있는 전쟁에 관한 공개 논쟁을 장악하고 있다는 사실을 밝혀냈다.

이 과정이 어떻게 작동하는지 보여주는 가장 큰 사례는 아마 핵무기를 둘러싼 공개 논쟁일 것이다. 이 논쟁은 앞서 언급했듯이 노스럽 그러먼이 제작하는 신형 대륙간탄도미사일 프로그램인 센티널을 중심으로 전개되었다. 그리고 기억하듯이 노스럽은 2019년 이후 미국 싱크탱크에 560만 달러 이상을 기부한 최대 국방 계약업체 후원자로 추적기에서 확인되었다. 노스럽의 센티널 프로그램 비용은 치솟고 있다. 최근 추정치에 따르면 비용은 최대 1600억 달러에 달할 수 있으며, 이는 초기 책정액 770억 달러의 2배가 넘는다.[50] 더 나쁜 것은 센티널이 실제로 핵전쟁 위험을 오히려 높일 수 있다는 우려다.[51] 전 국방장관 윌리엄 페리는 대륙간탄도미사일을 "우리가 보유한 가장 위험한 무기 중 하나"라고 언급했다.[52]

그러나 우크라이나의 M1 에이브럼스 전차 사례와 마찬가지로, 노스럽 그러먼으로부터 자금을 받은 싱크탱크들은 대륙간탄도미사일을 가장 열렬하게 옹호하는 세력 중 일부다. 2019년 이후 노스럽 그러먼으로부터 최소 35만 달러를 받은 애틀랜틱 카운슬은 대륙간탄도미사일에 대해 일관되게 비판이 전혀 섞이지 않은 옹호를 펼쳐왔다. 애틀랜틱 카운슬 소속 한 학자는 2021년《월스트리트저널》기명 칼럼op-ed 면에 기고한 글에서 이렇게 주장했다. "중국은 미국 주도의 규칙 기반 국

 미국은 왜 전쟁을 멈추지 못하는가

제 질서를 흔들려는 광범위한 전략의 일환으로 대규모 핵무기 증강을 벌이고 있으며, 미국은 자신과 자유 세계를 방어하기 위해 핵 프로그램을 현대화해 대응할 필요가 있다."[53] 그러나 실은 미국이 이미 중국보다 10배나 많은 핵무기를 보유하고 있다.[54] 이런 사실에도 애틀랜틱 카운슬 학자들은 보고서와 폭스뉴스 같은 언론 매체를 통해 대륙간탄도미사일 지출 확대를 계속 주장해왔다.[55]

애틀랜틱 카운슬은 2024년 5월 〈의회는 센티널 대륙간탄도미사일을 지켜야 한다Congress Should Save the Sentinel ICBM〉는 제목의 글을 통해 이 프로그램이 "대부분이 생각하는 것보다 더 나은 값어치를 한다"라고 주장했다. 글의 저자는 노스럽 그러먼의 가격 인상을 대수롭지 않게 다루면서 그에 대한 비판을 맞받아쳤다. "집을 리모델링해본 사람이나 HGTV(주택, 부동산 관련 유료 TV 채널-옮긴이) 프로그램을 몇 편만 봤던 사람이라면 알 것이다. 건물 뼈대가 튼튼하다 해도 뜻밖의 일이 벌어진다는 것을."[56] 물론 800억 달러는 '뜻밖의 일'치고는 너무 큰 금액이다.

몇 주 뒤 애틀랜틱 카운슬은 또 다른 글 〈미국의 핵 억지력에 대한 투자를 아끼지 마라Don't Cut Corners on US Nuclear Deterrence〉를 발표하고 "지금 이 순간 대륙간탄도미사일 수를 줄일 여지는 전혀 없다"라고 주장했다. 저자들은 센티널 대륙간탄도미사일과 신형 탄도미사일 잠수함, 신형 전략폭격기, 신형 핵 공중발사순항미사일air-launched cruise missile, ALCM이 모두 필요하며, 사실상 전략적 억지력을 유지하기 위해 더 많은 조치가 필요하다고 강조했다.[57]

이 글의 공동 필자 중 한 사람인 매슈 크뢰니그Matthew Kroenig는 미국의 핵전략을 분석하기 위해 소집된 고위급 의회 위원회인 미국전략태세위원회에 참여했다. 의회에 제출된 최종 보고서에서 이 위원회는 "모든 미국 핵 운반 체계의 교체와 핵탄두 현대화를 포함하는 핵 현대화 '기록 프로그램Program of Record, POR'을 전면적이고 시급하게 이행해야 한다"라고 권고했다. 위원회는 미국 국민이 "지출 증가"를 감수해야 한다고 주장했다.[58]

이 보고서에서 언급되지 않은 사실은, 위원 12명 중 9명이 보고서의 권고안으로 이익을 보게 될 군수업체들과 직접 재정적 연계를 맺고 있었거나, 핵무기 제조업체의 자금을 받는 싱크탱크 출신이었다는 점이다. 예를 들어 한 사람은 노스럽 그러먼의 전직 로비스트였고, 다른 한 사람은 애틀랜틱 카운슬 소속, 두 사람은 허드슨연구소 소속이었다. 허드슨연구소는 2020년 이후 노스럽 그러먼을 최고 등급 기부자군에 포함해왔는데, 이는 노스럽이 연간 10만 달러 이상을 기부했다는 뜻이다. 두 싱크탱크는 모두 전략 태세 보고서 발표를 홍보하는 행사를 열었고, 결과적으로 그들의 기부자들에게 막대한 재정적 이익을 안겨줄 권고안을 적극 밀어붙였다.[59]

이 모든 일은 국방부가 비용이 지나치게 초과한 센티널 프로그램을 중단할지 결정하기 위해 관련 검토를 벌이는 와중에 벌어졌다. 2024년 1월, 이 프로그램이 넌-매커디법을 위반했다는 사실이 의회에 보고되었다. 이는 단위 비용이 25% 이상 증가할 경우, 해당 프로그램이 필수적이며 계속되어야 한다고 국방부 획득유지 담당 차관이 선언하지 않는 한, 그 프로그램은 폐기되어야 한다는 규정을 뜻한다. 그리고 정확히 7월 8일, 획득유지 차관은 센티널 프로그램이 "미국의 국가 안보에 여전히 필수적이며, 우리 전투원들에게 필요한 사항을 충족할 수 있는 최선의 선택"이라고 주장하며 프로그램 지속을 선언했다. 이는 센티널 프로그램으로 수십억 달러를 벌어들일 기업의 자금을 받는 싱크탱크 학자들이 내놓은 주장과 같은 맥락이었다. [60]

애틀랜틱 카운슬은 센티널 프로그램의 거의 변함없는 옹호자였지만, 이 프로그램의 주계약자로부터 지원을 받고 있다는 사실을 비교적 투명하게 공개해온 점은 주목할 만하다. 구체적으로 전략안보스코크로프트센터Scowcroft Center for Strategy and Security(옛 브렌트스코크로프트국제안보센터-옮긴이)는 핵무기 관련 다수의 글 말미에 다음과 같은 문구를 실었다. "이 글은 로스앨러모스국립연구소Los Alamos National Laboratory와 노스럽 그러먼(센티널 대륙간탄도미사일을 설계, 제조하는 미국 공군의 단독 계약자), 여러 핵무기 현대화에 이해관계를 가진 국방부 등 기부자들의 후원을 받고 있다." 단 "이 글은 어떠한 기부자의 관여도 받지 않았으며, 오로지 저자들의 견해만을 반영한다"라고 신중하게 밝혔다. [61]

싱크탱크는 규제가 상대적으로 덜하기 때문에, 그들에게 자금을 대는 것이 "로비스트에게 돈을 쓰는 것만큼이나 가치 있을 수 있다." 터프츠대학교 플레처국제정치대학원의 대니얼 드레즈너Daniel Drezner 교수는 이렇게 설명했다. 그는 《아이디어 산업The Ideas Industry》(2013)을 포함해 싱크탱크를 주제로 많은 저술을 해왔다. [62] 실제로 최소한 한 외국 정부(이스라엘)는 외국대리인등록법과 로비공개법의 공시 의무를 피하기 위해 싱크탱크와 유사한 비영리 단체를 설립하는 방안을 검토한 것으로 전해진다. [63]

"학자들과 언론 기관들, 일반 대중은 대외 정책 분석을 좌우하는 이해 충돌 문제에 민감해져야 한다." 에겔란드와 펠로피다스는 싱크탱크 자금과 핵무기 정책, 자금이 싱크탱크의 작업에 미치는 영향을 다룬 분석에서 이렇게 주장했다.[64] 이러한 영향력은 주로 자기 검열과 관점 걸러내기를 통해 이루어진다. 큰 자금 제공자는 단순히 비판자를 지원하지 않음으로써 공개 논쟁에서 체계적으로 핵무기 비판자들을 걸러낼 수 있는 것이다. 이들은 인터뷰를 통해 자금이 싱크탱크의 출판물과 공적 발언을 형성하는 방법, 궁극적으로는 대외 정책 논쟁의 범위를 설정하고 평화를 요구하는 목소리를 잠재우는 과정을 보여준다.

좋든 나쁘든 이 모든 것으로 인해 정책 전문가들에 대한 미국 대중의 불신은 급격하게 고조되었다. 2022년 미국 여론조사에서 응답자의 절반이 안 되는 48%만이 "싱크탱크 연구자와 공공 정책 전문가는 사회에 '가치 있다'"라고 믿었다. 비교하면 의사(82%), 과학자와 엔지니어(79%), 심지어 늘 비난받는 변호사(60%)조차 싱크탱크 연구자보다 더 가치 있는 존재로 여겨졌다. 응답자들이 싱크탱크 연구자에 대한 불신의 이유로 꼽은 1순위는 "전문가에게 숨은 의도가 있을 것이라는 의심"이었고, 그 뒤를 바짝 따른 이유는 "누가 그 전문가를 후원하는지에 대한 투명성 부족"이었다.[65]

다행히 이 문제의 해법은 비교적 간단하다. 바로 투명성이다. 싱크탱크는 모든 기부자를 공개하도록 의무화되어야 하며 의회, 언론, 또는 더 넓게는 미국 대중과 접촉할 때마다 잠재적 이해 충돌을 적극적으로 밝혀야 한다. 에겔란드와 펠로피다스는 "투명성이 강화된다면 현재 상황에 비해 개선으로 볼 수 있을 것"이라고 말한다. "시민들은 자신들의 세계를 형성하는 보고서, 기고문, 기사가 누구의 돈으로 만들어지는지 알 권리가 있다."[66]

이 책의 마지막 장에서 논의하듯이 의회와 행정부는 이미 싱크탱크 자금 투명성을 강화할 수 있는 수단을 일부 갖추고 있다. 아마 이것이 싱크탱크에 대한 대중의 신뢰를 회복하고 전쟁과 평화를 둘러싼 솔직한 논쟁의 문을 여는 출발점이 될 것이다.

9장

미국 과학의 군사화
:상아탑 매수하기

대학들, 미국 전쟁 기계의 한 축이 되다

코네티컷대학교 캠퍼스 중심부의 학생회관 바로 옆에 군용 헬리콥터 두 대가 착륙한다. 코네티컷대학교의 '록히드 마틴 데이'는 이렇게 시작된다. 헬리콥터를 제작한 군수업체 록히드 마틴을 기념하는 이벤트이자 코네티컷대학교 학생들을 채용할 수도 있는 행사다. 2022년 8월 《인디스타임스 In These Times》에 보도된 인디고 올리비에 Indigo Olivier 기자의 기사에 따르면, 이날 행사는 'TED 스타일의 강연, 비행 시뮬레이션, 기술 시연, 현장 면접' 외에 잠재적 채용 대상자 몇몇을 위한 캠퍼스 헬리콥터 체험 비행으로 구성되었다.[1]

코네티컷대학교는 록히드의 유일한 표적이 아니다. 최소한 12개 대학이 각각 군수업체 록히드를 위한 전용 행사를 열고 있다. 이런 이벤트는 단 하루짜리가 아니다. 이런 행사는 유급 인턴십과 장학금, 학자금 대출 상환 프로그램까지 포괄하는 더 큰 캠페인의 일부이며, 이 캠페인은 졸업 후 록히드 마틴과 함께 일하겠다고 약속한 과학, 공학 전공 학생들을 대상으로 제공된다.[2]

많은 학생들이 록히드 마틴의 관심을 반기지만, 다른 학생들은 전쟁무기를 개발하는 일을 돕는다는 생각에 반발한다. 웨스트플로리다대학교의 한 학생은 올리비에 기자와 한 인터뷰에서 무기 제작에 강하게 반대하며 이렇게 말했다. "공학에서 우리는 책임이 있습니다. … 모든 도구는 무기가 될 수 있긴 하죠. … 내 재능을 더 많은 폭탄을 만드는 데 쓰고 싶지 않습니다." 그러나 조지아공과대학교에서 컴퓨터공학을 전공하고 2021년 졸업한 캐머런 데이비스Cameron Davis는 졸업을 앞둔 엔지니어들이 마주한 딜레마를 강조했다. "내가 대화해본 많은 사람들은 방위 계약, 결국 사람을 죽이는 일을 하는 것에 대해 100% 편안하지 않다고 말합니다." 데이비스는 그러나 군수업체의 높은 연봉이 "방위산업과 관련한 많은 도덕적 불편함을 사라지게 합니다"라고 덧붙였다.[3] 게다가 채용에 나서는 것은 기존의 국방부 계약업체들만이 아니다. 미국 대학과 대학원에서 가장 똑똑한 인재들을 뽑으려는 방위기술기업들도 적극 채용 활동에 나서기 시작했다. 예컨대 팔란티어는 2024년 봄 전국 캠퍼스에 광고를 내며 이렇게 호소했다. "우리 문화는 피상적인 소비주의에 빠져 국가적 목적을 버렸습니다. 실리콘밸리에는 무엇을 만들어야 하는지, 왜 만들어야 하는지 묻는 사람이 너무 적습니다.

우리는 물었습니다. … 함께하십시오."[4]

대학들은 오랫동안 미국 전쟁 기계의 한 축을 이루어왔다. 그러나 이제 그 유착이 더욱 가속화되고 있다. 한 가지 이유는 '자동화 전쟁 automated warfare'에 관심이 더욱 집중되고 있기 때문이다. 군사 분석가 마이클 클레어는 대학 연구에 대한 국방부 지출 확대의 논리를 다음과 같이 설명했다.

> 군이 대학 캠퍼스에서 더 큰 존재감을 확보하려는 움직임의 배경에는 전쟁 양식이 변하고 있다는 인식이 있다. 국방부 관리들은 이번 10년간의 전쟁은 여전히 현재 우크라이나 전장을 지배하고 있는 전투기, 전차, 미사일, 포병 같은 재래식 화력의 우위에 크게 좌우될 것이라고 본다. 그러나 미래에는 AI(인공지능)와 기타 신기술을 얼마나 우수하게 통제하느냐에 따라 판가름 날 것이다. 오늘날의 전쟁에 필요한 화력 공급에는 보잉, 록히드 마틴, 레이시온 같은 단골 군수업체들에 의존할 수 있지만, 내일의 무기를 떠받치는 기반 기술은 학계 과학자들에게 의존할 수밖에 없다.[5]

대학에서 이루어지는 군사 연구가 주요 공공 쟁점으로 떠올랐던 마지막 시기는 베트남전쟁 때였다. 당시 진보 성향 학생들은 캠퍼스가 국방부 자금 수주를 중단할 것을 요구했다. 그 결과 일부 대학들은 국방부와의 관계를 바꾸었다. 어떤 경우에는 MIT의 일부였던 드레이퍼연구소Draper Labs처럼 독립 기관으로 분리되기도 했다. 다만 독립한 기관은 여전히 모교와 비공식 연계를 유지했다. 가장 중요한 움직임 중 하나는 국방부가 베트남에서 대량으로 사용하던 네이팜을 단독으로 공

미국은 왜 전쟁을 멈추지 못하는가

급한 다우 케미컬Dow Chemical에 맞선 학생들의 항의였다. 네이팜은 '액체 불'이라고 불린 대인용 물질로 "피부에 닿는 순간 달라붙어 살점을 녹여낸다"라고 묘사되었다. 1966년과 1967년 미국 전역의 대학 캠퍼스에서 다우 케미컬과 그 채용 담당자들에게 맞선 학생 시위가 100건 넘게 발생했다. 1969년에 이르러 다우 케미컬은 결국 네이팜 생산을 중단하기로 결정했다.[6]

다우 케미컬에 맞선 운동은 주요 캠퍼스에서 군사 연구와 군사 모집을 중단시키려는 다각적 노력의 한 요소일 뿐이었다. 예컨대 컬럼비아 대학교는 1968년 건물 점거와 학생 700명이 부상당한 경찰 진압, 한 학기 전체 수업 중단 끝에 기밀 군사 연구와 캠퍼스 내 군대 모집을 종료하기로 합의했다. 반전 시위는 미국 전역의 캠퍼스로 확산되었다. 학생들과 경찰, 주 방위군 간 충돌은 비극적 결과를 낳았는데, 1970년 5월 켄트주립대학교와 잭슨주립대학교에서 시위 학생들이 사망한 사건이 대표적이다.[7]

그 이후 오랫동안 군사 연구에서 대학이 맡는 역할은 대다수 미국 캠퍼스에서 별로 논의되지 않았다. 그러나 이스라엘의 가자지구에 대한 파괴적 공격에 대한 반발로 대학과 군 사이 유대 관계가 수면 위로 떠오르면서 상황이 급변했다. 학계와 전쟁 기계의 유착, 특히 이스라엘군과 연계된 무기회사들과 대학 간 관계를 끊으려는 학생들과 교수들이 폭넓은 연구와 조직 활동에 나섰다. 이 과정에서 학생 단체들은 자신들의 대학이 어떻게 미국 전쟁 기계를 떠받치고 있는지를 훨씬 더 깊이 인식하게 되었다.

예컨대 MIT는 이스라엘 정부와 광범위한 연계를 맺고 있다. 따라서 가자지구에서 벌어진 이스라엘의 잔혹한 학살 작전에 반대하는 시위가 미국 곳곳에서 벌어지는 동안, MIT에서는 '집단 학살 반대 과학자들Scientists Against Genocide Encampment, SAGE' 같은 단체들이 이스라엘로부터 군사 연구 자금을 더 이상 받지 말 것을 요구했다. MIT 지도부는 이를 거부했는데, 그러한 요구가 '학문의 자유'를 침해한다는 이유에서였다. 학문의 자유에 민간인 집단 학살에 사용될 수 있는 도구를 만들 자유까지 포함된다고 가정하지 않는 한, 이 논리는 학문의 자유라는 개념을 새롭게 해석한 셈이었다. 이 단체의 활동가들은 이스라엘군이 "MIT 내 다수 연구실의 연구 주제를 직접 좌우하고 있으며, 그 연구에는 군집 드론의 협동 제어 공학과 고도화된 감시를 위한 머신러닝machine learning 등이 포함된다"라고 지적했다.[8]

MIT만 차세대 군사 기술 개발을 위한 자금을 받는 것은 아니다. 국방부는 군사 연구에 참여하는 대학 수를 늘리고, 이들에게 더 큰 규모의 보조금을 제공해왔다. 완전한 수치가 공개된 가장 최근 회계 연도인 2022년에만 국방부는 미국 대학들에 80억 달러 이상을 군사 연구개발 자금으로 투입했으며, 그중 13개 대학은 각각 1억 달러 이상을 수주했다. 각 대학과 금액은 다음과 같다. 존스홉킨스대학교(14억 달러), 조지아공과대학교(6억 9400만 달러), 펜실베이니아주립대학교(2억 7400만 달러), 텍사스대학교 오스틴캠퍼스(2억 1100만 달러), 데이턴대학교(1억 9200만 달러), MIT(1억 3500만 달러), 유타주립대학교(1억 3100만 달러), 메릴랜드대학교(1억 3000만 달러), 서던캘리포니아대학교(1억 2200만 달러), 카네기멜런대학교(1억 1100만 달러), 워싱턴대학교(1억 800만 달러), 캘리포니아대학교 샌디에이고캠퍼스(1억 400만 달러), 콜로라도주립대학교(1억 달러).[9]

국방부는 학계 인재를 군수산업으로 끌어들이기 위해 여러 새로운 프로젝트도 시작했다. 그중 하나가 2억 달러의 초기 자금을 받은 '대학 공동 마이크로일렉트로닉스 프로젝트Joint University Microelectronics Project, JUMP'다. 이 프로젝트에서 자금을 지원한 프로젝트 중 하나가 '에너지 효율적 통합 나노테크놀로지 응용과 시스템 중심 센터Applications and Systems Driven Center for Energy-Efficient Integrated Nanotechnologies, ASCENT'인데, 노트르담대학교에 기반을 두고 있지만 코넬대학교와 일리노이공과대학교, 퍼듀대학교, 스탠퍼드대학교, 캘리포니아대학교 소속 교수들도 참여하고 있다. 또 다른 중점 프로그램으로는 '응용 극초음속 대학 컨소시엄University Consortium for Applied Hypersonics, UCAH'이 있는데, 텍사스A&M대학교가 주관하며 버지니아대학교, 버지니아공과대학교, 노스캐롤라이나주립대학교, 미네소타대학교 등이 참여한다.[10]

모든 군사 연구가 무기 개발에만 초점을 맞추는 것은 아니다. 예를 들어 컬럼비아대학교는 공군 연구소와 계약을 맺고 있는데,《전쟁산업 이해하기Understanding the War Industry》(2020)의 저자 크리스천 소렌슨Christian Sorensen에 따르면 그 목적은 "자동 음성 인식과 언어 번역을 수행하는 기계 개발"이다. 소렌슨은 미군이 "이 기술을 작고 사용자 친화적인 시스템에 통합해, 현지 주민을 더 효과적으로 통제하려고 한다"라고 전한다.[11] 무기와 직접 관련되지 않은 연구에 대한 국방부 지원은 아래에서 더 자세히 논의하겠다.

미국 국방부와 대학 간 연계는 단순한 자금 지원을 훨씬 넘어선다. 어떤 경우에는 국방부와 미군이 대학에 직접 주둔해 캠퍼스 한가운데에 발을 딛고 존재감을 드러내려 한다. 예를 들어 MIT는 자교의 DAF-

MIT AI 액셀러레이터The Department of the Air Force Massachusetts Institute of Technology Artificial Intelligence Accelerator에 대해 이렇게 설명한다. "임무에 배치된 공군 장교들과 사병들로 구성된 다학제 팀이 MIT 교수진, 연구원들, 학생들과 함께 우리 국가와 공군이 직면한 가장 어려운 도전 과제들을 해결한다." 이와 유사하게 카네기멜런대학교의 육군 'AI 태스크포스'는 미래 전쟁에서 AI 기반 무기를 사용하는 방법을 군인들에게 교육한다. 아마 군과 미국 대학이 가장 밀접하게 통합된 사례는 2018년 국방장관 마크 에스퍼가 통상적으로 군 기지에 설치되었을 육군미래사령부 본부를 텍사스대학교 오스틴캠퍼스에 두기로 결정한 일일 것이다. 그밖에 같은 주의 텍사스A&M대학교는 "전장 유사 조건"에서 자율 무기 체계를 시험할 수 있는 2000에이커(8.1제곱킬로미터) 규모의 "혁신 실험장"을 개발하고 있다. [12]

분명히 학문 연구와 군사 사업 사이의 경계는 갈수록 좁아지고 있다. 머지않아 대학 연구가 단순히 전쟁 기계의 한 부속으로 전락하는 날이 올지도 모른다.

가속화되는 군-대학 연계의 범위와 중요성은 몇몇 핵심 캠퍼스에서 국방부 자금으로 이루어지는 활동을 더 깊이 들여다봄으로써 가장 잘 확인할 수 있다.

   미국은 왜 전쟁을 멈추지 못하는가

존스홉킨스대학교 응용물리학연구소

: 학계와 군대 간 유착 관계의 선구자

존스홉킨스대학교는 단연코 국방부의 후원을 가장 많이 받는 대학으로, 매년 10억 달러 이상을 군사 연구개발 자금으로 수주하고 있다. 사실 국방부 자금을 특정 목적에 대해 지원받아 연구센터를 처음으로 설립한 대학이 존스홉킨스대학교였다. 그런 점에서 존스홉킨스대학교는 오늘날 군산복합체의 핵심 요소로 자리 잡은 학계와 군대 간 유착 관계를 개척한 선구자라 할 수 있다.

2차 세계대전이 한창일 때 과학자들을 전쟁 수행에 동원하고자 하는 흐름이 폭넓게 전개되었고, 존스홉킨스대학교의 응용물리학연구소Applied Physics Laboratory, APL는 그 속에서 설립되었다. 이후 이 연구소는 국방부를 위한 연구개발에서 중추 역할을 담당해왔는데, 활동 영역은 냉전이 절정이던 시기에 논란이 많았던 퍼싱Pershing 핵미사일 시스템 시험을 위한 기술 지원 제공에서부터 1991년 걸프전에서 대거 사용된 토마호크Tomahawk 미사일의 정확도 개선에 이르기까지 다양했다. [13]

응용물리학연구소는 거대하다고 말하는 것만으로는 부족하다. 이 연구소는 2022년 한 해에만 20억 달러 이상을 연구개발에 지출했으며, 그중 절반 이상이 국방부에서 직접 나왔다. 이는 다른 어떤 미국 대학보다 훨씬 많은 규모다. [14] 직원 9000명을 거느린 이 연구소는 본거지인 하워드카운티에서 가장 큰 민간 고용주이고 볼티모어 대도시권에서도 손꼽히는 대규모 고용주다. [15] 해군은 2022년에 이 연구소의 2027년까지 5년간 연구개발 자금의 상한선을 무려 106억 달러로 증액했는데, 여기에는 잠수함 보안, 유도미사일guided missile, 전장 방공 체계theater air defense system와 같은 프로젝트가 포함된다.[16]

존스홉킨스대학교에서 가장 논란이 많은 프로젝트 중 하나(응용물리학연구소가 직접 참여하고 있는 프로젝트)는 신형 대륙간탄도미사일 센티널에 관한 연구다. 2021년에 미국 공군과 체결한 5억 3000만 달러 규모 계약에 따르면, 이 연구소는 약 10년 동안 2개의 대륙간탄도미사일 체계와 '핵 관련 사업'을 지원하도록 되어 있다.[17] 앞서 언급했듯이 많은 독립 전문가는 대륙간탄도미사일을 3대 핵전력 체계 중 가장 위험한 축으로 본다. 위기 상황에서 대통령은 발사 여부를 몇 분 안에 결정해야 하므로 잘못된 경보로 인한 우발적 핵전쟁 가능성을 높이기 때문이다.[18] 이런 가능성은 이 프로그램 참가자들에게서 거의 제기되지 않는다. 그들은 이를 흥미로운 연구를 수행하고 자금을 지원받을 기회 정도로 보는 경우가 많다.

핵무기폐기국제운동International Campaign to Abolish Nuclear Weapons, ICAN은 대학의 핵무기 연구에 드리워진 베일을 벗겨내기 위한 활동을 이어가고 있다. 대표적으로 2019년에 발간한 보고서《대량 파괴의 학교들: 미국 핵무기 체계에 속한 미국 대학들Schools of Mass Destruction: American Universities in the U.S. Nuclear Weapons Complex》이 있는데, 이 보고서는 약 50개 캠퍼스에서 진행된 핵무기 연구를 상세히 다룬다. 또한 이 보고서에는 "우리의 대학, 단과대학, 학교가 미국의 핵무기 생산 체계와 모든 연계를 끊고, 핵무기의 폐기를 전 인류의 안녕과 안전을 위한 세계 최우선 공공선으로 추구할 것"을 촉구하는 서약이 포함되어 있다.[19]

존스홉킨스대학교의 한 학생 단체는 최근 가자지구 주민들을 대상으로 한 이스라엘의 잔혹한 전쟁과 관련해 대학의 연계를 비판하면서, 응용물리학연구소가 보잉, RTX, 노스럽 그러먼과 함께 수행하는 드론 전쟁 연구가 이스라엘의 유사 기술 활용과 연관될 수 있음을 지적했다. 한편 록히드 마틴과 제너럴 다이내믹스 같은 대형 방산업체들이 수십억 달러 규모의 무기를 이스라엘군에 제공해왔다는 사실은 의문의 여지가 없다. 이 무기들 가운데 아파치Apache 헬리콥터, 유도폭탄guided bomb, F-15 전투기 등 상당수가 가자지구에서 사용되었다.[20]

MIT 링컨연구소와 DAF-MIT AI 액셀러레이터
: 미사일 시험에서 AI의 군사 응용까지

MIT(매사추세츠공과대학교)는 국방부 자금 지원 자체 연구소인 링컨연구소Lincoln Lab를 보유하고 존스홉킨스대학교와 경쟁하고 있다. MIT 내 군사 연구의 가장 중요한 거점인 이 연구소는 정부 소유, 민간 운영 형태 시설로 펜타곤을 위해 광범위한 연구를 수행한다. 활동은 캠퍼스에 국한되지 않는다. 링컨연구소는 최소 28개 시설을 운영하는데, 뉴멕시코주의 화이트샌즈미사일시험장에서 전자광학 시험을 하거나 매사추세츠주 서부의 링컨우주감시단지에서 펜타곤을 위한 레이더 감시를 실시하는 것이 대표적이다.[21]

링컨연구소는 1950년 설립 이후 특히 방공 기술 연구와 시험에 깊이 관여해왔다. 연구소 직원들은 길게는 10년에 이르는 장기 파견 형식으로 '투어'를 나가 과학 자문을 제공하기도 하는데, 대표적으로 마셜제도의 로이나무르섬에 위치한 로널드레이건탄도미사일방어시험장에서 미사일 시험을 지원한다. 마셜제도는 미국이 1950년대와 1960년대에 핵실험을 했던 장소로, 역사상 최대 규모의 핵폭발 실험도 여기서 있었다.[22] 미국 공군은 2020년 링컨연구소와 계약을 갱신하면서 약 200억 달러 규모의 10년 계약을 체결했다.[23]

한편 MIT의 DAF-MIT AI 액셀러레이터에서는 AI의 군사 응용 연구가 이루어지고 있다. DAF-MIT AI 액셀러레이터는 2019년 MIT와 미국 공군이 공동 설립했는데, 미국 우주군Space Force 자금도 지원받고 있다. 이 기관의 목표는 "국방과 민간 부문에서 미국이 경쟁 우위를 확보할 수 있도록 지속 가능한 AI 기술 공급망을 마련하는 것"이다.[24] 이 프로그램은 MIT 연구진이 수행하는 15개 연구 과제로 구성되어 있고, 각각에는 공군 연락 담당자가 배정되어 있으며, 모두 AI를 군사 분야에 통합하는 것을 중점으로 삼고 있다. 예컨대 한 연구 제안서는 과거 데이터를 기반으로 의사결정과 행동을 제안하는 '에어 가디언Air Guardian'이라는 AI 시스템에 의사결정을 위탁하는 방안을 추구하는 내용을 담고 있다. 이 프로젝트를 이끄는 연구자들에 따르면 "목표는 어떤 행위자agent가 주변 환경을 인식하고, 단기 위험을 식별하고, 운영자operator 및 다른 협력적·적대적 행위자의 의도와 행동을 추론해 최적의 행동 방침을 도출할 수 있도록 하는 것"이다.[25] 이 프로젝트의 모토는 다름 아닌 "우리는 AI를 신뢰한다In AI We Trust"라고 할 수 있다.

MIT의 군사 분야 연계에 대한 비판은 학생과 교수진, 그리고 세계 핵무기 감축 운동을 이끌어온 과학자 사이에서 오랫동안 제기되어왔다. 루스 페리Ruth Perry와 야든 캐츠Yarden Katz 교수는 2018년 MIT 교수진

뉴스레터에 〈이런 방식으로 대학을 운영해야 하는가?Is This Any Way to Run a University?〉라는 글을 기고했다. 페리가 처음 MIT에 온 1972년에 이미 "연방 정부, 특히 국방부가 대학 예산을 상당 부분 보조하고 있었으며" "여러 교수와 학생은 전쟁 기계의 이러한 자금 지원이 연구 우선순위를 바꾸고 교육 목표를 왜곡한다는 점에 반대했다"라고 두 교수는 지적했다.[26]

이후 MIT는 기업과 직접 협력을 크게 확대한 더 혼합적인 모델로 전환했다. 그럼에도 여전히 많은 MIT 교수진과 학생들은 차세대 무기 개발과 '감시 자본주의surveillance capitalism' 지원에 필수인 연구를 수행하고 있다.[27]

텍사스대학교 오스틴캠퍼스
: 육군미래사령부, 해군, 샌디아국립연구소와 협력

2020년 텍사스주 주지사 그렉 애벗Greg Abbott과 전 육군장관 라이언 매카시는 텍사스대학교 오스틴캠퍼스에서 열린 로보틱스robotics(로봇공학) 연구소 신설을 기념하는 무대에 함께 섰다. 매카시는 "이곳은 앞으로 수십 년 동안 우리가 개발할 무기 체계 연구에서 제1 거점ground zero이 될 것입니다"라고 말했다.[28] 이 시설은 육군미래사령부Army Futures Command와 텍사스대학교 오스틴캠퍼스 간 협력의 일환으로 만들어졌다.

오늘날 텍사스대학교 오스틴캠퍼스는 군수산업에 막대한 투자를 하고 있을 뿐 아니라, 육군미래사령부가 주도하는 5개 연구 프로그램 중 두 가지의 중심지 역할을 하고 있다. 즉 장거리 포병 항법 연구와 차세대 헬리콥터·드론 개발이다. 두 기관의 관계는 단순히 연구 보조금 차원을 넘어선다. 육군미래사령부 본부가 텍사스대학교 오스틴캠퍼스 건물 안에 자리하고 있으며, 이는 오늘날 주요 대학들과 군수산업 간의 긴밀한 연계를 잘 보여준다.

육군은 텍사스대학교 오스틴캠퍼스의 유일한 군사 파트너가 아니다. 이 대학의 응용연구소Applied Research Laboratories는 해군과 10년에 걸쳐 최대 11억 달러 규모의 계약을 맺고 있다.[29] 이 계약은 잠수정용 수중 음파 탐지 장치 개발을 비롯해 테러 공격을 예측할 수 있는 AI 개발 프로젝트 등 여러 목표를 지원한다.

또한 이 대학은 '학문 동맹'의 일환으로 샌디아국립연구소Sandia National Laboratories와도 협력하고 있다. 샌디아국립연구소는 기업처럼 운영되는 정부 소유 방산 기관으로 "핵무기의 비핵 구성 요소와 핵무기 체계 통합"을 비롯해 "탄두를 미사일 발사 체계와 연결하는 작업"을 수행한다. 이 연구소는 또한 핵무기의 "안전성, 신뢰성, 살상력"을 시험하기 위한 실험도 진행한다.[30] 샌디아국립연구소와 협력, 록히드 마틴과 제휴를 통해 이 대학은 '극초음속 비행을 위한 새로운 측정 기술'을 개발하는 학제 간 프로젝트를 주도하고 있다.[31]

샌디아국립연구소와 맺은 학문 동맹의 목표는 우수한 대학 인재를 핵무기와 기타 첨단 군사 기술 연구로 끌어들이는 것이다. 샌디아국립연구소가 프로그램 설명에서 밝히듯이 그 목적은 "졸업 전에 최상위 대학에서 유망한 후보자를 발굴하고, 대학원생과 샌디아국립연구소

연구원 간 공동 기술 개발 연구를 장려하며, 국가 안보에 응용할 수 있는 주제를 추구하는 것"이다.

캠퍼스 내 무기 제조업체의 존재가 언제나 환영받는 것은 아니다. 예컨대 록히드 마틴은 텍사스대학교 오스틴캠퍼스에서 조직적인 반대 운동에 직면했다. 2020년과 2021년 '무기 거래 투명성을 위한 여성들Women for Weapons Trade Transparency'이라는 이름으로 조직된 학생 그룹은 텍사스대학교 오스틴캠퍼스의 투자관리회사인 UTIMCO가 보유한 록히드 마틴과 기타 주요 무기 계약업체들의 지분을 매각할 것을 촉구했다. 이 단체의 공동 창립자인 재닛 아부-일라이어스Janet Abou-Elias는 이 대학교 린든B.존슨행정대학원의 간행물인 《더베인스리포트The Baines Report》에 기고해 투자 철회의 필요성을 주장했다.[32]

아부-일라이어스는 제너럴 다이내믹스와 RTX, 록히드 마틴 같은 기업들이 생산한 폭탄이 사우디아라비아의 예멘 민간인에 대한 잔혹한 공격에 사용되었다고 주장했다. 그리고 그녀가 지목한 기업들은 모두 UTIMCO의 투자 포트폴리오에 포함되어 있었다. 그녀는 대학과 대학의 투자 부서가 "UTIMCO의 모든 투자에서 무기와 무기 체계 제조 회사를 영구 배제해야 한다"라고 촉구했다. 이 대학 학생 입법 단체들은 2021년 4월 투자 철회 결의안을 통과시켰다. 아부-일라이어스는 그 중요성을 강조하며 말했다. "학생들은 자신들의 대학 투자관리회사가 국제 전쟁 장사와 인명 피해, 인도주의 위기에서 직접 이익을 얻는 기업들에 투자한다는 사실을 심각하게 받아들여야 합니다."[33]

반면 당시 공학부 3학년이었던 션 하비비Sean Habibi 같은 일부 공학도들은 졸업 후 록히드 마틴 같은 기업에서 일하고 싶다는 이유로 투자 철회 캠페인에 반대했다. 그는 이렇게 말했다. "이런 기업들과 친분을 쌓는 것은 학생들에게 도움이 돼요. 우리 이름이 알려지고, 기업들이 텍사스로 오고, 공학도들을 주목하고, 취업 박람회에 와서 우리를 만나요. 이건 상부상조 관계죠."[34]

'무기 거래 투명성을 위한 여성들'이 주도한 투자 철회 운동은 텍사스대학교 시스템의 다른 학생들에게로 이어지고 있다. 텍사스대학교 댈러스캠퍼스 학생회는 2023년 4월 "죽음에 대한 투자 철회Divest from Death"라는 슬로건 아래, 대학의 투자 부서를 향해 5대 주요 무기 계약업체 주식을 매각할 것을 권고했다. 투자 철회 운동의 지도자 중 한 사람인 니다 라피Nidaa Lafi는 "이번 결의안을 우리 대학이 군산복합체 전반에서 완전히 투자 철회를 이끌어내기 위한 장기 투쟁의 첫걸음으로 본다"라고 말했다. 라피는 학생 캠페인을 다음과 같은 맥락에서 설명했다.

> 역사적으로 투자 철회는 정치적 변화를 이끌어내는 데 매우 강력한 도구였다. 우리는 남아프리카공화국의 아파르트헤이트(인종차별 정책)를 떠올린다. 1980년대에 미국 전역의 학생 조직자들이 자신들의 캠퍼스에 아파르트헤이트를 직접 지원하거나 그것과 연루된 기업, 또는 그런 기업과 거래하는 기업으로부터 투자를 철회할 것을 요구했다. … 우리가 이 기업들을 표적으로 삼은 것은 그들이 전 세계에서 전쟁, 죽음, 아파르트헤이트, 집단학살을 조장하는 데 직접 관여했기 때문이다.[35]

텍사스의 활동가들은 이제 막 싹트기 시작한 전국 운동의 일부다. 시카고에 기반을 둔 반군사주의 청년 단체인 디센터스Dissenters는 대학

  미국은 왜 전쟁을 멈추지 못하는가

들이 '전쟁으로 이익을 얻는 미국 상위 5대 기업' 주식을 처분하도록 압박하는 "죽음에 대한 투자 철회" 전국 캠페인을 벌이고 있다.[36] 특히 2023년 10월 이스라엘의 가자지구 침공 이후(국제사법재판소가 이스라엘이 팔레스타인 집단 학살을 수행하고 있을 가능성이 충분히 있다고 지적한 바로 그 사건 이후) 수십 개의 학생 단체들이 이스라엘과 연관된 기업, 즉 이스라엘의 전쟁 수행을 직접 지원하고 가능하게 하는 기업들에 대한 투자를 대학이 철회하도록 요구하는 활동을 시작했다.

학생들의 투자 철회 운동은 대학 당국으로부터 혹독한 탄압을 받아왔다. 정학 처분부터 시위 캠프를 해체하는 경찰 진압까지 이어졌다. 《뉴욕타임스》 조사에 따르면 이스라엘의 가자지구 공격에 항의하는 캠퍼스 시위 과정에서 70여 개 대학에서 3100명이 넘는 학생들이 체포되었다.[37] 한편 브라운대학교, 에버그린주립대학교, 미들버리대학교, 럿거스대학교, 노스웨스턴대학교 등 일부 대학은 가자지구 휴전을 지지하는 공식 성명 발표부터 대학 투자 내역의 투명성 제고, 투자 철회 여부에 대한 투표 동의에 이르기까지 학생들의 다양한 요구를 수용하기로 했다.[38]

텍사스A&M대학교

: 극초음속미사일에서 핵무기까지

뒤지지 않겠다는 듯이 텍사스의 또 다른 주요 대학인 텍사스A&M대학교 역시 군 및 군수업체와 연계를 확대하고 있다. 우선 텍사스A&M

대학교는 텍사스대학교 오스틴캠퍼스가 위탁하는 동일한 자산운용사인 UTIMCO를 통해 주요 무기 생산 기업들의 주식을 보유하고 있다. 게다가 이 대학은 은밀히 국방부의 극초음속 무기 연구 거점으로 자리 잡아가고 있다. 극초음속 무기란 음속의 5배 속도로 비행하는 무기를 말한다.

텍사스A&M대학교는 극초음속미사일 시험을 위한 길이 1킬로미터의 터널을 갖추고 있으며, 응용극초음속대학컨소시엄University Consortium for Applied Hypersonics을 통해 차세대 군사 기술 개발에서 미국 내 경쟁자들을 앞지르겠다는 목표를 분명히 하고 있다. 국방부 연구공학 담당 차관 대행 마크 루이스Mark Lewis는 프로젝트 발표 당시 기자들에게 "우리는 지금 중국 및 러시아와 일종의 경쟁을 벌이고 있습니다"라고 밝혔다. 루이스에 따르면 중국이 대학들과 긴밀히 협력하는 모델이 국방부가 극초음속 연구를 위한 대학 컨소시엄을 추진하게 된 계기 중 하나다.[39] 현행 텍사스A&M대학교와 맺은 계약 규모는 향후 5년간 최대 1억 달러에 이르며, 국방부의 극초음속 컨소시엄은 114개 대학을 파트너로 두고 있다.[40]

또한 텍사스A&M대학교는 미국 핵탄두 단지를 운영하는 국가핵안보국National Nuclear Security Administration, NNSA의 3개 주요 연구소 중 두 곳에서 핵무기 연구를 감독한다. 텍사스A&M대학교는 핵탄두 설계와 엔지니어링을 담당하는 로런스리버모어국립연구소Lawrence Livermore National Laboratory를 운영하는 유한책임회사LLC의 파트너이며, 로버트 오펜하이머Robert Oppenheimer의 지휘 아래 최초의 핵무기를 개발, 실험했던 악명 높은 뉴멕시코주 로스앨러모스국립연구소 운영에도 관여하고 있다.

앨라배마대학교

: '로켓 시티'의 수혜

앨라배마주는 역사적으로 냉전 초기부터 무기 연구와 개발, 생산을 수행해왔다. 앨라배마주 헌츠빌은 NASA(미국항공우주국)와 미국 국방부의 우주 및 미사일 시스템 개발에서 핵심 역할을 했고, 그래서 '로켓 시티'라는 별명이 붙었다. 이런 관계 속에서 주 내 대학들은 국방 계약을 수주하고, 학생들은 헌츠빌과 그 주변 우주 및 미사일 생산 단지로 진출하는 기회가 창출되었다. 국방부에 무기를 공급하는 앨라배마주의 역할 덕분에 주로 수혜를 보는 곳이 앨라배마대학교다.[41]

텍사스A&M대학교와 마찬가지로, 앨라배마대학교 역시 응용극초음속대학컨소시엄의 일원이다. 앨라배마대학교 헌츠빌캠퍼스는 램제트ramjet 기술을 연구해 초음속 및 극초음속 항공기와 미사일 시스템의 사거리를 개선하려는 150만 달러 규모의 프로젝트를 주도하고 있다.[42]

앨라배마대학교는 "오랫동안 국방부를 지원해온 역사"에 자부심을 내보이며, 심지어 국방부를 "고객"이라고 표현하기까지 한다.[43] 앨라배마대학교는 고객을 더 만족시키기 위해 '앨라배마 방위산업 다각화 분석 프로젝트'를 진행하고, 국방부는 이를 지원한다. 지역 방위산업의 규모와 미사일·우주 시스템 개발에 중점을 둔다는 점을 고려할 때, 이 프로젝트의 목적은 두 가지다. 첫째, 국방부 계약과 연결된 산업에 대한 이해를 높이고, 둘째, 국방부 활동을 지원하는 앨라배마주 내 중소기업들의 회복탄력성resilience을 강화하는 것이다.[44]

인디애나대학교
: 해군수상전센터와 맺어온 오랜 협력 관계

인디애나대학교에서 가자지구 휴전을 요구하며 학생들이 시작한 조직 활동과 조사는, 처음에는 가자지구 주민들을 대상으로 한 이스라엘의 파괴적 공격에 사용되는 장비를 공급하는 기업들과 이 대학 간의 연계를 찾는 데서 출발했다. 그러나 이후 학생 활동가들은 대학이 군산복합체를 떠받치는 모든 방식으로 범위를 넓혀 상세히 분석했다. 그 결과 가장 중요한 연결고리는 해군수상전센터Naval Surface Warfare Center 크레인분소Crane Division와 맺은 관계라는 사실을 밝혀냈다. 이 센터의 임무는 "센서, 전자 장비, 전자전과 특수전 무기에 대해 획득 공학acquisition engineering(무기 체계, 전력 지원 체계 같은 핵심 인프라, 기술 등 국가나 조직에서 필요한 자산이나 능력을 신속하고 효율적으로 획득하는 전 과정을 설계, 관리하는 공학 분야. 복잡한 시스템의 필요성 식별부터 개발, 시험, 배치, 폐기에 이르기까지 전체 수명주기를 관장한다-옮긴이), 운용 공학in-service engineering(운용 중인 제품과 서비스에 대해 유지, 보수, 개선, 문제 해결 등 광범위한 서비스를 지원하는 공학 분야-옮긴이), 기술 지원을 제공하는 것"이다.[45]

예를 들어 2023년 4월 이 대학은 보도자료를 통해 해군수상전센터와 맺어온 오랜 협력 관계를 설명했다. 여기에는 2011년 처음 체결된 인디애나대학교와 크레인분소 연구자 간 '교육 파트너십 협정'이 포함되어 있으며, 두 기관은 이를 통해 AI, 에지 컴퓨팅edge computing, 보안 마이크로일렉트로닉스, 센서 데이터 융합 등 군 관련 프로젝트를 공동으로 진행해왔다. 또한 보도자료는 "이 협정은 크레인 센터가 인디애나

미국은 왜 전쟁을 멈추지 못하는가

대학교 블루밍턴캠퍼스 내 20만 7000평방피트(1만 9230제곱미터) 규모의 다학제 공학과학관에 공식 입주할 수 있도록 했으며, 이 건물은 최근 인디애나대학교 지능형시스템공학과Department of Intelligent Systems Engineering 의 연구실 공간으로 전환되었다"라고 밝혔다.[46] 이에 학생들은 "크레인을 캠퍼스 밖으로Crane Off Campus"라는 캠페인을 조직해 대응하고 있다.[47]

카네기멜런대학교
: 미국 육군 AI 태스크포스와 협업

카네기멜런대학교 총장 파넘 재헤이니언Farnam Jananian은 미국 육군 AI 태스크포스와 맺은 협업을 발표하며 "이번 파트너십은 국방부 및 산업계 파트너와 협력해온 우리 대학의 오랜 역사를 기반으로 하고 있다"라고 말했다.[48] 이 협업은 2020년에 시작되었으며, 카네기멜런대학교를 육군 AI 연구의 거점으로 만드는 데 기여했다. 피츠버그에 위치한 이 대학은 1950년대 AI의 탄생지라고 주장한다.

그러나 많은 비평가는 군의 AI 활용에 대해 경고음을 울려왔다. 심지어 AI 옹호자가 다수 포함된 AI국가안보위원회National Security Commission on Artificial Intelligence조차 "이러한 시스템의 통제되지 않은 사용은 의도치 않은 갈등 격화와 위기 불안정을 초래할 위험을 높일 수 있다"라고 인정했다.[49] 언론인 인디고 올리비에와 한 인터뷰에서, 로봇공학 배경을 가진 카네기멜런대학교 윤리학 교수 일라 누르바크시Illah Nourbakhsh는 해당 분야의 자금과 에너지가 대부분 군사 프로젝트에 연결되어 있을 때 학생들이 직면하는 딜레마를 이렇게 설명했다. "학생들에게 가능한 다양한 미래가 있다고 해봅시다. 그런데 그중 어떤 미래에 막대한 마케팅 자금을 쏟아부어 그 미래를 너무나 화려하고 흥미롭고 놀라워 보이도록 만들어버린다면, 그래서 사회적으로 더 의미 있는 대안들의 모든 마케팅을 압도해버린다면 어떨까요? 그럴 때 학생들에게 선택권이 있을까요? 공정하고 균형 잡힌 경기장일까요? 당연히 아닙니다."[50]

하워드대학교

: 국방부 지원 대학 부설 연구센터

로이드 오스틴Lloyd Austin 미국 국방장관은 2023년 1월 하워드대학교에 국방부가 자금을 지원하는 대학 부설 연구센터를 신설한다고 발표했다. 이는 '역사적 흑인 대학Historically Black Colleges and Universities, HBCUs 가운데 최초 사례였다[51](역사적 흑인 대학은 1964년 민권법이 시행되기 전까지 당시 주류 대학이 흑인의 입학을 거부한 배경에서 설립된, 흑인의 고등 교육을 위한 대학이다. 지금은 모든 인종에 문호를 개방했으나, 오랫동안 형성된 정체성 덕분에 흑인 공동체와 연계가 여전히 강하다-옮긴이). 이 연구센터 웹사이트에 따르면 현재 역사적 흑인 대학이 국방부 연구 자금에서 차지하는 비중은 고작 0.05%에 불과하다. 하워드대학교 연구센터는 향후 5년간 매년 1200만 달러를 지원받아 공군을 위한 자율 기술autonomous technology 개발에 집중할 예정이다.[52]

반면 하워드대학교에는 반군사주의 청년 단체 디센터스의 지부도 있다. 하워드대학교 학생들은 2024년 가자지구 전쟁과 이를 가능케 한 조지워싱턴대학교의 역할에 항의하기 위해 조지워싱턴대학교에서 시작된 점거 시위에 합류했다. 이 시위대는 2024년 5월 경찰에 해산되었고, 이 과정에서 학생 33명이 체포되었다. 그러나 시위는 다른 형태로 계속 이어지고 있다.[53]

언론인 올리비에는 2020년 하워드대학교 디센터스 지부 학생과 록히드 마틴 채용 담당자 사이의 대화를 이렇게 기록했다.

> 학생: 당신은 록히드 마틴의 CEO가 여성과 소수자를 옹호한다고 말했습니다. 그런데 팔레스타인, 예멘, 리비아, 중동 같은 곳에서 여성들과 아이들을 폭격해 죽이는 무기를 생산하는 회사의 대표로서, 어떻게 그런 역할을 유지할 수 있습니까?
>
> 채용 담당자: 나도 모르겠습니다.[54]

국방부의 사회과학 분야 자금 지원
: 심리전, 인간 지형 시스템, 심문과 고문 기법

대학에 대한 국방부의 영향력은 흔히 무기 관련 연구와 연결되지만, 사실 사회과학 분야에 대한 국방부 자금 지원도 오랜 역사를 가지고 있다. 국방부가 지원하는 사회과학 연구는 오늘날까지 이어지고 있으며, 특히 잠재적 적(해외와 국내 모두)의 행동을 분석하고 예측하는 데 초점을 맞추고 있다.

미시간대학교 공공정책 교수 조이 로드Joy Rohde가 지적했듯이, 1차 세계대전 동안 심리학자들은 미군의 사기 진작 프로그램을 개발하고, 미국의 적을 겨냥한 선전 메시지를 고안했으며, 군 조직 자체를 재편하는 정보와 인력 검사 프로그램을 만들어냈다. 2차 세계대전 때는 전쟁 국가 미국에서 사회과학자들의 역할이 한층 가속화되었다. 정치학자와 인류학자, 사회학자가 전략사무국Office of Strategic Services, OSS(CIA의 전신)과 협력해 "외국의 정치와 민족"에 관한 2000건이 넘는 보고서를 작성했으며, 이는 전시 정부에 절실히 필요한 지역 전문 지식을 제공했다.[55]

사회과학과 군대의 결합은 애정보다는 돈과 더 관련이 있었다. 대학에 비군사 연구 자금을 제공하는 주요 기관인 국립과학재단National Science Foundation은 1950년에 설립되었다. 그런데 그보다 앞서 종전 직후에 해군연구국Office of Naval Research 같은 군 기관들은 100개가 넘는 대학의 심리학 연구에 수백만 달러를 쏟아부었다. 이에 대한 감사의 표시로 미국심리학회American Psychological Association는 해군연구국에 "이 분야에 대한 탁월한 공헌"을 인정하는 감사장을 수여했다. 이렇게 쏟아진 군의 사회과학 연구 자금은 1946년 공군이 설립한 랜드연구소RAND Corporation 같은 별도 기관의 탄생으로 이어졌다. 랜드연구소 연구자들이 다룬 주제에는 핵 협상, 심리전, '베트남 폭격 작전을 뒷받침하기 위한 합리적 선택 이론' 등이 포함되어 있었다.[56]

시간이 흐르면서 군 자금이 지원한 사회과학 연구는 점차 더 매파 성향을 띠게 되었다. 조이 로드 교수는 다음과 같이 지적했다.

냉전이 자리 잡자 군 자금이 투입된 연구는 미국의 국가 안보를 떠받치는 데 초점을 맞추었고 … [그리고] 국제적 이해와 협력을 강조하던 연구 전통을 대체했다. 군 자금이 지원되는 싱크탱크와 연구 기관에서는 … 사회과학자들이 평화를 어떻게 증진할 것인지가 아니라, 다음 전쟁이 어떤 모습일지, 전쟁 수행이 미국의 국익에 부합한다면 언제 어떻게 그러한지, 그리고 폭력을 촉발하지 않으면서 미국의 힘을 강화하기 위해 국가 지도자들이 적을 상대로 무력의 위협을 어떻게 효과적으로 행사할 수 있을지를 물었다.[57]

연구 의제에는 원래 해외 적대 세력을 상대로 쓰이던 기법을 국내 대중에게 적용하도록 정교화하는 작업도 포함되어 있었다. 인류학자 로베르토 곤살레스Roberto Gonzalez는 《가상 전쟁War Virtually》(2022)에서 심리 기법은 "때때로 국내 대중을 겨냥해 새로운 정책에 대한 대중적 지지를 구축하거나(심지어 사람들 사이를 갈라놓기 위해) 사용되어왔다"라고 지적한다.[58] 11장에서 논의하듯이 이것이 국방부와 CIA가 오랫동안 할리우드와 다른 엔터테인먼트업계와 협력해온 핵심 이유 가운데 하나다.

곤살레스는 심리전 접근 방식에 변화가 있었다고 지적한다. 원래 정부의 군사 기관과 정보 기관 소관이던 심리전이 1990년대에는 민간의 홍보PR회사와 커뮤니케이션회사 영역으로 넘어갔다. 이 일의 일부는 표적 대상을 식별하기 위한 방대한 데이터 분석이지만, "인간 집단을 '자연 서식지natural habitat'에서 연구하는 문화인류학자의 방법과 유사한 방식을 쓰는 연구자들도 있다."[59]

군사 작전을 지원하기 위해 인류학을 활용한 사례 중 논쟁을 야기한 것으로 국방부의 '인간 지형 시스템human terrain system, HTS'이 있었다. 이는 이라크와 아프가니스탄에서 대반란 작전에 참여한 미군이 겪는 '문화 지식 격차'를 줄이기 위한 것이었다. 지역의 규범과 관행을 더 잘 이해하는 군인이 현지 주민의 '마음과 정신'을 얻어내면 결의에 찬 적을 그들의 본거지에서 제압하는 데 더 효과적이라는 발상에서 시작되었다. 이 계획에는 사회과학자들의 자문뿐 아니라 이들 전문가를 실제로 미군과 함께 현장에 배치하는 내용도 포함되었다.[60] 1990년대 이후의 흐름에 따라 인간 지형 시스템 프로그램은 민간 군수업체 BAE 시스템스가 운영했으며, 참가자들에게 제공한 훈련이 충분하지 않다는 보도가 있었음에도 이 업체는 막대한 이익을 거두었다.[61]

2006년 시작된 인간 지형 시스템은 학계에서 격렬한 반발을 불러일으켰으며, 특히 미국인류학회American Anthropological Association 내부에서 날카로운 논쟁이 일었다. 학회 전무이사 에드 리보Ed Liebow는 이 논쟁을 통해 "전문 인류학자들이 그렇게 행동하는 것은 책임감 있는 방식이 아니라는 점을 대다수 회원이 확신하게 되었다"라고 말했다. 미국인류학회가 2008년 발표한 이 프로그램 관련 보고서는 이 점을 더욱 강조했다. "민족지학 조사가 군사 임무에 따라 결정되고, 외부 검토를 받지 않으며, 자료 수집이 전쟁 상황 속에서 이루어지고, 반란 진압이라는 목표에 통합되며, 잠재적으로 강압적 환경 속에서 진행되는 경우(이 모든 것이 인간 지형 시스템의 개념과 적용의 특징인데), 그것은 더 이상 인류학의 정당한 전문적 실천으로 간주될 수 없다."[62]

곤살레스는 인간 지형 시스템이 전장에서 성공을 돕기보다는 국내 여론에 영향을 미치는 것과 더 관련이 있다고 보았다. 그는 이렇게 말했다. "인간 지형 시스템은 미국 대중(특히 진보 성향을 지닌 사람들)에게 이라크와 아프가니스탄에서 미국이 주도한 점령이 자비로운 사명이며, 여기에 똑똑하고 패기 있는 젊은 대학 졸업생들이 참여하고 있다는 점을 설득하는 선전 도구가 되었다."[63] 미국 육군은 2014년 인간 지형 시스템 프로그램을 조용히 폐기했다. 여기에는 인간 지형 팀의 "인종차별, 성희롱, 급여 부풀리기" 등에 대한 보고와 더불어 이 팀이 필요하지 않다는 지휘관들의 판단이 반영된 결과였다.[64]

심리학자들은 또 다른 논쟁적인 방식으로 전쟁 기계에 동원되었는데, 바로 쿠바 관타나모만수용소Guantanamo Bay detention camp, 이라크 아부그라이브교도소Abu Ghraib prison 등지에서 CIA의 고문 프로그램에 조언자로 참여한 것이다. 미국 정보 당국과 계약한 심리학자 제임스 E. 미첼James E. Mitchell은 9·11 이후 '테러와의 전쟁'에서 미국이 사용한 이른바 '고강도 심문 기법enhanced interrogation techniques'을 개발하는 데 기여했으며, 심지어 한 수감자에 대한 물고문에 직접 배석하기도 했다.[65] 미첼은 동료 심리학자 존 브루스 제슨John Bruce Jessen과 함께 심문 프로그램을 개발했는데, 거기에는 "폭력, 수면 박탈, 굴욕"이 포함되어 있었다. 두 사람은 "고문 프로그램의 창시자founding fathers of the torture program"로 불린다.[66]

인간 지형 시스템과 마찬가지로 CIA의 고문 프로그램 설계에서 심리학자들이 한 역할은 학계 내부에서 거센 비판을 받았다. 이러한 비판은 2015년 CIA의 심문 활동에 대한 독립 비평가들의 보고서를 통해 더욱 커졌다. 이 보고서는 미국심리학회 지도부가 "조지 W. 부시 행정부와 은밀히 협력해 9·11 이후 테러와의 전쟁에서 붙잡힌 수감자들에 대한 고문을 정당화할 법적·윤리적 근거를 강화했다"라고 폭로했다. 시간이 흐르면서 CIA의 고문 프로그램은 비윤리적일 뿐 아니라 비효율적이라는 사실이 분명해졌다. 고문 피해자들은 흔히 심문관이 듣고 싶어하는 말을 해야 했고, 그 진술이 현실과 부합하는지는 중요하지 않았기 때문이다.[67]

현재로서는 정부가 자금을 지원하는 사회과학 프로그램 가운데 심리학자들을 동원해 CIA의 고문 체제를 개발, 실행하게 한 것만큼 파렴치한 사례는 없어 보인다. 그러나 국방부가 AI로 구동되는 자동화 전쟁을 현재 방식보다 상대적으로 안전하고 효과적인 개선책이라고 대중을 설득하는 데 성공한다면, 새로운 국방부 지원 연구는 장차 심각한 인명 피해를 가져올 수 있다. 문제는 학생, 교수, 지역 사회 주민의 비판이 거세지는 상황에서도 대학들이 국방부와 군수업체와 협력을 계속할지 여부다. 가자지구 휴전을 요구하는 학생 운동은 1960년대 베트남전쟁 반대 시위 이후 볼 수 없었던 수준으로 대학과 전쟁 기계의 협력에 조명을 비추었다. 디센터스 같은 단체들은 현재의 가자지구 분쟁을 넘어 장기적으로 이 활동을 이어갈 의지를 드러내고 있다. 2023년에는 권력 연구 조직 리틀 시스Little Sis와 함께 '캠퍼스 내 전쟁 이윤 추구: 당신의 대학에서 전쟁과 군사주의를 후원하는 기업을 연구하는 방법War Profiteering on Campus: How to Research Corporate Backers of War and Militarism at Your College'이라는 주제로 웨비나webinar를 열기도 했다.[68] 이 웨비나는 대학이 전쟁 기업에 투자하는 문제를 넘어 학술 기관과 군산복합체 간의 모든 연계를 조망했는데 군사 연구, 캠퍼스 내 군수업체 채용 활동, 군수 기업과 대학 이사회 간 중첩 등 다양한 요소를 다루었다. 각 대학의 학생들은 또한 자신들의 대학이 군사 분야와 맺고 있는 연계를 밝혀내는 데 큰 진전을 이루었다.

　　　　　　　　　　　　　　　　　　　　　　

역사적으로 학내외의 많은 과학자들은 군사주의와 군비 경쟁의 단호한 비판자였다. 여기에는 맨해튼 프로젝트Manhattan Project에 참여했던 과학자들도 포함된다. 그들은 미국 내에서 군축과 핵무기 통제 운동을 이끈 《원자과학자회보Bulletin of the Atomic Scientists》와 미국과학자연맹Federation of American Scientists, 참여과학자모임Union of Concerned Scientists, '살기 좋은 세상을 위한 위원회Council for a Livable World' 같은 단체들을 창립하는 데 기여했다. 국제적으로는 맨해튼 프로젝트에서 양심상 이유로 유일하게 사임한 과학자 조지프 로트블랫Joseph Rotblat이 공동 창설한 퍼그워시 회의Pugwash Conferences가 있다. 퍼그워시 회의 운동의 목표는 다름 아닌 '핵무기 없는 세계'였다.[69]

비슷하게 1980년대에는 교수와 대학원생 연합이 로널드 레이건의 '스타워즈 프로그램' 연구 자금을 거부하겠다는 서명에 7000명 넘게 참여시켰다.[70] 그리고 지난 10년간 기술산업의 과학자들과 엔지니어들은 프로젝트 메이븐Project Maven(미국 국방부가 2017년에 시작한 AI 기반 군사 프로그램으로, 드론과 감시 장비가 수집하는 방대한 데이터를 자동 분석해 사람, 차량, 물체 등을 신속히 식별하는 활동-옮긴이)에 구글이 참여하는 것에 대한 반대에서부터, 이스라엘 정부와 군에 클라우드 컴퓨팅와 AI 등 여러 서비스를 제공하는 12억 달러 규모의 계약인 프로젝트 님버스Project Nimbus에 대한 구글의 참여를 중단시키려는 최근의 행동에 이르기까지, 수많은 군사 연구 참여에 항의해왔다[71](구글은 메이븐에는 불참했으나 님버스에는 참여했다-옮긴이).

이러한 노력이 국방부와 군수업체의 미국 대학 개입에 일정한 제한을 설정하는 지속적 운동으로 굳어질지는 아직 미지수다.

10장

미디어 포섭

: 프로파간다로 전쟁 기계에 힘 실어주기

이라크전쟁과 콜린 파월의 쇼, 그리고 언론 보도의 편향

조지 W. H. 부시 행정부가 이라크 침공(이라크전쟁)에 대해 국민들을 설득하기 위해 고군분투하던 2002년과 2003년. 부시 행정부는 이라크의 핵무장에 대한 일련의 주장을 내놓았고, 이에 대해 언론 매체는 의문을 제기하지 않았다. 예컨대 국가안보 보좌관 콘돌리자 라이스 Condoleezza Rice가 2002년 9월, "우리는 스모킹건이 버섯구름이 되는 것을 원하지 않는다"라고 말했을 때, 언론은 이를 곧이곧대로 받아들였다.[1] 베테랑 기자들조차 군산복합체가 퍼뜨린 왜곡된 현실관을 채택해 퍼뜨리면서 공포 분위기가 고조되었고, 미국인 수백만 명이 이라크에 대한 군사 행동을 지지하게 되었다. 이라크가 핵무기를 추구한다는 주장 (아프리카에서 우라늄을 구하려 했다는 혐의부터 폭탄 제조용으로 우라늄을 농축하는 데 쓰일 알루미늄관을 제작했다는 주장까지)은 제대로 조사되지 않았다. 나중 에서야 이런 주장이 완전히 거짓말로 폭로되었지만, 전쟁을 막기에는 이미 늦은 시점이었다.

침공 한 달여 전인 2003년 2월 5일, 국무장관 콜린 파월이 유엔 안전 보장이사회에서 발표에 나섰다. 이는 부시 행정부 선전 캠페인의 가장 중요한 장면이었다. 연설에서 가장 극적인 순간은 파월이 베이지색 가 루가 담긴 작은 유리병을 들어 보이며 연출되었다. 파월은 이렇게 말했 다. "말라 있는 탄저균의 1작은술도 안 되는 양 … 바로 이 정도의 양이 … 2001년 가을에 미국 상원의 활동을 마비시켰습니다."[2]

파월이 선택된 것은 다른 행정부 인사들보다 신뢰할 만한 인물로 여 겨졌기 때문이다. 그는 침착하고 실용적이었다. 특히 무력 사용에 대 해 성공 가능성이 높고 목표가 명확하고 기간이 제한된 경우가 아니라 면 회의적으로 본다는 평판을 듣고 있었다. 유엔 연설 직전의 갤럽 여 론조사에서 미국인 63%가 미국의 이라크 정책에 대해 파월을 신뢰한 다고 답했으며, 부시를 신뢰한다는 응답은 24%에 불과했다.[3] 파월은 호전적인 인물로 보이지 않았기에, 그가 '사담 후세인이 너무 위험해서 반드시 전쟁으로 제거해야 한다'고 판단한다면 그것은 사실일 것이라 고 여론과 언론은 여겼다. 적어도 당시에는 그렇게 믿은 사람들이 많 았다.

CNN은 파월의 유엔 연설에 대한 반응을 이렇게 묘사했다. "그의 발 표는 대담한 공연이었으며, 후세인이 대량 살상 무기 프로그램을 은폐

하고 있으며 알카에다와 손잡고 있다는 사실을 의심의 여지 없이 확인한 듯 보였다."[4] 그러나 많은 곳에서 그의 연설에 열광적인 반응이 있었음에도, 자세히 들여다보면 파월의 유엔 발언은 거짓과 오해를 불러일으키는 주장, 과장, 반쪽짜리 진술로 가득 차 있었다. 파월은 구체적으로 이라크가 화학무기를 보유하고 있고, 핵무기 프로그램을 가동 중이며, "생물학무기와 훨씬 더 많은 무기를 신속하게 생산할 능력"을 갖추고 있다고 주장했다.[5] 이 주장 중 어느 것도 사실이 아니었다.

기껏해야 왜곡에 불과한 이 발언들은 그런데도 언론 매체 대부분에서 찬사를 받았다. 심지어 《워싱턴포스트》의 진보 성향 칼럼니스트 메리 맥그로리Mary McGrory조차 파월의 연막에 현혹되었다. 유엔 연설 직후 맥그로리는 〈나는 설득되었다I'm Persuaded〉라는 제목의 칼럼을 썼다. 그는 파월이 자신을 돌려세우기 전까지 강한 회의론자였다고 밝히며 이렇게 썼다. "콜린 파월의 사담 후세인에 대한 '나는 고발한다' 연설에 대해 유엔이 어떻게 느꼈는지는 모르겠다. 다만 그는 나를 설득했으며, 나는 프랑스만큼이나 설득하기 힘든 사람이었다." 하지만 맥그로리가 그의 증거를 받아들인 이유는 주로 파월이 그것을 발표하는 모습 때문이었다. 그가 파월이 제시한 '사실'을 독립적으로 검증하려 한 흔적은 없었다. 맥그로리는 이렇게 썼다. "그의 목소리는 힘차고 흔들림 없었다. 그는 어떠한 과장도, 수사적 장식도 없이 주장을 펼쳤다." 칼럼의 결론은 "사담 후세인이 신경가스와 치명적인 화학 물질을 비축하고 있다는 사실만으로도, 내가 생각했던 것보다 훨씬 더 위협적이라는 점을 알게 되었다"였다.[6]

파월은 연설한 지 3년 만에 유엔 안전보장이사회 발언을 깊이 후회

　　　　　　　　미국은 왜 전쟁을 멈추지 못하는가

한다고 밝혔다. 그는 "결국 출처가 부정확하고 잘못되었으며, 일부는 의도적으로 오해를 불러일으켰습니다"라면서 "그 점에 대해 실망스럽고 후회합니다"라고 말했다.[7] 하지만 이미 피해는 오래전에 발생한 뒤였다. 이라크에서 벌인 미국의 재앙적인 전쟁을 옹호했던 이들은 자신들의 거짓, 왜곡, 잘못된 계산에 대해 거의 아무런 책임도 지지 않은 채 오늘날까지 또다시 견해를 내놓으며 살아가고 있다.

맥그로리가 사실을 확인하지 않은 채 단지 정치인의 "강하고 흔들림 없는" 목소리에만 집착한 사례가 보여주듯이, 미국인들이 전쟁과 평화 문제를 바라보는 방식에는 더 큰 힘이 작용하고 있다. 권력자의 발언을 인용하고 보도하는 언론은 편향되어 있으며, 평범한 시민들과 다양한 집단의 목소리는 흔히 외면한다. 또한 미국은 세계를 더 평화롭고 안정적으로 만들기 위해(때로는 전쟁이라는 수단을 동원해서라도) 지도적 역할을 하도록 운명 지어진 예외적 국가라는 오래된 믿음이 자리 잡고 있다. 이러한 전제와 태도가 바뀌어야만, 우리는 전쟁 기계의 힘과 영향력을 억제할 희망을 조금이라도 품을 수 있다. 그러나 그때까지는, 이런 전제와 태도는 전쟁 기계에 의해 적극적으로 부추겨지고 악용당할 것이다.

아무도 말하지 않은 진실
: '기적의 무기'와 '손쉬운 승리'는 없다

성공적인 선전이란 때로는 파월의 연설이 보여주듯이 단순히 그럴듯한 쇼를 벌이는 것일 뿐이다. 부시 행정부가 1991년 걸프전쟁(페르시아만전쟁)을 홍보하고 해석할 때 바로 그런 방식을 택했다. 처음에는 회의적이었던 대중을 결국 설득해냈다.

미국은 1991년 1월, 이라크군을 쿠웨이트에서 몰아내기 위한 전쟁을 시작했다. 앞서 이라크는 1990년 8월, 쿠웨이트의 석유 자산을 장악하고 중동에서 영향력을 확대하기 위해 쿠웨이트를 침공했다. 미국의 이라크 공격은 베트남전쟁 이후 미국이 수행한 첫 번째 대규모 해외 전쟁이었다. 잔혹하고 파괴적인 베트남전쟁이 장기화되면서 미국 대중은 해외 개입에 염증을 갖게 되었고, 이 현상은 '베트남증후군Vietnam Syndrome'으로 알려지게 되었다.[8] 국방부와 군 수뇌부, 동맹은 이라크군을 쿠웨이트에서 몰아내는 군사 목표 외에 선전 목표 또한 이루고자 했다. 바로 베트남증후군을 종식시키고 군사 개입에 다시금 긍정적인 이미지를 씌우는 일이었다.

국방부와 군 지도부는 이러한 선전 목표를 달성하려는 전쟁 기계의 노력에서 핵심 역할을 맡았다. 군사 측면에서는 미국중부사령부 사령관인 노먼 슈워츠코프Norman Schwarzkopf 장군(팬들에게는 '돌격 노먼Stormin' Norman'으로 알려진 인물)과 그 뒤를 이은 합참의장 콜린 파월 장군(말솜씨가 뛰어나고 TV 친화적인 인물)이 이라크 전황을 전하는 정례 브리핑을 맡았다. 이 브리핑은 "반드시 시청해야 하는 TV"로 자리 잡았다.

전쟁이 시작된 지 불과 몇 주 뒤, 《워싱턴포스트》의 TV 평론가 톰 세일스Tom Shales는 〈명령하는 목소리―전쟁의 또 다른 무대에서 발휘된 슈워츠코프의 기량The Voice in Command—Schwarzkopf's Skill in War's Other Theater〉이라는 칼럼을 발표했다.[9] 세일스는 슈워츠코프의 설득력을 이렇게 묘사했다.

걸프전쟁 첫날부터 둘째 전선이 전개되었다. 바로 군대가 언론과 맞붙은 전선이다. 지금까지는 군이 이기고 있다. 승부는 비교조차 되지 않는다. 이 사실은 어제 사막의 폭풍 작전을 지휘하는 노면 슈워츠코프 장군이 또 한 번 훌륭한 군사 브리핑을 진행했을 때 분명해졌다. 그 브리핑은 리야드에서 생중계되었다.[10]

셰일스는 또한 국방부 홍보전의 목적, 즉 미국이 베트남에서 패배한 기억을 지우는 것에 주목했다. 그는 이렇게 썼다. "조지 부시와 다른 이들은 이번 전쟁을 끊임없이 베트남전쟁과 비교한다. 특히 '또 다른 베트남전쟁은 아니다'라는 점에서 말이다. 이번 전쟁이 다른 점이 있다면, 적어도 대중 앞에서 자신들의 입장을 설명하고 전쟁이 이길 만한 것처럼 보이게 만드는 데서는, 장군들이 자신들이 무엇을 하고 있는지 아는 듯 보인다는 것이다."[11]

화려한 언변과 강경한 발언이 슈워츠코프와 파월의 브리핑을 가득 채웠다. 여기에 더해 미군의 폭탄이 항상 목표를 정확히 명중하는 장면만 보여주고, 사람들이 죽어가는 참혹한 현실은 결코 비추지 않는 영상 클립들이 능숙하게 활용되었다. 전쟁을 피 한 방울 보이지 않게 전하는 이런 세련된 첨단 영상은 군사 개입과 정부의 무력 사용 명분 모두에 깊은 회의를 품었던 대중의 마음을 되돌리기 위해 고안된 것이었다.

그러나 1991년 걸프전쟁의 현실은 슈워츠코프와 파월이 철저히 각본에 맞추어 내세운 장밋빛 시나리오와는 전혀 달랐다. 우선 미군의 '기적의 무기'라 불린 정밀유도탄의 성능은 실상 그다지 기적적이지 않았다.

또 주요 목표물을 파괴하는 데는 국방부와 군수업체가 애초 주장했던 것보다 훨씬 더 많은 탄약이 필요했다. 오랫동안 국방부를 비판해온 국방 전문가 윈슬로 휠러Winslow Wheeler는 전쟁 후 미국 정부회계감사원GAO(당시 명칭은 회계감사청)의 연구에서 F-117 스텔스 전투기, 토마호크 지대지미사일, 레이저 유도폭탄 같은 핵심 무기 체계의 적중률이 정부 주장보다 놀라울 만큼 낮았다고 지적했다. 예컨대 정부회계감사원이 사막의 폭풍 작전에서 토마호크 사용을 분석한 결과 발사된 미사일의 절반 정도만 목표에 도달한 것으로 나타났다. 또한 정부회계감사원은 "일부는 지정된 목표 지역에 도착했지만, 명중 지점에서 너무 멀리 떨어졌고 단지 구덩이만 만들었다"라고 덧붙였다. 마찬가지로 "국방부와 군수업체가 레이저 유도폭탄에 대해 내세운 '한 발에 하나의 목표' 능력은 공습 작전에서 입증되지 않았다. "실제로 각 목표를 성공적으로 파괴하는 데는 평균적으로 유도탄 11톤, 비유도탄 44톤이 투하되었다"라고 분석했다.[12] 당시 정밀유도무기의 심각한 한계에 대한 진실을 말하는 것은 '노먼과 콜린 쇼'를 망쳐버릴 뿐 아니라, 첨단 무기의 실제 전쟁 가치에 의문을 제기했을 것이다.[13]

무기가 광고된 대로 성능을 내지 못했다는 중요한 정보가 실시간으로 알려지지 않은 상황은 미국 군부에 부차적인 행운이었다. 전황과 결과가 미국 군부 지도자들에게는 축복과도 같았다. 사담 후세인의 군대는 불과 6주 만에 쿠웨이트에서 쫓겨났고, 미군 사상자는 최소 수준에 그쳤으며, 전쟁 비용 중 대부분은 미국의 동맹국들이 부담했다. 미국 군대가 다시 돌아왔다. 또는 그렇게 보였다.

그러나 군사 분석가 앤드루 바세비치Andrew Bacevich가 지적했듯이

1991년 걸프전쟁은 30년 넘게 이어진 분쟁의 서막에 불과했다. 1990년대에는 군사 개입에서 제재와 비행금지구역 설정으로, 그리고 2003년 이후에는 조지 W. 부시 행정부의 개입과 사담 후세인 축출로 이어졌다. 가장 최근의 중동 장기전 단계에서 미국 정부 관리들이 예측했던 '손쉬운 승리'(전직 국방부 관리 케네스 애덜먼Kenneth Adelman의 표현대로라면 "식은 죽 먹기")는 실현되지 않았다. 또한 전쟁이 장기화되자 2003년 침공 이전 부시 행정부 관리들이 주장했던 것처럼 "값싸게" 끝나지도 않았다.[14] 브라운대학교 '전쟁 비용 프로젝트'의 분석에 따르면, 이라크와 시리아에서 20년 넘게 지속된 전쟁의 비용은 무려 2조 9000억 달러에 달했는데, 이는 이라크 개입 직전 부시 행정부의 수석 경제 고문 로런스 린지Lawrence Lindsey가 당시 추산한 1000억~2000억 달러를 거의 15배나 초과한 규모였다.[15] 1991년 걸프전쟁(페르시아만전쟁)은 뒤따른 장기전을 무시했을 때만 "빠른 승리"였다.

언론 스타 도널드 럼즈펠드와 주류 언론의 헛다리 보도

1991년 걸프전쟁과 마찬가지로, 2003년 이라크전쟁은 자체적인 언론 스타를 낳았다. 그는 거의 매일 전황에 대해 최대한 낙관적인 해석을 내놓았다. 까칠하지만 매우 영리했던 도널드 럼즈펠드Donald Rumsfeld 국방장관은 언론의 총아이자 설득의 달인 역할을 맡기에는 어울리지 않아 보였다. 그러나 그는 설명과 회유, 대립, 농담, 때로는 기자들을 몰아붙이는 방식까지 동원해 정기 전황 브리핑에서 설득력을 발휘했다. CNN은 이라크 개입을 적극적으로 옹호하는 그의 열정적인 태도를 두고 럼즈펠드를 "사실상 록스타"라고 불렀다. [16]

일부 청중에게 럼즈펠드에 대한 찬미는 훨씬 더 빨리, 그리고 더 깊게 다가왔다. 2001년 말 미국의 아프가니스탄 개입 초기 그가 한 브리핑에 대해서였다. 보수 성향의 《내셔널리뷰National Review》는 그해 12월 31일자 표지에 〈꽃미남: 미국의 새로운 아이콘 도널드 럼즈펠드The Stud: Donald Rumsfeld, America's New Pinup〉라는 제목의 기사를 실었다. 그리고 럼즈펠드는 미국의 새로운 섹스 심벌로 추켜세워졌다. [17] 수전 팔루디Susan Faludi는 2007년 출간한 《테러 드림: 9·11 이후 미국의 공포와 환상Terror Dream: Fear and Fantasy in Post-9/11 America》에서 럼즈펠드를 섹스 심벌로 띄운 것이 《내셔널리뷰》만이 아니었다고 지적했다. 폭스뉴스는 럼즈펠드를 "여심을 사로잡는 남자"라고 불렀고, 《피플》은 그를 "세상에서 가장 섹시한 남자 중 한 명"으로 선정했다. [18] 럼즈펠드가 2003년 이라크 침공 전후로 언론과 대중을 끊임없이 속이고 기만했다는 사실은 전쟁 초기 허니문 시기에는 거의 주목받지 않았다. 팔루디는 럼즈펠드에 대해 "그런 숭배가 아무리 기괴하더라도, 설득력 없는 배역으로 '남우주연상'을 받은 사람이 럼즈펠드 혼자만은 아니었다"라고 비꼬았다. [19] 이후에야 럼즈펠드와 이라크전쟁의 선전가들은 광범위한 비판에 직면하게 되었다. 사담 후세인이 대량 살상 무기를 보유했거나 곧 보유할 것이라는 부시 행정부의 주장이 거짓으로 드러나고, 미군이 창의적이고 집요한 반군과의 싸움에 깊이 빠져들면서부터였다.

당시 주류 언론이 제 역할을 다하지 못했지만, 흐름을 거슬러 사실을 제대로 짚어낸 기자들도 있었다. 《나이트리더Knight Ridder》의 조너선 랜데이Jonathan Landay와 워런 스트로벨Warren Strobel은 편집자 존 월콧John Walcott, 베테랑 기자 조 갤러웨이Joe Galloway와 긴밀히 협력했다. 이들은 부시 행정부가 주장한 사담 후세인의 대량 살상 무기 프로그램 현황과 이라크 정권과 알카에다의 연계 의혹을 면밀히 검증하기 위해 시간과 노력을 기울였다. 예를 들어 2002년 9월 6일자 기사 〈이라크 무기에 대한 확실한 증거 부족, 미국 관리들 우려〉에서 랜데이는 이렇게 보도했다. "이라크에 관한 1급 비밀 정보에 접근할 수 있는 미국 고위 관리들은, 이라크 독재자 사담 후세인이 미국의 안보와 중동 안정에 가하는 위협이 크게 증가했다는 어떠한 경고 신호도 감지하지 못했다고 말한다."[20]

하지만 랜데이와 스트로벨의 기사가 이라크 공격에 대한 부시 행정부의 전체 논리에 의문을 제기한 지 불과 이틀 만에 《뉴욕타임스》는 《나이트리더》의 보도를 정면으로 반박하는 기사를 실었다. 마이클 R. 고든Michael R. Gordon과 주디스 밀러Judith Miller가 공동 작성한 1면 기사 〈미국, 후세인이 원자폭탄 부품 확보 시도 강화했다고 발표〉였다. 이 기사는 부시 행정부 관리들이 사담이 우라늄을 폭탄용으로 농축하기 위해 사용할 수 있는 알루미늄관을 확보하려고 "전 세계적인 수색"에 나섰다는 주장을 비판 없이 보도했다. 또한 이라크 망명자들(대부분은 밀러와 고든에게 왜곡되거나 명백히 거짓된 정보를 제공하던 이들)의 주장을 그대로 인용하면서, 이라크 정권이 화학무기와 생물학무기 비축을 개선하고 확장하려 한다고 전했다. 《뉴욕타임스》 기사는 이러한 상황이 이라크와 미국을 전쟁 직전의 위기로 몰아넣었다고 주장했다.[21] 그러나 언론 감시 단체인 '공정성과 정확성 보도Fairness and Accuracy in Reporting, FAIR'는 고든과

밀러의 이 기사가 "완전히 신뢰를 잃게 될 것"이라고 지적했다. [22]

이처럼 언론 매체 사이에 논쟁이 오갔지만, 중요한 전제가 있었다. 《뉴욕타임스》는 《나이트리더》보다 훨씬 더 큰 독자층을 보유했고, 워싱턴 정책결정자들과 다른 언론사들로부터 과도한 존중을 받았다. 따라서 이라크전쟁의 명분이나 명분 부재에 대한 대중의 인식을 형성하는 측면에서 《뉴욕타임스》는 불공정한 우위를 점하고 있었다. 그럼에도 사담 후세인이 핵무기를 적극적으로 추구하고 있다고 (잘못) 주장한 고든과 밀러 기사가 나온 지 불과 한 달 뒤인 2002년 10월 8일 랜데이, 스트로벨, 윌콧이 작성한 기사는 그때까지 나온 것 중 가장 상세한 증거를 담고 있었다. 이 기사는 부시 행정부가 미국 대중을 전쟁으로 끌어들이기 위해 허위 서사narrative를 팔고 있다는 사실을 드러냈다. 이 기사는 10여 명이 넘는 군사, 정보, 외교 관리들과 나눈 인터뷰에 기초했는데, 그 결론은 충격적이었다.

> 이들 관리는 행정부 내 강경파들이 이라크 지도자 사담 후세인이 가하는 위협에 대한 증거를 과장했다고 비판했다. 여기에는 알카에다 테러 네트워크와 연계를 왜곡한 것도 포함된다. 강경파들은 또한 이라크 공격에 대한 국제적 지지 규모를 부풀렸으며, 중동에서 새로운 전쟁이 일어날 경우의 잠재적 파급 효과를 축소했다고 이들은 지적했다. 이들은 행정부가 반대 의견을 억누르고 있으며, 정보 분석가들은 백악관의 주장을 뒷받침하는 보고서를 내라는 압력을 강하게 받고 있다고 주장했다. 즉 사담이 미국에 즉각적인 위협을 가하고 있으므로 선제 군사 행동이 불가피하다는 논리를 뒷받침하라는 압력이었다. [23]

주류 언론이 이라크 문제를 제대로 보도하지 못한 실패로부터 얻은 교훈을 논하는 패널 토론회가 2023년 3월 열렸다. 퀸시연구소가 주최한 이 토론회에서 다룬 주제 중 하나가 악명 높은 주디스 밀러의 사례였다. 밀러는 이라크국민회의INC의 아메드 찰라비Ahmed Chalabi가 하는 주장을 퍼뜨려, 의도적이든 아니든 전쟁으로 가는 길을 가능하게 만든 기자였다.[24]

찰라비는 이라크 망명자이자 정치 사기꾼이었으며, 전쟁을 밀어붙이던 미국 네오콘의 총아였다. 그들은 빠른 승리 후 찰라비를 새로운 친미 성향의 이라크 대통령으로 세우기를 바랐다.

《워싱턴포스트》의 하워드 커츠Howard Kurtz는 밀러의 보도가 왜 그렇게 부시 행정부의 입장에 가까웠는지 설명했다. 그는 내부 이메일을 공개했는데, 그 이메일에서 밀러는 아메드 찰라비를 이라크 대량 살상 무기 문제와 관련한 주요 정보원 중 한 명이라고 묘사했다. 밀러는《타임스》의 바그다드지국장 존 번스John Burns에게 보낸 이메일에서 "[찰라비는] 우리 신문에 실린 대량 살상 무기 관련 1면 단독 기사 대부분을 제공했습니다"라고 적었다.[25]

현재 로이터 통신 전쟁 특파원으로 활동하는 전《나이트리더》기자 조너선 랜데이는, 정권 교체를 위해 이라크에 관한 허위 서사를 강화하는 일에서 찰라비가 했던 역할과, 자신과 동료들이 그것에 맞서 싸우려 했던 역할을 설명했다. 그는 "우리의 보도는 이라크에서 권력을 잡게 되면 수십억 달러를 손에 쥘 수 있었던 이 집단(이라크국민회의)의 발밑에서 양탄자를 빼버리는 것이었다"라고 말했다.[26]

안타깝게도 랜데이와 스트로벨의 보도는 전쟁이 임박한 상황에서 큰 주목을 받지 못했다. 이유 하나는 그들의 소속 언론사인 《나이트리더》 신디케이트가 32개 도시에만 서비스된다는 한계였다. 이로 인해 이 매체는 《뉴욕타임스》나 《워싱턴포스트》 같은 대표 언론들이 가진 도달 범위나 명성(그것이 정당하든 아니든)을 갖추지 못했기 때문이다. 소셜미디어가 등장하기 전 시대에는 이들의 기사를 널리 알릴 뚜렷한 방법도 없었다. 심지어 《나이트리더》 서비스를 받는 언론사 중 일부는 기사를 게재하지 않았다. 이른바 유력지에 의해 확인되지 않는 한 근본적으로 의심스러운 것이라는 생각에서였다. 만약 랜데이와 스트로벨의 보도가 전국적으로 화제가 되었더라면 어땠을까? 어쩌면 냉전 이후 가장 재앙적인 미국의 군사 개입 중 하나를 막을 수 있었을지 모른다.

내부에서조차 반발이 있었지만 랜데이와 스트로벨의 편집자 존 월콧은 그들의 보도를 전적으로 지지했다. 랜데이의 회고에 따르면 월콧은 이렇게 말했다. "우리는 《나이트리더》다. 다른 사람들의 아들과 딸을 전쟁터로 보내는 사람들을 위해 보도하는 것이 아니라, 전쟁터로 보내지는 아들과 딸을 둔 가족들을 위해 보도한다."[27]

랜데이는 《나이트리더》 팀이 옳은 보도를 할 수 있었던 다른 이유를 들었다. 그들은 이미 전쟁을 결심한 고위 관료들이나 정부 홍보 담당자들만이 아니라, 훨씬 더 회의적인 중간급 관료들과 군 관계자들을 찾아가 이야기를 들었다. 또한 모든 주장에는 최소 2개의 출처를 요구하는 원칙을 지켰다. 이는 주디스 밀러가 아메드 찰라비와 그의 측근들의 허위, 왜곡 주장을 앵무새처럼 반복하기 전에 따랐어야 했던 규칙이었다. 찰라비와 그의 측근들 중 상당수는 수년간 이라크에 들어가본 적도 없었고 현지와의 접촉도 거의 없는 상태였다.

　　　　　　　　　　　　　　　미국은 왜 전쟁을 멈추지 못하는가

무엇이 언론의 태도를 좌우하는가

: 매출과 고급 정보 출처, 그리고 자금 후원이라는 목줄

왜 부시 행정부의 거짓 주장(사담 후세인의 핵 프로그램 현황이나 그를 알카에다와 연결하려는 허위 시도 등)을 정면으로 반박하는 정보가 일부 있었는데도, 더 신중한 목소리가 힘을 얻지 못했을까? 이에 대해 랜데이는 그 이유가 단순히 뉴스룸과 언론 경영진의 태도에 그치지 않고, 9·11 테러 이후의 광범위한 대중 정서에까지 뻗어 있었다고 지적했다. 그는 "국기를 흔들어대며 즉각 분출된 국수주의는 실로 엄청났다"라고 말했다. 게다가 많은 언론사가 "분위기를 거스르거나 행정부에 맞서는 보도를 함으로써 매출을 잃는 상황을 원하지 않았다"라고 덧붙였다.[28]

거기에 오늘날까지 이어지는 문제, 즉 '접근 저널리즘access journalism'이 있었다. 이는 고위급 소스들에 대한 접근을 잃을까봐 두려워 공식 발표를 지나치게 비판하지 않으려는 태도를 말한다. 이 고위급 소스들이야말로 이라크 침공 이유에 관한 공적 논의를 지배했던 사람들이었다.

랜데이의 견해에 덧붙여, 패널로 함께한 피터 바이나트Peter Beinart는 영향력 있는 진보 성향 잡지인 《더뉴리퍼블릭The New Republic》의 편집장으로서 한때 후세인 축출을 지지하는 입장을 밝혔다. 그러나 그는 이후 그것이 중대한 실수였음을 인정했다. 이런 자기 고백은 평가할 만하지만, 전쟁을 부추겼던 대다수 논객들(여전히 많은 주류 언론에서 대외 정책의 '지혜'를 얻기 위해 찾는 악명 높은 존 볼턴John Bolton 같은 인물 등)에게서는 찾아보기 어렵다. 왜 현재의 정책결정자와 싱크탱크 전문가, 신문, 방송, 온라인 매체는 이라크전쟁 비판을 대개 회피하고 끔찍한 오판을 한 이들을 여전히 신뢰할 만한 전문가로 대우할까? 이에 대해 바이나트는 자신의 견해를 이렇게 밝혔다.

> 미국 대외 정책 분야에서 일하게 되는 사람 중 다수는 국방부 계약업체나, 아이젠하워가 유명하게 '군산복합체'라고 칭한 구조 속에 있는 이들이 자금을 대는 기관에서 일한 경험이 있다. 그리고 그들은 나중에 특정 싱크탱크나 컨설팅회사 같은 그 일자리로 돌아갈 가능성이 크다. 하지만 언론은 이런 사실을 밝히지 않는다. 전직 관료가 학계 소속이라고만 알려질 수 있고, 그가 기고문을 쓰거나 방송에 나와도 실제로 그 돈이 어디서 오는지는 아무도 알지 못한다. 나는 그 사람에게 발언 기회를 주지 말라는 것이 아니다. 다만 사람들이 그들의 견해가 어떤 사실에 따라 형성되는지 생각할 수 있도록 해야 한다는 것이다. 우리 모두는 경험에 따라 형성되고, 누구도 순수하지 않으며, 어느 정도는 우리의 이해관계에 영향받는다. 이를 믿기 위해 통속적인 마르크스주의자가 될 필요도 없다. 그것은 인간이 가진 본성일 뿐인데, 이런 점은 전혀 드러나지 않고 있다.[29]

바이나트는 정책결정자와 언론 모두에서 다양한 경험과 목소리가 부족한 점이 문제의 큰 부분이라고 지적했다.

> 미국의 대외 정책을 만드는 사람들은 일반적으로 국내 정책을 만드는 사람들보다 훨씬 덜 미국 대중을 대표한다. 미국 대외 정책 엘리트들은 미국 사회보다 훨씬 더 백인 중심적이고 남성 중심적이다. 이것이 중요한 것은, 그것이 미국의 예외주의exceptionalism를 부추기기 때문이다. 예외주의는 미국

　　　　　　　　　　　미국은 왜 전쟁을 멈추지 못하는가

의 개입주의를 이끄는 이데올로기의 일부이며, 미국의 적이나 경쟁자를 최대한 가장 가혹한 시각으로 바라보게 만든다. 미국의 경쟁자는 본질적으로 악하고, 우리는 본질적으로 선하다는 생각에 대해, 미국 내에서 고통을 겪은 가족사를 지닌 사람들이나, 미국이 끔찍한 제국주의 행위를 많이 저지른 글로벌 사우스Global South(선진국은 북반구에, 후진국이나 개발도상국은 적도 인근이나 남반구에 주로 위치한 데서 나온 용어–옮긴이) 지역에 가족 연고를 둔 사람들일수록 훨씬 더 회의적으로 본다. 그러나 이런 사람들은 그러한 분야의 직책에서 매우 과소 대표되어 있다. 이것이 바로 대외 정책 분야에서, 언론이든 정부든 특정 유형의 사람들이 자기 영속selfperpetuation을 하며 계속 그 자리를 차지하게 되는 이유 중 하나라고 나는 생각한다.[30]

켈리 블라호스Kelly Vlahos는 이라크 개입에 반대한 보수 성향 인사로, 폭스뉴스와 《디아메리칸컨서버티브The American Conservative》 그리고 퀸시연구소의 온라인 잡지인 《리스폰서블스테이트크래프트Responsible Statecraft》에서 활동해왔다. 블라호스는 "지난 20년 동안 우리가 들어온 거짓말들"을 언급하며 오늘날 언론이 이라크의 교훈을 배우지 못했다는 점을 지적했다. 그녀는 또 가장 뛰어난 전쟁 관련 보도조차 광범위하게 무시된 현실에 주목했다. "우리는 지금 아프가니스탄 이야기를 하고 있는데, 《워싱턴포스트》가 아프가니스탄에 대해 놀라운 기사를 썼다. 일종의 부검 같은 보도였는데, 그 기사는 10년 전에 이미 미군 장성들과 국무부 고위 관리들이 우리가 그 전쟁에서 이기고 있다고 믿지 않았다는 사실을 밝혀냈다. 그런데도 그 사실은 나중에야 알려졌다." 더 긍정적인 측면에서 그녀는 이렇게 덧붙였다. "사람들이 이제 이런 보도를 보고 소화하고 있다. 그것은 분명 긍정적인 파급 효과를 낳을 것이다. 이제 사람들은 모든 것을 미끼부터 바늘까지 덥석 삼키지는 않을 것이며 … 그때처럼 집단 최면에 걸리지는 않을 것이다."[31]

위에서 언급한 모든 문제에 대한 하나의 가능한 해결책은 기업이나 정부의 영향에서 자유로운 독립 언론의 영향력을 확대하는 것이다. 여기에는 《데모크라시나우!Democracy Now!》 같은 전국적으로 유통되는 TV, 라디오, 온라인 네트워크도 포함된다. 이 네트워크는 미국의 현 대외 정책을 비판하는 미국 내 전문가뿐 아니라, 무엇보다 미국의 외교와 군사 정책으로 가장 큰 영향을 받는 국가들의 기자, 전문가, 일반 시민의 목소리를 꾸준히 전한다. 인기 있는 독립 뉴스 매체 《브레이킹포인츠Breaking Points》의 편집장이자 이날 토론회의 사회를 맡은 크리스털 볼Krystal Ball은 희망적인 신호를 내비쳤다.

나는 기존 주류 언론은 개혁이 불가능하다고 생각한다. 그렇다고 해서 절망하지는 않는다. 어차피 지금은 미국 문화가 예전과는 다른 순간에 와 있다고 보기 때문이다. 우리는 더 이상 예전처럼 단일 문화를 공유하지 않는다. 모든 것이 분열되고 파편화되었고, 만약 더 나은(더 건강하고, 반대 의견을 허용하며, 다양한 관점을 담아낼 수 있는) 생태계를 만들어낸다면 그것은 잠재적으로 이로울 수 있다. 따라서 기존 언론을 반드시 대체하지 않더라도, 그것을 보완하며 더 중요한 역할을 하는 새로운 생태계가 활짝 꽃필 수 있는 기회가 있다. 모두가 매일 저녁 같은 뉴스를 시청하는 시대는 이미 오래전에 끝났다. 언론에 대한 신뢰가 줄어드는 것도 볼 수 있는데, 나는 그것이 당연하다고 생각한다. 그러나 바로 그 새로운 세계 속에 더 나은 뭔가를 만들 기

  미국은 왜 전쟁을 멈추지 못하는가

회가 있다.

하지만 그녀는 이어 "모두가 각자 자기만의 울타리에 갇혀 결국 듣고 싶어하는 이야기만 듣게 될 위험도 있다"라고 말했다. [32]

전쟁과 평화 문제에 대한 언론 보도가 충분하지 못한 또 다른 이유는 정치적이라기보다 경제적인 요인이다. 주요 언론사들이 소수 대기업의 손에 집중되면서, 생사의 문제에 대해 충분하고 세밀한 보도를 제공할 수 있는 힘이 더욱 약해졌다. 예컨대 기자들이 취재하는 국방부 영역에서는 최근 몇 년간 상세한 보도 대부분을《디펜스원Defense One》《폴리티코Politico》《디펜스뉴스Defense News》《인사이드디펜스Inside Defense》《브레이킹디펜스Breaking Defense》 같은 전문 매체들이 맡아왔다. 이들 매체 대부분, 또는 전부가 무기 계약업체에서 직간접으로 자금을 지원받고 있다. 그러나 이는 전적으로 그들의 잘못은 아니다. 국방 정책과 외교 정책을 심층 분석하는 데 필요한 자금 지원이 재단이나 일반 대중으로부터는 소액만 들어오기 때문이다. 그럼에도 이들 전문 매체는 중요하다. 대형 언론사들은 국방부의 비대해진 예산이나 미국의 군사적 과잉을 가끔씩 다룰 뿐이며, 군수산업에 대해 더 구체적인 정보를 얻을 때 흔히 스스로 취재하는 대신 전문 매체들의 보도에 의존하기 때문이다.

공정하게 말하면, 무기 계약업체의 자금 지원을 받음에도 불구하고 전문 매체들은 때때로 훌륭한 기사를 내놓기도 한다. 그러나 문제는 이들이 널리 읽히지 못한다는 점이다. 한편 대형 언론사들이 대규모 탐사 보도를 내놓더라도 더 큰 언론 생태계 전반에 '파급 효과'를 만들어내지 못하는 경우 또한 많다. 아프가니스탄전쟁 상황과 관련해 정부의 거짓말과 기만을 폭로한 《워싱턴포스트》의 보도가 그랬고, 사우디아라비아나 아랍에미리트 같은 억압적 정권의 급여를 받으며 일하는 전직 국방부와 군 고위 관리들의 은퇴 후 활동을 꼼꼼히 보도한 훌륭한 기사들도 마찬가지였다.[33] 전직 국방부와 군 관리들이 꾸준히 군사 기술 스타트업의 이사회 구성원이나 고문으로 옮겨가고, 벤처캐피털의 자금이 이런 움직임을 가능하게 한다는 실태를 추적 보도한 《뉴욕타임스》 기사도 그랬다.[34]

러시아-우크라이나전쟁에 대한 언론 보도는 과거 군사 문제 보도와 흥미로운 대조를 이룬다. 이라크전쟁에서 대안적이고 정확한 보도를 견지해왔던 조너선 랜데이는, 러시아-우크라이나전쟁에 대한 언론 보도가 대체로 잘 이루어지고 있다고 평가했다. 그는 또한 바이든 행정부가 정보를 훨씬 더 투명하게 공개했다며, 러시아의 침공을 예측한 공식 정보 평가에서부터 키이우(우크라이나 수도-옮긴이)에 제공된 거의 모든 무기의 세부 목록에 이르기까지 예를 들었다.

이러한 행태는 다른 현존하는 분쟁들과 비교했을 때 드물다. 예를 들어 가자지구에서 벌어지는 전쟁에 대한 두 종류 보도를 살펴보자. 하나는 대학, 정부, 잠재적 고용주가 가자지구의 휴전을 지지하는 학생 활동가나 다른 휴전 옹호자를 탄압한다는 기사다. 또 하나는 이스라엘의 전쟁 범죄로 촉발된 시위와 비판 발언이 일부 유대인 학생을 불편하게 만든다는 기사다. 전자는 후자보다 덜 중요한 문제로 다루어진다. 가자지구에서 살상을 막으려는 노력보다 상처받은 감정을 지나치게 강조하는 이러한 잘못된 등식은 가자지구 분쟁에 대한 주류 언론 보도의 치명적인 결함이었다.

그러나 이러한 불균형은 주요 기명 칼럼 지면에서는 그리 심각하지 않았다. 거기에서는 팔레스타인 사람들과 가자지구 침공을 비판하는 미국 내 인사들의 목소리가 더 많은 지면을 얻었기 때문이다. 물론 여전히 충분하다고는 할 수 없지만 말이다. 또한《데모크라시나우!》같은 매체의 보도가 어느 정도 주류 언론의 부족함을 보완했다. 이 매체는 미국 내 시위대뿐 아니라 가자지구에서 공격을 받고 목숨을 잃을 위험에 처한 기자와 일반 시민에게도 꾸준히 발언권을 주었다. 이와 더불어 아랍권 대표 TV 방송사인 알자지라 Al Jazeera와 소셜미디어를 통해 확산된 가자지구 내 학살 사진들과 영상들은 주류 언론 보도의 부족함에 대한 균형추 역할을 했다. 반면 주류 언론은 몇 주에 걸쳐 가자지구의 참혹한 소식(병원 인근에서 발견된 집단 매장지 등)보다 오히려 가자지구 학살 중단을 위해 조직된 학생들에 대한 근거 없는 반유대주의 혐의에 정당성을 부여하는 일에 더 많은 시간을 할애했다.

한편 하원의장 마이크 존슨 같은 우파 정치인들이 백인우월주의자들과 어울려온 전력은 거의 언급되지 않았다. 존슨은 2024년 4월 휴전을 지지하는 학생들이 점거 농성을 벌이고 있던 컬럼비아대학교 캠퍼스를 방문했다. 이 자리에서 그는 이스라엘의 가자지구 학살을 계속 방조하는 것을 막으려는 조직자들에 대해 반유대주의라는 주장이 제기되었다면서 미국 대학과 정부는 이에 대해 깊이 우려한다고 말했다. 그러나 주요 언론은 존슨이 이 문제에 대해 발언할 자격이나 그의 진정성은 전혀 따져 묻지 않았다. 그는 오랫동안 인종차별적이고 반유대주의적인 '거대 대체 이론great replacement theory'을 퍼뜨려왔는데, 이 이론은 비백인 이민자를 미국에 받아들이는 것이 백인 미국인의 문화와 권력을 약하게 하려는 음모의 일부라고 주장한다. 2018년 피츠버그의 트리 오브 라이프 시나고그Tree of Life Synagogue에서 유대교 신도 11명을 살해한 범인을 비롯해 수많은 인종차별과 반유대주의 폭력을 저지른 가해자들이 이 이론을 추종했다.[35]

거대 대체 이론 또는 그보다 더 극단적인 사상을 내세우는 백인우월주의자나 네오나치 단체들에 대해 존슨이 진지하게 문제를 제기했다는 기록은 없다. 그가 하원의장 자리에 올랐을 때 존슨과 인종차별, 반유대주의 단체들의 연관성을 남부빈곤법률센터Southern Poverty Law Center의 분석은 이렇게 요약했다. "증오 단체들, 새로 선출된 의장 마이크 존슨을 환영하다."[36] 존슨 같은 가치관과 전력을 가진 인물이, 상당수 유대계 대학생들이 지도부를 구성한 운동 조직과 '평화를 위한 유대인의 목소리Jewish Voice for Peace' 같은 진보 단체들을 향해 허위 비난을 퍼붓는다는 사실, 그리고 이 비난을 언론에서 액면 그대로 받아들인다는 사실은 충격적이다.

우크라이나로 돌아가보면, 전쟁이 시작되고 약 2년이 될 때까지 키이우가 스스로를 방어할 수 있도록 지원하는 동시에 장기적이고 소모적인 전쟁이나 위험한 확전을 피하기 위한 외교적 노력이 병행되어야 한다는 목소리는 주류 언론에서 제대로 다루어지지 못했다. 전쟁이 2년 이상 이어지고, 객관적인 관찰자들이 우크라이나가 자국 영토의 모든 곳에서 러시아군을 몰아낼 수 있다는 주장에 깊은 회의를 품기 전까지, 분쟁의 외교적 종결을 촉구하는 단체들은 무시되거나, 더 나쁘게는 '푸틴 지지자'로 낙인찍히곤 했다.

다른 주요 사안에 대해 언론 보도가 부족한 사례는 훨씬 더 많다. 예를 들어 이민 문제, 반민주적인 1·6 폭동(2021년 트럼프 지지자들의 미국 의회의사당 습격 사건), 노골적인 인종주의와 여성혐오, 생사를 가르는 국내외 정책을 좌우하는 자본 세력의 역할 등에 대한 기사는 얼마 되지 않았다. 물론 이에 대한 세밀하고 유익한 보도도 어느 정도 있었지만, 그것들은 주류 언론이 설정한 기본 프레임에 크게 압도되었다. 또 하나 간과해서는 안 될 점은 방송이 현안 갈등의 전문가로 누구를 선택하느냐이다. 전쟁과 평화 문제와 관련한 논평자들의 압도적인 다수는 전직 군 장교들이다. 그중에는 이번 장에서 앞서 인용한 피터 바이나트의 지적대로 군산복합체와 직접 연계된 이들도 있다. 반대로 외교를 옹호하는 이들은 수에서 크게 밀린다. 평화운동가들이 주요 전국 언론에 등장하는 일은 극히 드물어 최근 사례조차 꼽기 어렵다.

자칭 진보 언론이라는 케이블 뉴스 채널 MSNBC조차 부족하다. 예컨대 이 매체는 미국이 사우디아라비아의 잔혹한 예멘내전을 지원한 역할에 대해 1년 이상 단 1건의 보도도 내보내지 않았다. 이 전쟁은 무차별 폭격, 병원과 정수장 같은 필수 민간 인프라 파괴, 인도적 지원 수입을 극도로 제한한 봉쇄로 치달았고, 그로 인해 수십만 명이 사망했다.[37] MSNBC는 대신 도널드 트럼프와 그의 '그다지 유쾌하지 않은' MAGA Make America Great Again(미국을 다시 위대하게) 공화당 동지들의 터무니없는 발언들을 두고 과도하게 호들갑을 떠는 데 엄청난 시간을 할애했다. 세상을 더 안전하고 평화로운 곳으로 만들기 위해 조직적으로 행동하는 사람들에 대한 보도는 기껏해야 뒷전으로 밀려났다. MSNBC는 독립적이고 강력하게 비판하는 뉴스 매체라기보다는 진보 진영을 위한 일종의 오락과 확언, 사기 진작 역할에 더 치우쳐 있다.

더 근본적인 차원에서, 언론 감시 단체인 '공정성과 정확성 보도FAIR'의 재닌 잭슨Janine Jackson은 미국 언론 전반의 더 근본적이고 지배적인 문제는 권력자들을 감싸고 지지하는 습관 때문에 다른 모든 이들이 희생되는 것이라고 지적한다. 정부와 기업의 불법 행위 피해자들이나 기업 범죄를 폭로하려는 활동가들의 목소리는 주요 사안에 대한 주류 언론의 보도에서 너무 자주 배제당한다.[38]

1970년대 베트남전쟁에 대한 국방부 비밀문서가 폭로되었을 때, 1980년대 기업들이 변기 시트 하나에 600달러, 커피 메이커 하나에 7200달러를 펜타곤에 청구했다는 사실이 밝혀졌을 때, 이를 통신사, 라디오, TV 뉴스, 정치 만평, 때로는 심야 코미디 쇼까지 추적하던 시대는 이미 사라졌다.[39] 따라서 군산복합체의 작동 방식을 온전히 이해하려면 팟캐스트나 웹 전용 인터뷰 프로그램을 포함한 다양한 온라인 출처를 스스로 찾아다녀야 한다. 설령 그렇게 하더라도 미국 대외 정책과 군사 정책의 실제 모습(선의와 동시에 깊은 결함을 지닌)을 정확하고 입체적으로 파악하기에는 너무나 부족한 경우가 많다.

해법이 주류 언론이 더 잘하도록 압박하는 것이든, 독립 언론의 청중을 키우고 확산시키는 것이든, 군산복합체를 통제하거나 미국이 직면한 시급한 국내외 문제를 해결하려는 모든 노력에서 변화는 필수적이다. 국민의 생명은 물론, 민주주의의 미래에 대한 전망까지 여기에 달려 있다.

필요한 변화는 군산복합체의 영향력 축소를 넘어선다. 근본 문제는 미국 예외주의라는 개념에 대한 대중의 잘못된 중독이다. 즉 미국의 의도는 언제나 선하고, 미국은 거의 항상 옳으며, 미국은 전 세계에 평화와 민주주의를 확산시킬 특별한 사명을 지녔다는 발상이다. 전쟁과 전쟁 준비보다 외교, 경제, 문화 교류를 중시하는 균형 잡힌 대외 정책이 가져올 다면적인 이점을 대중에게 교육함으로써 그런 환상적 세계관을 상쇄할 필요가 있다.

더 나은 언론 보도는 덜 군사화된 사회를 만들기 위한 성공적 노력 중 하나일 뿐이지만 또한 필수 요소다. 거대한 전쟁 기계와 군사 우선 대외 정책을 유지하는 데 드는 비용과 결과를 충분히 이해하지 못한다면, 전쟁 기계를 통제하는 데 필요한 민주적 대항 세력을 결집하는 일은 불가능할 것이다.

11장

마음과 정신을 차지하기 위한 싸움
:할리우드와 전쟁 세탁

곡예비행팀 미국 공군 선더버즈
: 정교하게 다듬어진 홍보 기계

만약 당신이 어떤 스포츠 경기든 관람해봤다면, 가장 오래된 군사 오락 중 하나인 공중 분열식flyover(행사용 편대 비행, 저공 비행)을 바로 눈앞에서 본 적이 있을 것이다. 2024년 슈퍼볼Super Bowl(프로 미식축구 리그 결승전) 경기장 상공에서 F-16 전투기 6대가 정렬 대형을 이루며 하늘을 가르듯 날아 내려오면서 창문을 흔들자 관중석에서는 탄성과 환호가 터져 나왔다. 이런 공중 분열식만으로도 흥분되는데, 에어쇼에서 펼쳐지는 곡예비행팀 미국 공군 선더버즈United States Air Force Thunderbirds의 시범은 압도적이기 그지없다. 공연 내내 전투기 4대가 핵심 대형인 '선더버즈 다이아몬드'를 이루며 서로 불과 몇 피트 거리에서 완벽한 동기화를 유지하며 비행한다. 여객기를 타본 사람이라면 누구나 즉각 경악할 근접 비행이다. 그러나 이런 단순하고 우아한 정밀 비행은 진짜 쇼를 위한 배경일 뿐이다. 두 '솔로'가 주인공이다. 다이아몬드 대형이 마치 아무 일 없는 듯 함께 날아가는 동안, 이 2대의 곡예 비행기는 배럴 롤barrel roll(통 안쪽 벽을 따라 회전하듯 직진하는 비행-옮긴이)에서부터 공중에서 정면 충돌할 듯한 모의 공중전까지 온갖 곡예를 선보인다. 대다수 팬에게 이런 장면은 믿기 어려울 만큼 놀랍고, 자연스레 '저 조종사들과 전투기는 얼마나 대단한가'라는 생각으로 이어진다.

이런 감정이야말로 선더버즈가 의도하는 바다. 미국 공군 선더버즈의 공식 웹사이트는 자랑스럽게 이렇게 밝히고 있다. "모든 조종사가 반드시 갖추어야 할 정예 기술을 선보이는 것 외에도, 선더버즈는 최전선 전투기인 강력한 F-16 파이팅 팰컨의 힘과 최대 능력을 보여준다."[1] 선더버즈 조종사가 되기 위한 경쟁은 치열하며, 한번 그 대열에 들어섰다는 것은 문자 그대로나 비유적으로나 평생의 명예 휘장으로 남는다. 그래서 선더버즈 조종사들은 흔히 공군에서 최고 중의 최고로 여겨지며, 합류하기 전에 상당한 비행 훈련과 전투 경험을 쌓는다. 현재의 선더버즈 조종사들은 모두 공군 항공기 비행 시간이 1000시간을 넘고, 대부분 수백 시간의 전투 비행 기록을 보유하고 있다. 이들은 단순한 쇼 비행사가 아니라 군사 오락 공연을 펼치는 실제 전투 조종사다.

이 전투기 조종사들이 실제 '전투기'를 타고 있다는 점을 선더버즈는 공개 공연에서도, VIP 대상의 비공개 시승에서도 분명히 하고 싶어

한다. 공연에서는 내레이터 역할을 맡은 조종사이자 대원 스스로가 이 전투기의 놀라운 성능을 극찬하며, 이를 "공군의 대표적인 다목적 전투기"(F-35는 비켜라!)라고 소개한다.[2] 비공개 행사에서는 VIP들이 이 항공기가 아무리 멋지게 보이더라도 며칠 만에 전투 준비 상태로 재구성될 수 있다는 사실을 배우게 된다. 다만 공군은 이미 1000대가 넘는 전투 가능 F-16을 보유하고 있기 때문에, 왜 군이 이런 시범용 항공기를 그렇게 빨리 전투기로 전환해야 하는 상황이 생길 수 있는지는 명확하지 않다.[3] 그럼에도 불구하고 공군은 이 전투기의 강력함을 강조하는 것이 중요하다고 보는 듯하다. 왜일까?

그 해답은 선더버즈가 정교하게 다듬어진 홍보 기계PR machine라는 점에 있다. 대중의 시선은 하늘을 나는 6대의 전투기에 쏠려 있지만, 실제로 선더버즈는 130명 규모의 대규모 비행대이며, 그들 중 상당수의 임무는 명확히 홍보다. 그리고 그들의 일정은 떠돌이 세일즈맨조차 지칠 정도로 빡빡하다. 이 프로그램에 연관된 모든 이들(선더버즈 조종사, 항공기 정비사, 홍보 전문가, 사진가 등)은 시간 중 대부분을 한 공연에서 다음 공연으로 이동하며 보낸다. 2024년 한 해만 해도 슈퍼볼과 자동차 경주 데이토나 500, 인디애나폴리스 500에서 선보인 공중 분열식 등 전국 각지에서 34차례 공개 행사에 참여했고, 그중에는 20번이 넘는 에어쇼 공연도 포함되어 있었다.

선더버즈가 스스로 밝히는 임무는 "흥분시키고, 영감을 주는 것"이다. 이 가운데 "영감을 주는" 부분은 결국 사람들을 공군에 입대하도록 끌어들이는 것으로 이어진다. 실제로 선더버즈 비행대에는 직함이 아예 '모병관'인 공군 인원이 포함되어 있다. 다만 선더버즈에 합류할 수 있는 자격은 공군에서 3년 이상 복무한 인원에게만 주어지므로, 이 모병관들이 민간인을 곧장 선더버즈 팀으로 끌어들이려는 것은 아니다. 그들의 역할은 공군 전체를 대상으로 한 모병 활동이다.

선더버즈의 목적이 모병 활동이기 때문에, 그들은 자신들의 서비스에 대해 비용을 청구하는 경우는 거의 없다. 이는 합리적인데, 공중 분열식의 실제 비용은 상당히 비싸기 때문이다. 예를 들어 F-16 전투기의 경우, 어떤 스포츠 이벤트라도 1시간에 기체 1대당 1만 5688달러를 국방부에 지불해야 한다. 따라서 선더버즈 6대 편대의 공중 분열식이라면 약 10만 달러가 든다. 이는 군용 항공기를 오락 목적으로 사용할 때 내는 비용에 관한 국방부 공식 추정치에 따른 것이다.[4] 그러나 대부분의 경우 이 비용은 청구되지 않는다. 대신 이 스포츠 행사들은 '지역 사회 교류 활동'으로 분류된다. 국방부 공식 지침에 따르면 "군은 공중 분열식이 전국 또는 중요한 지역 방송으로 송출될 수 있거나 대중과 군을 연결하는 추가 기회를 제공할 수 있는 스포츠 이벤트를 신중히 고려해야 한다. 추가 기회에는 소셜미디어, 조종사와 승무원 인터뷰, 현장 대중 교류, 모병 부스 설치 등이 포함될 수 있다."[5]

공군이 감동시키려는 대상은 지상 관중에 국한되지 않는다. 때로는 민간인들을 전투기에 태우기도 한다. 다음 대화를 보자.

"전투기에 탑승할 수 있을 만큼 건강하다는 의사 소견서가 필요합니다."

"뭐가 필요하다고요?!"병원 접수 담당자가 놀란 듯 되물었다.

"상세히 얘기하자면 긴데, 앞으로 이틀 안에 전투기 탑승이 가능하다는 의사 소견서를 받으면 공군 선더버즈와 함께 비행할 수 있습니다."

"흠, 뭘 어떻게 할 수 있을지 한번 알아보죠."

이 잠재적 '선더버즈 체험자'는 고위 인사도, 유명 인사도 아니었다. 심지어 조종사조차 아니었다. 사실 그는 이 책의 공저자 벤 프리먼이었다. 2015년 당시 그는 공군 프로그램인 '싱코크러시Thinkocracy'에 참여하고 있었다. 이 프로그램은 싱크탱크 연구자들에게 펜타곤에서 공군의 비공개 브리핑을 듣고 피드백을 제공할 수 있는 기회를 준다. 함께 참여한 다른 연구자들 대부분은 국방부 주요 방산업체의 자금을 상당히 받는 싱크탱크 출신이었다. 그들의 발언은 누가 후원자인지를 양복에 록히드 마틴이나 레이시온 로고가 새겨져 있는 것보다 더 명확하게 드러내곤 했다.

프리먼은 이 모임에서 이질적인 인물이었다. 그는 방산업체 자금을 받지 않는 싱크탱크 소속이었고, 군 내부 고발자들과 함께 일하거나 군의 낭비성 지출을 폭로하는 데 경력 대부분을 쏟아왔다. 그는 장군들의 어깨에 달린 별에 감탄하지 않았다. 실제로 그는 미군 장성 수가 역사적으로 전례 없는 수준에 이르렀다고 상원 군사위원회에서 증언한 적도 있었다. 그가 이 자리에 있는 목적은 공군에 덕담을 해주려는 것이 아니었다. 그는 결국 자신이 받은 브리핑을 비판하기 위해 왔다는 사실을 깨닫곤 했다. 그런데도, 특히 그의 피드백이 대부분 "이 파워포인트 자료는 정말 끔찍합니다"를 다양하게 표현한 것이었음에도, 공군이 그를 계속 초청했다는 점은 주목할 만하다. 군의 슬라이드 쇼는 원래 눈에 해롭기로 악명 높은데, 이 프로그램도 예외가 아니었다. 슬라이드 한 장에 단어 수백 개가 빽빽하게 들어 있고, 예산 수치들은 웬만한 사람이라면 일주일을 들여도 소화하기 힘들 만큼 많았다. 그리고 프리먼은 파워포인트의 시각적 문제를 지적하지 않을 때조차, "정말 이런 (폭탄, 미사일, 또는 특정 기종의 항공기) 전부가 다 필요한 겁니까?" 같은 질문을 던지곤 했다.

그럼에도 공군은 끝내 프리먼을 배제하지 않았다. 그는 의사 소견서를 제출한 뒤 워싱턴 D.C. 상공을 편대로 비행하는 선더버즈 전투기의 조종석에 앉게 되었다. 당시 프리먼은 깨닫지 못했지만, 그는 단순히 선더버즈에 탑승하는 것이 아니라 군사오락복합체military-entertainment complex 속으로 들어서고 있었다. 이 복합체는 단지 경기장뿐 아니라 영화산업에도 뻗어 있었다. 지난 한 세기 동안 펜타곤 관계자들은 은밀히 영화 대본을 수정하고, 불리한 내용을 검열하고, '공식 메시지'를 유지한 할리우드 블록버스터에 사실상 보조금을 지급해왔다. 즉 오락과 전쟁의 경계를 체계적으로 흐려온 것이다.

영화 〈캡틴 마블〉은 공군 역사상 가장 효과적인 광고

펜타곤과 그 예산에 기대어 먹고사는 방산업체들은 군산복합체라는 거대한 노다지판을 계속해서 굴리려면 대중의 지지가 필요하다. 만약 납세자들이 자기 세금이 어디에 쓰이는지, 또 자신들이 돈을 대는 군사력이 어떻게 활용되는지를 비판적으로 따져 묻는다면, 연 1조 달러 규모의 펜타곤 예산 시대는 급속히 막을 내릴 수 있다. 따라서 군산복합체 입장에서는 미국 국민이 '자신들이 펜타곤과 대형 방산업체에 쏟아붓는 거의 모든 돈이 결국 안전을 더 잘 보장한다'는 믿음을 갖도록 하는 과제가 무엇보다 절실하다.

이 목표를 이루기 위해 군산복합체는 정교하고 다면적인 선전 캠페인을 펼쳐왔다. 이 캠페인은 펜타곤 예산과 관련해 "많을수록 무조건 더 좋다"라는 인식을 대중에게 심어주려고 한다. 그 방식은 다양하다. 주요 언론 매체에 보조금을 지급해 영향력을 행사하고, TV와 할리우드 영화에서 군대와 무기가 호의적으로 묘사되도록 만들고, 원격 조종 전쟁의 새로운 세계를 채워줄 모집 대상이 되는 게이머들을 겨냥해 게임 산업에 투자하고 이를 장려하는 식이다.

2019년 할리우드 상공에서 선더버즈가 멋진 편대 비행을 펼쳤다. 이는 새 영화 〈캡틴 마블Captain Marvel〉 개봉을 축하하기 위한 것이었다. 선더버즈가 상공을 날아간 이후 얼마 지나지 않아, 같은 조종사들이 제복을 입은 채 영화 시사회 레드카펫을 밟았다. 그들이 거기에 있었던 이유는 〈캡틴 마블〉이 아마 공군 역사상 가장 효과적인 광고였기 때문이다.

마블 영화 최초의 여성 주인공인 캡틴 마블은 2019년 영화에서 마블 캐릭터 유니버스Marvel character universe, MCU에 등장해 가장 강력한 어벤져스Avengers 멤버이자 미국 공군의 자랑스러운 일원으로 그려졌다. 영화에서 캐럴 댄버스는 캡틴 마블이 되기 전 1980년대 후반 공군사관학교를 졸업한 최고 수준의 조종사였다. 그녀는 공군의 F-15 이글 전투기를 몰았고, 이후 실험적 시험 비행에 나섰다가 운명의 한 비행에서 초능력을 얻게 되어 캡틴 마블로 변신하게 된다.

이와 같은 영화의 내용(그리고 선더버즈가 직접 축하 비행으로 헌정한 방식)을 고려하면, 이 영화는 노골적인 공군 홍보물이다. 제작 과정 전반과 이후 전 세계에서 10억 달러가 넘는 흥행 수익을 올리는 동안, 공군은 '공군엔터테인먼트연락실Air Force and Entertainment Liaison Office'이 영화의 내용을 지도, 관리할 수 있도록 하고 이 작품의 흥행에 편승하는 바로 그 현장에 있었다.

사실 공군은 자신들의 참여를 대놓고 과시했다. 선더버즈는 보도자료에서 자랑스럽게 밝혔다. "선더버즈는 영화 제작과 긴밀한 연관을 맺었다. 지난해 1월, 영화 제작을 준비하면서 주연 배우 브리 라슨Brie Larson과 감독 애나 보든Anna Boden이 네바다주 넬리스 공군기지에서 공군 몰입 프로그램과 F-16 비행 체험 중이던 우리 팀을 방문했다. 제작 기간 동안 선더버즈 소속 조종사 2명이 전투기 조종사들의 전통과 문화에 대해 배우 출연진과 제작진의 자문에 응했다."[6] 또 다른 공군 기사에서는 이렇게 덧붙였다. "공군 장병들은 공군엔터테인먼트연락실을 통해 마블 엔터테인먼트와 협력했으며, 이를 통해 마블은 인력과 항공기, 장비, 기술 지원, 군사 자문, 촬영지 등 자원을 직접 제공받았다." 공군엔터테인먼트연락실장 네이선 브로셔Nathan Broshear 중령은 보도자료에서 이렇게 설명했다. "우리의 임무는 엔터테인먼트 미디어를 통해 미국 공군의 이미지를 투영하고 보호하는 것이다. 〈캡틴 마블〉과 같은 대형 영화는 미국 대중에게 공군의 사람들과 문화, 유산을 알리고 교육하며 … 차세대 장병들에게 영감을 불어넣는 놀라운 플랫폼을 제공한다."[7]

차세대 공군 장병들에게 영감을 불어넣는 일. 〈캡틴 마블〉이 크게 성공한 일이었다. 시사회 이후 공군은 이 영화를 강력한 모병 도구로 활용했다. 수십 명의 여성 공군 조종사가 등장하는 감동적인 공군 모병 광고는 이렇게 설명했다. "캐럴 댄버스가 〈캡틴 마블〉에서 은하계의 가장 강력한 슈퍼히어로 중 하나가 되기 전에, 그녀는 미국 공군의 전투기 조종사였다." 이어 "당신의 오리진 스토리는 무엇이 될 것인가?"라고 묻는다.[8] 민간 온라인 군사 뉴스와 정보 포털인 밀리터리닷컴 Military.com에 따르면, 공군은 이 사전 광고를 전국 3600개가 넘는 영화관에서 〈캡틴 마블〉 상영 전에 내보내도록 배치했다. 이 광고는 2019년 모든 군종이 만든 소셜미디어 광고 가운데 가장 인기를 끌었다.[9] 주연 배우 브리 라슨은 국방부 광고에도 등장했다. 미국 공군 깃발과 전투기를 배경으로 선 그녀는 "이 영화가 어린 소녀들에게 '나도 하늘을 날 수 있다'는 마음을 불러일으키기를 바란다"라고 말했다.[10] 펜타곤은 심지어 〈캡틴 마블〉 퀴즈까지 만들어두었다.[11] 영화 개봉과 모병 캠페인 이후 공군사관학교 여성 지원자가 급증했다.[12] 해군연구소Naval Institute 블로그는 2019년 말 이렇게 축하했다. "현재 시장에서 〈캡틴 마블〉은 최고의 모병 광고다."[13]

네이선 브로셔 중령은 공군 보도자료에서 이렇게 설명했다. "이러한 파트너십은 납세자에게 어떠한 비용도 부담시키지 않고 진행된다는 점을 아는 것이 중요하다. 제작사는 특정 프로젝트에 군부대가 참여하면서 발생하는 모든 비용을 기지에 되돌려주는 데다, 우리가 투입하는 시간과 노력이 모든 관계자에게 엄청난 투자 수익률을 제공한다. … 공군 장병들은 영화 역사에 직접 참여하며, 관객들은 탁월함, 청렴성, 헌신을 삶의 가치로 삼는 그들의 모습을 정확하게 볼 수 있다."[14]

하지만 이 발언에는 몇 가지 문제가 있다. 첫째, 실제로 납세자가 부

 미국은 왜 전쟁을 멈추지 못하는가

담하는 비용은 엄청나다. 국방부 자체 회계에 따르면 〈캡틴 마블〉에는 다음과 같은 지원이 포함되어 있었다.

> 캘리포니아주 프레즈노에 주둔한 주 방위군 제144 전투비행대와 에드워즈 공군기지 소속 제412 시험비행대에서 약 50명의 공군 장병들이 영화 엑스트라로 참여했다.
>
> B-1, B-2 폭격기와 F-16, F-22, F-35 전투기, NASA의 글로벌 호크 무인기, 에드워즈 기지의 숙소, 활주로, 비행 라인, 격납고 등이 영화 촬영에 사용되었다.
>
> 약 490명의 출연진과 제작진이 37대의 트럭과 함께 기지에서 약 21일간 설치, 촬영, 철수 작업을 진행했다.[15]

영화에 등장한 군 장비만 따져도 납세자 부담 비용은 수십억 달러에 달한다. 영화에 나온 B-2 폭격기 1대만 해도 납세자 세금으로 약 20억 달러가 들었다. 수십억 달러에는 기지 사용 비용이나 이를 유지하고 영화에 출연한 인력의 비용은 포함되지 않았다. 그런데 〈캡틴 마블〉 전체 제작 예산은 1억 5200만 달러였다.

브로서 발언의 둘째 문제는, 펜타곤이 할리우드에 개입할 때의 목표는 대개 군을 온전히 사실적으로 묘사하지 못하게 하는 데 있다는 점이다. 브로서 본인은 이를 잘 알고 있었다. 그가 이끌던 사무실은 영화에서 공군을 긍정적으로 묘사하도록 대본을 수정하는 책임을 맡고 있었기 때문이다. 정부의 엔터테인먼트산업 개입을 추적하는 온라인 아카이브와 연구 사이트인 스파이컬처SpyCulture가 정보공개법Freedom of

Information Act, FOIA을 통해 확보한 1400쪽이 넘는 기록에 따르면, 공군은 〈캡틴 마블〉의 서사를 여러 차례 직접 다듬으려 했다. 결국 "대본은 국방부의 지원을 받을 것"이라는 사실이 확인되었다.[16]

공군이 〈캡틴 마블〉에 개입한 수준과 그로부터 얻은 효과는 놀라울 수 있다. 할리우드 스타들이 전투기를 직접 타고 군의 사실상 홍보대사 역할을 맡는 일이 매일 있는 것은 아니기 때문이다. 그러나 〈캡틴 마블〉과 미군의 유착은 오늘날 대형 할리우드 영화 제작에서 결코 드문 일이 아니다. 군과 조금이라도 관련이 있는 블록버스터 영화를 본 적이 있다면, 사실상 국방부의 지원 덕분에 제작된 영화를 본 셈이라고 해도 과언이 아니다.

군사와 오락의 결합
: 엔터테인먼트산업을 군과 CIA의 선전 도구로 활용하기

"대다수 사람들 머릿속에 선전 아이디어를 주입하는 가장 쉬운 방법은, 그들이 선전당하고 있다는 사실을 알아채지 못하는 상태에서 오락 영화를 통해 흘려보내는 것이다." 펜타곤 산하 전시정보국Office of War Information, OWI의 초대 국장 엘머 데이비스Elmer Davis는 이렇게 설명했다.[17] 전시정보국은 1941년 일본의 진주만 기습 공격이 일어난 지 불과 6개월 뒤인 1942년 6월에 창설되었으며, 이후 2차 세계대전 내내 프랭클린 D. 루스벨트Franklin D. Roosevelt 대통령의 중앙 선전 기관 역할을 수행했다.

2차 세계대전 사례가 군이 할리우드를 통해 이미지를 포장하려 한 첫 시도는 아니었다. 그 영예는 1915년 개봉한 인종차별 작품 〈국가의 탄생Birth of a Nation〉에 돌아간다. 이 영화는 백악관에서 상영된 최초의 영화이기도 했다. 군이 왜 이 영화에 관여했는지는 분명하지 않지만, "어떤 시각에서 보더라도 군[남부연합군]은 미화되며 정당하고 필요한 세력으로 그려진다"라고 독립 저널리스트 피어스 레드먼드Pears Redmond는 지적했다.[18] 이 영화는 두 차례 세계대전 사이 시기 동안 할리우드와 군의 더 깊은 협력을 위한 무대를 마련했다. 특히 군의 제작 지원을 받아 1차 세계대전 조종사들을 다룬 1927년 작품 〈윙스Wings〉는 아카데미 작품상을 수상했다.[19]

1차 세계대전에서도 상당한 군사 선전이 이루어졌지만, 2차 세계대전은 군사와 오락의 결합을 새로운 정점으로 끌어올렸다. 전시정보국은 전쟁 수행을 지지하도록 만들기 위해 이용 가능한 모든 매체를 활용했다. 직접 영화 제작이나 배급을 지원했고, 보도자료와 라디오 프로그램을 만들었으며, 당연히 상징적인 전쟁 포스터도 제작했다.

전시정보국이 만들어진 것은 루스벨트 대통령과 유명 방송인이던 CBS의 엘머 데이비스를 비롯한 관련 인사들이 2차 세계대전에서 승리하려면 먼저 미국 국민의 지지를 확보해야 한다고 인식했기 때문이다. "이 전쟁의 주요 전장은 남태평양이 아니다. 중동도 아니다. 영국도, 노르웨이도, 러시아 평원도 아니다. 바로 미국의 여론이다." 전시정보국 부국장 아치볼드 맥리시Archibald MacLeish의 말이다.[20] 그는 앞서 1933년 시 부문에서 퓰리처상을 받은 문인이다.

전시정보국은 2차 세계대전이 끝나면서 1945년 8월 31일 해리 트루

먼Harry Truman 대통령의 행정명령으로 폐지되었다. 그러나 매체, 특히 영화를 활용해 미국 여론에 영향을 주려 했던 전시정보국의 임무는 국방부의 엔터테인먼트연락실로, 냉전기에는 특히 CIA를 통해 계속 이어졌다.

CIA의 전신인 전략사무국OSS은 영화에 대해 전시정보국과 매우 유사한 시각을 가지고 있었다. 1943년에 배포된 전략사무국의 한 메모는 영화가 "미국이 활용할 수 있는 가장 강력한 선전 무기 중 하나"라면서 "모든 영화 기관들의 자발적 협력"을 요청했다.[21] 1947년 CIA가 공식 창설되자, 이 조직은 곧바로 미국의 새로운 적인 공산주의와의 전쟁에서 할리우드를 활용하기 시작했다.

아이젠하워 대통령은 1953년 이렇게 인정했다. "정부의 손길은 신중히 숨겨져야 하며, 경우에 따라서는 완전히 제거되어야 한다. … 이런 유형의 일은 대부분 오락, 연극, 음악 등 민간이 운영하는 각종 기업과 협력을 통해 이루어져야 한다."[22] 비록 훗날 그는 군산복합체를 비판했지만, 당시 아이젠하워는 냉전의 시작과 한국전쟁의 막바지에서 국가를 효과적으로 끌고 나가야 했다. 미국이 깊이 개입해 국민적 인기가 없던 한국전쟁에서 미군은 3만 명 이상이 전사했다.

그 이듬해 아이젠하워의 의도를 가장 잘 보여주는 영화가 나왔다. 바로 1954년 개봉한 〈동물 농장Animal Farm〉이다. 조지 오웰George Orwell의 원작은 20세기 최고의 소설 중 하나로 널리 평가받는다. 오웰이 사망한 직후인 1950년, CIA는 요원들을 영국으로 보내 그의 부인 소니아Sonia를 만나 영화 판권을 확보했다. 부인은 단 한 가지 조건으로 판권을 팔았다. 바로 자신의 우상이자 할리우드 스타였던 클라크 게이블

Clark Gable을 만나게 해달라는 것이었다.[23] 요원들은 이에 동의했지만 약속을 지키지 않았고, 이는 소니아에게 큰 실망을 안겨주었다. 그러나 이런 배신은 이후 수십 년 동안 CIA가 〈동물 농장〉과 다른 영화들에 가한 왜곡과 훼손에 비하면 사소한 일이었다.

영화 제작이 시작되었을 때 CIA는 그 줄거리에 전혀 만족하지 않았다고 프랜시스 스토너 손더스Frances Stonor Saunders는《문화 냉전: CIA와 예술·문학의 세계The Cultural Cold War: The CIA and the World of Arts and Letters》(1999)에서 전한다.[24] 손더스에 따르면 오웰의 소설《동물 농장》마지막 장면에서 공산주의자(돼지)와 자본가(인간)가 결국 동일한 존재로 묘사되는 대목과 동물들 눈에는 구분이 불가능하다는 암시는 CIA에 불쾌한 것이었다. CIA의 해결책은 단순했다. 자본가들을 장면에서 아예 없애버린 것이다. 그 결과 영화는 원작을 근본적으로 수정해, 동물들이 공산주의 돼지들에 맞서 반혁명을 일으키는 이야기로 바뀌었고, 인간(자본가)은 등장하지 않는다. 공산주의는 무너지고. 끝! 레드먼드는 이렇게 지적한다. "많은 사람이 자신이 사는 세상에 대한 해답을 오웰에게서 찾으려 하던 시기에, 그들은 오히려 공산주의를 폭력적으로 전복하는 것을 부추기는 CIA의 선전 영화를 보게 되었다. 영화 〈동물 농장〉은 전복이자 대체 서사alternative narrative의 창조였다. CIA는 은밀한 조작을 통해 오웰 소설의 힘을 자신들의 정치 의제에 맞게 이용한 것이다."[25]

이처럼 정부 전반에 걸친 암묵적 합의, 즉 엔터테인먼트산업을 군과 CIA의 선전 도구로 은밀히 활용하자는 공감대에 따라 냉전 기간 동안 수백 편의 영화와 TV 프로그램이 이들 정부 기관에 의해 직간접으로 제작되었다.[26] 예를 들어 이들은 1964년 작 〈007 골드핑거Goldfinger〉를 시작으로 거의 모든 제임스 본드 영화 제작에 관여했다.

CIA는 또 다른 조지 오웰의 소설을 원작으로 한 영화 〈1984〉의 결말도 수정했다. 소설의 마지막 문장에서, 주인공 윈스턴 스미스는 전체주의 정부의 잔혹한 세뇌 교육에 굴복하고, 서술자는 "그는 빅 브라더를 사랑했다"라고 말한다.

CIA는 그런 암시, 특히 전체주의나 공산주의식 세뇌가 효과를 발휘할 수 있다는 암시를 용납할 수 없었다. 〈동물 농장〉 때와 마찬가지로 CIA는 반혁명적 결말이 필요하다고 판단했다. 그래서 영화의 마지막은 윈스턴과 그의 연인이 "빅 브라더를 타도하라!"라고 외친 뒤 잔혹하게 살해당하는 장면으로 바뀌었다.[27]

〈탑건〉은 레이건 시대의 군비 팽창을 가능하게 한 작품

냉전 시기, 아니 그 이후까지도 군의 위상 선전에 영화가 발휘할 수 있는 힘을 가장 상징적으로 보여준 작품은 단연 〈탑건Top Gun〉이었다. 이 영화는 1986년 개봉과 동시에 박스오피스 대히트를 기록하며 약 2억 달러를 벌어들였고, 그해 가장 많은 수익을 올렸다. 젊은 톰 크루즈Tom Cruise(매버릭 역)는 외모와 자신감 넘치는 태도, 믿기 어려운 전투기 곡예비행으로 관객들을 매료시켰다. 상징적인 해변 배구 장면(상의는 벗고, 이유 없이 청바지만 입은 크루즈가 등장하는 장면)부터 레이건 시기 미국 해군 항공력의 탁월한 능력을 과시하는 장면까지, 〈탑건〉만큼 한 시대를 대표하는 영화는 드물다.

　　　　　　　　　　　미국은 왜 전쟁을 멈추지 못하는가

이 영화는 미군에 매우 중요한 시점에서 등장했다. 극심한 반발을 일으킨 베트남전쟁 후유증에서 벗어나려고 여전히 애쓰는 한편, 소련을 군비 경쟁에 지치게 해 항복시키려는 레이건 행정부의 군비 확장 정책이 한창일 때였다. 실제로 〈탑건〉이 개봉하기 1년 전인 1985년 미국 정부의 국방비 지출은 냉전 기간 전체를 통틀어(물가를 고려하더라도) 최고 수준이었다. 레이건은 소련을 명분으로 내세웠지만, 펜타곤에는 〈탑건〉이야말로 그 엄청난 군비 지출을 정당화해주는 최고의 선전물이었던 셈이다.

〈탑건〉만큼 군 모병에 도움이 된 영화는 없다. 흔히 알려진 영화의 모병 효과 수치는 다소 과장되었지만, 실제로 〈탑건〉은 모병률을 8%나 끌어올렸다.[28] 이는 놀라운 수치였다. 이 추가 군비 지출과 〈탑건〉 덕분에 촉발된 군대 지원 열풍은 실제로 1985년부터 1987년 사이 모든 군종의 현역 인원을 2만 명 이상 늘리는 데 기여했다.[29]

어떤 의미에서 〈탑건〉은 레이건 시대의 군비 팽창을 가능하게 한 작품이었다. 역으로 〈탑건〉 자체도 군의 지원 없이는 결코 제작될 수 없었다. 이 사실은 1986년 당시에도 이미 널리 알려져 있었다. 《타임 Time》의 제이컵 V. 라마 주니어Jacob V. Lamar Jr.는 이렇게 썼다.

영화 제작진은 샌디에이고 인근 미라마 해군 항공기지 사용료로 미군에 180만 달러를 지불했다. 그 외에도 항공모함 4척과 약 20대의 F-14 톰캣, F-5 타이거, A-4 스카이호크 전투기(일부는 실제 〈탑건〉 조종사들이 조종)를 제공받았다. 이런 수십억 달러짜리 장비가 없었다면 제작진은 대체 장비를 찾느라 막대한 시간과 비용을 들였을 것이고, 아예 영화를 만들지 못했을

지도 모른다.[30]

이 터무니없이 낮은 180만 달러라는 금액과 비교하면 F-14 톰캣 전투기 1대 가격만 해도 납세자 부담으로 약 2000만 달러였다.[31] 제작진이 사용한 모든 군 장비의 총가치는 수십억 달러에 달했지만, 전체 제작 예산은 약 1500만 달러에 불과했다.[32] 해군은 장비 사용료보다 훨씬 더 값진 대가를 원했다. 바로 시나리오 통제권이었다.

라마는 이렇게 썼다. "원래 시나리오는 크루즈의 동료 조종사가 공중 충돌 사고로 사망한다고 설정했다. 그러나 해군은 '조종사 추락 장면이 너무 많다'며 불만을 제기했고, 제작진은 실제 미라마 기지에서 있었던 사건(조종사가 탈출을 시도하다 사망한 스핀아웃 사고)으로 바꾸었다."[33] 결국 해군 자문단은 영화 제작진과 긴밀히 협력하며 대본의 핵심 부분을 여러 차례 수정했다.

"사람들 중 일부는 〈탑건〉이 해군을 홍보하려는 우익 영화라고 느꼈어요. 또 많은 젊은이들이 그 영화를 좋아했죠. 하지만 나는 그들에게 말해주고 싶었어요. 실제 전쟁은 그런 게 아니라고요. 〈탑건〉은 단지 놀이기구 같은 영화, 즐겁게 볼 수 있는 PG-13 등급의 오락 영화일 뿐이죠, 현실을 보여주려는 게 아니었어요." 〈탑건〉의 전쟁 묘사를 비판한 이 발언은 의외의 인물, 바로 톰 크루즈가 한 말이었다.[34]

"〈탑건〉은 말이죠, 본질적으로 파시스트 영화였어요. 이 영화는 전쟁이 깨끗하고, 전쟁을 이길 수 있다는 착각을 팔았죠. … 영화 속 누구도 '우리가 지금 3차 세계대전을 시작했다'는 말을 하지 않아요!" 영화 감독 올리버 스톤Oliver Stone은 1988년 《플레이보이Playboy》 인터뷰에서

미국은 왜 전쟁을 멈추지 못하는가

이렇게 말했다. [35]

베트남전쟁 참전 용사이기도 한 올리버 스톤은 〈탑건〉이나 〈람보 Rambo〉 시리즈 같은 영화들이 전쟁을 미화한다고 보고, 자신의 영화 〈플래툰Platoon〉(1986)을 그에 대한 해독제로 만들었다. 그의 시도는 결국 성공했고, 이 영화는 1987년 아카데미 감독상과 작품상을 수상했다. 스톤은 "이 영화는 사람들이 실제로 전쟁이 어떤 것인지를 기억하게 만든다"라면서 "다른 전쟁에 나서기 전에 두 번은 생각하게 만든다"라고 말했다. [36] 앞서 스톤은 〈플래툰〉 제작 과정에서 군의 지원을 요청했으나 거절당했는데, 이는 시사하는 바가 크다.

엔터테인먼트연락실
: 시나리오를 검토하고, 대사를 수정하고, 줄거리를 바꾸다

〈탑건〉 이후, 그리고 냉전이 끝난 뒤 미국은 조지 H. W. 부시 대통령이 '평화 배당금peace dividend'이라 부른 시기를 맞았다. 군비 지출을 줄여 그만큼의 경제적 이익을 얻을 수 있다는 발상이었다. 그 결과 1990년대에는 할리우드와 미군의 협력이 잠시 소강상태에 접어들었다. 그러나 2001년 9·11 테러와 아프가니스탄전쟁이 시작되면서 미국 정부는 다시금 할리우드에 전쟁 지원을 요청했다.

이라크와 아프가니스탄에서 벌어진 최근 전쟁을 다룬 영화들에서 할리우드는 파병된 미군의 경험을 미화하기 위해 상당한 노력을 기울였다. 예를 들어 CIA의 지원을 받은 영화 〈제로 다크 서티Zero Dark Thirty〉

(2012)는 '고급 심문 기법enhanced interrogation techniques' 즉 고문을 미화했다. 관객에게 그것이 오사마 빈 라덴의 암살 작전을 가능하게 한 결정적 정보 수집 수단이었다는 인상을 주었다.

이 영화에서 긴장감 넘치고 잔혹한 장면들이 연출될 법했으나 실제로 그런 장면은 없었다. CIA는 영화 제작진을 압박해 자신들에게 불리하게 보일 수 있는 장면들을 삭제하는 데 성공했다. 삭제된 장면에는 심문 도중 사나운 개를 이용하는 장면, CIA 요원들이 이슬라마바드의 옥상에서 술에 취해 AK-47을 난사하는 장면 등이 포함되어 있었다.[37]

9·11 테러가 발생한 지 두 달 뒤, 조지 W. 부시 대통령의 최측근 보좌관 칼 로브Karl Rove가 할리우드를 찾아갔다. 《로스앤젤레스타임스》 보도에 따르면 그는 "베벌리힐스에서 미국의 엔터테인먼트업계 거물들과 만나, 할리우드가 전 세계에 '테러와의 전쟁에서 미국은 선한 편'이라는 메시지를 전달하도록 협력하기를 요청했다."[38] 이 행사에 참석한 업계 관계자 중 다수는 로브가 영화나 프로그램의 내용을 구체적으로 지시하려 한 것은 아니었다고 말했다. 《뉴욕타임스》에 따르면 미국영화협회Motion Picture Association, MPA 회장이자 행사 공동 주최자였던 잭 발렌티Jack Valenti는 "콘텐츠 내용은 논의 대상이 아니었다"라고 했다.[39] 그러나 실제로 로브가 할리우드에 '무엇을 넣으라'고 말할 필요는 없었다. 이미 수십 년 동안 국방부 엔터테인먼트연락실Entertainment Liaison Office이 할리우드의 콘텐츠를 통제해왔기 때문이다.

이 연락실은 로스앤젤레스 도심에 있으며, 2022년 다큐멘터리 〈전쟁의 현장Theaters of War〉을 통해 그 실체가 드러났다. 이 다큐멘터리의 작가이자 감독, 출연자인 로저 스탈Roger Stahl은 조지아대학교 커뮤니케이

     미국은 왜 전쟁을 멈추지 못하는가

선학과 학과장이자 군이 할리우드, 게임산업, 다양한 엔터테인먼트 분야와 협력하는 수많은 방식을 체계적으로 분석한 최초의 책 중 하나인 《밀리테인먼트 주식회사Militainment Inc.》(2009)의 저자다. 스탈은 외모만 보면 블록버스터 영화에 출연할 법한 인물이지만, 그의 연구(그리고 다른 학자들의 비판적 기여)는 미군이 할리우드에 얼마나 깊이 개입해왔는지를 이해하는 데 핵심 역할을 했다. 요컨대 영화 제작자가 군사 장비나 군의 전문 지식을 활용하고 싶다면 군의 규칙에 따라야 한다. 보통 이 과정에서 엔터테인먼트연락실이 시나리오를 검토하고, 대사를 수정하며, 심지어 영화나 TV 프로그램의 줄거리 자체를 바꾼다. 제작자가 이런 변경을 받아들이지 않으려면 군의 지원을 잃을 위험을 감수해야 한다.

배스대학교 강사 매슈 올퍼드Mattew Alford와 탐사 저널리스트 톰 시커Tom Secker는 이 다큐멘터리에 주요 인물로 등장한다. 이들이 2017년에 함께 쓴 책 《국가 안보 시네마National Security Cinema》는 스탈의 연구를 뛰어넘어, 얼마나 많은 영화와 TV 프로그램이 펜타곤의 영향을 받아왔는지를 폭로했다.[40] 그들의 집계에 따르면 펜타곤이 개입한 영화와 TV 프로그램의 총수는 2500편이 넘는다. 올퍼드와 시커가 꼼꼼하게 기록한 바에 따르면, 군은 〈라이언 일병 구하기Saving Private Ryan〉(1998)부터 〈아마겟돈Armageddon〉(1998)에 이르기까지 거의 모든 주요 군사 관련 블록버스터 제작에 관여했다. 아울러 〈분노의 질주Fast & Furious〉 〈트랜스포머Transformers〉 시리즈 그리고 마블 시네마틱 유니버스Marvel Cinematic Universe, MCU 등 21세기 거의 모든 대형 시리즈 영화에도 손을 뻗쳤다.

그리고 이 목록은 어디까지나 군의 지원을 받아 제작된 영화와 TV

프로그램만 포함한 것이다. 엔터테인먼트연락실이 거부한 작품들은 포함되지 않는다. 거부된 영화 중 상당수는 아예 제작이 무산되었다. 다만 일부는 완성되어 오히려 할리우드 블록버스터가 되었다. 예컨대 올리버 스톤의 〈플래툰〉과 〈7월 4일생Born on the Fourth of July〉(1989)이 그 예다.

일부 사례에서 올퍼드와 시커는 정보공개법을 통해 입수한 문서(앞서 언급한 〈캡틴 마블〉 관련 자료 등)를 토대로 엔터테인먼트연락실이 어떻게 영화를 심사하고, 대본을 수정하며, 심지어 영화의 전체 줄거리까지 바꾸는지 일부 사례를 들어 구체적으로 보여주었다.

엔터테인먼트연락실이 이렇게 막강한 권한을 행사하는 이유는 단 하나다. 그들의 규칙을 따르지 않으면 그들의 '장난감(군 장비)'을 사용할 수 없기 때문이다. 이 책을 위해 인터뷰한 여러 엔터테인먼트업계 인사들에 따르면, 오늘날 군과 협력해 영화를 제작할 때 '무엇을 해도 되고, 무엇은 절대 해선 안 되는지'는 업계에 잘 알려져 있다. "그들을 전범이라고 부르면 그들이 장비를 빌려줄 리가 없죠." 익명을 조건으로 한 영화 제작자는 이렇게 말했다. "어떤 영화든 한 편을 완성하는 것은 기적 같은 일인데, 펜타곤이 수억 달러짜리 장비를 공짜로 제공해준다면, 그건 영화가 만들어질 수 있느냐 없느냐를 가르는 결정적 차이가 됩니다." 그와 다른 관계자들의 말에 따르면 할리우드에는 거대한 자기 검열 구조가 존재한다. 즉 아예 처음부터 엔터테인먼트연락실이나 각 군의 할리우드 담당 부서가 불쾌해할 만한 내용은 제안조차 하지 않는다는 것이다.

영화 제작이 사실상 군의 보조금에 의존하게 되면서 엔터테인먼트연락실은 단순한 검열자 역할을 넘어 노골적인 군사 선전까지 영화 속에 주입할 수 있게 되었다.

예를 들어 2017년 영화 〈분노의 질주: 더 익스트림The Fate of the Furious〉 중반부에서, 루다크리스Ludacris가 연기한 테즈 파커는 마치 신형 무인지상차량(장갑로봇) 립소Ripsaw의 홍보 브로슈어를 낭독하듯 연기한다. 그는 영화 속에서 이 초고속 첨단 무인 무한궤도 전투 차량 주위를 천천히 돌며 이렇게 말한다. "750마력, 6.6리터 V-8 듀라맥스 엔진, 위에는 M153 CROWS 원격 무장 체계가 탑재되어 있지." 그의 이 대사는 실제로 군의 선전문과 다를 바 없다. 이유는 간단하다. 이 대사는 엔터테인먼트연락실이 직접 작성한 것이기 때문이다. 다큐멘터리 〈전쟁의 현장〉에 따르면, 군은 영화 제작진에게 립소 2대를 빌려주는 대가로 영화 속에서 이 차량을 '광고처럼 등장시키는 장면'을 삽입하는 조건을 내걸었고, 제작진은 동의했다. [41]

립소를 홍보하는 장면이 노골적이긴 했다. 하지만 군사 광고로서 〈탑건: 매버릭Top Gun: Maverick〉만큼 효과를 올린 할리우드 블록버스터는 드물다. 아울러 전작과 마찬가지로 이 영화는 군과 협력 수준을 한 단계 끌어올렸다. 《워싱턴포스트》는 2022년 영화 개봉 직전 기사에서 이렇게 전했다. "〈탑건: 매버릭〉은 군 장비(전투기와 항공모함 포함)와 인력, 기술 지원 형태로 국방부 엔터테인먼트미디어사무국Entertainment Media Office, DOD의 전폭적인 지원을 받았다." [42] 〈탑건: 매버릭〉은 펜타곤과 협력에 그치지 않았다. 이번에는 펜타곤의 최대 방산업체인 록히드 마틴과 직접 협력했다. 록히드 마틴의 CEO 제임스 테이클릿은 개봉 시사회 레드카펫에 첨단 기술 개발 부문인 '스컹크 웍스Skunk Works'의 책임자 존 클라크John Clark와 함께 참석했다. 테이클릿은 자신의 소셜미디어 게

시글에서 이렇게 밝혔다. "스컹크 웍스는 〈탑건〉 제작진과 협력해 최첨단 미래 기술을 스크린에 구현했다."[43]

이 '최첨단 미래 기술'은 영화의 오프닝 장면에서 등장한다. 톰 크루즈가 다시 연기한 매버릭은 시험 비행을 수행 중인데, 그가 조종하는 비행기는 록히드 마틴의 비밀 프로젝트로 알려진 'SR-72' 스컹크 웍스와 매우 흡사하다. SR-72는 마하 6(음속의 6배)까지 도달할 수 있을 것으로 추정되며, 이는 미국의 다른 어떤 전투기보다 2배 이상 빠른 속도다. 영화 속 매버릭의 비행기는 이 놀라운 수준을 넘어 무려 마하 10을 돌파한다. 그 직전 장면에서 록히드 마틴의 로고가 조종석에 선명히 비친 뒤, 매버릭은 탈출하고 기체는 추락한다.

하지만 일반적으로 영화 속 군의 개입은 이렇게 노골적이지 않다. 펜타곤 계약업체의 로고를 직접 보여주거나, 할리우드 배우가 액션 장면 한가운데서 제품 광고를 읽는 수준으로 드러나는 경우는 드물다. 대부분 관객들은 단지 군의 장난감이 스크린에서 멋지게 등장하는 모습을 볼 뿐이다. 펜타곤이 대본 수정에 직접 관여하는 경우가 많다는 점을 고려하면, 영화 속에서 군 장비가 언제나 긍정적으로 그려지는 것은 전혀 놀라운 일이 아니다. 그러나 이런 이미지는 흔히 허구이며, 실제로는 결함 있는 장비(연안전투함 함정, F-35 전투기, V-22 오스프리 등)를 타야 하는 미군 병사들의 좌절과 위험을 감춘다.

2012년 영화 〈어벤져스Avengers〉에서 인크레더블 헐크는 늘 그렇듯이 몹시 화를 내며 폭주한다. 그는 신화적인 공중항공모함helicarrier(말 그대로 '하늘을 나는 항공모함') 안에서 난동을 부리고 동료인 토르를 제압한 뒤, 이번에는 역사상 가장 비싼 무기 프로그램인 F-35 전투기와 맞붙는다.

 미국은 왜 전쟁을 멈추지 못하는가

결과는 F-35에 좋지 않다. F-35가 헐크를 향해 포격을 가하자 거대한 녹색 괴물은 '헐크 스매시!'를 날리며 전투기를 박살 내버린다. 하지만 패배한 장면에서도 F-35는 여전히 멋지게 묘사된다. 영화 속 한 장면에 서는 F-35가 공중에 정지하며 단거리 이륙 수직 착륙short takeoff and vertical landing, STOVL 기능을 선보인다. 이는 F-35가 등장한 20편이 넘는 영화 중 하나일 뿐이다. 이 전투기는 〈슈퍼맨〉 영화 두 편을 비롯해 〈트랜스포 머〉 시리즈, 〈다이 하드 4.0〉, 그리고 최근의 모든 〈고질라〉 영화에도 등장했다.

F-35가 등장한 많은 영화 중 어느 한 편도 이 무기 체계의 전설적인 결함들과 납세자에게 총 2조 달러 이상이 들 것으로 예상되는 문제점 들을 보여주지 않았다. 현실에서 F-35는 엄청난 예산 초과와 심각한 성 능 한계, 개발 지연에 시달려왔다. 이 전투기의 제작사인 록히드 마틴 과 펜타곤은 이런 문제들에 대해 대체로 입을 굳게 다물었다. 그러나 2019년 《디펜스뉴스》가 입수한 미공개 문서들은 이 프로그램이 완전 히 난장판 상태임을 보여주었다. 기자 밸러리 인시나Valerie Insinna는 이렇 게 썼다. "F-35는 여전히 결함과 오류에 시달리고 있으며, 이런 문제들 이 해결되지 않으면 조종사의 안전이 위태로워지고, 전투기가 핵심 임 무를 수행할 수 있을지 의문을 던지게 된다."[44] 이후 일부 결함은 수정 되었지만 여전히 많은 문제가 남아 있다. 예를 들어 〈어벤져스〉에서 강 조된 단거리 이륙 수직 착륙 기능은 최근 몇 년 사이 여러 차례 F-35 추 락 사고를 초래했다. 펜타곤 산하 시험평가국이 2024년 발표한 보고서 에 따르면 F-35 전투기 편대의 작전 가용률은 고작 30%에 불과하다.[45] 이 때문에 정부감시프로젝트의 조사관 댄 그레이지어Dan Grazier는 F-35

를 이렇게 불렀다. "파트타임 전투기."[46]

이처럼 F-35가 안고 있는 여러 문제는 왜 선더버즈 팀이 여전히 F-35가 아닌 F-16을 운용하는지를 적어도 일부나마 설명해준다. 선더버즈는 공식 웹사이트 첫 화면에서 이렇게 밝히고 있다. "F-16은 미국 공군의 주력 다목적 전투기입니다." F-35가 아니라 F-16이라는 말이다.

이런 현실과 스크린 속 묘사의 괴리는 F-35만의 문제가 아니다. 대형 스크린에서 주연급으로 등장한 다른 여러 군사 무기 체계들도 실제로는 끔찍할 정도로 나쁜 성과를 보여왔다. 예를 들어 V-22 오스프리는 F-35보다 더 많은 영화에 등장했다. 〈미션 임파서블: 데드 레코닝〉 〈월드 인 배틀: 로스앤젤레스〉, 〈트랜스포머〉 시리즈 세 편, 심지어 〈심슨 가족 극장판〉에까지 출연했다. 영화 속 오스프리는 언제나 멋지게 비추어진다. 이유는 간단하다. 이 기체의 독특한 틸트로터tilt-rotor 구조 덕분에 상황에 따라 헬리콥터처럼 수직 이착륙하거나 비행기처럼 고속 비행할 수 있기 때문이다. 그러나 현실에서 오스프리는 '과부 제조기'라는 오명을 얻었다. 전장에서 미흡한 성능 때문이 아니라, 끊임없는 기체 결함과 잦은 추락 사고로 지금까지 60명 이상의 미군이 목숨을 잃었기 때문이다.

군이 영화에 미치는 영향력을 연구하는 사람들에게 이런 괴리는 우연이 아니라 의도된 결과다. 스크린은 이런 '문제투성이 무기들'에 주어진 최고의 홍보 수단이기 때문이다. 로저 스탈은 퀸시연구소와 한 인터뷰에서 이렇게 말했다. "미국 관객 앞에 제시되는 일련의 이미지와 이야기는 납세자 부담에 대한 모든 판단을 밀어냅니다. 비용 문제는 감정적 공감 아래 묻혀버립니다. 그리고 바로 그 감정적 연결을 조성하는

게 엔터테인먼트산업의 역할입니다." 매슈 올퍼드 역시 여기에 동의하며 덧붙였다. "펜타곤은 자신의 신무기들이 얼마나 매력적이고, 훌륭하고, 정밀하고, 유용한지를 보여줄 수 있습니다. 그 결과 대중은 무기 제작의 혼란스럽고 불쾌하며 잔혹한 현실을 보지 못하게 됩니다."[47]

할리우드가 군의 지원과 검열을 받아 제작된 영화들로 넘쳐나는 가운데, 〈플래툰〉이 한 세대 전 열었던 길을 이어간 영화들도 소수지만 존재한다. 예를 들어 2005년 작 〈자헤드Jarhead〉는 걸프전 직전 파병되는 한 해병의 삶을 냉정하게 묘사한다. 이 영화는 '사막의 폭풍' 작전에 참전한 한 해병의 회고록을 바탕으로 만들어졌으며, 전투 경험자들에게 공통으로 나타나는 여러 심리 문제(고향의 연인이 자신을 버릴지 모른다는 두려움, 전쟁이 자신을 어떻게 바꾸어놓을지에 대한 불안 등)을 정면으로 다룬다. 영화는 궁극적으로 전쟁의 무의미함과 지루함을 보여준다. 이런 주제는 많은 할리우드 영화들이 보여주는 '전쟁=오락'이라는 테마와 극명하게 대조된다. 예상대로 펜타곤은 이 영화의 시나리오를 대충 훑은 뒤 지원을 즉각 거절했다.[48]

비슷하게 〈허트 로커The Hurt Locker〉(2009)는 전쟁이 참전 병사들에게 남기는 심리적 충격과 상흔을 강렬하게 보여준다. 이 영화는 이라크에서 급조폭발물improvised explosive device, IED을 해체하는 폭발물처리반EOD 요원의 시점으로 전개된다. 영화는 그 끔찍한 경험의 잔혹함뿐 아니라, 폭발물처리반 요원이 전역 후 일상으로 복귀하는 데서 겪는 고통과 공허함, 그리고 결국 그 상황을 견디지 못해 다시 이라크로 복귀하는 비극적인 선택까지 그린다. 이라크전쟁에 참전한 병사들의 이 어두운 초상은 펜타곤의 지원을 받지 못했다. 하지만 이 영화는 이후 아카데미 작품상, 남우주연상, 감독상을 포함해 여러 주요 부문을 수상하며 크게 인정받았다.

〈허트 로커〉〈자헤드〉 등 비판적인 영화들이 이런 가혹한 현실을 담아낼 수 있었던 이유는, 바로 그들이 엔터테인먼트연락실의 지원과 그에 따른 검열을 받지 않은 데 있다. 하지만 우리가 영화를 볼 때 어떤 작품이 군의 지원과 잠재적인 검열을 받고 만들어졌는지 또는 그렇지 않은지를 알 방법은 없다. 설령 그러한 정보가 표기되더라도 영화 끝부분의 끝없이 긴 크레딧 목록 속에 파묻혀버린다.

스탈과 올퍼드, 시커 등은 이에 대해 간단한 해결책을 제안한다. 이 사실을 영화 시작 부분에 명시하라는 것이다. 관객들이 지금 보려는 영화가 군의 협력으로 제작된 작품임을 분명히 알게 하고, 그런 다음 그들이 합당하게 판단하도록 하자는 것이다.

12장

군대를 더 '디즈니스럽게' 만들기
: 펜타곤과 게임산업

비디오게임과 첨단 전쟁의 결합
: 게임과 현실의 경계가 무너지다

팔머 러키Palmer Luckey는 실리콘밸리에서 가장 부유하고 에너지 넘치는 군사 기술 사업가로 꼽힌다. 러키는 2022년 9월 "게임에서 죽으면 현실에서도 죽는" 가상현실virtual-reality, VR 게임을 만든다는 아이디어를 냈다. 그는 개인 블로그 글에서 비디오게임이 진정으로 의미 있으려면 죽고 사는 문제로 만들어야 한다고 설명했다. "그래픽을 아무리 강화해봤자 게임은 더 리얼하게 보일 뿐이다. 그러나 정말로 중요한 결과가 따르는 위협이 있어야만 당신과 게임 속 모든 사람이 그 게임을 현실로 느끼게 할 수 있다." 아마 그는 실제로 이 구상을 완전히 구현하려들지는 않겠지만, 화면에서 일어나는 일에 따라 폭발해 착용자를 죽일 수 있는 헬멧을 만들기까지 했다. 현재 그 헬멧은 실제 게임 시스템의 일부가 아니라 단순히 하나의 전시품일 뿐이다. 그러나 러키가 블로그 게시물에 쓴 마지막 문장은 결코 안심이 되지 않는다. "[헬멧은] 지금은 그저 사무실의 장식품이자 게임 디자인에서 아직 탐험하지 않은 길들을 떠올리게 하는 사색의 매개체일 뿐이다. 하지만 내가 아는 한 사용자를 실제로 죽일 수 있는 첫 번째 비허구적 가상현실 장치이기도 하다. 그리고 이게 마지막은 아닐 것이다."[1]

러키보다 나이가 많은 일론 머스크 역시 게임에 강한 관심을 보여왔다. 머스크의 회사 스페이스X가 첫 번째 우주 발사체를 개발하던 시절, 그와 직원들은 하루 일을 마친 뒤 새벽까지 비디오게임을 즐겼다. 머스크는 거의 항상 이겼다. 그의 게임 열정은 지금도 계속되고 있다. X(옛 트위터)의 〈더 돈 레몬 쇼The Don Lemon Show〉에 출연한 그는 멀티플레이어 비디오게임을 하며 휴식을 취한다고 밝혔다. 또 한때 〈퀘이크Quake〉라는 1인칭 슈팅 게임에서 프로에 가까운 수준에 도달한 적이 있다고 말했다. 그 게임에서 플레이어는 괴물 군단의 지구 침공을 막아내야 한다.

머스크의 세계에서 게임과 현실의 경계는 매우 얇다. 캐나다 뮤지션이자 '그라임스Grimes'라는 예명으로 더 잘 알려진 클레어 부셰Claire Boucher는 이렇게 말했다. "머스크는 비디오게임 말고는 취미도, 쉴 방법도 없다." 머스크가 특히 좋아하는 것은 "제국을 건설하기 위해 노력하는" 멀티플레이어 전략 게임 〈폴리토피아Polytopia〉다. 머스크는 〈폴리토

 미국은 왜 전쟁을 멈추지 못하는가

피아〉나 다른 비디오게임에 대한 관심을 이렇게 설명했다. "나는 기본적으로 전쟁에 끌리는 성향이에요."[2]

머스크는 동생 킴벌Kimbal에게 〈폴리토피아〉를 하면 CEO가 되는 법을 배울 수 있다고 말했다. 또 머스크와 그의 핵심 동료들은 '〈폴리토피아〉 인생 교훈'이라 불리는 일련의 원칙들을 사업에 적용해왔다. 예를 들어 '손실을 두려워하지 않기' '전략적으로 선제적으로 행동하기' '싸움을 신중하게 고르기' 같은 것들이다.[3]

2000년대가 시작될 무렵 많은 사람들은 화면 앞에서 보내는 시간이 늘고 그에 따라 신체 활동이 줄어드는 현상을 하나의 위기로 보았다. 그러나 미군은 이를 자동화된 전쟁 수행에 필요한 기술을 가진 인재를 찾을 수 있는 기회로 여겼다. 2001년 미국 육군과학위원회Army Science Board는 한 연구에서 "현대 청소년들의 기술과 태도는 그들의 윗세대와 다르고, 이는 미국의 새로운 '무국가형 적stateless enemies'과 싸우는 전쟁 수행에 도움이 될 것"이라고 분석했다. 이 연구는 특히 청소년들이 여러 일을 동시에 수행하는 능력을 높이 평가했다. 예컨대 음악을 들으면서 휴대폰으로 통화하고, 동시에 컴퓨터를 사용하는 능력이다. 청소년들은 책을 차근차근 읽는 것보다 '직접 체험을 통한 학습'을 선호했고, 이미지와 동영상 처리에 훨씬 능숙했다. 코리 미드Corey Meade 는 《전쟁놀이: 비디오게임과 전투의 미래War Play: Video Games and the Future of Armed Conflict》(2013)에서 이렇게 설명했다. "우연이 아니었다. 바로 이런 기술과 성향이 국방장관 도널드 럼즈펠드가 말한 '군사 혁신'의 핵심으로 간주되었기 때문이다." 그 방향은 우월한 정보력과 정밀한 타격을 통해 적을 제압하려는 첨단 네트워크형 정밀전이었다.[4]

이에 따라 미군은 2001년 부시 행정부가 새로 출범할 즈음 다음과 같이 결정했다. "군은 더 이상 포신砲身의 물리학을 가르치는 데 집중할 것이 아니라, 근접 시가전에서 매우 빠르게 상황을 식별하고 판단하는 인지적 의사결정 훈련을 시작해야 한다고 판단했다." 창의적기술연구소Institute for Creative Technologies의 전 소장 짐 코리스Jim Korris의 전언이다. 그 훈련의 상당 부분은 신병들이 이미 잘 알고 있는 상업용 비디오게임을 본뜬 시뮬레이터를 통해 이루어질 참이었다.

오늘날 미국 국방부는 병사와 조종사의 전투 훈련부터 외상 후 스트레스 장애 환자의 치료에 이르기까지 거의 모든 분야에 게임 기술을 활용하고 있다. 미국의 군과 게임산업은 밀접한 관계를 맺고 있으며, 이러한 연결은 이미 미래의 전쟁 양상을 형성하고 있다. 현대 비디오게임 기술의 기반은 주로 국방부 자금으로 개발되었고, 그 관계는 단순한 자금 지원을 넘어선다. 게임 기술이 발전하면서 게임산업이 군이 보유한 기술보다 앞서 나가게 되었고, 결국 국방부는 상업용 게임이나 그 변형 버전을 자체 훈련과 시뮬레이션 활동에 적극 활용하기 시작했다. 게임은 모병 활동에도 영향을 미친다. 군은 젊은 게이머들을 입대하도록 설득하기 위해 체계적인 노력을 기울이고 있다. 또한 실리콘밸리에서 새롭게 부상한 군사 기술 부문의 관계자들 역시 열성적인 게이머로, 게임을 경영 방식과 위험 감수 전략의 지침서로 삼기까지 한다.

결과적으로 우리는 우려스러운 미래에 다가서고 있을지도 모른다. 그 미래에는 전쟁 상황의 긴박함 속에서 일부 무기 설계자들과 군 인력이 비디오게임과 원격으로 수행되는 첨단 전쟁을 구분하지 못하게 될 수 있다.

   미국은 왜 전쟁을 멈추지 못하는가

워게임 군사 기술 발달의 역사

: 국방부와 게임산업의 주고받기

실리콘밸리의 군사 기술자들 뇌리에 워게임war game(전쟁 게임)이 깊숙이 각인되어 있다는 사실도 문제지만, 그들이 그토록 열광하는 기술들이 처음에 어떻게 탄생했는지 역시 짚고 넘어갈 필요가 있다.

우선 비디오게임산업의 규모가 얼마나 거대한지 기억하는 것이 중요하다. 영화산업과 음악산업을 합친 것보다 더 크다.[5] 그리고 앞서 언급했듯이 게임산업의 기반이 된 핵심 기술 대부분은 미국 국방부의 자금으로 개발되었다.

앞에서 이야기했듯이 게임산업이 급성장해 번성하는 상업 부문으로 발전하면서 군과 주요 방산업체들을 앞지르는 여러 기술들이 등장했다. 이들 기술은 군사 용도와 민간 용도를 모두 지니고 있었다.

군사 기획자들은 게임 기술이 조종사와 고급 군사 인력을 '몰입형 환경immersive environment'에서 훈련하는 데 활용될 수 있음을 깨닫게 되었다.[6] 그리고 군과 민간 부문 사이의 기술 격차를 수용해, 국방부는 결국 민간 기업들로부터 그래픽 기술을 구매하게 되었다.

코리 미드는 오늘날 인기를 끌고 있는 비디오게임에 대한 군의 관심이 1980년으로 거슬러 올라간다고 설명한다. 그해 아타리Atari는 1인칭 3D 슈팅 게임의 선구격인 혁신적 작품 〈배틀존Battlezone〉을 출시했다. 미국 육군은 아타리에 〈배틀존〉의 군용 버전을 개발해달라고 요청했으며, 이는 브래들리 장갑차 훈련에 활용될 예정이었다. 게임은 개발되었지만 병사 훈련에는 사용되지 않았다.[7]

군이 게임을 활용하는 방식에서 진정한 혁신이 일어난 것은 1990년이었다. 당시 미국 국방부 산하 고등연구계획국Defense Advanced Research Projects Agency, DARPA이 개발과 자금을 지원한 '심넷SIMNET'이 나오면서다. 심넷은 '전투 시뮬레이션을 위한 실시간 분산 네트워킹 프로젝트'로 군 인력의 실전 대비에 사용되었다. 그리고 1991년 걸프전쟁에서 미국이 사담 후세인의 군대를 압도적으로 격파하는 데 결정적인 역할을 했다고 평가받았다.[8]

심넷은 사담 후세인의 정규군을 무찌르는 데는 결정적이었지만, ISIS나 탈레반 같은 비정규군과 벌인 전투에서는 가치가 훨씬 떨어졌다. 국방부 관리들과 군사 기술계 리더들의 무한한 기술낙관주의techno-optimism와 달리 전쟁은 '기적의 무기'를 보유하는 것만으로 이길 수 있을 만큼 단순하지 않다.

군이 게임에 대한 관심을 지속적으로 확대해나가면서 국방부 관계자들과 월트 디즈니 이매지니어링Walt Disney Imagineering 같은 곳의 그래픽 전문가들 사이에 협력이 형성되기 시작했다. 초기 단계에서 상업용 게임 개발자들은 군의 시뮬레이션 기술 수준에 전혀 감명받지 못했다. 월트 디즈니 이매지니어링의 브루스 페런Bruce Ferren은 군 장비에 대해 "가격이 터무니없이 비싸고" 하드웨어는 "투박하고 유연성이 없다"라고 평가했다.[9]

페런의 이러한 지적은 육군과학위원회의 폴 컨Paul Kern이 "군을 디즈니처럼 만들어야 할 때"라고 선언하게 된 이유 중 하나였다. 미국 해군대학원Naval Postgraduate School의 마이클 자이다Michael Zyda는 이러한 변화를 추진하는 과정에서 핵심 역할을 했다. 그는 '모델링과 시뮬레이션: 엔

　　　　　　　　　　　　미국은 왜 전쟁을 멈추지 못하는가

터테인먼트와 국방의 연결'이라는 이름의 미국국립연구위원회National
Research Council 연구를 주도했고, 이후 대학원 내에 '모델링, 가상환경, 시
뮬레이션Modeling, Virtual Environments, and Simulation'이라는 조직을 만들었다.[10]

게임산업과 군의 관계를 더욱 긴밀히 구축하는 작업에서 핵심 역할
을 하는 또 하나의 기관은 '창의적기술연구소'다. 미국 육군과 서던캘
리포니아대학교가 함께 설립한 이 연구소는 "엔터테인먼트산업, 육군,
학계 간 협력을 통해 참가자들이 실제처럼 반응할 만큼 몰입감 있는 합
성 경험을 창조하는 것"을 목표로 한다.[11]

1990년대 전반에 걸쳐 군수산업은 게임과 시뮬레이션에 대한 관심
을 점점 강화했다. 이는 냉전 종식 이후 국방부 예산이 축소되는 상황
에 대응하기 위해서였다. 재정 압박을 받는 방산업체들은 자신들이 보
유한 기술을 상업용 게임산업으로 이전했고, 게임산업 역시 그 기술을
다시 군으로 되돌려주었다.

새로운 군 인력 확보의 원천, 게이밍 세계

게임 기술은 냉전 이후 규모가 축소된 군 조직에 잘 맞았다. 군이 예
비군에 더 많이 의존하게 되는 가운데, 예비군은 시뮬레이션 덕분에 어
디에서든 훈련을 받을 수 있게 되었다. 그 결과 비용이 절감되었고 예
비군 훈련의 부담이 줄었다. 또한 군사 훈련에서 시뮬레이션의 활용이
늘어난 시점에 실제 군사 작전 자체도 점점 게임과 닮아가기 시작했다.
대표적인 사례가 드론 조종사들인데, 이들은 외국의 전장으로부터 멀

리 떨어진 곳에서 원격 조종으로 공격을 수행했다.

오늘날 이를 잘 보여주는 사례가 '로보틱스 및 무인 시스템 통합 과정Robotics and Unmanned Systems Integration Course, RUSIC'이다. 이 과정은 6주간의 드론 전쟁 훈련 프로그램으로 노스캐롤라이나주 포트리버티에 위치한 미국 육군 존F. 케네디특수전학교에서 진행된다. 이 과정과 다른 훈련 부대를 총괄하는 스티브 슈어맨Steve Schuerman 소령은 "처음에 드론을 한 번도 조종해보지 않았던 수련생들은 6주 과정을 거치면 1인칭 시점 공격을 지능적으로 수행할 수 있는 수준에 도달한다"라고 말한다.[12]

군사 기술이 변화하고 병력 충원이 점점 어려워지면서 미군은 게이밍 세계를 새로운 인력 확보의 원천으로 주목하고 있다. 이러한 움직임은 2024년 2월 《가디언The Guardian》에 실린 〈미군은 게이밍 세계에 주목하고 있다. 그들의 목표: 10대 지원자The U.S. Military Is Embedded in the Gaming World. Its Target: Teen Recruits〉라는 기사에서 잘 드러난다.[13]

이를 위해 미국 해군은 전업으로 비디오게임을 하면서 예비 지원자들과 접촉하는 전담 게이밍팀 '고츠와 영광Goats and Glory'을 만들었다(명칭 중 Goat는 염소이자 사상 최고를 뜻하는 Greatest of All Time의 약어를 중의적으로 가리킨다-옮긴이). 육군 역시 'E-스포츠팀'을 운영하며 전국의 게임 대회에 참가해 군 복무가 '재미있을 수 있다'는 인상을 퍼뜨리고, 새로운 환경에서 잠재적 입대 대상자들과 접점을 넓히고 있다. 육군 측은 이렇게 설명한다. "이 팀은 포트녹스에 기반을 둔 '마케팅 및 참여 여단Marketing and Engagement Brigade'의 일부로 운영된다. 육군 낙하산 시범팀인 골든 나이츠Golden Knights와 육군 사격팀처럼, 육군과 육군에서 복무하는 기회에 대한 인식을 넓히는 역할을 할 것이다. 전국의 각종 대회와 행사에서

미국은 왜 전쟁을 멈추지 못하는가

육군을 대표하게 된다."[14]

육군은 이 게이밍팀 소속 인원들이 '모병관'은 아니라고 강조한다. 어쩌면 '전도사'라는 단어가 더 어울릴지도 모른다. "E-스포츠팀의 구성원들은 모병관이 아니다. 이들은 지원 역할을 하며, 젊은 세대가 군인을 다른 시각으로 바라보고, 육군 안에서 사람들이 맡을 수 있는 다양한 역할을 이해하도록 돕는다. 또한 육군이 사회와 점점 벌어지고 있는 괴리를 해소하는 데 도움을 줄 것이다."[15]

게임과 시뮬레이션, AI 군사 기술의 규제와 최적화 문제

한편 원격 조작과 버튼 하나로 이루어지는 전쟁에 대해 흔히 나오는 관점 중 하나는, 공격자가 결과를 직접 보지 않고도 적을 살해할 수 있게 된다는 것이다. 그러나 예컨대 드론 전쟁의 경우는 다르다. 조종사가 플로리다나주 네바다의 트레일러 안에서 아프가니스탄 공격을 지휘하더라도 자신의 행위가 초래한 결과를 고통스럽게 인식하게 된다. 이는 대개 공격 대상이 "피를 흘리고 죽을 때까지" 상황을 지켜보도록 요구되기 때문이다. 즉 목표물이 실제로 사망했는지 확인해 재공격이 필요 없는지 판단해야 하기에 결과를 외면할 수 없다.

사람이 세상에서 마지막 숨을 내쉬는 순간을 지켜보는 이 과정은 실제 감정적 충격을 불러일으킨다. 국방부의 한 연구에 따르면 "드론 조종사들은 이라크나 아프가니스탄에 파병된 유인기 조종사들과 동일한 수준의 우울증, 불안, 외상 후 스트레스 장애를 겪는다"라고 한다. 동일한 심리적 피해를 겪고 있는데도 드론 조종사들은 군 조직 내에서 2등 시민으로 취급받는다. 그들은 경멸적으로 '의자 공군Chair Force'이라 불리며 진급에서도 흔히 밀린다. 무인항공기가 점점 더 많은 조종사를 대체함에 따라 이러한 상황은 변할 수 있다. 하지만 현재로서는 드론 조종사들이 전투에 준하는 압박을 받으면서도 전장에 직접 참여함으로써 얻는 존경은 전혀 받지 못하는, 양쪽의 가장 나쁜 점만 떠안고 있는 셈이다.[16]

한편 게임과 시뮬레이션은 현대 전쟁의 심리적 충격을 치료하는 긍정적 역할을 하기도 한다. 비디오게임은 외상 후 스트레스 장애 환자를 대상으로 한 치료 기법인 '노출 치료exposure therapy'에 폭넓게 활용되고 있다. 이 방법은 환자를 트라우마를 유발한 경험과 유사한 상황으로 이끌되, 안전한 공간에서 안내자와 함께 단계적으로 재경험하도록 돕는다. 외상 후 스트레스 장애와 외상성 뇌손상을 겪는 전직 군인을 치료하는 한 아프가니스탄 참전 용사는 이 시뮬레이션 기술의 효과를 직접 목격했고, 노출 치료를 위한 환경이 매우 현실적으로 조성된다고 전했다. 이 기술은 아직 발전 초기 단계다. 하지만 2021년 1월《임상사회복지저널The Journal of Clinical Social Work》에 실린 논문에 따르면, 가상현실 노출 치료는 외상 후 스트레스 장애 증상 완화에 초기 임상 효과를 입증했으며 심리 장애의 평가와 치료에 상당한 영향을 미칠 수 있다.[17]

AI와 기타 신기술이 제기하는 큰 문제는 이들 기술의 군사적 활용을 어떻게 규제할 것인가이다. 마찬가지로 원격 전쟁 수단으로서 게이밍과 시뮬레이션의 활용이 확대되는 현상이 제기하는 과제가 있다. 이 기술들의 긍정적 효과를 극대화하면서 위험을 최소화하는 방법을 찾는

　　미국은 왜 전쟁을 멈추지 못하는가

것이다. 하지만 우리는 이제 막 그 방법을 고민하기 시작했을 뿐이다. AI가 우리 삶의 거의 모든 영역에 통합되고 있는 현실을 고려할 때, 이것이 가능한지조차 확신할 수 없다. AI는 사라지지 않는다. 문제는 AI를 인간의 필요에 복무하게 만들 수 있을지, 아니면 생사와 관련된 궁극적 통제권을 인간이 잃어버릴지에 있다.

4부

전쟁 기계의 미래

13장

멋지고 새로운 전쟁 기계
: 빅테크와 군수산업의 미래

자동화 전쟁 시대의 도래
: 무인, 극초음속, AI가 지배하는 전장

전쟁 기계는 2차 세계대전 이후 가장 큰 변화를 앞두고 있다. 이 변화를 만드는 주요 요인은 벤처캐피털 펀드들과 방위기술기업들의 움직임이다. 이들은 조종사 없는 무기 체계와 극초음속 무기, AI가 통합된 통신·통제 시스템 등 많은 기술 변화를 이끌 차세대 첨단 무기를 공급하고자 한다. 독립 전문가들은 자동화된 전쟁의 잠재적 위험을 경고해왔다. 가능한 위험은 오작동으로 인해 의도치 않은 대량 살상이 벌어질 위험에서부터 군인의 위험 부담이 줄어드는 만큼 정부가 전쟁을 더 쉽게 결정할 수 있게 될 가능성에 이르기까지 다양하다. 이러한 우려에도 불구하고 실리콘밸리 진영은 미국의 세계 패권을 회복하고 중국에 대한 결정적 군사 우위를 확보하는 지름길로서 차세대 무기의 개발과 배치를 전속력으로 밀어붙이고 있다. 이 무기들 중 상당수는 아직 공상에 불과하지만, 미국 전쟁 기계의 최고위층은 그 과장된 약속을 곧이곧대로 믿고 있다.

미국 국방부 부장관 캐슬린 힉스Kathleen Hicks는 2023년 8월 미국 최대 무기 제조업체 연합체인 미국방위산업협회National Defense Industrial Association 회의에서 연사로 섰다. 힉스는 그 자리에서 국방부의 새로운 계획인 '리플리케이터 이니셔티브Replicator Initiative'를 공개했다. 이 프로그램은 '자율적이며, 소모 가능한autonomous, attritable' 무기 체계를 대량으로 생산하기 위한 새로운 시도였다.[1] '자율적'이란 AI로 제어할 수 있는 무기, 즉 인간의 개입이 있든 없든 작동 가능한 무기를 의미한다. 다만 현재까지 국방부는 인간이 최종 통제권을 갖도록 하겠다고 약속한 상태다. '소모 가능한'은 전투 중 다수의 무기를 잃더라도 빠르게 대체할 수 있다는 뜻이다. 이 계획의 목표는 24시간 안에 1000개 이상의 목표물을 타격할 수 있는 군집 드론 같은 시스템을 개발하는 것이다. 힉스는 이런 체계가 단 1년 반 안에 개발될 것이라고 약속했다. 이 계획이 성공한다면 그 속도는 2차 세계대전 당시 국방부의 조달 속도에 맞먹는 업적이 될 것이다. 이 속도가 얼마나 빠른지는 F-35 전투기 프로그램과 비교해보면 알 수 있다. 1990년대 중반에 "국방부 조달 체계를 혁신할 것"이라는 슬로건 아래 개발에 착수한 F-35는 20년이 넘은 현재에도 완전히 실전에 배치되지 못하고 있다.[2]

왜 이렇게 급작스럽게 서두를까? 무기 제조업체들 앞에서 한 연설에서 힉스는 새 국방 이니셔티브의 동기를 분명히 밝혔다. 중국을 앞지르는 것이다. 이를 달성하는 것과 관련해 그는 미국 기술 분야에 대한 신뢰를 나타냈다.

> 우위를 유지하기 위해 우리는 새로운 최첨단을 창조할 것입니다. … 모든 영역에서 소모 가능하고 자율적인 시스템을 활용할 것입니다. 이를 통해 비용을 더 적게 들이고, 전선에 투입하는 인원은 줄이며, 도입(또는 조정) 소요 시간을 훨씬 단축해 더 자주 바꾸고 업데이트하고 개선할 수 있습니다. 우리는 중국 인민해방군의 '대량'에 맞서 우리만의 '대량'으로 대응할 것입니다. 그러나 우리의 것은 적이 예측하기 어렵고, 명중시키기 어렵고, 이기기 더 어려울 것입니다. 그 바탕은 똑똑한 인재와 똑똑한 개념, 똑똑한 기술, 그리고 상업 부문의 역량과 긴박한 추진력입니다.

힉스는 기술이 베이징에 영향을 미칠 것이라는 생각에 크게 고무되어 있었다. 그는 이런 첨단 체계들이 실제로 사용되든 아니든, 개발만으로도 중국 지도부를 억제할 수 있을 것이라고 주장했다. "우리는 반드시 중국 지도부가 매일 아침 일어나서 공격 가능성을 고려한 뒤 '오늘은 그날이 아니다'라고 결론 내리도록 해야 합니다. 그리고 그건 오늘만이 아니라 2027년까지, 2035년까지, 2049년까지, 그리고 그 이후까지 매일 그래야 합니다. 이 억지력을 우리가 실현하는 방식의 핵심은 혁신입니다."[3]

신흥 기술기업들과 대형 방산업체들 간 대결의 승자는 누가 될 것인가

새로운 첨단 무기라는 힉스의 비전은 새로운 기업군의 성장에 크게 의존하고 있다. 이 기업군이 힉스가 언급한 기능을 갖춘 차세대 무기 체계를 필요한 규모로 감당 가능한 가격에 개발할 수 있다. 이 때문에 미국 국방부는 지난 10년 동안 실리콘밸리와 다른 산업 혁신 거점의 기술기업들 및 인재들과 관계를 구축하기 위해 상당한 시간과 노력을 들여왔다.

이처럼 '기적의 무기' 개발을 통해 군사력 중심의 대외 정책을 유지하려는 노력은 낯설지 않은 접근 방식이다. 그것은 베트남, 이라크, 아프가니스탄 등에서 미국이 치른 주요 전쟁에서 반복적으로 실패해온 방식이기도 하다. 그럼에도 산업계와 금융권, 국방부 내의 신세대 전쟁론자들은 지난 60년간 전쟁이 남긴 핵심 교훈을 무시하고 있다. 기술만으로는 승리를 보장할 수 없으며, 특히 사회적·정치적·민족주의적 요인이 복합적으로 얽힌 전쟁에서는 더욱 그렇다는 교훈을 말이다.

신기술 전사들은 이번에는 다를 것이라고 믿는다. 그들은 국방부가 록히드 마틴과 RTX, 보잉 같은 거대 방산기업들을 제쳐두고 자신들을 무기 개발의 최전선에 세우기만 하면 된다고 본다. 기술산업이 기존 거대 방위산업계를 어떻게 바라보는지, 그 속마음은 군사 기술기업 안두릴이 발표한 선언문 〈민주주의의 병기창 재가동하기Rebooting the Arsenal of Democracy〉에 드러나 있다. 이 글은 먼저 대형 방산업체들을 고발하듯 비판하고, 이어 새로 떠오르는 기술기업들이 현재와 미래의 안보 문제를 해결할 능력을 지녔다고 주장한다.

> 우월한 군사 기술이 전쟁을 억제할 수 있는 유일한 수단이다. 2차 세계대전 이후 미국과 동맹국이 군사 기술에서 앞서 있었던 것이 3차 세계대전을 막은 결정적 요인이었다. 그러나 오늘날 이 기술 우위는 위태로워지고 있다. 기존 방산업체들은 우리가 기술 우위를 되찾는 데 필요한 기술을 만들어낼 수 없다. 우리는 민주주의의 병기창을 재가동할 새로운 유형의 방산기업이 필요하다.[4]

안두릴 문서는 록히드 마틴과 보잉 같은 거대 방산업체들의 효용성을 일축한다. 과거에는 훌륭한 일을 해냈다고 인정하면서도, 그들이 미래의 국방 수요에도 적합한지에 대해서는 의문을 제기한다.

> 왜 기존 방산기업들은 더 잘하지 못하는 것일까? 주요 방산업체들에는 애국심이 강한 인재들이 많지만, 우리에게 필요한 기술을 개발할 소프트웨어 전문성도, 적합한 비즈니스 모델도 없다. 내일의 무기들(자율 시스템, 사이버 무기와 방어 체계, 네트워크화된 시스템 등)은 모두 소프트웨어로 구현된다. 하지만 주요 방산업체들은 하드웨어에 특화되어 있다. 이들은 과거에 우리를 지켜준 도구들을 만들었지만, 미래 국방의 주체는 아니다.[5]

기술산업은 트럼프 행정부와 형성한 폭넓은 연결망을 통해 기존의 거대 경쟁자들보다 유리한 위치를 선점하려 하고 있다. 여기에는 J. D. 밴스 부통령의 군사 기술 네트워크와 일론 머스크의 전례 없는 자문 역

   미국은 왜 전쟁을 멈추지 못하는가

할이 포함된다.

대중이 신기술에 매혹되고 일론 머스크가 소유한 기업들이 성취를 보여주면서 기술산업의 정치적 영향력이 더욱 강화되고 있다. 에너지 효율적인 자동차 개발에서부터 대형 화물을 저비용으로 우주에 발사하는 기술까지, 기술산업의 혁신은 대중의 상상력을 사로잡았다. 많은 미국인은 기술산업을 미국 경제의 거대 기업들보다 더 민첩하고, 비용 효율적이며, 역동적인 존재로 본다. 또한 그들의 제품은 록히드 마틴이나 RTX 같은 전통 방산업체의 표준적 산출물보다 훨씬 멋지다고 여긴다.

기술산업과 대형 방산업체의 싸움은 '다윗과 골리앗'의 이야기처럼 보이지만, 이번 경우 크기와 힘의 격차는 그렇게 극명하지 않다. 오늘날의 다윗에 해당하는 방위기술산업은 권력층과 긴밀히 연결된 억만장자들이 이끌고 있다. 반면 골리앗인 빅5 방산업체들은 나름의 강점을 지니고 있다. 이들은 매년 1000억 달러가 넘는 국방부 계약을 확보하며, 수백만 달러 규모의 정치 자금을 쏟아부을 여유 자금, 수백 명의 인맥 두터운 로비스트, 그리고 군사기지나 군수공장 소재 지역의 의원들로 구성된 강력한 의회 기반을 가지고 있다. 이러한 영향력의 지렛대 덕분에 방위산업계는 노후 무기 체계의 구매를 줄이거나 중단하려는 국방부의 시도를 저지해왔다. 어떤 경우에는 국방부가 요청한 것보다 더 많은 예산이 특정 무기 체계에 배정되도록 만들기도 했다.[6]

다가오는 예산 전쟁의 승자는 빅5 방산업체일까, 신기술기업들일까? 이 결과를 놓고 철저히 정치적인 싸움과 더불어, 어떤 무기 체계가 가장 효과적이고 미래지향적인 국방 전략에 부합하는지를 둘러싼 세밀한 논의가 전개될 것이다.

경제적·정치적 영향력을 더 확보하기 위한 경쟁 속에서 군사 기술 옹호자들은 자신들을 새로운 부류로 내세우고 있다. 즉 지금까지는 불가능하다고 여겨졌던 문제들에 도전할 의지와 능력을 갖춘 사람들로 스스로를 규정하고 있다. 캐서린 보일Katherine Boyle은 앤드리슨 호로위츠 Andreessen Horowitz 벤처캐피털에서 아메리칸 다이너미즘 펀드를 운영하면서 안두릴과 실드 AIShield AI 같은 군사 분야 신기술기업에 투자하고 있다. 보일은 "AI의 군사적 활용을 개발하는 리더들은 인류의 미래를 위해 행동하는 더 나은 사람들, 마치 성전聖戰에 나선 이들처럼 확신에 찬 헌신을 갖춘 존재들"이라고 주장한다. 이 성전의 익숙한 목표는 바로 중국이다.

보일은 2022년 4월 발표한 〈미국의 진지함을 위한 변론The Case for American Seriousness〉이라는 글에서 실리콘밸리 기업가들은 본성이 탁월하다고 찬양한다.

> 실리콘밸리에서 자주 나오는 질문이 '비범한 기업가는 무엇이 다른가'이다. 끈기와 투지, 역경 극복, 분투, 타고난 천재성, 좋은 어린 시절, 나쁜 어린 시절, 운 등 여러 가지가 거론된다. 그러나 그중 가장 의미 있는 특성은 눈빛 속의 불꽃, 말과 행동의 격렬함이다. … 그것은 신이나 우주가 오직 당신에게만 맡긴, 누구도 대신할 수 없는 거대한 과업이 있다고 믿는 것이다. 그것은 물리 법칙에 맞서 벌이는 성스러운 전쟁이다.[7]

보일은 2023년 5월, 동료 데이비드 율레비치David Ulevitch와 함께 쓴

글 〈벤처캐피털은 미국에 베팅해야 한다 Venture Capitalists Should Bet on America〉
를 《월스트리트저널》에 기고했다. 이 글에서 보일이 구상하는 '신세대
군사주의' 비전이 더욱 구체화되었다. 보일과 율레비치는 무기 개발로
돈을 버는 것이야말로 궁극적인 애국 행위라고 주장하면서, 전통적인
'엄마와 애플파이mom and apple pie'(좋은 것, 훌륭한 것이라는 의미-옮긴이)식 애국
심을 첨단 기술 버전으로 포장해 내놓았다.

> 미국에서 가장 큰 벤처캐피털 회사 중 하나의 리더로서 우리는 이제 미국
> 에 투자해야 할 때라고 믿는다. 러시아-우크라이나전쟁, 대만해협의 긴장
> 고조, 글로벌 공급망의 취약성은 우리 기업가 계층에게 미국의 패권이 결
> 코 보장된 것이 아님을 상기시켜주었다. 하지만 미래를 걱정할 일은 아니
> 다. 점점 더 많은 창업자가 워싱턴이 가장 중요하게 여기는 항공우주와 국
> 방, 제조업, 공급망, 물리적 인프라 등 분야에서 기술회사를 세우고 있기 때
> 문이다.[8]

보일과 율레비치는 무기 신기술의 자금 조달에 대해 "민간 부문이
하게 하라"는 접근법을 취하며, 미국 정부의 노력을 대수롭지 않게 여
긴다. 그들은 이렇게 썼다. "필요한 기술에 접근하기 위해 국방부는 스
타트업 인큐베이터와 중소기업을 위한 신뢰 자본 시장 같은 실험을 해
왔다. 그러나 우리는 이러한 시도 중 상당수가 불필요하다고 본다. 벤
처캐피털이야말로 기업이 형성되고 성장하는 과정에서 인재와 위험을
평가하는 데 훨씬 더 뛰어나기 때문이다."[9]

마지막으로 이들은 신흥 방산기업에 대한 벤처캐피털 투자의 성장

을 반기며 이렇게 덧붙였다. "지난해 이루어진 벤처캐피털 펀딩 중 가장 큰 2건을 받은 스페이스X와 안두릴은 모두 국방부를 위한 해결책을 개발하는 미국의 항공우주와 방위 기업들이다. 불과 몇 년 전만 해도 상상할 수 없었던 일이다."[10]

보일의 과장된 비전이 정책결정자들에게 진지하게 받아들여진다면, 위험한 기술이 충분한 논의나 안전장치 없이 가속적으로 개발되면서 인류의 미래 자체를 위협할 수 있다. 앞서 언급했듯이 보일과 그의 동맹은 자신들이 지구의 미래를 만드는 핵심 세력이 될 것이라고 믿고 있다. AI 기반 무기의 경이로움을 거의 메시아를 대하듯이 바라보는 이들의 세계관을 생각하면, 무서운 전망이다.

국방부 내부의 중간급 관리자 중에는 AI 무기 개발을 서둘러 추진하는 데 회의적인 이들도 있다. 그러나 국방부 최고위층에서는 안두릴과 팔란티어, 앤드리슨 호로위츠 같은 기업들이 선호하는 접근 방식이 강력한 지지를 받고 있다.

국방부의 실리콘밸리 동맹 1
: 팔머 러키와 안두릴

여하튼 국방부와 기술산업의 새로운 결합은 아직 진행 중이다. 실리콘밸리와 국방부의 관계에는 부침이 많았다. 첨단 컴퓨팅부터 인터넷까지 실리콘밸리의 성장을 주도한 많은 기술은 국방 자금 지원에서 출발했다. 그러나 기술산업이 성숙하고 거대한 상업 시장을 확보하면서

   미국은 왜 전쟁을 멈추지 못하는가

국방부와 협력은 점점 덜 매력적인 선택지로 밀려났다. 국방부의 계약 절차는 느리고 관료적이다. 프로젝트가 진행되는 동안 새로운 군사 규격이 추가될 수 있는데, 이로 인해 혁신 속도가 떨어진다. 게다가 민간 시장에서 신기술기업들이 얻을 수 있는 것보다 훨씬 늦은 시점에 자금이 지급되곤 했다. 게다가 실리콘밸리의 유수 기업에서 일하는 많은 과학자와 엔지니어는 군사 관련 연구의 수행을 거부했다.

이처럼 실리콘밸리가 무기 개발을 기피하는 태도로 인해 국방부에 심각한 문제가 빚어졌다. 민간 기술기업들은 빠르고 저렴하며 성능이 뛰어난 컴퓨터와 소프트웨어 개발에서 국방부의 기존 계약업체들을 훨씬 능가하고 있었기 때문이다. 클린턴 행정부 시절부터 국방부가 더 이상 민간 산업으로 기술을 이전하는 주요 원천이 아니라는 이야기가 나오기 시작했다. 오히려 방산 부문이 우수한 민간 기술을 역으로 받아들이는 시대가 도래했으며, 그 기술들을 군사용으로 변형, 적용해야 하는 상황이 되었다.

이제 국방부가 실리콘밸리에서 동맹을 찾으려는 시도가 결실을 맺고 있다. 차세대 기술에 초점을 맞춘 새로운 기업들에서 친군사 성향의 리더들이 등장하고 있기 때문이다. 그중 한 사람이 바로 팔머 러키다. 언뜻 보기에는 군사 기술 혁명을 주도할 인물로 보이지 않지만, 그는 서른두 살의 억만장자이자 군수산업의 새로운 핵심 주자인 안두릴의 창립자다.

팔머 러키는 2012년 처음 출시되자마자 큰 인기를 끈 가상현실 헤드셋 개발사 오큘러스 VR^{Oculus VR}을 매각하면서 억만장자가 되었다. 그는 스물두 살 때인 2014년 오큘러스를 마크 저커버그의 메타^{Meta}에

20억 달러 이상을 받고 팔았다.[11] 이후 러키는 엉뚱한 사업 아이디어들을 궁리했다. 예를 들어 수감자가 첫 복역 후 재범하지 않을 경우에만 운영비를 받는 민영 교도소 체인이라든가, 하수 처리장에서 뽑은 석유로 간식을 만드는 회사를 세우는 것 등이었다.

그런데 러키에게는 속 편하게도, 그가 전혀 모르는 듯한 사실이 있다. 바로 긴 역사를 되짚어보면 기적의 군사 기술에 대한 과도한 기대가 현실에서는 항상 실패로 끝났다는 사실이다. 그는 안두릴 같은 회사들이 개발할 새로운 무기 체계가 너무나 위협적이어서 어떤 나라도 미국의 이익에 반하는 군사 행동을 감히 취하지 못할 것이라고 믿는다. 가끔 러키는 마치 인류의 보편적 우애를 증진하는 열쇠라도 되는 양 군사 기술을 따뜻하고 긍정적으로 묘사하기도 한다. 예컨대 한 콘퍼런스에서 "무기가 사람들을 더 가깝게 만들 수 있을까요?"라는 질문을 받자, 그는 "그렇다고 생각합니다. 싸움을 멈추게 하니까요"라고 답했다. 팔란티어의 CEO 앨릭스 카프는 한발 더 나아가 마치 조지 오웰의 《1984》에서 나온 듯한 주장을 펼쳤다. 그는 자신이 경영하는 회사가 가자지구에서 학살과 전쟁 범죄를 가능하게 하는 군사 시스템을 이스라엘에 제공하고 있는데도, 그런 자신들이야말로 "진정한 평화운동가들"이며 오히려 휴전을 주장하는 사람들이야말로 "전쟁운동가들"이라고 주장했다.[12]

차세대 살상 무기를 생산하는 회사를 이끌고 있으면서도 러키는 여전히 게임에 대한 집착을 버리지 못하고 있다. 그는 "세계 최대의 비디오게임 컬렉션을 소유하고 있으며, 이 컬렉션은 해체된 미국 공군 핵미사일 기지의 지하 200피트(약 61m) 아래에 보관되어 있다"라고 한다.[13]

러키는 2024년 6월 《로스앤젤레스타임스》의 샘 딘Sam Dean과 한 인터뷰에서 그 장소의 소유 여부를 인정도 부정도 하지 않았다. 대신 현재 "미국의 지상 기반 핵 억제 체계 전체를 수집하는 중"이라고 밝혔다. 자신의 목표는 그것을 거대한 박물관으로 바꾸는 것이라고 말했다.[14]

제러미 스턴Jeremy Stern은 한 글에서 러키의 모순된 면모를 절묘하게 요약했다. 그는 러키를 "엘리트에 맞서는, 복수심에 불타는 미국식 반反기득권의 상징이자, '민주주의의 병기창'을 다시 세우려는 야심가, 검은 앞머리와 턱수염, 하와이안 셔츠, 카고 반바지, 샌들 차림의 '미국의 구원자'가 될지도 모르는 인물"이라고 묘사했다.[15]

파서디나컨벤션센터에서 '클래식 테트리스 세계선수권대회'가 개최되었을 때, 러키는 현장에서 진행된 인기 팟캐스트 〈임폴시브Impaulsive〉에 등장해 로건 폴Logan Paul과 인터뷰했다. 러키는 비디오게임 중 고전작과 최신작의 장단점, 더 새롭고 나은 게임을 만드는 방법에 대해 열을 올리며 이야기했다. 그는 여전히 신작 비디오게임을 제작, 판매하고 있다면서, 과거에 자금 부족으로 출시되지 못한 게임들의 설계도를 사들여 지금이라도 완성해내고 싶다는 뜻을 밝히기도 했다. 인터뷰 도중 러키는 덧붙이듯 "아, 그리고 난 자율 무기autonomous weapon도 만듭니다"라고 말했다. 러키는 물론 폴도 이 가벼운 농담을 무척 재미있어했다.[16]

아마 러키는 전쟁 게임과 실제 전쟁의 차이를 알고 있을 것이다. 그러나 그가 군사 관련 모든 것에 집착하는 태도가 우리에게 시사하는 바는 그가 미국의 미래 군사 전략에 영향을 미치도록 놔두어서는 안 된다는 점이다. 그럼에도 그는 바로 그런 일을 시도하고 있다. 도널드 트럼프를 위한 기금 모금 행사를 주최하고, 군사 기술 혁명의 주요 이론가인 크리스천 브로스Christian Brose를 자기 회사의 최고전략책임자Chief Strategy Officer로 영입하면서 말이다.

게임이라는 환상의 세계를 넘어 현실로 돌아와, 러키는 군사 기술기업을 창업하기로 결심했다. 판타지 소설《반지의 제왕The Lord of the Rings》에 나오는 유명한 검 '안두릴'을 회사 명칭으로 정했다. 러키는 실리콘밸리의 논란 많은 군사 계약업자 피터 틸로부터 재정적·도덕적 지원을 받아 안두릴을 설립했다. 틸 역시 공동 창업한 회사 이름 '팔란티어'를 《반지의 제왕》에서 가져왔다. 이 소설에서 팔란티어는 미래를 예견할 수 있는 파괴 불가능한 돌이다.

러키의 특이한 성격은 매우 재미있을 수 있지만, 그의 회사가 생산하는 제품들은 극도로 심각하다. 안두릴은 공중용과 수중용 드론뿐 아니라 첨단 통신 시스템과 감시 시스템도 제작한다. 그중 가장 야심 찬 제품은 래티스Lattice로, 모든 사용 가능한 정보원을 통합해 군 지휘관의 손에 신속하게 전달하는 정보 수집 시스템이다. 또는 회사 웹사이트에서 말하는 것처럼 "래티스는 인간의 능력을 넘어서는 규모와 속도로 기계 간 작업을 조율해 복잡한 킬 체인kill chain을 가속화한다."[17] 기술적 전문 용어를 건너뛰어 핵심으로 들어가면, 우리가 신중하게 다루지 않을 경우 신세대 군사 기술기업이 생산하는 제품들은 인간의 통제가 거의 또는 전혀 없는 로봇 전쟁을 현실로 만들고, 이는 많은 인명 피해를 초래하는 디스토피아적 미래로 이어질 수 있다. 달리 말하면 영화〈터미네이터〉시리즈 속 최악의 장면과 같은 상황이 초래될 수 있다.

러키는 기술군사주의techno-militarism를 홍보하는 데 거침이 없다. 그는 인터뷰에서 딘에게 자랑하듯 말했다. "우리 첫 피치 덱pitch deck(스타트업이 투자 유치를 위해 작성한 프레젠테이션 자료-옮긴이)의 첫 페이지에는 안두릴이 서구 문명을 구하고, 납세자들에게 매년 수천억 달러를 절약해주는 동시에 우리도 매년 수십억 달러를 벌어들이는 회사라고 적혀 있었습니다."[18] 또한 혼동을 없애기 위해 러키는 자신이 전쟁 무기 제작을 주저하지 않는다는 점을 분명히 했다. 그는 이렇게 말했다. "사회는 언제나 선한 목표를 위해 다른 이들에게 폭력을 행사하는 일에 열정과 흥분을 느끼는 전사 계층이 필요합니다. … 자유를 지키기 위해 폭력의 도구를 만드는 데 한 치의 망설임도 없는 나 같은 사람들이 필요합니다."[19]

안두릴의 활동은 짧은 기간 동안 상당한 논란을 불러일으켰다. 그중 하나는 이 회사가 미국-멕시코 국경의 미군 기지에 감시 타워를 세운 역할을 두고 불거졌다. 이민 운동가들은 이를 비판했다. 엄격한 이민 정책을 가능하게 하는 기술회사들에 항의 활동을 벌여온 사회 단체 미헨테Mijente의 하신타 곤살레스Jacinta Gonzalez는 안두릴과 다른 기술기업들을 강하게 비판했다. 곤살레스는 "잔혹함을 돕고, 잔혹함을 촉진하며, 더 많은 사람에게 잔혹하게 대할 수 있는 수단을 제공하는 것은 전체 상황을 더욱 악화시킨다"라고 말했다.[20]

안두릴의 다른 프로젝트로는 특수작전사령부와 거의 10억 달러 규모인 무인 시스템 대응 프로젝트를 계약하는 건이 있다. 이 계약은 다른 방위 기술 스타트업들에 초기 연구개발 자금과 주요 국방부 계약 사이의 '죽음의 계곡'을 넘어설 수 있다는 '신호'로 받아들여졌다. 즉 안정된 재정 기반이 없어 사라지는 대신 국방부 계약을 발판으로 생존하며 성장할 수 있음을 나타낸다는 의미다. 싱크탱크 미국기업연구소에서 국방산업 정책 분야 프로젝트를 국방부와 함께 한 경험이 있는 빌 그린월트Bill Greenwalt는 이렇게 말했다. "이것은 스타트업과 비전통적 기업들도 실제로 연방 시장에서 성공할 수 있다는 신호를 보낸다는 점에서 매우 중요합니다."[21] 그러나 그린월트의 낙관이 현실로 나타날지는 두고 볼 일이다.

안두릴은 또한 오커스AUKUS(호주, 영국, 미국 간 3자 방위 파트너십)의 핵잠수함 거래에서도 중심 역할을 하고 있는데, 이 거래는 군축 주장자들과 전략 현실주의자들 모두로부터 비판받고 있다. 이유는 첫째, 오커스가 호주와 공유하게 될 민감한 기술이 핵무기 개발에 사용될 가능성이 있다는 것이다. 둘째, 호주에 공격용 핵잠수함을 제공하면 중국이 이에 대응해 해군 능력을 확장할 가능성이 있다는 것이다.

안두릴은 오커스 중 잠수함 부문의 핵심 참여자는 아니지만, 첨단 기술 이전과 관련된 부문에는 깊이 관여하고 있다. 싱크탱크 미국 외교협회의 간행물에 로렌 칸Lauren Kahn이 기고한 분석에 따르면, 오커스의 기술 부문은 호주가 AI 기반과 자율 능력, 특히 로봇과 자율 해저 시스템, 정밀 항법과 시간 관리 관련 양자컴퓨팅 프로젝트, 사이버, 극초음속과 대응 극초음속 기술, 전자전, 기타 기술 혁신·정보 공유 활동을 개발하도록 지원하는 것을 포함한다.[22] 현재까지 안두릴이 오커스 기술 부문에 기여한 것은 고스트 샤크Ghost Shark라는 수중 드론 잠수함으로, 이 소형 무인 잠수함은 적 함정을 추적하고 치명적인 공격을 수행할 수 있다. 안두릴은 고스트 샤크가 최대 수심 6000미터 해저에서 최장 10일 동안 자율적으로 임무를 수행할 수 있다고 주장한다.[23]

국방부의 실리콘밸리 동맹 2
: 피터 틸과 팔란티어, 일론 머스크

다음은 피터 틸이다. 그는 실리콘밸리 군사 기술 혁명의 사실상 대부로 불릴 만하다. 그의 회사 팔란티어는 2003년에 설립되었으며, 초기에는 CIA의 벤처캐피털 부문인 인큐텔In-Q-Tel로부터 지원을 받았다.

팔란티어의 주력 사업은 첨단 컴퓨팅·데이터 관리 시스템 공급으로, 이 시스템은 미국 육군이 국내 기지부터 전장 지휘관까지 데이터를 공유하는 데 사용되어왔다. 팔란티어는 또한 육군을 위해 AI의 미래 활용과 표적 선정에 관한 연구도 수행하고 있으며, 이는 '전술 정보 표적 접근 노드Tactical Intelligence Targeting Access Node, TITAN'라는 프로젝트로 알려져 있다.[24]

틸의 회사는 미국 이민세관단속국ICE의 엄격한 국경 단속을 가능하게 한 시스템을 제공했다는 비판을 받아왔다. 또한 '예측 경찰predicitive policing'이라고 불리는, 영장 없이 방대한 개인 데이터를 수집하고 알고리즘에 내재된 인종 편향에 의존해 유색 인종을 체계적이고 불공정하게 표적 삼아 처리하는 시스템을 가능하게 했다는 비판도 있다.[25]

틸은 군사 신기술 분야의 핵심 인물들에게 멘토이자 후원자로 활동해왔다. 앞서 언급했듯이 그의 벤처캐피털회사는 2017년부터 2022년까지 J. D. 밴스를 고용했으며, 이후 틸은 밴스가 오하이오주에서 미국 상원 의원 선거에 성공적으로 출마할 수 있도록 수백만 달러를 지원했다. 틸은 또한 러키가 게임산업에서 무기 제조업으로 업종을 전환할 때 초기 자금을 제공했다.

팔머 러키, 피터 틸, 일론 머스크와 이들의 동료들은 반정부 정서가 강하고 현실 인식이 왜곡되어 있다. 그렇기에 세계정세가 불확실하고 위험한 이 순간에 미국의 군사 정책을 설계하기에 가장 부적합한 인물들이다. 그러나 곧 알 수 있듯이 그들은 이미 그러한 영향력을 행사하고 있으며 앞으로 몇 년 동안 더 큰 영향력을 확보하려 하고 있다. 머스크는 도널드 트럼프의 최고 고문이자 행정부의 정부효율부DOGE 의장으로서 기업 경영자 중에서는 드물게 높은 수준의 영향력을 행사한 바 있다. 머스크는 의회와 행정부 모두에 영향력을 미치는 군사 기술 옹호자 중 한 사람일 뿐이다.

주요 무기 제조업체들이 선호하는 접근법과 달리, 실리콘밸리의 많은 군사 신기술 옹호자들은 당파성이 철저하고, 도널드 트럼프나 J. D. 밴스 같은 주요 공화당 후보들에게 돈과 영향력을 쏟아붓는다. 이에 비해 록히드 마틴이나 RTX와 같은 기업들은 양쪽 정당의 관계자들 모두와 좋은 관계를 유지하려 한다. 이는 정치적 우위가 언제 바뀌더라도 여전히 영향력 행사가 가능하게 하기 위해서다. 이처럼 더 균형 잡힌 접근 방식을 틸과 같은 극단적 자유지상주의자libertarian들은 탐탁지 않게 여긴다. 이들은 기술기업이 사실상 어떤 업무에서든 정부를 능가할 수 있다고 믿는다.

틸과 머스크는 모두 강한 반민주적 성향을 지니고 있다. 2023년《디 애틀랜틱The Atlantic》에 틸을 상세히 다룬 인물 기사가 실렸다. 오랜 시간 틸과 나눈 인터뷰를 바탕으로 작성된 이 기사는 틸이 원하는 세상을 다음과 같이 전했다. "그는 위대한 사람들이 정부 규제나 자신들의 부와 권력에 영향을 미칠 '재분배 경제'에 구애받지 않고 사회에 자신들

　　　　　　　　　미국은 왜 전쟁을 멈추지 못하는가

의 뜻을 펼칠 수 있는 세상을 갈망한다. 사실상 인류 전체에 대한 어떤 의무에도 얽매이지 않는 세상을 그는 원한다."[26] 요컨대 틸이 상상하는 이상적인 세계에서 민주주의는 발전시키고 완성해야 할 정부 형태가 아니라 극복해야 할 장애물이다.

틸의 야망은 현재의 정치적·문화적 전투를 훨씬 넘어선다. 이 기사는 이렇게 전한다. "무엇보다도 그는 영원히 살기를 갈망한다. … 그는 자신의 죽음을 피하기 위해 엄청난 금액을 썼다."[27]

머스크의 경우 트위터(현 X)를 인수한 이후 보인 행보, 즉 백인 민족주의자들을 재플랫폼하고, 그들의 견해를 반영하고, 그들의 글을 리트윗하는 행위는 그가 급진 우익 성향으로 전환하고 있음을 보여주는 또 다른 지표일 뿐이다.

《테크폴리시프레스Tech Policy Press》는 2024년 5월 〈일론 머스크의 X는 국제 외교와 민주주의에 대한 위협이다Elon Musk's X Is a Threat to International Diplomacy and Democracy〉라는 제목의 인물 기사에서, 머스크가 X를 운영하는 방식이 "폭력을 선동하고 미화하는 콘텐츠를 허용할 뿐 아니라, 이를 최소화하려는 민주주의 국가들과 적극적으로 맞서고 있다"라고 주장했다. 기사는 머스크의 지휘 아래 X에서 네오나치 성향의 사이트들이 활개를 치고 있으며, 이 플랫폼은 "인종차별, 증오 발언, 허위 정보의 안식처"가 되었다고 지적한다.[28]

머스크의 이런 접근 방식은 정치 진영에 따라 극단적으로 다른 반응을 불러왔다. 여론조사 전문 기업 퓨리서치센터Pew Research Center의 조사에 따르면, 머스크 인수 이후 X가 "민주주의에 대체로 도움이 된다"라고 생각하는 공화당원 비율은 17%에서 53%로 3배 이상 증가했다.

반면 같은 기간 "민주주의에 도움이 된다"라고 믿는 민주당원 비율은 47%에서 26%로 거의 절반으로 줄었다.[29]

틸처럼 머스크 역시 거대한 야망을 지니고 있다. 틸이 '영원한 생명'을 추구하듯이 머스크는 인류의 생명을 지구의 한계를 넘어 연장하기 위한 수단으로 '우주 식민지화'를 강력히 주장한다. 두 사람은 모두 눈부신 기술적 성취를 이루었지만, 그 경험이 그들에게 "무엇이든 가능하다"라고 믿게 만든 듯하다. 미국의 군비 지출과 전략의 미래에 막대한 영향력을 행사하는 인물들이 이렇게 생각한다면, 이는 매우 위험한 사고방식이다. 이 분야에서는 파국적 충돌을 피하려면 반드시 냉철하게 현실을 인식해야 하기 때문이다.

방위 신기술 분야 인물들이 모두 틸이나 머스크처럼 유명하지는 않다. 이 분야에서 가장 덜 알려져 있지만 가장 강력한 인물로 토머스 털Thomas Tull이 있다. 그는 자동화된 전쟁 체계를 향한 움직임 속에서 점점 더 많은 인맥과 영향력을 쌓고 있다. 털은 군사와 무관한 여러 사업에서 돈을 벌었다. 그는 세탁소 체인 운영으로 시작해 〈다크 나이트The Dark Knight〉(2008), 〈행오버The Hangover〉(2009) 같은 할리우드 히트작을 제작했으며, 미식축구팀 피츠버그 스틸러스의 공동 구단주이기도 하다. 아이러니하게도 중국을 '앞지르기' 위한 첨단 무기 개발에 뛰어들 자금을 마련한 초기 자본은 그가 자신의 영화사를 중국 대기업에 매각하면서 얻은 것이다.[30]

털은 안두릴과 실드 AI 같은 회사에 수억 달러를 투자했다. 실드 AI는 미군과 이스라엘군이 사용하는 자율 드론 소프트웨어를 개발한다. 기술 전문 매체 《디인포메이션The Information》의 줄리아 블랙Julia Black은

“틸과 그 동료들의 사업에 군사화되고 무장화된 미국이 좋은 기회를 제공한다”라고 지적했다. [31]

틸의 친구이자 팔란티어 공동 창업자인 조 론스데일Joe Lonsdale은 줄리아 블랙과 한 인터뷰에서 틸의 폭넓은 영향력을 이렇게 설명했다. “합참의장과 전 하원의장들, 의회의 중국공산당 특별위원회 위원들까지 틸을 존중하며 그의 조언을 구한다.”[32]

틸의 영향력을 보여주는 한 가지 징표가 2024년 그가 자신의 아이다호주 목장에서 개최한 비공개 행사였다. 이 자리에는 초대형 기업의 경영진과 기술 투자자들, 양당 관계자들이 참석했으며, 이들은 등산과 사냥을 즐기면서 미국의 국가 안보 문제를 논의했다. [33] 이 모임은 새로 부상하는 군사 기술을 어떻게, 어느 정도까지 적용할 것인지를 놓고 진행된, 전국 공개 토론이 아니라 비밀스러운 만남이었다. 참석자들에게는 매우 유익한 자리였다. 언론이나 일반 대중의 감시에서 벗어나 차세대 군사 기술을 발전시키고 그로부터 이익을 얻는 전략을 모색할 수 있었기 때문이다.

국방부의 실리콘밸리 동맹 3
: 에릭 슈밋과 AI

하이테크 군사 체계를 구축하려는 움직임의 또 다른 핵심 인물은 전 구글 CEO 에릭 슈밋Eric Schmidt이다. 그는 머스크나 틸 같은 산업계 리더들과는 다른 접근 방식을 취한다. 민주당원인 그는 군사 분야를 넘어 훨씬 더 광범위한 영역에 관심을 두고 있으며, 새로운 기술이 사회를 어떻게 재편할지, 그리고 더 나아가 '인간이란 무엇인가' 하는 문제에 대해서까지 일종의 철인哲人 통치자처럼 사유하는 인물로 평가받는다.

슈밋은 이미 오래전부터 이런 문제들에 관심을 가져왔고, 2021년 고故 헨리 키신저Henry Kissinger와 함께 쓴《AI의 시대와 우리 인간의 미래 The Age of AI and Our Human Future》에서 자신의 견해를 정리해 제시했다.

그는 AI의 잠재적 위험을 인식하고 있지만, 동시에 AI의 군사적 활용을 촉진하려는 움직임의 중심에 서 있기도 하다. 설령 그가 실리콘밸리의 일부 신흥 인물들처럼 '구세주적' 태도를 취하는 대신 표면적으로 더 사려 깊어 보이는 접근을 취한다고 해도, 과연 AI의 군사적 응용에 대해 그가 더 안전하고 이성적인 정책 방향을 세우는 데 기여할지는 여전히 미지수다.

AI는 우리가 알고 있는 삶을 얼마나 바꾸어놓을까? 이에 대한 슈밋의 견해는 '놀라울 만큼 크다'는 것이다. 그는 키신저와 공저한 책에서 AI가 "근대의 탄생 이래 유례없이 인간의 정체성과 인간 경험을 변화시킬 것"이라고 주장하며, 그것이 "철학자와 신학자, 과학자가 수천 년간 부분적으로만 이루어낸 '사물의 본질에 다가가려는 진보'를 예고한다"라고 썼다.[34]

슈밋이 AI의 잠재적 영향력을 전적으로 긍정적으로만 보는 것은 아니다. 그가 참여한 AI 관련 정부 위원회 역시 AI의 군사적 활용이 초래할 위험을 충분히 인정했다. 남은 질문은 하나다. 이런 오남용을 막기 위한 강력한 안전장치를 그가 실제로 지지할까? 슈밋은 2017년부터 2020년까지 미국 국방부 산하 국방혁신위원회 위원장으로 재직하면서

'차세대 무기 운용 과정에서 인간이 항상 결정 과정에 관여한다'는 원칙을 담은 AI 활용 지침의 토대를 마련했다.[35] 그러나 한 기술업계 평론가가 지적했듯이 수사적인 표현을 걷어내고 나면 그 지침은 "사실상 아무것도 막지 못한다."

이해 충돌의 소지도 있다. 실제로 엘리자베스 워런(매사추세츠주·민주당) 상원 의원과 여러 공공 윤리 옹호자들은 슈밋이 국방혁신위원회 위원장을 맡은 것이 이해 충돌에 해당하지 않는지 의문을 제기했다.[36] 슈밋이 설립한 비영리 단체인 특별경쟁연구프로젝트Special Competitive Studies Project는 사명을 이렇게 밝히고 있다. "AI가 우리의 국가 안보와 경제, 사회를 재편하는 시대에 미국의 장기적 경쟁력을 강화하는 것." 이 단체는 군과 기술산업의 유력 인사들, 말하자면 그 분야의 거물들과 긴밀히 연결되어 있으며, 군사 기술 개발에 대한 규제 완화를 적극 밀고 있다. 더 나아가 슈밋은 2023년 화이트 스토크White Stork라는 군사용 드론 회사를 직접 설립했으며, 《포브스》 보도에 따르면 이 회사는 실리콘밸리 교외 멘로파크에서 시스템 시험을 비밀리에 진행해왔다.[37]

이제 문제는 슈밋을 설득해, 그가 자신의 큰 영향력을 AI가 가장 위험하게 이용될 가능성을 제어하는 데 행사하도록 할 수 있는가이다. 불행하게도 그가 AI의 전쟁 수행 능력 증강에 의욕을 보이고 있다는 점을 고려할 때 그럴 공산은 작아 보인다. 이와 관련해 아인슈타인이 1930년대에 루스벨트 대통령에게 보낸 서한 중 다음 내용을 떠올려보자. "때때로 신무기와 신기술이 도래하면서 상황을 바꿉니다." 그는 이어 핵무기라는 신기술이 전쟁을 바꿀 것이라고 내다봤다. 그리고 실제로 그렇게 되었다. (AI가 구동하는) 자율적이고 분산된 시스템은 무척 강력

할 것이다. [38]

앞서 언급한 위험을 고려하면 군사화된 AI를 핵무기 발달과 비교하는 것은 걱정을 덜어주지 않는다. 둘의 결합, 즉 핵무기가 인간 개입 없는 자동 시스템으로 통제될 가능성은 지금까지는 배제되어왔다. 그러나 계속 그럴지는 장담할 수 없다. AI가 언제, 어떻게 활용될지에 대한 강력하고 강제할 수 있는 안전장치가 없을지도 모른다.

불황을 타지 않는 분야, 방위산업

신기술기업들과 기존 대형 군수기업들 간 자금 경쟁은 이제 막 시작 단계에 있다. 미국 국방부는 신기술을 적극 수용하겠다는 화려한 언사와 달리 현재까지는 연간 예산 중 상대적으로 적은 부분만 신기술 개발에 배정했다. 방위 신기술기업들의 네트워크인 실리콘밸리방위그룹Silicon Valley Defense Group은 국방부와 정보 기관이 군사 신기술기업에 대한 투자를 충분히 하지 않고 있다고 비판하면서, 이러한 관행은 결국 중국만 이롭게 할 것이라고 주장한다.

현재까지 미국 국방부와 정보 기관은 신흥 벤처 기반 방위 및 민군 이중 용도dual-use 스타트업들이 주요 방위 획득 프로그램의 일부가 되도록 하기 위한 약속을 지속적으로 내놓지 않은 채 말뿐인 찬사와 소소한 혜택만 제공해왔다. 아이러니하게도 이들이 이 생태계에 진지한 약속을 하지 못하는 동안 중국은 민군 융합Civil/Military fusion을 적극적으로 받아들여 '상업' 스

타트업을 긴밀히 통합하고 중국의 혁신 속도를 가속화하고 있다.[39]

군사 기술 스타트업에 대한 자금 격차(만약 실제로 존재한다면)는 현재 벤처캐피털과 사모펀드가 메우고 있다. AI의 군사 응용 같은 신기술에 얼마나 많은 벤처캐피털 자금이 투입되는지 정확하게는 알 수 없지만, 수십억 달러 규모이며 계속 증가하고 있다. 2023년《월스트리트저널》은 매년 약 60억 달러의 벤처캐피털 자금이 군사와 항공우주 분야로 유입된다고 추정했다.《파이낸셜타임스》는 이 수치를 훨씬 높게 잡아, 방위와 무기 기술 스타트업에 대한 벤처 투자금이 2019년 약 160억 달러에서 2022년 330억 달러로 증가했다고 주장했다.[40]

《뉴욕타임스》는 2023년 12월 더 높은 수치를 제시했다. "지난 4년 동안 방위 기술을 개발하는 스타트업에 최소 1250억 달러의 벤처 자본이 몰렸다"라면서 "이는 피치북PitchBook이 수집한 데이터에 따른 것으로, 이전 4년 동안의 430억 달러와 비교된다"라고 보도했다.[41]

군사 기술 분야로 흘러들어가는 벤처캐피털 자금의 규모에 대한 추정치가 크게 엇갈리는 것은 이 영역의 투명성이 얼마나 부족한지를 보여준다. 문제를 면밀히 연구한 전문가들조차 대략적인 추정을 내놓는 수준이다. 그러나 한 가지는 분명하다. 무기 신기술에 흘러드는 민간 자금의 규모는 매우 크고, 계속 증가하고 있으며, 국방부의 유사한 지출과 맞먹거나 이를 능가하고 있다.

왜 지금일까? 유력 벤처캐피털회사 파운더스 펀드Founders Fund의 파트너 트레이 스티븐스Trae Stephens는《월스트리트저널》과 한 인터뷰에서 이렇게 답했다. "이제는 암호화폐에 자본을 투입할 수 없고, 전자상거래에도 자본을 투입할 수 없습니다. 그렇다면 어디에 자본을 투입할까요? 불황을 타지 않는 분야가 있습니다. 바로 방위산업이죠."[42]

국방부는 대학의 신기술 연구에 막대한 자금을 쏟아붓고 있지만, 생산 단계에서는 심각한 난관에 부딪히고 있다. 미국의 방위산업계가 새로운 시스템을 빠르고 저렴하게 대량 생산하고 단기간에 대체품을 만들어낼 수 있다는 생각은 지난 수십 년의 경험과 정면으로 배치된다. 이는 현실과 동떨어진 낙관적 기대일 뿐이며, 결과적으로 최악의 상황을 초래할 수 있다. 즉 미국이 그 기술을 실질적으로 개발, 통합할 수 있을지 불확실한 상태에서 중국이 차세대 군사 기술에 대한 투자를 늘리도록 자극하는 것이다.

이러한 신형 시스템들이 개발, 배치되면 안보가 강화되기는커녕 오히려 세상을 더 위험하게 만들 수도 있다. 공익 단체 퍼블릭 시티즌Public Citizen은 보고서에서 "AI를 국방부의 일상 업무, 전장 의사결정, 무기 체계에 도입하는 것은 수많은 위험을 초래한다"라고 지적한다. 예를 들어 현재 국방부 지침은 치명적 무력을 행사하는 결정에 반드시 인간이 개입하도록 규정하고 있지만, 자율 무기가 대규모로 생산되면 인간 개입 없이 사용하려는 유혹이 커질 것이다. 그 결과 다양한 부정적 연쇄 효과가 발생할 수 있다. 즉 목표물을 비인간화하고, 전쟁 개시를 더 쉽게 상상하게 만들며, 복잡한 시스템 중 하나의 오작동으로 대규모 학살이 발생할 위험이 커질 수 있다.[43]

AI와 기타 신흥 군사 기술의 위험은 "핵 영역으로까지 확장될 가능성이 있다"라고 군사 분석가 마이클 클레어Michael Klare는 군비통제협회Arms Control Association를 위한 분석에서 경고한다. 그는 "[AI 기술이] 충돌의

미국은 왜 전쟁을 멈추지 못하는가

단계적 상승을 촉발하거나, 재래식 공격과 핵 공격의 구분을 흐리게 만들 수 있기 때문"이라고 이유를 설명한다. 클레어는 또한 차세대 기술에 수반되는 기술적 결함의 실제 위험에 대해서도 경종을 울린다. "자율주행차나 안면인식 시스템처럼 AI가 통제하는 비군사적 장치들도 이미 위험하고 예측 불가능한 방식으로 오작동한 사례가 있다. 전쟁 중 이러한 AI 기반 무기 체계에서 유사한 실패가 발생한다면, 그 결과는 민간인의 의도치 않은 대량 학살이나 핵전쟁의 발발로 이어질 수도 있다."[44]

이 모두가 AI를 군사 작전에 적용하기에 앞서 신중하게 속도를 늦추고 결과를 평가해야 할 강력한 이유다. 위험 평가를 형식적으로 언급만 하면서 자율 무기 체계의 배치를 향해 전속력으로 나아가는 무비판적 응원에 빠져서는 안 된다.

비록 펜타곤과 과학계에서 AI 기반 로봇 무기 배치와 관련된 잠재적 위험에 대해 논의가 이루어지고 있기는 하지만, 이런 우려는 이 기술에 쏟아지는 과열된 수사와 막대한 자금에 덮여버릴 수 있다. 그 결과 기술적 특성이 충분히 검증되기 전에 시스템이 배치될 위험이 있다. 더욱 심각한 것은 자율 무기 체계의 조기 배치가 클레어가 말한 '자동화된 학살'(시스템 오류로 인한 대량 살상)로 이어질 수 있다는 점이다. 그리고 AI가 핵무기 통제에 사용된다면, 우발적인 핵 충돌의 가능성이 크게 높아질 수 있다.[45]

미국과 중국 간 신기술 분야 군비 경쟁은 억제력을 강화하기는커녕 오히려 두 핵 보유 강대국 간 전쟁 발발 가능성을 키울 수 있다. 이는 전례 없는 대재앙을 초래해 모든 당사자에게 파멸적인 피해를 안길 것이다.

일부 분석가들은 국방부가 군사 시스템에 AI를 도입하고 활용하기 위한 기본 원칙을 수립한 점을 긍정적으로 평가한다. 실제로 국방부는 AI의 군사적 활용에 수반되는 위험을 인식하고 있다. 퍼블릭 시티즌이 2024년 발표한 AI 군사 이용 관련 보고서에 따르면, 국방부는 "자율, 준자율 무기 체계의 실패로 인해 의도치 않은 교전이 발생할 가능성과 그 결과를 최소화해야 한다"라고 밝혔다.[46] 또한 국방부는 자율 시스템이 "지휘관과 운용자가 무력 사용에 대해 적절한 수준의 인간적 판단을 행사할 수 있도록 설계될 것"이라고 약속했다.[47]

이러한 통제 방안 제안은 그러나 신기술을 최대한 빠르게 군사적으로 적용해야 한다는 국방부의 다른 입장과 모순된다. 예를 들어 퍼블릭 시티즌이 지적했듯이, 국방부는 2023년에 〈데이터, 분석, 그리고 AI 채택 전략: 의사결정 우위 가속화 Data, Analytics, and Artificial Intelligence Adoption Strategy: Accelerating Decision Advantage〉라는 보고서를 발표했다. 이 보고서의 부제는 전략의 핵심 메시지를 명확히 드러낸다. 즉 AI는 국방부의 전투력과 기타 역량을 강화하는 강력한 도구이며, 국방부는 AI 기술의 개발과 도입을 가속화해야 한다는 것이다.[48]

국방부의 AI 전략 보고서가 이처럼 신속한 배치를 권장하는 것은 2022년에 발표된 기존의 원칙과 상충한다. 당시 국방부는 "AI 프로젝트의 초기 단계부터 잠재적 위험이 고려되도록 AI 제품과 획득 수명주기 전반에 걸쳐 적절한 주의를 기울이고, 이러한 위험을 완화하거나 보완하며, 의도치 않은 결과를 줄이기 위한 노력을 병행해야 한다"라고 밝혔다. 그러나 동시에 "국방 전략이 요구하는 속도로 AI 개발이 이루

     미국은 왜 전쟁을 멈추지 못하는가

어질 수 있도록” 해야 한다고 덧붙였다.[49] 비슷하게 조 바이든 행정부의 공군장관 프랭크 켄들Frank Kendall도 2023년 12월 로널드 레이건 국방포럼에서 자율 무기가 제기하는 윤리적·기술적 문제를 인정하면서도 배치가 불가피할 수 있다고 시사했다. 그는 이렇게 말했다. “전장에서 가장 중요한 변수는 시간이다. AI는 인간보다 훨씬 더 복잡한 일을 훨씬 더 정확하고 빠르게 수행할 수 있다. 인간이 통제 루프 안에 있으면 패배한다. 인간이 감독하고 AI의 작동을 지켜볼 수는 있지만, 개입하려들면 결국 전쟁에서 패할 것이다.”[50]

일부 비평가들은 국방부의 AI 군사 배치 규정이 충분히 강력하지 않다고 지적한다. 휴먼라이트워치와 하버드대학교 로스쿨이 공동으로 수행한 국방부 정책 검토 보고서는, 국방부가 문제의 심각성을 인식한 점은 긍정적으로 평가하면서도 여러 결함을 지적했다. 특히 ‘비상사태’ 면제를 이용해 AI 군사 배치 규정을 완화하거나 무력화할 가능성이 있다는 점을 우려했다. 또한 이번 새 정책은 2022년 문서와 달리 ‘통제’라는 단어조차 사용하지 않았다. 2022년 문서에서는 AI가 통제하는 무기가 제3자 손에 들어갈 위험을 포함해 여러 문제를 경고했다.[51] 그뿐 아니라 이번 지침은 국방부에만 적용되며, CIA나 세관국경보호국처럼 자율 무기를 사용할 가능성이 있는 다른 기관에는 적용되지 않는다. 퍼블릭 시티즌은 이에 대해 이렇게 지적했다. “이 지침의 가장 큰 결함은 본질적으로 치명적 자율 무기의 개발과 배치를 허용하고 있다는 점이다.”[52]

한편 국제적으로 군사 신기술의 사용에 제동을 걸기 위한 움직임도 진행되고 있다. 이 노력은 국제로봇무기통제위원회International Committee for

Robot Arms Control, ICRAC가 주도하고 있다. 국제로봇무기통제위원회의 사명 선언문은 "이러한 시스템이 초래할 위협을 줄이기 위한 군비 통제 체제에 관한 논의"를 촉구한다. 국제로봇무기통제위원회가 제안하는 주요 논의 의제에는 다음이 포함된다. 로봇 무기가 무력 충돌의 문턱을 낮출 잠재력에 대한 논의, 인간의 개입 없이 작동할 수 있는 무장 자율 무인 시스템의 개발과 배치 금지, 인간이 통제 루프에 개입하는 자율 무기 시스템의 범위 제한, 무인 시스템에 핵무기 장착 금지, 우주 공간에서 로봇 무기 사용 금지.[53]

초군사화되고 반민주적인 병영 국가의 등장 가능성

도널드 트럼프의 백악관 복귀는 방위산업계에서 엇갈린 반응을 불러일으켰다. 빅5 방산업체들은 대통령이 제시한 효율화 추진에 따라 정부 낭비 삭감에 대한 진정성의 본보기로 자신들의 주요 프로그램 중 하나가 취소될 가능성을 우려했다. 이들을 더 불안해하게 만드는 발언이 2024년 11월 나왔다. 대통령 당선인이 구상한 정부효율부의 공동 의장으로 임명된 일론 머스크가 X(옛 트위터)에 올린 글에서 록히드 마틴의 최고 수익 프로그램인 F-35를 공개적으로 비난한 것이다. 머스크는 F-35에 대해 "기능은 많으나 뭐 하나 똑 부러지지 않는 데다 비싸고 복잡하다"라며 "성공은 애초에 가능성의 범주에 없었다"라고 비판했다. 그는 한발 더 나아가 설령 완벽하게 작동하더라도 F-35를 더 구매하는 것은 잘못된 결정이라고 주장했다. "드론의 시대에 유인 전투기는 이미 구식이다. 조종사들만 죽게 될 것이다.”[54] 머스크의 대안 역시 X를 통해 제시되었는데, 그것은 실리콘밸리의 동료 기업들이 제작할 더 많은 드론이었다. “미국은 장거리 드론(공중, 수상과 수중)과 극초음속 미사일을 대량으로 보유해야 한다. 유인 장비는 드론 전쟁에서 순식간에 파괴될 것이다.”[55]

이에 대해 록히드 마틴의 최고재무책임자CFO 제이 말라베Jay Malave는 신중한 반응을 보였다. 그는 “새 행정부라면 우선순위를 재조정하려 할 것”이라면서 “우리는 그런 변화에 익숙하고, 예산 환경이 달라져도 신속히 적응할 수 있다”라고 말했다. 말라베는 나아가 정부의 효율화 구상 속에서 산업계에 오히려 ‘전화위복’의 기회가 있을 수도 있다고 덧붙였다. “정부 효율화는 감축을 통한 추가 투자를 의미할 수도 있다. 일부 사업이 축소되거나 폐지되더라도, 다른 분야에 우선순위를 두는 결과를 통해 이전 행정부보다 예산 요구액이 더 커질 수도 있다.”[56]

하지만 말라베의 기대대로 국방부 예산이 증가하더라도 록히드 마틴이나 빅5의 다른 기업들이 그 혜택을 직접 누릴 것이라는 보장은 없다. 이들 기업은 머스크가 강조한 극초음속 무기 개발 경쟁에는 참여하고 있지만, 그가 주장하는 대형 드론(F-35 같은 주력 사업의 구매를 대체하거나 축소시킬 수 있는 무기)을 생산하지는 않기 때문이다.

한편 신기술 분야의 리더들은 11월 대선 이후 전속력으로 움직이기 시작했다. 앞서 언급했듯이 스페이스X를 이끄는 머스크는 중국을 앞지르기 위한 국방부의 전략적 초점 속에서 수십억 달러 규모의 신규 계약을 받을 준비가 되어 있었으며, 인수인계 기간 동안 트럼프의 최고 고문(일부 언론의 표현대로 ‘퍼스트 버디first buddy’) 역할을 맡았다. 그는 우크라이나의 볼로디미르 젤렌스키Volodymyr Zelensky 대통령 같은 해외 정상들과 전화 회담에 참여하는 것부터 주요 인사 추천과 의회 예산 결의안에 대한 조언까지 폭넓게 개입했다. 실리콘밸리의 또 다른 핵심 인물인 벤처캐피털회사 앤드리슨 호로위츠의 마크 앤드리슨Marc Andreessen 역시 새 행정부 인선 후보들을 심사하고 있었다. 게다가 머스크는 정부효율부의 공동 의장으로서 예산 심의의 출발점을 설정할 권한까지 지니고 있었다.[57] 이 모든 것을 고려하면 아직 정식으로 집권하기도 전에 새 행정부에 이토록 막대한 영향력을 행사한 산업 분야는 현대사에서 전례를 찾기 어렵다.

실리콘밸리 무기 제조업체들의 부상은 트럼프 1기 행정부 시절의 상황과 뚜렷하게 대비된다. 당시 트럼프 행정부는 빅5 방산업체 출신 인사들에게 크게 의존했다. 이 초대형 기업들의 영향력은 정부 최고 위층부터 시작되었다. 트럼프 행정부 시기 국방장관 4명 중 3명이 취임 전 빅5 방산업체의 임원 또는 이사회 구성원으로 재직했다. 제너럴 다이내믹스의 제임스 매티스James Mattis, 보잉의 패트릭 섀너핸Patrick Shanahan, RTX의 마크 에스퍼가 그들이다. 또한 국토안보부 장관으로 출발해 백악관 비서실장을 지낸 존 켈리John Kelly 예비역 장군 역시 다수의 방산기업과 자문 관계를 맺고 있었다. 그가 조언한 기업 중 하나인 다인코프DynCorp는 해외 분쟁 지역에서 훈련, 정비, 기타 지원 업무를 수행하며 막대한 수익을 올렸다.

빅5와 연계된 인사들은 트럼프 1기 행정부의 국방부 중간급 인사 층에도 폭넓게 포진해 있었다. 예컨대 공군장관에는 뉴멕시코주 출신 전 하원 의원 헤더 윌슨Heather Wilson이 임명되었는데, 그녀는 의회를 떠난

뒤 록히드 마틴의 자문역으로 활동했다. [58]

하지만 빅5와 신기술기업들 간 싸움은 머스크의 발언이나 행정부의 초기 제안이 아니라 결국 의회에서 결정될 것이다. 빅5는 의회 내에서 우위를 점하고 있다고 볼 수 있다. 이들의 기존 무기 프로그램은 거의 모든 주와 선거구에 하청업체를 두고 있으며, 수십 년 동안 핵심 의원들에게 정치 자금을 기부해왔고, 전직 고위 공무원들을 로비스트로 고용해왔다. 이러한 긴밀한 관계의 결과는 막대했다. 국방부가 요청한 수량보다 더 많은 F-35 예산을 확보하는 일부터 차세대 무기 체계 도입을 위해 국방부가 퇴역시키려던 함정과 항공기의 퇴역을 막는 일까지 모두 이들의 영향력 아래 의회에서 이루어졌다. 그러나 신기술업계의 행정부 장악력은 매우 강력하다. 그 영향으로 인해 초기 국방 예산안에는 무인전투기, 무인함정, 무인전투차량 등 차세대 무기 체계에 대한 예산이 대폭 증액되고, AI를 통신·감시·표적 지정 시스템에 통합하는 항목이 포함될 가능성이 높다. 결국 이 싸움은 미국의 전쟁 기계 내부에서 벌어질 역사적 규모의 격돌이 될 것이다.

기술낙관론자들을 제어하려면 그들의 이데올로기뿐 아니라 커져가는 경제적·정치적 권력에 맞서는 체계적인 공동 노력이 필요하다.

이제 문제는 기술낙관주의자들과 이익 추구자들의 결합이 펜타곤과 백악관에 대한 과도한 영향력을 이용해 자동화 전쟁으로 전환을 가속화하도록 방치할 것인가 하는 점이다.

그리고 그들이 자동화 전쟁이 초래할 위험을 충분히 평가하지 않은 채, 우리의 안전과 다른 시급한 국가 과제 해결 능력을 희생시키면서 그 길을 가도록 허용할 것인가 하는 점이다. 시민 단체들은 AI가 주도하는 초군사화되고 반민주적이어서 시민의 일거수일투족을 추적하는 병영 국가garrison state(요새 국가, 군사 국가)의 등장을 막기 위해 전력을 다해야 한다고 주장한다.

이미 멋지고 새로운 전쟁 기계가 지평선 위에 모습을 드러내고 있다. 끝없는 전쟁과 민주주의의 쇠퇴라는 새로운 시대가 도래하기 전에 이 전쟁 기계를 막아내는 것은 이제 우리의 몫이다.

14장

전쟁 기계에서 평화 기계로

평화와 정의, 진정한 민주주의를 옹호하기에 가장 어려운 시기

전쟁 기계의 영향력은 이미 미국 사회의 구조 속에 깊이 짜여 들어가 있다. 이 거대한 전쟁 기계의 권력을 되돌리는 일은 단일한 캠페인이나 특정 법안으로는 불가능하다. 이것은 정치 스펙트럼 전반에 걸친 개인들과 단체들이 총력을 기울여 함께 나서는 일이어야 한다. 그리고 이러한 다양한 세력들을 하나로 묶는 공통의 목표는 분명하다. 바로 '전쟁 기계를 해체하는 것'이다.

역사적으로 현시대는 우리가 평화와 정의, 진정한 민주주의를 옹호하기에 가장 어려운 시기 중 하나임이 분명하다. 펜타곤의 예산은 연간

1조 달러에 육박하고, 핵무기 경쟁을 가속화하자는 거센 요구가 끊임없이 이어지고 있다. 또한 중국은 모든 상황에 맞추어 이용되는 '만능의 적all-purpose enemy'으로 만들어져, 전쟁에 더 많은 세금을 투입하기 위한 확실한 명분으로 악용되고 있다. 이것만으로도 충분히 위험하지만, 중동에서는 전쟁이 격화되고 있으며, 미국의 무기 수출은 사상 최고 수준에 근접하고 있다. 아울러 실리콘밸리의 군사주의 무기 제조업체들은 이미 트럼프 행정부 내부에 깊숙이 뿌리내렸다.

그러나 이러한 수많은 도전 속에서도 새롭고 더 강력한 평화운동의 씨앗들이 자라나고 있다. 1950년대 핵무기 금지 운동ban the bomb campaign으로 시작해 1980년대 핵 동결 운동Nuclear Freeze Campaign으로 이어진 전통적 평화운동의 인물들과 단체들은 앞으로 전개될 새로운 노력에서도 여전히 핵심 존재다.[1] 안타깝게도 전통적 평화운동은 현재 수세에 몰려 있다. 재정은 줄었고, 회원 수는 1980년대 평화운동이 절정이던 시절의 몇 분의 일 수준으로 감소했다. 활발한 젊은 세대 활동가들이 일부 있긴 하지만 운동의 주력층은 고령화되고 있다. 그럼에도 이들이 쌓아온 경험은 대체 불가능하다. 그들은 전쟁 기계를 되돌리고, 인류를 아마겟돈의 벼랑 끝에서 되돌려놓는 데 결정적 역할을 할 수 있다. 그러나 기존 평화운동 단체들의 규모와 영향력을 단순히 확장하는 것만으로는 막대한 군수 로비 세력의 영향력에 맞설 충분한 힘을 만들어내기 어렵다.

새로운 평화 네트워크 건설과 평화운동의 방향

지금 필요한 것은 새로운 평화 네트워크다. 이 네트워크는 군사주의를 직간접으로 다루는 다양한 단체와 운동이 결집한 형태여야 한다. 다시 말해 새로운 평화 네트워크는 국경의 군사화와 경찰의 군사화, 예산 우선순위의 군사화, 할리우드의 군사화, 대학의 군사화, 그리고 온실가스 배출 주범이자 석유 국가들의 수호자로 기능하는 펜타곤으로 인해 악화된 기후위기의 군사화까지 망라하는 군사주의의 모든 형태를 변혁 대상으로 삼아야 한다. 그동안 이민 개혁, 인종과 경제 정의, 기후변화 대응, '끝없는 전쟁' 종식, 핵무기 경쟁 중단, 가자지구 학살 저지 등 관련된 각각의 대응을 목표로 한 운동 조직들은 때때로 협력해왔다. 그러나 지금까지 이 모든 운동을 체계적으로 연결해 서로의 힘을 증폭시키는 수준의 협력은 이루어지지 않았다.

지금이야말로 이러한 연대와 협력, 그리고 더 넓은 평화 네트워크로 통합이 이루어져야 할 순간이다.

트럼프는 자신의 반대자들을 "해충vermin"이라고 부르며 그들에게 복수하겠다고 공언했다.[2] 트럼프의 정책 의제 중 어떤 요소라도 반대하는 단체들은 1950년대 매카시 시대 이후 보지 못했던 수준의 정부 탄압을 마주하게 될 가능성이 높다. 이 탄압은 핵심 단체들의 비영리 지위를 박탈하려는 시도, 이들의 대변인을 악마화하려는 언론 공세, 후원자들을 위협하거나 이탈시키려는 압박 등의 형태로 나타날 것이다. 이처럼 존립 자체를 위협하는 공격에 대응해 변화를 추구하는 단체들은 의제의 차이를 넘어 연대해야 한다. 그들은 헌법이 보장하는 기본권인 표현의 자유와 집회의 자유, 정부에 대한 청원권을 지키기 위해 공동 방어에 나서야 한다. 또한 서로를 보호하고 지지하는 문화를 발전시켜야 조직하고 발언할 권리 자체를 유지할 수 있을 것이다. 물론 이 책에서 이미 다루었듯이 트럼프만이 전쟁 기계의 대변자는 아니다. 수십 년 동안 민주당 역시 공화당과 마찬가지로 전쟁으로 이익을 얻는 자들을 더욱 대담하게 행동하도록 부추겨왔다. 그렇기 때문에 전쟁 기계에 맞서는 모든 운동은 정당의 소속이나 이름과 관계없이, 그러한 체제를 지지하거나 강화하는 모든 세력과 맞설 준비가 되어 있어야 한다.

이처럼 서로 다른 단체들은 자기 방어를 위해 힘을 모음으로써 더 깊은 관계를 구축하고 각자의 쟁점과 관점을 더 잘 이해할 수 있을 것이다. 다양한 각도에서 군사주의에 맞서 싸우되 필요할 때는 공동의 목적 아래 연대하는 새롭고 광범위한 평화운동의 토대가 마련되기를 기대한다. 어느 누구도 자신이 주력해온 의제를 포기하기를 요구받지는 않겠지만, 네트워크의 모든 구성원은 결정적인 순간마다 특정 요구에 힘과 에너지를 집중할 준비가 되어 있을 것이다. 이 운동은 평화라는 대의명분 아래서만 행진하는 대신, 군사주의와 전쟁 기계의 책략에 영향받는 모든 운동과 개인을 포괄하게 될 것이다.

새로운 평화운동의 중심에는 전쟁 기계의 작동으로 가장 큰 영향을 받은 사람들이 자리해야 한다. 바로 9·11 이후 미국이 벌인 전쟁의 참전 용사들, 핵실험장 인근 주민 등 높은 방사능 수치에 노출된 사람들, 무기 개발과 생산 과정에서 삶과 건강에 피해를 입은 사람들, 무기가 아닌 다른 방식으로 생계를 꾸리려는 방위산업 종사자들, 그리고 경제적 곤경 속에서 맞춤형 연방 지원과 투자가 절실한 지역 공동체들(그

    미국은 왜 전쟁을 멈추지 못하는가

러나 이런 투자는 국방부가 연간 재량 예산의 절반 이상을 삼키고 있는 한 불가능하다)
이다.

또한 분명히 해야 할 점은 우리의 대외 정책과 사회를 탈군사화하기 위한 새로운 운동은 정치 스펙트럼 전반에서 지지를 모아야 한다는 것이다. "전쟁광들과 전쟁 이윤 추구자들을 정부에서 몰아내겠다"라는 트럼프의 약속(이 책의 서두를 장식했던 발언)은 그의 정치적 기반 중 상당수가 끝없는 전쟁에 피로를 느끼고 국방부 예산에 기생하는 대기업들을 불신하고 있음을 보여준다. 마찬가지로 재정보수주의자fiscal conservative들 또한 국가 부채의 이자가 이제 미국 정부의 연간 지출 항목 중 가장 큰 부담이며, 곧 국방부 예산을 넘어설 수준에 이르렀다는 사실을 점점 더 우려할 것이다. 국방비 감축을 포함하지 않고는 재정 적자를 줄이기 위한 어떠한 계획도 불가능하다.

통제 불능의 군사주의에 맞선 공동 캠페인은 공통의 적과도 마주하게 될 것이다. 그 예로 실리콘밸리의 군수산업 붐을 이끄는 선두 기업 팔란티어를 들 수 있다. 이 회사는 가자지구에서 벌어진 이스라엘의 대규모 학살 작전을 표적 추적 시스템 제공과 공개적 지지로 뒷받침하며 전쟁을 부추겼을 뿐 아니라, 국내에서도 억압의 도구를 공급함으로써 이익을 챙겨왔다. 미국-멕시코 국경 감시 시스템, 주와 지방 형사 사법 기관의 의사결정에 인종 편향을 주입하는 컴퓨터 소프트웨어 등이 그 사례다. 더 공정하고 시민의 요구에 응답하는 사회를 만들려면 팔란티어와 같은 기업들의 재정적·정치적 영향력을 억제해야 한다.

또한 의회 내에 새로운 '초당적 군사 개혁 조직'을 만들 때가 한참 지났다. 1980년대 초당적 네트워크를 부활시켜야 한다. 이 그룹은 더 군

살 없고 효율적인 저비용 국방을 요구했는데, 그 바탕으로 잘 훈련되고 동기가 뚜렷한 인력과 단순하고 저렴하며 더 면밀히 검증되고 효율 높은 무기 체계를 제시했다.[3] 규모가 가장 컸을 때 이 네트워크는 뉴트 깅리치Newt Gingrich 같은 영향력 있는 공화당 인사를 포함해 양당 의원 100명 이상을 거느렸다. 물론 군사 개혁론자들이 모두 열광적인 평화주의자는 아니다. 그러나 그들 또한 변화를 위해 싸우는 평화와 사회정의 옹호자들과 공통의 적을 공유한다. 바로 전쟁 기계가 날마다 행사하는 과도한 영향력이다. 군산복합체의 정치적 장악력을 약하게 만들지 않는다면 그 어떤 형태의 개혁도 실현될 수 없다.

어떤 군사 개혁 시도든 현재 전쟁 기계의 본질, 즉 고장 나고 탐욕적이라는 현실과 마주치게 될 것이다. 이에 대응해 예산과 대외 정책에 대한 방산 로비의 영향력을 줄이기 위해 군사 개혁론자들은 정치 스펙트럼 전반의 단체들과 손을 잡을 가능성이 더 커질 것이다.

이처럼 더 큰 규모의 평화 네트워크가 필요한 것은, 미국 사회의 군사화를 되돌리기 위해서는 막대한 국민적 압력이 필요하기 때문이다. 단기적으로 워싱턴은 러시아의 우크라이나 침공에 대응하고 있으며 중국과 관계에서 점점 더 군사화된 접근을 하고 있는데, 이는 국방부 예산에서 민생을 위한 지출로 방향을 전환하는 데 장애물이 되고 있다. 전쟁 기계는 사실상 우리 사회의 거의 모든 영역에 스며들어 있으며, 이를 되돌리려면 사회 전체의 노력이 필요하다.

새 항공모함을 추가로 건조하거나 결코 벌어져서는 안 될 중국과 전쟁에서 이기기 위해 충분한 미사일을 확보하는 문제를 걱정하는 것은 본질에서 벗어날 뿐 아니라, 우리의 진짜 과제로부터 자원과 관심을 빼앗는 일이다. 그러나 국방부나 방위산업계, 그들로부터 막대한 자금을 지원받는 싱크탱크나 평론가가 이런 근본적 진실을 인정하리라고 기대하지는 말자.

한층 공정하고 책임감 있는 경제와 더욱 평화롭고 절제된 대외 정책을 구축하려면 방산 로비 권력을, 즉 대다수 주와 의회 선거구에 납품업체를 배치해 다수 의원의 지지를 확보하는 세력을 축소해야 한다. 예를 들어 록히드 마틴의 문제 많은 F-35 프로그램은 46개 주에 생산 관련 시설을 가동하는데, 이 회사는 자사 웹사이트에 대화형 지도interactive map를 두어 방문자가 자신의 주를 클릭하면 그 주에 얼마나 많은 F-35 관련 일자리가 있는지를 보여준다. 록히드 마틴이 제시하는 일자리 수치는 크게 과장되었지만, 그들의 경제적 영향력은 여전히 막강하다. 또 다른 사례로는 앞서 언급한 연안전투함의 일부 퇴역을 해군이 추진하려 하자 해당 함정이 정박하거나 수리되는 지역의 의원들이 중심이 되어 이를 막아낸 일이 있다. 탱크에서 잠수함, 대륙간탄도미사일까지 주요 무기 프로그램 중 거의 아무것이나 들어도, 그 체계의 실제 필요성과 성능과는 관계없이 '일자리' 논리는 예산 유지를 위한 최후의 방어 근거로 작동한다.

가격이 우리가 감당할 수 없이 비싼 데다 필요하지도 않은 무기를 로비하는 일자리 대신 다른 길이 있어야 한다. 앞서 언급했듯이 전쟁 경제는 우리가 바꿀 수 있는 정치적 산물이지, 경제의 철칙이나 인간의 통제를 벗어난 필연적 상태가 아니다.

안타깝게도 지금 워싱턴 공식 담론 전반에는 냉전 시기의 분위기가 짙게 깔려 있다. 군비에 더 많은 돈을 쏟아붓는 것이 미국을 안전하고 번영하게 만드는 최선의 방법이라는, 이미 파탄 난 개념이 부활한 것이다. 이런 추세가 계속된다면 군사 경제는 우리 사회에 진정으로 필요한 다른 모든 영역을 잠식하면서 성장할 것이다. 그 결과 불평등은 심화되고 혁신은 억제되어, 끝없는 전쟁 정책을 유지하기가 오히려 쉬워질 것이다. 우리는 군사 중심의 번영이라는 환상으로 인해 수백만 명의 인간적 필요가 외면되게 해서도 안 되거니와, 지금 그리고 미래 세대가 어떤 세상에서 살고자 하는지를 상상할 능력이 가로막히게 해서도 안 된다.

미국의 새로운 대외 전략과 지향점

우선 미국의 무기는 실제로 방어 목적이 필요한 동맹국에만 제공되어야 한다. 이 규정에 부합하는 나라는 우크라이나다. 반면 가자지구에서 이스라엘의 대규모 학살 작전은 그렇지 않다.

중국의 경우 미국에 대한 가장 큰 도전은 군사 분야가 아니라 정치와 경제 분야다. 핵무장을 한 대국과 그 나라 앞마당에서 벌이는 전쟁에서 '승리하기' 위해 무장을 강화하는 것은 위험하며, 심각한 역효과를 낳을 수 있다. 미중 간 충돌은 핵 대결로 비화하지 않더라도 그 자체로 모든 당사자에게 재앙이 될 것이다. 더 나은 길은 대만의 지위, 핵무기 정책과 배치, AI가 통제하는 로봇 무기 같은 신기술의 규제 방안 등에 대해 두 나라가 진지한 대화를 시작하는 것이다.

또한 기후변화 억제와 미래 팬데믹 방지, 세계 경제 안정이라는 과제를 진정으로 해결하려면 미중 간 협력이 필수적이다.

전쟁 기계의 영향력을 억제하면서 더 효과적인 국방과 더 책임감 있는 민주주의로 나아갈 길을 여는 방법은 얼마든지 있다. 그 예비 목록에는 다음과 같은 것이 포함될 수 있다. 선거 자금 제도 개혁, 정부와 방위산업계 간 '회전문 인사'에 대한 더 강력한 제한, 싱크탱크와 학계에 대한 기부 내역을 포함한 방산 로비 활동의 완전한 투명화, 미군이나 국방부 계약업체가 영화·TV 프로그램·비디오게임 등 각종 엔터테인먼트 제작에 관여할 경우의 명확한 공개, 국방부 의존적 경제 구조를 벗어나기 위한 긴급한 국가적 필요 분야에 대한 투자 확대, 그리고 무엇보다 전쟁과 전쟁 준비보다 대화와 외교를 중시하는 새로운 미국의 세계관 수립이다.

미국의 대외 정책이 지향해야 할 목표와 방법에 대한 이러한 새로운 비전은, 군사적 우위 추구가 더 안전하고 번영한 세계를 건설하기 위한 전제 조건이라는 낡은 관념을 단호히 거부할 것이다. 이라크에서 아프가니스탄에 이르는 21세기 미국의 개입 사례들은 군사적 절대 우위 추구가 실패한 전략임을 결정적으로 입증하기에 충분하다. 그러나 오래된 신화는 쉽게 사라지지 않는다. 따라서 군사주의를 내려놓고 더 섬세하고 인간 중심적인 접근으로 세계 문제를 다루는 새로운 문화를 형성하는 일은 결코 작은 과제가 아닐 것이다.

미래를 위한 구상과 그것을 정책으로 옮기는 일은 별개다. 그 과정에 필요하지만 지금 가장 결여된 핵심 요소가 힘이다. 군산복합체가 지닌 막대한 권력과 영향력을 상쇄할 만큼의 정치적 힘 말이다. 이 힘은 놀랍게도 우리 각자에게서 시작된다. 이웃인 우리, 노동자인 우리, 안전하고 번영하는 국가와 세계를 향해 나아가는 여정의 동반자인 우리에게서 나온다.

예를 들어 실리콘밸리의 경영진이 점점 더 군사화된 미래를 받아들이는 동안 많은 일반 직원들은 그러지 않았다. 2018년 구글이 정밀 드론 공격을 가능하게 하는 프로젝트 메이븐에 참여하고 있다는 사실이 알려지자 회사 내부에서 대규모 항의 운동이 일어났다. 4000명이 넘는 구글의 과학자와 엔지니어가 군사 관련 사업에서 손을 떼야 한다는 회사 경영진에게 보내는 공개 서한에 서명했고, 수십 명이 항의의 뜻으로 사직했다. 이 공개 서한은 "우리는 구글이 전쟁 비즈니스에 관여해서는 안 된다고 믿는다"라면서 "구글과 그 하청업체는 어떤 형태로든 전쟁 기술을 개발하지 않겠다는 명확한 방침을 세워야 한다"라고 요구했다.[4]

이 운동은 효과를 냈다. 구글은 프로젝트 메이븐 계약을 갱신하지 않겠다고 발표하고, "무기를 위한 AI를 설계하거나 배치하지 않겠다"라고 약속했다. 그러나 로베르토 곤살레스가 획기적인 책《가상 전쟁》에서 지적했듯이 "구글의 프로젝트 메이븐 업무 취소 약속은 너무나 훌륭해서 오히려 완전히 진실이라고 믿기가 어려웠다." 구글은 이후에도 "기성품 형태의 구글 클라우드 플랫폼을 활용해 일부 업무를 지원하겠다"라고 국방부에 보장했기 때문이다.[5]

게다가 프로젝트 메이븐 시위가 벌어진 지 불과 몇 년 후 구글은 다시 국방부와 직접 협력에 나섰다. 이 움직임을《뉴욕타임스》가 2021년 〈구글은 직원들의 우려에도 불구하고 다시 국방부와 협력하기를 원한다Google Wants to Work with the Pentagon Again, Despite Employee Concerns〉라는 제목으

                                      미국은 왜 전쟁을 멈추지 못하는가

로 전했다. 이 기사에 따르면 구글은 국방부의 클라우드 기술을 현대화하고 AI을 활용해 전장에서 우위를 확보하려는 '합동 전투 클라우드 역량Joint Warfighting Cloud Capability' 프로젝트를 "공격적으로 추진"하고 있었다.[6] 이 사업 입찰은 구글이 클라우드 컴퓨팅과 AI을 이용해 육군과 해군의 무기 체계 유지, 보수를 개선하도록 돕는 국방부 계약의 뒤를 이은 것이었다.

이런 가운데 일부 구글 직원들은 군사 프로젝트에 대한 저항을 계속했다. '양심 있는 구글과 아마존 직원들Google and Amazon workers of conscience'은 2021년 10월 발표한 서한을 통해 두 회사가 "프로젝트 님버스Project Nimbus에서 철수하고 이스라엘군과 모든 관계를 단절할 것"을 촉구했다. 이들은 이 주장의 이유로 이스라엘 방위군이 가자지구에서 팔레스타인인을 상대로 벌인 치명적인 공격을 들었다. 프로젝트 님버스는 이스라엘 정부와 군에 클라우드 컴퓨팅 서비스를 제공하기 위한 12억 달러 규모의 계약이다. 또한 이 서한은 구글이 미국 이민세관단속국, 주와 지방 경찰을 위해 수행한 업무를 비판하면서, 이를 "군사화, 투명성 결여, 감독 회피라는 우려스러운 패턴의 일부"라고 규정했다.[7]

기술산업 종사자 중에서도 국경의 군사화에 기술기업이 기여하는 역할에 반대하는 이들이 있었다. 시애틀에 본사를 둔 셰프 소프트웨어 Chef Software에서 일하던 세스 바고Seth Vargo는 회사가 이민세관단속국과 협력하고 있다는 사실을 알게 되자 자신이 작성한 코드를 삭제했다. 그는 자신의 결정에 확신이 있었다. "내 코드가 내가 악하다고 여기는 목적에 사용된다는 사실을 알았을 때, 나는 행동하지 않을 수 없었다." 그의 항의는 영향을 미쳤다. 그가 회사를 떠난 지 일주일 뒤 셰프 소프트

웨어는 이민세관단속국과 협력을 중단하겠다고 발표했다.[8]

구글에서만 과학자들과 엔지니어들이 군사, 안보 관련 업무에 저항한 것은 아니었다. 다른 기업들에서도 비슷한 시위가 있었다. 예컨대 아마존에서는 자사 안면인식 소프트웨어를 법 집행 기관이 사용하는 것과 웹 서비스 부문이 팔란티어를 호스팅하고 있다는 사실에 대한 항의가 있었다. 당시 팔란티어가 이민세관단속국에 제공한 데이터는 가족과 어린이들을 추방하는 데 활용되고 있었다.[9] 그러나 아마존 CEO 제프 베이조스Jeff Bezos는 이러한 항의를 무시하면서 "만약 대형 기술기업들이 국방부에 등을 돌린다면, 이 나라는 곤경에 처할 것이다"라고 말했다.[10]

베이조스는 깨닫지 못했겠지만 정곡을 짚었다. 그가 곤경이라 부른 것은, 실은 평범한 미국인들이 양심의 소리에 따라 행동하고 자국이 포함된 전 세계와 전쟁을 벌이는 미국을 거부하는 것이며, 전쟁 기계를 멈추게 하는 출발점이다.

머스크·트럼프 시대의 전쟁 기계

도널드 트럼프의 첫 임기는 '빠르게 움직이고 무너뜨려라move fast and break things'라는 모토의 전형적인 사례였다(이 모토는 페이스북 창립자 마크 저커버그가 한 말이다-옮긴이). 트럼프는 일론 머스크와 협력했는데, 정부효율부 수장에서 출발한 머스크의 역할은 사실상 '가상 공동 대통령직'으로 변모했다. 트럼프와 머스크의 행정부는 국내외 보조금 지급을 중단했고, 트럼프-머스크 정책에 굴복하지 않는 공무원들을 내쫓았으며, 미국국제개발처USAID를 시작으로 여러 정부 기관을 사실상 해체했다. 또정부의 지출, 지급 내역을 추적하는 데이터베이스에서부터 미국연방

사회보장국United States Social Security Administration, SSA의 시스템에 이르기까지 대규모 데이터를 장악해 거의 모든 미국인의 사생활을 침해했다.[1] 일부 평론가들은 이 같은 행보가 기존 법률과 의회 권한을 무시한 "명백한 쿠데타"라고까지 비판했다.[2] 그렇게 보지 않더라도 새 행정부가 권력을 의회, 사법부, 국민의 손에서 빼앗아 대통령에게 집중시키려 했다는 점은 분명했다.

이러한 권력 장악 시도는 속도와 범위 면에서 미국 역사상 전례가 없었으며, 어떤 면에서는 군산복합체의 영향력조차 능가했다. 두 세력은 유례없이 서로 얽혀들었다. 트럼프 2기 행정부 초반, 블룸버그 뉴스는 머스크의 스페이스X를 "세계에서 가장 중요한 방산업체"라고 불렀다. 스페이스X가 국방부의 '중국과 전쟁에서 승리할 능력'을 만들기 위한 군사 우주 시스템을 발사하는 핵심 역할을 맡을 것으로 예상되었기 때문이다.[3] 따라서 정부효율부 수장으로서 머스크는 자신과 실리콘밸리의 군사 기술기업들에 이익이 되는 프로그램을 위해 싸울 수 있는 위치에 있었고, 대다수 전투에서 승리해 스페이스X와 동맹 기업들의 이윤을 불릴 준비가 되어 있었다.

한편 미국국제개발처 사례가 보여주듯이 비군사 기능을 수행하는 정부 부문들은 인력 감축 압박을 강하게 받았다. 《워싱턴포스트》는 내

미국은 왜 전쟁을 멈추지 못하는가

부자 인터뷰를 토대로 한 분석에서 정부효율부의 실제 활동을 조사한 결과 머스크의 목표가 연방 공무원 수를 최소 10% 감축하는 것이라고 보도했다. 이는 20만 명 이상의 일자리를 없애고 그 자리를 AI 기반의 컴퓨터 시스템으로 대체한다는 뜻이었다.[4]

이런 가운데 의회 내 강경파들은 국방비를 여러 해에 걸쳐 1500억 ~2000억 달러 늘리는 예산 증액을 추진했다. 이를 공화당 상원 의원 로저 위커는 "세대 규모의 군사력 증강"이라고 불렀다.[5] 상원 군사위원회 위원장이자 국방부 계약업체들로부터 선거 자금을 많이 받은 정치인으로 꼽히는 위커는 로널드 레이건이 즐겨 쓴 "힘을 통한 평화peace through strength"라는 수사를 차용했다. 그러나 레이건의 집권 2기를 자세히 보면 그는 강경 노선에서 협상가로 변모해 군비 증가를 억제하고, 소련의 개혁가 미하일 고르바초프Mikhail Gorbachev와 회담을 통해 양국 핵무기 감축을 추진했다. 그 결과 핵 시대 이후 가장 큰 규모의 핵무기 감축이 이루어졌다.[6] 국가와 국익을 방어하기 위해 유능한 군대가 필요한 것은 사실이지만, 규모는 더 작고 훈련은 더 철저하며 회복력은 더 높은 군대라면 그런 역할을 충분히 수행할 수 있다. 이럴 경우 수천억 달러를 공공 투자로 돌릴 수 있다. "힘을 통한 평화"는 그럴듯한 구호지만, 궁극적으로 성공하는 유일한 공식은 "평화를 통한 평화peace through peace", 즉 외교를 중심에 두고 상대의 역사와 동기를 이해하는 정책이다. 제한 없는 군비 증강과 가속화된 무기 경쟁은 평화의 길이 아니라 전쟁을 불러오는 공식일 뿐이다. 그 전쟁은 이번에는 치명적인 위험이 수반되는 두 핵무장 국가 간의 충돌이다.

한편 연방 정부를 재편하는 이 초고속 개혁 과정에서 트럼프는 군산복합체의 자금과 영향력을 줄일 수도 있는 발언을 몇 차례 내놓았다. 그는 국방부 또한 다른 정부 기관과 마찬가지로 낭비 프로그램에 대한 엄격한 감사를 받게 될 것이라고 밝혔다. 또한 다보스Davos 세계경제포럼World Economic Forum, WEF에서는 전 세계의 정치, 경제 엘리트를 향해 "비핵화"를 촉구했다. 그는 이렇게 말했다. "핵무기에 엄청난 돈이 쓰이고 있으며, 그 파괴력은 오늘 우리가 입에 올리기도 싫을 정도로 끔찍합니다. 나는 우리가 비핵화를 이룰 수 있을지 보고 싶습니다. 그리고 그것은 충분히 가능하다고 생각합니다."[7]

그러나 트럼프의 과거 행적(예컨대 북한과 핵 감축 대화를 하다가도 "화염과 분노"로 위협하던 행태)을 보면, 러시아와 중국을 상대로 한 복잡한 핵 협상에서 일관된 노선을 유지할 수 있을지는 의문이다.[8] 그럼에도 그가 2기 취임 한 달도 안 되어 국제무대에서 핵 평화 중재자 역할을 자처한 것은 그런 이미지를 취하는 것이 정치적으로 유리하다고 판단했음을 보

     미국은 왜 전쟁을 멈추지 못하는가

여준다. 핵심 질문은 이렇다. 트럼프 지지층 중 반전 성향의 인사들이 전통적인 군축 단체나 진보 진영과 연대해 국방비 지출과 핵 정책 문제에서 정부를 압박할 수 있을까? 미국 사회의 깊은 분열을 고려하면 이런 좌우 연대는 실현 가능성이 낮을지 모른다. 하지만 서로 다른 정치 진영의 여러 단체가 독립적으로라도 군산복합체의 확장을 제한하라고 요구한다면 실제로 변화 가능성이 생길 수도 있다.

머스크와 같은 기업 리더들이 연방 정부 재편에 미치는 과도한 영향력을 되돌리는 일이든, 아니면 군산복합체를 축소하는 일이든, 국민의 적극적인 참여 없이는 국가의 진로를 바꾸려는 어떤 시도도 성공할 수 없다. 변화의 장애물은 크다. 하지만 우리가 집단으로 힘을 모아 더 평화롭고 지속 가능한 세상을 향해 나아가기로 결심한다면 미래는 우리 손에 달려 있다. 하지만 시간이 없다. 마틴 루서 킹 주니어의 말처럼, 지금 우리 앞에 놓인 것은 바로 '지금 당장의 긴박함the fierce urgency of now' 이다. 앞으로 몇 년 사이에 우리가 이 과업을 이루어낼 수 있을지 없을지가 판가름 날 것이다.

감사의 말

이 책은 플로리다주의 맑은 날 보트 위에서, 그 좋은 날을 망쳐가면서 시작되었다. 이 점에 대해 우리는 빌 부지Bill Buzzi와 비키 굿맨Vicki Goodman에게 감사한다. 이들은 비유적으로나 문자 그대로나 우리를 올바른 방향으로 이끌어주었다. 그날의 대화가 결국 이 책으로 이어졌기 때문이다. 빌 하텅은 처음에는 이 프로젝트를 맡기 주저했다. 세상이 불타오르는 와중에 당장 급한 일들이 너무 많아 책을 쓸 시간을 낼 수 있을지 의문이 들었기 때문이다. 그러나 편집자 벤 플랫Ben Platt이 열정적으로 그를 설득했고, 그는 그 선택을 영원히 감사하게 여기고 있다. 우리는 훌륭한 팀이었고, 함께 일할 수 있었던 것은 큰 영광이자 진정한 즐거움이었다.

그 후 이 책이 세상에 나오기까지 수많은 사람의 도움이 있었다.

먼저 우리의 에이전트 애나 고시Anna Ghosh는 처음부터 이 책의 아이디어를 사랑했다. 어쩌면 우리보다도 더. 그녀는 단 한 순간도 이 책을 위해 싸우기를 멈추지 않았다. 또한 퀸시연구소의 상사 로라 럼프Lora Lumpe는 이 프로젝트를 열정적으로 지지하며 단계마다 조언과 격려를 아끼지 않았다. 물론 그녀만이 아니었다. 전쟁이 줄어드는 세상을 만들기 위해 매일 노력하는 퀸시연구소의 모든 이들에게 감사하지만, 특히 엘리 클리프턴Eli Clifton, 닉 클리블랜드-스타우트Nick Cleveland-Stout, 브렛 하인즈Brett Heinz, 애슐리 게이트Ashley Gate, 리 슐렌커Lee Schlenker에게 특별히 감사를 표한다. 퀸시연구소 온라인 매거진《리스폰서블스테이트크래프트》의 켈리 블라호스Kelley Vlahos, 벤 암브러스터Ben Armbruster, 짐 로브Jim Lobe는 이 책의 주제를 다룰 기회를 넉넉히 제공해주었다. 이들은 급변하는 외교, 안보 환경 속에서 진정 중요한 것이 무엇인지를 꿰뚫는 훌륭한 편집자들이었다.

볼드 타입 북스Bold Type Books의 모든 이에게 감사한다. 특히 제프 쿠사마-힌테Jeff Kusama-Hinte와 타야 매코믹-그로보Taya McCormick-Grobow에게 (타야의 강아지는 여러 회의에서 분위기를 밝게 만들어주었으니 그에게도 감사와 머리 쓰다듬기를 보낸다). 에이얄 프레스Eyal Press는 프로젝트의 기획과 홍보 단계에서 큰 도움을 주었다. 그리고 누구보다 우리의 편집자 벤 플랫에게 깊이 감사드린다. 그의 숙련된 손길 덕분에 이 여정 속에서 우리가 모은 연구와 이야기가 하나로 자연스럽게 엮일 수 있었다.

이 책을 위해 군산복합체 안팎의 많은 이들이 인터뷰에 응해주었다. 로저 스탈Roger Stahl은 '밀리테인먼트' 분야 연구에 평생을 바쳤는데, 그의 통찰이 없었다면 그 장은 불완전했을 것이다. 펜타곤 로비스트에서 전쟁 기계의 열렬한 비판자로 변신한 스티븐 셈러Stephen Semler는 군산복합체를 움직이는 로비산업 부분에 생생한 숨결을 불어넣었다. 카이로

스센터와 '빈곤층 민중운동Poor People's Campaign'의 샤일리 반스Shailly Barnes
는 전쟁 기계의 국내 비용을 다룬 장에 결정적인 조언을 주었다. 코리
미드Corey Meade의 펜타곤과 게임산업 간 관계 연구는 그 부분을 이해하
는 데 필수적이었다. 또한 실리콘밸리의 무기 스타트업 부상을 다룬 로
베르토 곤살레스Roberto Gonzalez의 연구는 무기 스타트업이 록히드 마틴
같은 기존 거대 방산업체를 위협하며 군산복합체를 변모시키는 데 대
한 분석 기준을 세워주었다.

이 밖에 많은 이들의 통찰이 이 책을 채웠다. 스팀슨센터Stimson Center
의 줄리아 글레드힐Julia Gledhill과 댄 그래지어Dan Grazier, 정부감시프로
젝트의 대니엘 브라이언Danielle Brian과 엘리자베스 비버스Elizabeth Beavers,
데이비드 바인David Vine, 미리엄 펨버턴Miriam Pemberton, 린지 코시가리안
Lindsay Koshgarian, 레이시 힐리Laicie Heeley, 테일러 반스Taylor Barnes에게 감사
드린다. 빌은 마이클 브렌스Michael Brenes와 함께 벤처캐피털이 군사 신
기술기업에 자금을 지원하는 역할에 관해 연구했는데, 이는 실리콘밸
리가 군수산업에서 점점 더 중요해지는 현상을 다룬 장을 구성하는 데
매우 귀중했다. 퀸시연구소 동료 스타브룰라 팝스트Stavroula Pabst의 군사
기술 부문 연구 역시 우리의 접근 방식을 다듬는 데 큰 도움이 되었다.
브라운대학교의 '전쟁 비용 프로젝트' 소속 스테퍼니 새벨Stephanie Savell

미국은 왜 전쟁을 멈추지 못하는가

과 하이디 펠티어Heidi Peltier, 캐서린 러츠Catherine Lutz, 네타 크로퍼드Neta Crawford 역시 군수산업의 작동 방식을 연구하고, 글을 쓰고, 대중에게 알리는 데 필수적인 동료였다. 빌은 두 사람에게 특별한 감사를 전한다 이 분야에서 첫 직업을 갖게 해주었던 애비 로스Abby Ross, 초기 연구 시절부터 그에게 영감을 준 마이클 클레어Michael Klare에게.

언론과 로비업계, 기타 여러 분야의 인물들도 익명을 조건으로 인터뷰에 응했고, 전쟁 기계가 실제로 어떻게 작동하는지 솔직하게 이야기해주었다. 그들의 통찰은 대단히 귀중했다. 이름을 공개할 수는 없지만 진심 어린 감사를 전한다.

마지막으로 그리고 아마 가장 중요하게, 우리 가족들에게 깊은 감사를 드린다. 빌의 아내 오드리 웨이스Audrey Waysse는 전 과정에서 강하게 지지해주었고, 그녀와 나눈 많은 대화 덕분에 생각이 정리되었으며, 그 결과 책이 훨씬 더 나아졌다. 이 책은 그녀 없이는 완성될 수 없었다. 딸 엠마Emma는 책의 주제(그리고 그 외의 주제)에 대한 멋진 조언자이자 언제나 "난 아빠를 믿어요!"라고 말해주는 든든한 버팀목이었다.

한편 벤은 두 아이의 기저귀를 갈아주고 풀타임으로 일하면서 이 책을 완성했다. 다시 말해 그의 아내 애나Anna는 성인군자이며, 아이들 또한 그에 못지않게 훌륭하다. 우리는 이 책을 쓸 수 있도록 기회를 준 이

모두에게 가장 큰 감사를 드린다. 이 책이 그들의 세상을 조금이라도
더 나은, 그리고 더 평화로운 곳으로 만드는 데 도움이 되기를 바란다.

주

프롤로그

1 William Hartung, "Will Donald Trump Tame the Military-Industrial Complex?," *Forbes*, September 16, 2024.

2 "Full Transcript: Biden's Speech on Israel-Hamas and Russia-Ukraine Wars," *New York Times*, October 20, 2023.

3 Roxana Tiron, "GOP Defense Leaders Pushing Trillion-Dollar Pentagon Budget," *Bloomberg Government*, January 13, 2025, https://news.bgov.com/bloomberg-government320news/boosting-defense-spending-is-top-goal-for-armed-services-leaders.

4 William D. Hartung, "More Money, Less Security: Pentagon Spending and Strategy in the Biden Administration," Quincy Institute for Responsible Statecraft, February 6, 2024, https://quincyinst.org/research/more-money-less-security-pentagon-spending-and-strategyin-the-biden-administration/#introduction-more-spending-doesnt-mean-more-security. 현역 미군 병력은 1985년에는 220만 명에 조금 못 미쳤으며, 2024년에는 129만 4000명이었다. 다음을 참조하라. www.statista.com/statistics/239316/total-deployable-battle-force-ships-of-the-us-navy. 미국 공군 항공기는 1985년 1만 458대였는데, 2024년에는 5154대였다. 다음을 참조하라. USAFacts Team, "How Much Does the US Spend on the Military?." USAFacts, August 1, 2024; "DoD Personnel, Workforce Reports & Publications," https://dwp.dmdc.osd.mil/dwp/app/dod-data-reports/workforce-reports; "US Ship Force Levels 1886-Present," Naval History and Heritage Command. November 17, 2017; "Total Deployable Battle Force Ships of the U.S. Navy 2023," www.statista.com/statistics/239316/total-deployable-battle-force-ships-of-the-us-navy; Office of the Under Secretary of Defense (Comptroller), "National Defense Budget Estimates for FY 2025," April, 2024, https://comptroller.defense.gov/Portals/45/Documents/defbudget/FY2025/fy25_Green_Book.pdf. 321.

5 "Corporate Power, Profiteering, and the 'Camo Economy,'" Costs of War, September

2021, https://watson.brown.edu/costsofwar/costs/social/corporate.

6   William Hartung, "Pentagon Profiteers: Executive Compensation in the Arms Industry," Quincy Institute for Responsible Statecraft, December 12, 2022, https://quincyinst.org/2022/12/12/pentagon-profiteers-executive-compensation-in-thearms-industry/; Svetlana Shkolnikova, "Service Members Struggling to Pay for Groceries Could Have More Access to Food Stamps Under New Bill," *Stars and Stripes*, February 16, 2023, https://www.stripes.com/theaters/us/2023-02-16/military-hunger-food-stamps-senate-9158834.html.

7   Jeffrey T. Howard, et al., "Trends in Suicide Rates Among Post-9/11 US Military Veterans with and Without Traumatic Brain Injury from 2006–2020," *JAMA Neurology* 80, no. 10 (2023): 1117; "How Common Is PTSD in Veterans?," National Center for PTSD, US Department of Veteran Affairs, February 3, 2023, https://www.ptsd.va.gov/understand/common/common_veterans.asp.

8   US. Department of Veterans Affairs, "FY 2025 Budget Submission Budget in Brief," 2024, https://department.va.gov/wp-content/uploads/2024/03/fy-2025-va-budget-in-brief.pdf.

9   Neta Crawford, "U.S. Budgetary Costs of Post-9/11 Wars Through FY2022: $8 Trillion," Costs of War, 2021, https://watson.brown.edu/costsofwar/figures/2021/BudgetaryCosts.

10   William Hartung, "Profits of War: Corporate Beneficiaries of the Post-9/11 Pentagon Spending Surge," Costs of War, September 13, 2021, https://watson.brown.edu/costsofwar/papers/2021/ProfitsOfWar.

11   Drew C. Aherne et al., "Discretionary Spending in 10 Graphs," Congressional Research Services, August 22, 2024, https://crsreports.congress.gov/product/pdf/R/R48164/2.

12   Lindsay Koshgarian et al., "State of Insecurity," Institute for Policy Studies, September 1, 2021, https://ips-dc.org/report-state-of-insecurity-cost-militarization-since-9-11/.

13   "Defense Lobbying 2024 Election Cycle," *OpenSecrets*, 2024, www.opensecrets.org/industries/lobbying?cycle=2024&ind=D.

14   Ida Brudnick, "Congressional Salaries and Allowances: In Brief," Congressional Research Services, June 27, 2024, https://watson.brown.edu/costsofwar/figures/2021/WarDeathToll.

15 "Defense Lobbying 2024 Election Cycle."

16 "Human Costs of U.S. Post-9/11 Wars: Direct War Deaths in Major War Zones," Costs of War, September 2021, https://watson.brown.edu/costsofwar/figures/2021/WarDeathToll.

17 "How Common Is PTSD in Veterans?"; "Human Costs of U.S. Post-9/11 Wars."

18 Stavroula Pabst, "New Monopoly? Inside VC Tech's Overthrow of the Primes," *Responsible Statecraft*, January 7, 2025. .

19 Tabby Kinder, "Silicon Valley VCs Rush into Defence Technology Start-Ups," *Financial Times*, June 20, 2023.

20 Pabst, "New Monopoly?"

21 Harry Davies and Bethan McKernan, "'The Machine Did It Coldly': Israel Used AI to Identify 37,000 Hamas Targets," *Guardian*, April 4, 2024.

22 Julia Ingram and Steve Reilly, "Elon Musk Spends $277 Million to Back Trump and Republican Candidates," *CBS News*, December 7, 2024.

23 Kirsten Grind, "Thermonuclear Blasts and New Species: Inside Elon Musk's Plan to Colonize Mars," *New York Times*, July 11, 2024; Dara Horn, "The Men Who Want to Live Forever," *New York Times*, January 25, 2018.

24 Tara Copp, "Eyeing China Threat, Trump Announces Boeing Wins Contract for Secretive Future Fighter Jet," Associated Press, March 21, 2025. https://apnews.com/article/fighter-jet-ngad-trump-hegseth-china-55d7b3d15e5a4fa9cb061ec85ac19ae2.

25 Andrew Cockburn, "Fix is in For the New Air Force F-47 –And So Is the Failure," *Responsible Statecraft*, April 7, 2025. https://responsiblestatecraft.org/f-47-air-force/.

26 Stavroula Pabst, "Saying the Quiet Part Out Loud: All That Glitters Is Not Golden Dome," *Responsible Statecraft*, March 28, 2025. https://responsiblestatecraft.org/golden-dome/.

27 Theodore Schleifer et al., "Elon Musk and the Tech Billionaires Steering Trump's Transition Team," *New York Times*, December 7, 2024; Jonathan Swan et al., "Inside Musk's Aggressive Incursion into the Federal Government," *New York Times*, February 3, 2025.

28 Daniel Klaidman, "The Billionaire Who Fueled JD Vance's Rapid Rise to the Trump

VP Spot—Analysis," CBS News. July 16, 2024; "Establishing and Implementing the President's 'Department of Government Efficiency' Executive Order." The White House, January 20, 2025.

29 David Brennan, "Air Force to Pay for More Stadium Flyovers to Inspire Sports Fans to Join Up," *Newsweek*, March 12, 2018.

30 Ryan Grim et al., "Cable News Military Experts Are on the Defense Industry Dole," *The Intercept*, August 19, 2021, https://theintercept.com/2021/08/19/afghanistan-taliban-defense-industrymedia/.

31 "Why Are U.S. Military Families Experiencing Food Insecurity?," RAND, November 6, 2023.

32 Heidi Peltier, "We Get What We Pay For: The Cycle of Military Spending, Industry Power, and Economic Dependence," Costs of War, June 8, 2023, https://watson.brown.edu/costsofwar/files/cow/imce/papers/2023/Peltier%202023%20-%20We%20Get%20What%20We%20Pay%20For%20-%20FINAL%20-%200608.pdf.

1장

1 Spencer Ackerman, "A Working-Class Foreign Policy Is Coming," *The Nation*, December 18, 2023.

2 "Amnesty International Concludes Israel Is Committing Genocide Against Palestinians in Gaza," Amnesty International, December 5, 2024, https://www.amnesty.org/en/latest/news/2024/12/amnesty-international-concludes-israelis-committing-genocide-against-palestinians-in-gaza/; "Rights Expert Finds 'Reasonable Grounds' Genocide Is Being Committed in Gaza," United Nations, March 26, 2024, https://news.un.org/en/story/2024/03/1147976.

3 John Hudson, "U.S. Floods Arms into Israel Despite Mounting Alarm over War's Conduct," *Washington Post*, March 6, 2024.

4 Linda Bilmes et al., "United States Spending on Israel's Military Operations and Related U.S. Operations in the Region, October 7, 2023-September 30, 2024," Costs of War, October 7, 2024, https://watson.brown.edu/costsofwar/files/cow/imce/papers/2023/2024/Costs%20of%20War_US%20Support%20Since%20Oct%207%20FINAL%20v2.pdf.

5 Barak Ravid, "Scoop: Biden Noifies Congress of $8 Billion Sale to Israel," *Axios,*

January 3, 2025, https://www.axios.com/2025/01/04/biden-arms-deal-israel-8-billion.

6   Bilmes et al., "United States Spending on Israel's Military Operations."

7   William Hartung, "Promoting Stability or Fueling Conflict? The Impact of U.S. Arms Sales on National and Global Security," Quincy Institute for Responsible Statecraft, October 20, 2022, https://quincyinst.org/research/promoting-stability-or-fueling-conflict-the-impact-ofu-s-arms-sales-on-national-and-global-security/.

8   Pieter d. Wezeman et al., "SIPRI Fact Sheet Trends in International Arms Transfers, 2024," SIPRI, https://www.sipri.org/sites/default/files/2025-03/fs_2503_at_2024_0.pdf.

9   William Hartung, "Is the UAE a Force for Stability in the Middle East?," *Forbes*, September 26, 2024; Declan Walsh and Christoph Koettl, "How a U.S. Ally Uses Aid as a Cover in War," *New York Times*, September 21, 2024.

10   Freedom House, "Global Freedom Scores," accessed April 9, 2025, https://freedomhouse.org/countries/freedom-world/scores.

11   Hartung, "Promoting Stability or Fueling Conflict?"

12   Adi Ignatius, "Raytheon CEO Gregory Hayes: How Ukraine Has Highlighted Gaps in US Defense Technologies," *Harvard Business Review*, March 25, 2022.

13   William Hartung, "Profits of War: Corporate Beneficiaries of the Post-9/11 Pentagon Spending Surge," Costs of War, September 13, 2021, https://watson.brown.edu/costsofwar/papers/2021/ProfitsOfWar.

14   "Major Arms Sales," Forum on the Arms Trade, 2025.

15   Eli Clifton, "Wall Street Eyes Big Profits from Israel-Hamas War," *Responsible Statecraft*, October 30, 2023.

16   Connor Echols, "Defense Contractors Eye Long-Term Profits from Ukraine War," *Responsible Statecraft*,

17   "Remarks by President Biden on Afghanistan," The White House, August 16, 2021, https://bidenwhitehouse.archives.gov/briefing-room/speechesremarks/2021/08/16/remarks-by-president-biden-on-afghanistan/.

18   "Major Arms Sales."

19   William Hartung, "Tone Deaf? Admin Brags About 55% Hike in Foreign Arms Sales," *Responsible Statecraft*, January 31, 2024.

20 Marcus Weisgerber and Caroline Houck, "Obama's Final Arms-Export Tally More Than Doubles Bush's," *Defense One*, November 8, 2016,

21 "Critics Slam Obama Administration for 'Hiding' Massive Saudi Arms Deal," ABC News, November 20, 2010,

22 "Yemen War Deaths Will Reach 377,000 by End of the Year: UN," Al Jazeera, November 23, 2021.

23 Bruce Riedel, "How the United States Enabled al Qaeda," Brookings Institution. September 5, 2011, https://www.brookings.edu/articles/how-the-united-states-enabled-al-qaeda/.

24 Zack Beauchamp, "How the US, Its Allies, and Its Enemies Made ISIS," *Vox*, August 25, 2014.

25 "Companies Profiting from the Gaza Genocide." American Friends Service Committee, 2023, https://afsc.org/gaza-genocide-companies.

26 Alex Koller, "Palantir CEO Says His Outspoken Pro-Israel Views Have Caused Employees to Leave Company," CNBC, March 13, 2024,

27 Sharon Wrobel, "US Palantir CEO Flies Company Board to Israel in Show of Solidarity," *Times of Israel*, January 9, 2024.

28 Thomas Barrabi and Lydia Moynihan, "Silicon Valley Cheers JD Vance VP Pick as More Tech Billionaires Back Trump," *New York Post*, July 16, 2024.

29 Daniel Klaidman, "The Billionaire Who Fueled JD Vance's Rapid Rise to the Trump VP Spot — Analysis," CBS News, July 17, 2024.

30 Colin Demarest and Hope King, "Palantir Hires China Hawk Mike Gallagher," *Axios*, August 22, 2024.

31 Kelley Beaucar Vlahos, "Peter Thiel: 'I Defer to Israel,'" *Responsible Statecraft*, July 24, 2024.

32 "Philippines: Events of 2023," Human Rights Watch, 2023, www.hrw.org/worldreport/2024/country-chapters/philippines.

33 "Nigeria—H-1Z Attack Helicopter Related FMS Acquisitions," Defense Security Cooperation Agency, 2022. www.dsca.mil/press-media/major-arms-sales/nigeria-ah-1zattack-helicopter-related-fms-acquisitions.

34 Sam Olukoya, "10,000 Nigerians Died in Military Custody, Alleges Amnesty," Associated Press, December 8, 2020.

35 William D. Hartung, "Promoting Stability or Fueling Conflict?—The Impact of U.S. Arms Sales on National and Global Security," Quincy Institute Paper 9, October 20, 2022, https://quincyinst.org/research/promoting-stability-or-fueling-conflict-the-impact-of-u-s-arms-sales-on-national-and-global-security/#footnotes.

36 Hartung, "Promoting Stability or Fueling Conflict?"

37 Camillus Eboh and Ope Adetayo, "Nigeria Rights Body Finds 'No Evidence' Military Conducted Secret Mass Abortions," Reuters, November 8, 2024.

38 Stephanie Savell, "Papers—021—The Costs of United States' Post-9/11 'Security Assistance': How Counterterrorism Intensified Conflict in Burkina Faso and Around the World," Costs of War, March 4, 2021, https://watson.brown.edu/costsofwar/papers/2021/Post911SecurityAssistance.

39 Hartung, "Promoting Stability or Fueling Conflict?"

40 Hartung.

41 William Hartung and Seth Binder, "U.S. Security Assistance to Egypt: Examining the Return on Investment," Project on Middle East Democracy, May 5, 2020. https://mideastdc.org/publication/report-u-s-security-assistanceto-egypt-examining-the-return-on-investment/.

42 Michael LaForgia and Walt Bogdanich, "Why Bombs Made in America Are Killing Civilians in Yemen," *New York Times*, May 16, 2020.

43 "U.S. Senator Robert Menendez, His Wife, and Three New Jersey Businessmen Charged with Bribery Offenses," US Attorney's Office, Southern District of New York, September 22, 2023, https://www.justice.gov/usao-sdny/pr/us-senator-robert-menendez-his-wife-and-three-new-jersey-businessmen-charged-bribery.

44 Ellen Knickmeyer, "Senate Democrats Urge Biden to Withhold $320 Billion in Military Aid to Egypt over Human Rights Abuses," PBS Newshour, July 28, 2023.

45 William Hartung, "RTX (Ex-Raytheon) Busted for 'Extraordinary' Corruption," *Responsible Statecraft*, October 21, 2024.

46 "Raytheon Company to Pay over $950 Million in Connection with Foreign Bribery, Export Control and Defective Pricing Schemes," US Attorney's Office, Eastern District of New York, October 16, 2024, https://www.justice.gov/usao-edny/pr/raytheon-company-pay-over-950-million-connection-foreign-briberyexport-control-and.

1   Dwight D. Eisenhower, "Military-Industrial Complex Speech," Lillian Goldman Law Library, Yale University, https://avalon.law.yale.edu/20th_century/eisenhower001.asp.

2   Eisenhower, "Military-Industrial Complex Speech."

3   James Ledbetter, *Unwarranted Influence: Dwight D. Eisenhower and the Military-Industrial Complex* (Yale University Press, 2011), https://yalebooks.yale.edu/book/9780300177626/unwarranted-influence/.

4   Ledbetter, *Unwarranted Influence*, 96.

5   Dwight D. Eisenhower, "Address 'the Chance for Peace' Delivered Before the American Society of Newspaper Editors, April 16, 1953," American Presidency Project, www.presidency.ucsb.edu/documents/address-the-chance-for-peace-delivered-before-theamerican-society-newspaper-editors.

6   Steven Simon et al., "Fallout from Nuclear Weapons Tests and Cancer Risks," *American Scientist*, February 6, 2017, https://www.americanscientist.org/article/fallout-from-nuclearweapons-tests-and-cancer-risks.

7   Eric Schlosser, *Command and Control* (Penguin, 2013), https://www.penguinrandomhouse.com/books/303337/command-and-control-by-ericschlosser/.

8   *Goldsboro, 1961*, PBS, www.pbs.org/wgbh/americanexperience/features/command-andcontrol-goldsboro-1961.

9   Stephen Kinzer, *All the Shah's Men: An American Coup and the Roots of Middle East Terror* (John Wiley, 2008), https://revolutionbooks.org/book/9780470185490.

10   Stephen Schlesinger and Stephen Kinzer, *Bitter Fruit* (Harvard University Press, 2005), https://www.hup.harvard.edu/books/9780674019300.

11   Benjamin Friedman et al., "The End of Overkill?—eassessing U.S. Nuclear Policy," Cato Institute, September 24, 2013, https://www.cato.org/sites/cato.org/files/pubs/pdf/the_end_of_overkill_wp_web.pdf.

12   Fred Kaplan, *Wizards of Armageddon* (Stanford University Press, 1983), Chapter 15.

13   Kaplan, *Wizards of Armageddon*, 236, 245.

14   Kaplan, 265, 266.

15   Kaplan, 234.

16 Benjamin H. Friedman, "How to Kill the Nuclear Triad," *Hill*, May 18, 2012.

17 미사일 격차 논쟁의 역사에 관해서는 다음을 참조하라. Peter Roman, *Eisenhower and the Missile Gap* (Cornell University Press, 2019).

18 Christopher A. Preble, *John F. Kennedy and the Missile Gap* (Northern Illinois University Press, 2004), 74.

19 Greg Thielmann, "The Missile Gap and Its Progeny," *Arms Control Today*, May 2011, https://www.armscontrol.org/act/2011-05/missile-gap-myth-and-its-progeny.

20 Peter J. Roman, *Eisenhower and the Missile Gap*, https://www.abebooks.com/9780801427978/Eisenhower-Missile-Gap-Cornell-Studies-0801427975/plp,

21 E. Bruce Geelhoed, *Diplomacy Shot Down: The U-2 Crisis and Eisenhower's Aborted Mission to Moscow 1959-1960* (University of Oklahoma Press, 2020), 110; "Memorandum of Conference with the President," Eisenhower Papers, February 13, 1959, www.eisenhowerlibrary.gov/sites/default/files/research/online-documents/u2-incident/2-13-59-memo.pdf.

22 Preble, *John F. Kennedy and the Missile Gap*, 8.

23 Kingston Reif and Alicia Sanders-Zakre, "U.S. Nuclear Excess: Understanding the Costs, Risks, and Alternatives," Arms Control Association, April 2019.

24 "Vietnam," John F. Kennedy Presidential Library and Museum, November 7, 2024, www.jfklibrary.org/learn/about-jfk/jfk-in-history/vietnam.

25 "U.S. Involvement in the Vietnam War: The Tet Offensive, 1968," United States Department of State, 2019, https://history.state.gov/milestones/1961-1968/tet.

26 Richard Nixon, "Informal Remarks in Guam with Newsmen," American Presidency Project, July 25, 1969, https://www.presidency.ucsb.edu/documents/informal-remarks-guam-withnewsmen; "Asia After Viet Nam," *Foreign Affairs*, October 1, 1967, https://www.foreignaffairs.com/articles/united-states/1967-10-01/asia-after-viet-nam.

27 *Foreign Relations of the United States, 1977–1980* (vol. 18, Middle East Region, Arabian Peninsula), United States Department of State, https://history.state.gov/historicaldocuments/frus1977-80v18/d45.

28 Seymour Hersh, "U.S. Secretly Gave Aid to Iraq Early in Its War with Iran," *New York Times*, January 26, 1992.

29 William Hartung, "America's Arms Sales Addiction," TomDispatch.com, November

17, 2019.

30 William D. Hartung, *And Weapons for All* (Harper Collins, 1994).

31 Hartung, *And Weapons for All*, https://www.amazon.com/Weapons-All-William-DHartung/dp/0060190140.

32 William Hartung, "World Policy Journal: Ready for What? The New Politics of Pentagon Spending," *World Policy Journal*, 1999, https://ciaotest.cc.columbia.edu/olj/wpj/wp_99haw01.html.

33 "Today in History: October 9, Barack Obama Wins Nobel Peace Prize," Associated Press, October 9, 2024; Griff Witte, "Afghanistan War—U.S. Troop Surge and End of U.S. Combat Mission." *Encyclopedia Britannica*, August 16, 2021.

34 Jeremy Diamond and Barbara Starr, "Trump's $110 Billion Saudi Arms Deal Has Only Earned $14.5 Billion So Far," CNN, October 13, 2018.

35 Tara Palmeri, "Jared Kushner Pushed to Inflate Saudi Arms Deal to $110 Billion: Sources," ABC News, November 26, 2018.

36 Glenn Kessler, "Trump's Claim of Jobs from Saudi Deals Grows by Leaps and Bounds," *Washington Post*, October 22, 2018.

37 William Hartung, "Arms Sales Decisions Shouldn't Be About Jobs," *Defense One*, March 26, 2018.

38 "Statement from President Donald J. Trump on Standing with Saudi Arabia," Trumpwhitehouse.archives.gov. November 20, 2018, https://trumpwhitehouse.archives.gov/briefings-statements/statement-president-donald-j-trump-standingsaudi-arabia/.

39 Humeyra Pamuk et al., "US and Saudi Arabia Nearing Agreement on Security Pact, Sources Say," Reuters, May 2, 2024.

40 Paul Krugman, "Military Spending Is Something Both Political Extremes Get Wrong," *New York Times*, October 31, 2023; William Hartung, "What Paul Krugman Gets Wrong About the Military Industrial Complex," *Responsible Statecraft*, November 3, 2023.

41 Hartung, "What Paul Krugman Gets Wrong," .

42 William Hartung, "Arsenal of Autocracy?," TomDispatch.com, May 24, 2022.

1   William J. Perry, "Why It's Safe to Scrap America's ICBMs," *New York Times*, September 30, 2016.

2   "Transcript of Press Conference of Congressional Nuclear Weapons and Arms Control Working Group," June 4, 2024, https://share.descript.com/view/QGbwY4R2SKH.

3   Aaron Mehta, "Majority of Voters Support ICBM Replacement Alternatives, New Poll Finds," *Defense News*, February 5, 2021.

4   William D. Hartung, "Inside the ICBM Lobby: Special Interests or the National Interest?," *Arms Control Today*, May 2021, https://www.armscontrol.org/act/2021-05/features/insideicbm-lobby-special-interests-national-interest.

5   Quoted in Gretchen Heefner, *The Missile Next Door: The Minuteman in the American Heartland* (Harvard University Press, 2012), 193.

6   Mallory Shelbourne, "HASC Chairman Smith: A Biden Administration Would Revisit Nuclear Posture Review," *USNI News*, October 30, 2023, https://news.usni.org/2020/10/30/hasc338-chairman-smith-a-biden-administration-would-revisit-nuclear-posture-review.

7   "Plan A," Princeton Program on Science and Global Security, accessed November 17, 2023, https://sgs.princeton.edu/the-lab/plan-a; Matt Bivens, "Nuclear Famine: Even a 'Limited' Nuclear War Would Cause Climate Disruption and Global Starvation," International Physicians for the Prevention of Nuclear War, 2022, www.ippnw.org/wp-content/uploads/2022/09/ENGLISHNuclear-Famine-Report-Final-bleed-marks.pdf.

8   Hartung, "Inside the ICBM Lobby."

9   Hartung.

10 Anthony Capaccio, "Northrop Grumman Faulted by Pentagon for Role in ICBM's $141B Cost," Bloomberg, July 24, 2024.

11 Stephen Losey, "Pentagon Keeps Commitment to Sentinel Nuclear Missile as Costs Balloon," *Defense News*, July 8, 2024.

12 Gabe Murphy, "New TCS Report Shows Sentinel ICBM Is All Cost No Reward," Taxpayers for Common Sense, May 30, 2024, https://www.taxpayer.net/national-security/new-tcsreport-shows-sentinel-icbm-is-all-cost-no-reward/.

13 John Garamendi, "Congressional Nuclear Weapons and Arms Control Working Group Announce Additional Oversight of U.S. Nuclear Weapons Spending," press release, June 4, 2024, https://garamendi.house.gov/media/press-releases/congressional-nuclearweapons-and-arms-control-working-group-announce.

14 Xiaodon Liang, "Overbudget ICBM Program Survives Review," *Arms Control*, September 2024, https://www.armscontrol.org/act/2024-09/news/overbudget-icbm-program-survivesreview.

15 Garamendi, "Congressional Nuclear Weapons and Arms Control Working Group."

16 Center for Arms Control and Nonproliferation, "Fiscal Year 2024 Defense Budget Request Briefing Book," April 4, 2023, https://armscontrolcenter.org/fiscal-year-2024-defense-budget-requestbriefing-book.

17 Susi Snyder, "Perilous Profiteering: The Companies Building Nuclear Arsenals and Their Financial Backers," Don't Bank on the Bomb, November 2021, www.dontbankonthebomb.com/perilous-profiteering.

18 Megan Zahneis, "U. of California and Texas A&M Win Bid to Run Birthplace of Atom Bomb," *Chronicle of Higher Education*, June 8, 2018, https://www.chronicle.com/article/u-of-california-and-texas-a-m-winbid-to-run-birthplace-of-atom-bomb/.

19 Kingston Reif and Alicia Sanders-Zakre, "U.S. Nuclear Excess: Understanding the Costs, Risks, and Alternatives," Arms Control Association, April 2019, https://www.armscontrol.org/sites/default/files/files/Reports/Report_NuclearExcess2019_update0410.pdf.

20 Eli Clifton and Ben Freeman, "'Buying Influence': Top U.S. Nuclear Board Members Are Tied to Arms Business," *Guardian*, November 10, 2023.

21 저자가 비영리 기구 오픈시크리츠OpenSecrets 데이터베이스(www.opensecrets.org)를 바탕으로 계산했다.

22 "Defense Lobbying," *OpenSecrets*, accessed February 14, 2025, www.opensecrets.org/industries/lobbying?cycle=2024&ind=D.

23 Hartung, "Inside the ICBM Lobby," 16.

24 Hartung, 16.

25 Matt Korda, "Siloed Thinking: A Closer Look at the Ground-Based Strategic Deterrent," Federation of American Scientists, 58-9, https://fas.org/publication/siloed-thinking-a-closer-look-at-theground-based-strategic-deterrent/.

26 Korda, "Siloed Thinking," 113.

27 Greater Cheyenne Chamber of Commerce, "GBSD Bound," www.gbsdbound.com/copy-of-vendors.

28 Heefner, *Missile Next Door*, 69.

29 Heeffner, 113.

30 Miriam Pemberton, *Six Stops on the National Security Tour: Rethinking Warfare Economies* (Routledge, 2023), 201.

31 Eloise Ogden, "Northrop Grumman Team in Minot Making Plans for New ICBM," *Minot Daily News*, February 25, 2017, https://www.minotdailynews.com/news/local-news/2017/02/northropgrumman-team-in-minot-making-plans-for-newicbm/.

32 Hartung, "Inside the ICBM Lobby," 18.

33 "Strategic Deterrent Coalition," www.sdc-usa.org.

34 "Montana Defense Alliance," https://montanadefensealliance.org.

35 Tricia White and Matt Korda, "Nuclear Disarmers Can't Forget the Communities That Rely on Military Spending," *Bulletin of the Atomic Scientists*, October 28, 2020, https://thebulletin.org/2020/10/nuclear-disarmers-cant-forget-the-communities-that-relyon-military-spending/.

36 Northrop Grumman Corporation, "Northrop Grumman Breaks Ground on New Facility in Roy, Utah to Support Next Generation ICBM Program," press release, August 27, 2019, https://news.northropgrumman.com/news/releases/northrop-grumman-breaks-ground-on-new-facility-in-royutah-to-support-next-generation-icbm-program.

37 Taylor Barnes, "Utah Refuses to Share Details of Nuclear Weapons Plant Subsidy," *Inkstick*, February 6, 2023.

38 Tina Cordova, "What 'Oppenheimer' Doesn't Tell You About the Trinity Test," *New York Times*, July 30, 2023.

39 Tularosa Basin Downwinders Consortium, "Unknowing, Unwilling, and Uncompensated: The Effects of the Trinity Test on New Mexicans and the Potential Benefits of Radiation Exposure Compensation Act (RECA) Amendments," February 2017, https://2da8c03d-74f5-4bef-aa16-a6b9c4cb1631.filesusr.com/ugd/2b2028_8e221b260de7468bbcb67cbddc498dbe.pdf.

40 Camilla Pohle, "'Ashes of Death': The Marshall Islands Is Still Seeking Justice for

US Nuclear Tests," *Diplomat*, March 1, 2024.

41   Robert Alvarez, "The Legacy of U.S. Nuclear Testing in the Marshall Islands," *HuffPost*, May 23, 2010.

42   Camilla Pohle, "US Policy on Marshall Islands Nuclear Test Compensation Must Change—hina Is Watching," *Just Security*, October 5, 2023.

43   Cordova, "What 'Oppenheimer' Doesn't Tell You."

44   Niraj Chokshi, "Militarized Police in Ferguson Unsettles Some; Pentagon Gives Cities Equipment," *Washington Post*, August 14, 2014.

45   Chokshi, "Militarized Police."

46   Chokshi.

47   "Coalition Including ACLU Asks Defense Secretary for Moratorium on 1033 Program That Militarizes Local Police," American Civil Liberties Union, October 27, 2014, www.aclu.org/news/criminal-law-reform/federal-militarization-of-law-enforcement-mustend.

48   "The 1122 Program: An Investigative Analysis," Women for Weapons Trade Transparency, January 15, 2022, https://drive.google.com/file/d/1-SR1QOp3dY3_vNwvqStXfaQPl2PKuY6j/view.

49   American Civil Liberties Union. "War Comes Home," April 9, 2015. https://www.aclu.org/news/criminal-law-reform/war-comes-home.

50   "Written Statement of the American Civil Liberties Union Before the U.S. Senate Committee on Homeland Security & Governmental Affairs Hearing on 'Oversight of Federal Programs for Equipping State and Local Law Enforcement,'" September 9, 2014, https://www.govinfo.gov/content/pkg/CHRG-113shrg92902/html/CHRG-113shrg92902.htm.

51   U.S. Senate Committee on Armed Services, "Open/Closed: To Receive Testimony on the Findings of the Congressional Commission on the Strategic Posture of the United States," October 19, 2023, www.armed-services.senate.gov/hearings/to-receive-testimony-on-thefindings-of-the-congressional-commission-on-the-strategic-posture-of-the-united-states.

52   U.S. Senate Committee on Armed Services, "Open/Closed."

53   U.S. Senate Committee on Armed Services.

54   Eli Clifton and Ben Freeman, "'Buying Influence': Top US Nuclear Board Advisers

Are Tied to Arms Business," *Guardian*, April 17, 2024.

55   Clifton and Freeman, "'Buying Influence.'"

56   William J. Perry and Tom Z. Collina, *The Button: The New Nuclear Arms Race and Presidential Power from Truman to Trump* (Ben Bella, 2020), 211.

57   Daniel Ellsberg and Norman Solomon, "To Avoid Armageddon, Don't Modernize Missiles—liminate Them," *The Nation*, October 19, 2021.

58   John Mecklin, "Daniel Ellsberg on Dismantling the Doomsday Machine," *Bulletin of the Atomic Scientists*, February 26, 2018. https://thebulletin.org/2018/02/daniel-ellsberg-on-dismantling-thedoomsday-machine-2/.

59   Anthony Capaccio, "New U.S. ICBMs Could Cost up to $264 Billion over Decades," Bloomberg, October 3, 2020.

4장

1   "Transcript: Lockheed Martin CEO Jim Taiclet on 'Face the Nation,' May 8, 2022," *Face the Nation*, May 8, 2022.

2   "Paywatch," AFL-CIO, accessed February 12, 2025, https://aflcio.org/paywatch/LMT.

3   Peter Suciu, "F-35: The $2 Trillion Fighter Plane with Problems," *National Interest*, April 16, 2024.

4   Mike Stone, "Former Top U.S. General Dunford Joining Lockheed Martin's Board," Reuters, January 24, 2020.

5   Lee Cross, "8/01/97: Boeing, McDonnell Douglas Finalize Merger," *Airways*, January 8, 2023, https://www.airwaysmag.com/new-post/boeing-mcdonnell-douglas-finalize-merger.

6   "Defense News Top 100 2024," *Defense News*, accessed February 12, 2025, https://people.defensenews.com/top-100.

7   Office of the Undersecretary of Defense, Comptroller, *FY 2025 Program Acquisition Cost by Weapon System*, March 2024, https://comptroller.defense.gov/Portals/45/Documents/defbudget/FY2025/FY2025_Weapons.pdf.

8   Peter Suciu, "The 1,000,000,000,000 Problem: The F-35 Nightmare Just Won't End," *National Interest*, December 6, 2024.

9   Dan Grazier, "F-35 Program Stagnated in 2021 but DOD Testing Office Hiding Full Extent of Problem," The Project On Government Oversight, Analysis, March 9, 2022, https://www.pogo.org/analysis/f-35-program-stagnated-in-2021-but-dod-testing-officehiding-full-extent-of-problem.

10 Dan Grazier and Mandy Smithberger, "F-35 May Never Be Ready for Combat," Project on Government Oversight, September 9, 2016, https://www.pogo.org/investigations/f-35-may-never-be-ready-for-combat.

11 William D. Hartung, "Arms Industry Price Gouging Shows How Greed Trumps National Interest," *Responsible Statecraft*, May 23, 2023.

12 Connor Echols, "Defense Contractors Eye Long-Term Profits from Ukraine War," *Responsible Statecraft*, October 19, 2022.

13 William Hartung, "Can the Pentagon Stop Overpaying for Weapons Systems?'" *Forbes*, April 12 2025. https://www.forbes.com/sites/williamhartung/2025/04/12/can-the-pentagon-stop-overpaying-for-weapons-systems/.

14 Nick Cleveland-Stout and William D. Hartung, "New Trump Order Slashes Red Tape for Weapons Deals," *Responsible Statecraft*, March 22, 2025. https://responsiblestatecraft.org/arms-sales/.

15 Office of the Under Secretary of Defense for Acquisition and Sustainment, Defense Pricing and Contracting, "Contract Finance Report," US Department of Defense, April 2023, https://www.acq.osd.mil/asda/dpc/pcf/docs/finance-study/FINAL%20-%20Defense%20Contract%20Finance%20Study%20Report%204.6.23.pdf; C. Todd Lopez, "DOD Report: Consolidation of Defense Industrial Base Poses Risks to National Security," US Department of Defense, February 16, 2022, https://www.defense.gov/News/News-Stories/Article/Article/2937898/dod-reportconsolidation-of-defense-industrial-base-poses-risks-to-national-sec/.

16 Fred Kaplan, "Powell: The U.S. is 'Running Out of Demons,'" *Seattle Times*, April 9, 1991.

17 Office of the Under Secretary of Defense (Comptroller), "National Defense Budget Estimates for FY 2024," US Department of Defense, https://comptroller.defense.gov/Portals/45/Documents/defbudget/FY2024/FY24_Green_Book.pdf.

18 Michael Klare, *Rogue States and Nuclear Outlaws: America's Search for a New Foreign Policy* (Hill and Wang: 1995), https://us.macmillan.com/books/9780809015870/roguestatesandnuclearoutlaws/.

   미국은 왜 전쟁을 멈추지 못하는가

19   Patrick E. Tyler, "U.S. Strategy Plan Calls for Insuring No Rivals Develop," *New York Times*, March 8, 1992.

20   John Mintz, "How a Dinner Led to a Feeding Frenzy: With Cuts on the Way, Defense Executives Were Told to Combine, Conquer at 'Last Supper' in '93," *Washington Post*, July 3, 1997; Jonathan Chang and Meghna Chakrabarti, "The Last Supper: How a 1993 Pentagon Dinner Reshaped the Defense Industry," WBUR, March 1, 2023.

21   John A. Tirpak, "The Distillation of the Defense Industry," *Air and Space Forces Magazine*, July 1, 1998, www.airandspaceforces.com/article/0798industry.

22   Office of the Undersecretary of Defense for Acquisition and Sustainment, "State of Competition Within the Defense Industrial Base," February 2022, https://media.defense.gov/2022/feb/15/2002939087/-1/-1/1/state-of-competition-withinthe-defense-industrial-base.pdf.

23   "Defense News Top 100 2024."

24   Nan Tian et al., "SIPRI Fact Sheet," SIPRI, April 2024, www.sipri.org/sites/default/files/2024-04/2404_fs_milex_2023.pdf.

25   William D. Hartung, "Pentagon Profiteers: Executive Compensation in the Arms Industry," *Forbes*, December 12, 2022.

26   Brett Heinz, "How Lockheed's $7.9B Stock Buyback Bonanza Is Paid For by You," *Responsible Statecraft*, August 1, 2023.

27   Elizabeth Warren, "At Hearing, Warren Rings the Alarm About Need for Strong Corporate Stock Buyback Guardrails in CHIPS and Science Act Implementation," press release, September 29, 2022, www.warren.senate.gov/newsroom/press-releases/at-hearing-warren-rings-the-alarm-about-need-for-strongcorporate-stock-buyback-guardrails-in-chips-and-science-act-implementation.

28   Zaid Jilani, "Four Decades Ago, a Senator Warned About the Revolving Door of the Military Industrial Complex," *Republic Report*, June 8, 2012, https://truthout.org/articles/four-decades-ago-a-senatorwarned-about-the-revolving-door-of-the-military-industrial-complex/.

29   "2023 Proxy Statement and Notice of Annual Meeting," Lockheed Martin Corporation, March 14, 2023, www.lockheedmartin.com/content/dam/lockheed-martin/eo/documents/annual-reports/2023-proxystatement.pdf.

30 Eric Lipton, "The Pentagon Road to Venture Capital," *New York Times*, December 30, 2023.

31 Eric Lipton, "New Spin on a Revolving Door: Pentagon Officials Turn Venture Capitalists," *New York Times*, December 20, 2023.

32 Donald Shaw, "Rashida Tlaib Proposes Defense Stock Ban for Members of Congress," *Sludge*, February 26, 2024.

33 Kimberly Leonard, Dave Levinthal, Camila DeChalus, and Warren Rojas, "At Least 15 Lawmakers Who Shape U.S. Defense Policy Have Investments in Military Contractors," *Business Insider*, December 13, 2021.

34 Rajesh Kumar Singh et al., "Boeing's Latest MAX Problem Creates More Headaches for the Airlines," Reuters, January 10, 2024.

35 David Koenig et al., "Boeing Union Workers End Strike After Voting to Accept New Contract," Associated Press, November 5, 2024.

36 Richard Aboulafia, "How Boeing Lost Its Way," CNN, March 22, 2024.

37 Valerie Insinna et al., "How Production Pressures Plunged Boeing into Yet Another Crisis," Reuters, February 9, 2024.

38 Sharon Terlep and Andrew Tangel, "'This Has Been Going On for Years': Inside Boeing's Manufacturing Mess," *Wall Street Journal*, January 13, 2024.

39 Chris Isidore, "Boeing Was Once Known for Safety and Engineering: But Critics Say an Emphasis on Profits Changed That," CNN, February 5, 2024.

40 Isidore, "Boeing Was Once Known for Safety and Engineering."

41 Frank Wolfe, "Overruns on KC-46A Climb to $6.9 Billion," *Defense Daily*, October 26, 2022; "Report to Congressional Committees: Weapons Systems Annual Assessment, U.S. Government Accountability Office," June 2023, www.gao.gov/assets/gao-23-106059.pdf.

42 Stephen Losey, "Revamped KC-46 Vision System Slipping into 2026, Nearly Two Years Late," *Defense News*, March 14, 2024.

43 William D. Hartung, "The Military-Industrial Complex Revisited: Shifting Patterns of Military Contracting in the Post-9/11 Period," Costs of War, accessed February 12, 2025, https://watson.brown.edu/costsofwar/files/cow/imce/papers/2011/The%20 Military-Industrial%20Complex%20Revisited.pdf.

44 Leslie Wayne, "Ex-Pentagon Official Gets 9 Months for Conspiring to Favor

Boeing," *New York Times*, October 2, 2004.

45 Samuel Perlo-Freeman, "The Boeing Tanker Case," Tufts University Fletcher Graduate School of Global Affairs, May 5, 2017, https://sites.tufts.edu/corruptarmsdeals/the-boeing-tanker-case/.

46 Perlo-Freeman, "Boeing Tanker Case."

47 "V-22 Osprey," United States Marine Corps, www.aviation.marines.mil/About/Aircraft/Tilt-Rotor.

48 Geoff Bennett et al., "The Troubled Safety Record of the Osprey Aircraft Fleet Grounded by the U.S. Military," PBS NewsHour, December 8, 2023; Matthew Adams, "U.S. Military's Osprey Aircraft Won't Return to Full Flight Status Until Mid-2025," *Stars and Stripes*, June 12, 2024.

49 Idrees Ali and Tim Kelly, "US Military Grounds V-22 Osprey Aircraft After Fatal Japan Crash," Reuters, December 7, 2023.

50 Melissa Healy, "Warplane Survives Attacks: The Defense Secretary Twice Tried to Kill the V-22 Osprey, Part Plane and Part Helicopter. Here's How the Aircraft Was Saved in the Face of Severe Budget Cutting," *Los Angeles Times*, November 29, 1990.

51 Healy, "Warplane Survives Attacks."

52 Bennett et al., "Troubled Safety Record."

53 Tara Copp, "Pentagon IDs Possible Cause of Nov. 29 Osprey Crash That Killed 8," *Air Force Times*, February 7, 2024.

54 Laura Strickler and Courtney Kube, "Your Heart Is Always Broken: Families Whose Loved Ones Died Want to Know Why the Military's Ospreys Keep Crashing," NBC News, February 23, 2024.

55 Strickler and Kube, "Your Heart Is Always Broken."

56 Adams, "U.S. Military's Osprey Aircraft Won't Return."

57 Andrew Cockburn, "The Fix is in for the New Air Force F-47 –And so is the Failure," *Responsible Statecraft*, April 7, 2025.

58 Government Accountability Office, "The F-35 Will Now Exceed $2 Trillion as the Military Plans to Fly it Less," Watchblog, May 16, 2024. https://www.gao.gov/blog/f-35-will-now-exceed-2-trillion-military-plans-fly-it-less.

1   Quincy Institute for Responsible Statecraft, "Film Screening: What I Want You to Know," YouTube, November 15, 2023, www.youtube.com/watch?v=djc3uP5oeLg.

2   Quincy Institute for Responsible Statecraft, "Film Screening."

3   Quincy Institute for Responsible Statecraft.

4   Neta C. Crawford and Catherine Lutz, "Human Costs of Post-9/11 Wars: Direct Deaths in Major War Zones," Costs of War, November 13, 2019, https://watson.brown.edu/costsofwar/figures/2021/WarDeathToll.

5   Thomas Howard Suitt III, "High Suicide Rates Among United States Service Members and Veterans of the Post-9/11 Wars," Costs of War, June 21, 2021, https://watson.brown.edu/costsofwar/files/cow/imce/papers/2021/Suitt_Suicides_Costs%20of%20War_June%2021%202021.pdf.

6   Will Croxton, "The Lasting Toll of the Wars in Iraq and Afghanistan," CBS News, June 30, 2024.

7   "Poverty in America: Economic Realities of Struggling Families Hearing Before the Committee on the Budget," House of Representatives, One Hundred Sixteenth Congress, June 19, 2019, 281-282, www.govinfo.gov/content/pkg/CHRG-116hhrg37722/pdf/CHRG-116hhrg37722.pdf.

8   "Poverty in America."

9   Kairos Center, "It's Kairos Time: Fight Poverty Not the Poor! How SNAP Rollbacks Impact," YouTube, March 15, 2023, www.youtube.com/watch?v=Ua38NRL80z8.

10   Angela Montalvo, speech at Poor People's March and Moral Assembly, Washington, DC, June 18, 2022, www.facebook.com/anewppc/videos/1013560726003602.

11   Shailly Gupta Barnes, "Kairos Center Policy Briefing #10: We Won't Fall Down. We Don't Fall Down," Kairos Center, March 31, 2021, https://kairoscenter.org/kairos-center-policybriefing-10-we-wont-fall-down-we-dont-fall-down/.

12   Ellen Mitchell, "Senate Passes $895B Defense Bill; Some Dems Defect over Transgender Fight," *Hill*, December 18, 2024; Lindsay Koshgarian, "Parity, Schmarity: The Budget Deal Gives 56% of the Discretionary Budget to the Military," National Priorities Project, May 31, 2023, https://www.nationalpriorities.org/blog/2023/05/31/parity-schmarity-military-big-winnerfy-2024-budget-deal/.

13   저자가 백악관 관리예산처Office of Management and Budget의 2024 회계 연도 예산 자료를 바

탕으로 계산한 것이다. 국방부, 에너지부의 핵탄두 관련 사업, 국토안보부, 재향군인부, 국무부 예산 내 군사 원조, 그리고 과거 군사 지출에서 기인한 부채 이자 분담금을 포함한다. "Budget of the U.S. Government Fiscal Year 2025," White House and Office of Management and Budget, accessed February 11, 2025, https://bidenwhitehouse.archives.gov/wp-content/uploads/2024/03/budget_fy2025.pdf.

14 Govind Bhutada, "Breaking Down Clean Energy Funding in the Inflation Reduction Act," Decarbonization Channel, February 21, 2023, https://decarbonization. visualcapitalist.com/breaking-down-clean-energy-funding-in-theinflation-reduction-act/.

15 "FY 2025 CDC Budget Overview," Centers for Disease Control and Prevention, 2024, www.cdc.gov/budget/documents/fy2025/FY-25-Budget-Overview-Factsheet. pdf; Office of the Under Secretary of Defense (Comptroller)/Chief Financial Officer, "Program Acquisition Cost by Weapon System March 2024 United States Department of Defense Fiscal Year 2025 Budget Request," US Department of Defense, March 2024, xv, www.cdc.gov/budget/documents/fy2025/FY-25-Budget-Overview-Factsheet.pdf.

16 Fox Van Allen, "Meet the US Navy's New $13 Billion Aircraft Carrier," CNET, January 12, 2016; "FY 2025 Budget," US Environmental Protection Agency, April 26, 2024, www.epa.gov/planandbudget/cj.

17 William Hartung, "Profits of War: Corporate Beneficiaries of the Post-9/11 Pentagon Spending Surge," Costs of War, September 13, 2021, https://watson.brown.edu/costsofwar/papers/2021/ProfitsOfWar.

18 "US Veterans & Military Families," Costs of War, 2010, https://watson.brown.edu/costsofwar/costs/human/veterans.

19 "The Employment Situation—anuary 2025." U.S. Bureau of Labor Statistics, February 7, 2025, https://www.bls.gov/news.release/pdf/empsit.pdf.

20 "Consumer Price Index Summary," U.S. Bureau of Labor Statistics, January 15, 2025, www.bls.gov/news.release/cpi.nr0.htm.

21 Paul Krugman, "Our Economy Isn't 'Goldilocks.' It's Better," *New York Times*, February 1, 2024.

22 Liz Theoharis interview with William D. Hartung, August 16, 2024; "About," Poor People's Campaign, www.poorpeoplescampaign.org/about.

23 Theoharis interview.

24 "Repairers of the Breach," https://breachrepairers.org.

25 Shailly Barnes interview with William D. Hartung, August 16, 2024.

26 "The Employment Situation—January 2025."

27 Lauren Kaori Gurley et al., "More Americans Take on a Second Job or Side Hustle: They Come at a Cost," *Washington Post*, January 28, 2025.

28 "Hourly and Weekly Earnings of Production and Nonsupervisory Workers, 1947-2003 (2003 Dollars)," *The State of Working America 2004-05*, accessed February 11, 2025, https://files.epi.org/page/-/old/datazone/05/earnings.pdf.

29 Megan DeMatteo, "The Average American Has $90,460 in Debt—Here's How Much Debt Americans Have at Every Age," CNBC, October 16, 2020.

30 Shailly Gupta Barnes, "Explaining the 140 Million: Breaking Down the Poverty and Low-Income Numbers." Kairos Center, June 26, 2019, https://kairoscenter.org/explaining-the-140-million/.

31 Matthew P. Rabbitt et al., *Household Food Security in the United States in 2022* (Report No. ERR-325). US Department of Agriculture, Economic Research Service, 2023, https://doi.org/10.32747/2023.8134351.ers.

32 Oshan Jarow, "Poverty Is a Major Public Health Crisis: Let's Treat It Like One," *Vox*, July 14, 2023.

33 Claire Thornton, "Homelessness Rates Jumped by Double Digits in 2024 as Americans Battled to Afford Housing," *USA Today*, December 27, 2024.

34 Nan Tian et al., "SIPRI Fact Sheet: Trend in World Military Expenditure, 2023," SIPRI, April 2024, www.sipri.org/sites/default/files/2024-04/2404_fs_milex_2023.pdf.

35 Azeen Ghorayshi, "An 'Unsettling' Drop in Life Expectancy for Men," *New York Times*, November 13, 2023; "Life Expectancy in the U.S. Dropped for the Second Year in a Row in 2021," Centers for Disease Control and Prevention, August 31, 2022, www.cdc.gov/nchs/pressroom/nchs_press_releases/2022/20220831.html.

36 "Poverty in America: Economic Realities of Struggling Families. Hearing Before the Committee on the Budget," U.S. House of Representatives, One Hundred Sixteenth Congress, June 19, 2019, www.govinfo.gov/content/pkg/CHRG-116hhrg37722/pdf/CHRG-116hhrg37722.pdf.

37 "Poverty in America," 252-253.

38 "Poverty in America," 304-05.

39 "Poverty in America," 263-265 .

40 "Poverty in America," 263-265.

41 "Poverty in America," 285.

42 "Poverty in America," 273-274.

43 American Society of Civil Engineers, "A Comprehensive Assessment of America's Infrastructure 2025," p. 8. https://infrastructurereportcard.org/wp-content/uploads/2025/03/Full-Report-2025-Natl-IRC-WEB.pdf; Paul Mcleary, Joe Gould, and Connor O'Brien, "Trump, Hegseth Promise Record $1 Trillion Pentagon Budget," *Politico*, April 7, 2025. https://www.politico.com/news/2025/04/07/hegseth-trump-1-trillion-defense-budget-00007147.

44 "Budget of the U.S. Government Fiscal Year 2025," Office of Management and Budget, and the White House, March 2024, 140, https://bidenwhitehouse.archives.gov/wpcontent/uploads/2024/03/budget_fy2025.pdf.

45 Merritt Kennedy, "Lead-Laced Water in Flint: A Step-by-Step Look at the Makings of a Crisis," NPR, April 20, 2016.

46 Kennedy, "Lead-Laced Water in Flint."

47 "Infrastructure Funding & Implementation," US Water Alliance, https://uswateralliance.org/issue/infrastructure-funding-implementation.

48 John Yang and Claire Mufson, "Why American Cities Are Struggling to Supply Safe Drinking Water," PBS News Weekend, February 5, 2023.

49 Jamie Stengle and Josh Boak, "Biden Wants People to Know Most of the Money He's Seeking for Ukraine Would Be Spent in the US," Associated Press, February 20, 2024.

50 "Poor People's Moral Budget," Poor People's Campaign, June 15, 2020, www.poorpeoplescampaign.org/resource/poor-peoples-moral-budget.

51 Heidi Peltier, "We Get What We Pay For: The Cycle of Military Spending, Industry Power, and Economic Dependence," Watson Institute for International & Public Affairs, June 8, 2023.

52 "NDIA Vital Signs 2023," National Defense Industrial Association, February 2023,

18, www.ndia.org/-/media/sites/ndia/policy/vitalsigns/2023/ndia_vitalsigns2023_
final_v3.pdf.

53   Taylor Barnes, "Union Strength Dwindles at Top Defense Contractors," *Inkstick*,
June 15, 2023.

54   Stengle and Boak, "Biden Wants People to Know."

55   Stengle and Boak, "Biden Wants People to Know."

56   Lara Seligman et al., "Bombenomics: Biden Admin Circulates Map Showing States
That Benefit from Ukraine Aid," *Politico*, November 29, 2023,.

57   "The Most Economically Significant Defense Program in History, Contributing
Approximately $72 Billion Annually," Lockheed Martin, n.d., www.f35.com/f35/
about/economic-impact.html.

6장

1   David Vine et al., "Drawdown: Improving U.S. And Global Security Through
Military Base Closures Abroad," Quincy Institute for Responsible Statecraft,
September 20, 2021, https://quincyinst.org/research/drawdown-improving-u-s-and-
global-security-throughmilitary-base-closures-abroad/.

2   Stephanie Savell, "United States Counterterrorism Operations Under the Biden
Administration, 2021-2023," Costs of War, November 2023, https://watson.brown.
edu/costsofwar/papers/2023/USCounterterrorismOperations.

3   James Siebens et al., "US Global Force Posture and US Military Operations Short of
War," Stimson Center, July 14, 2021, https://www.stimson.org/2021/us-global-force-
posture-andus-military-operations-short-of-war/.

4   Vine et al., "Drawdown."

5   Vine et al.

6   Andrew Tilghman, "Guam: Defense Infrastructure and Readiness," Congressional
Research Service, August 3, 2023, https://crsreports.congress.gov/product/pdf/
R/R47643; "2022 National Defense Strategy of the United States of America,"
US Department of Defense, October 27, 2022, https://media.defense.gov/2022/
Oct/27/2003103845/-1/-1/1/2022-NATIONAL-DEFENSESTRATEGY-NPR-MDR.
PDF.

7   Damian Cave, "Uneasy Coexistence on Guam: Military Buildup and an Indigenous

Dwelling," *New York Times*, April 12, 2023.

8   Jon Letman, "Guam: Where the U.S. Military Is Revered and Reviled," *Diplomat*, August 29, 2016.

9   Cave, "Uneasy Coexistence on Guam."

10   Brad Lennon, "US Marines Officially Opens First New Base in 70 years on the Island of Guam," CNN, January 27, 2023, www.cnn.com/2023/01/27/asia/new-us-marine-corps-base-guam-intl-hnk-ml/index.html.

11   Letman, "Guam."

12   Letman.

13   Catherine Lutz interview with William D. Hartung, December 19, 2023.

14   Letman, "Guam."

15   Van Jackson, "Trapped by Empire," *Dissent*, February 8, 2023, https://www.dissentmagazine.org/online_articles/trapped-by-empire/.

16   Lutz interview.

17   Jackson, "Trapped by Empire."

18   Jackson.

19   Lutz interview.

20   Sarah Topol, "The America That Americans Forget," *New York Times*, July 7, 2023.

21   "Welcome to Kwajalein Republic of the Marshall Islands," US Army, https://api.army.mil/e2/c/downloads/396011.pdf.

22   Cristina Stassis, "US Test-Fires Two Unarmed Minuteman III Ballistic Missiles," *Defense News*, June 6, 2024, www.defensenews.com/training-sim/2024/06/06/us-test-fires-twounarmed-minuteman-iii-ballistic-missiles.

23   Mark Rabago, "US to Spend Billions on Northern Marianas Island to Boost Military Power," *RNZ*, April 12, 2023, https://www.rnz.co.nz/international/pacific-news/487773/us-to-spend-billions-on-northern-marianas-island-to-boost-military-power.

24   "USAF Senior Leaders Visit Mariana Islands on ACE Trip," US Air Force, April 5, 2024, https://www.af.mil/News/Article-Display/Article/3732110/usaf-senior-leaders-visitmariana-islands-on-ace-trip/.

25   Brad Lendon, "US Air Force to Reclaim Pacific Airfield That Launched Atomic

Bombings as It Looks to Counter China," CNN, December 22, 2023.

26 Dan Grazier, "A Rational China-Oriented Military Strategy," Project on Government Oversight, June 8, 2023, https://www.pogo.org/reports/a-rational-china-oriented-militarystrategy.

27 "Navy Support Facility Diego Garcia," Military Installations, US Department of Defense, accessed January 25, 2024, https://installations.militaryonesource.mil/in-depth-overview/navy-support-facility-diego-garcia.

28 Michael McDevitt, "America's Interest in Diego Garcia," *War on the Rocks*, June 8, 2020.

29 "'That's When the Nightmare Started': UK and US Forced Displacement of the Chagossians and Ongoing Colonial Crimes," Human Rights Watch, February 15, 2023, https://www.hrw.org/report/2023/02/15/thats-when-nightmare-started/uk-and-us-forceddisplacement-chagossians-and.

30 David Vine, "The Truth About Diego Garcia," TomDispatch.com, June 14, 2015.

31 David Vine, "The US Base at Diego Garcia Holds a Dirty Secret," *Inkstick*, February 16, 2023.

32 David Vine, *Island of Shame: The Secret History of the U.S. Military Base on Diego Garcia* (Princeton University Press, 2011), https://press.princeton.edu/books/paperback/9780691149837/island-ofshame?srsltid=AfmBOoo4pqlfaaK-f43CVLC_vkuR4Cnx3cfS0GmFC-APPljBE45UBVub.

33 "UK, US Expelled Islanders 50 Years Ago, a Crime Against Humanity," Human Rights Watch, February 15, 2023, https://www.hrw.org/news/2023/02/15/uk-us-expelledislanders-50-years-ago-crime-against-humanity.

34 "That's When the Nightmare Started."

35 "NSF Diego Garcia," US Naval Forces Japan, 2025, https://cnrj.cnic.navy.mil/Installations/NSF-Diego-Garcia/About/About-Diego-Garcia.

36 Norman Solomon, "The Most Important U.S. Air Force Base You've Never Heard Of," *Nation*, July 7, 2016.

37 Solomon, "The Most Important U.S. Air Force Base."

38 "U.S. Air Forces in Europe—ir Forces in Africa," United States Air Force, accessed January 26, 2024, www.af.mil/About-Us/Fact-Sheets/Display/Article/609838/us-air-forces-in-europe-air-forces-africa.

39   Kathleen Schuster, "The Germans Taking on the U.S. Military," DW.com, September 9, 2017, https://www.dw.com/en/ramstein-air-base-anti-drone-protests-the-germans-taking-on-theus-military/a-40432117.

40   Jacob Knutson, "Where U.S. Troops Are Stationed in the Middle East," *Axios*, October 31, 2023.

41   Foreign Relations of the United States, 1977–1980 (vol. 1, Foundations of Foreign Policy—Document 138, Address by President Carter on the State of the Union Before a Joint Session of Congress), United States Department of State, January 23, 1980, https://history.state.gov/historicaldocuments/frus1977-80v01/d138.

42   Jessica Purkiss and Jack Serle, "Obama's Covert Drone War in Numbers: Ten Times More Strikes Than Bush," Bureau of Investigative Journalism, January 17, 2017, https://www.thebureauinvestigates.com/stories/2017-01-17/obamas-covert-drone-war-in-numbers-ten-timesmore-strikes-than-bush .

43   Jo Becker and Scott Shane, "Secret 'Kill List' Tests Obama's Principles," *New York Times*, May 29, 2012.

44   Micah Zenko, "Obama's Final Drone Strike Data," Council on Foreign Relations, January 20, 2017, www.cfr.org/blog/obamas-final-drone-strike-data.

45   Becker and Shane, "Secret 'Kill List.'"

46   Charles J. Dunlap, "Body Counts Are Terrible Way for the Public to Assess U.S. Counter-Terror Operations," *Just Security*, March 18, 2019.

47   Letta Taylor, "How Obama's Drone Rules Enabled Trump," *Just Security*, September 26, 2017.

48   Azmat Khan, "The Human Toll of America's Air Wars," *New York Times*, December 19, 2021.

49   Purkiss and Serle, "Obama's Covert Drone War."

50   Imogen Piper and Joe Dyke, "Tens of Thousands of Civilians Likely Killed by U.S. in 'Forever Wars,'" *Air Wars*, September 6, 2021, https://airwars.org/investigations/tens-of-thousands-of-civilians-likely-killed-byus-in-forever-wars/; Peter Beaumont, "U.S. Air Wars Killed 22,000 Civilians Since 9/11, Analysis Says," *Guardian*, September 7, 2021.

51   Azmat Khan, "Hidden Pentagon Records Reveal Patterns of Failure in Deadly Air Strikes," *New York Times*, December 18, 2021.

52 Charlie Savage, "Biden Rules Tighten Limits on Drone Strikes," *New York Times*, July 1, 2023.

53 AJLabs, "The Human Toll of Israel's War on Gaza—by the Numbers," Al Jazeera, January 15, 2025; Linda Bilmes et al., "United States Spending on Israel's Military Operations and Related U.S. Operations in the Region, October 7, 2023—September 30, 2024," Cost of War, October 7, 2024, https://watson.brown.edu/costsofwar/papers/2024/USspendingIsrael.

54 Jonathan Guyer, "A Biden Envoy to the Pacific Had Major Conflicts of Interest." *Jacobin*, April 2024.

55 Guyer, "Biden Envoy to the Pacific."

56 Heritage Foundation, "Renewing America's Compacts in the Pacific: A Conversation with Ambassador Joseph Y. Yun," Youtube, July 20, 2023, www.youtube.com/watch?v=LwoEK475Pdw.

57 Guyer, "Biden Envoy to the Pacific."

58 "Space Fence," Lockheed Martin, 2018, www.lockheedmartin.com/en-us/products/space-fence.html.

59 Guyer, "Biden Envoy to the Pacific."

60 Guyer, "A Biden Envoy to the Pacific."

61 Steve Walsh, "Navy Bribery Scandal Still Unfolding 8 Years After the Arrest of 'Fat Leonard,'" KPBS Public Media, October 14, 2021, https://www.kpbs.org/news/local/2021/10/14/navy-bribery-scandal-still-unfolding-8-yearsafter-the-arrest-of-fat-leonard.

62 Sam LaGrone, "9 More Indicted in 'Fat Leonard' Investigation; Retired Admiral Arrested at Home." USNI News, March 14, 2017, https://news.usni.org/2017/03/14/9-indicted-fat367leonard-investigation-retired-admiral-arrested-home.

63 Blake Herzinger, "Fat Leonard Cost the U.S. Navy More Than Money," *Foreign Policy*, October 24, 2022.

64 Andrew Dyer, "More Felony Convictions Overturned as 'Fat Leonard' Case Unravels," KPBS Public Media, May 21, 2024, https://www.kpbs.org/news/military/2024/05/21/morefelony-convictions-overturned-as-fat-leonard-case-unravels.

65 Joshua Goodman and Eric Tucker, "From Fugitive to Shackled Prisoner, 'Fat Leonard' Lands Back in US Court and Could Face More Charges," Associated Press, December 21, 2023.

66 Edward Helmore, "Whiskey, Kobe Beef and Suckling Pig: Inside the 'Fat Leonard' Navy Bribery Scandal," *Guardian*, September 11, 2022.

67 Robert Faturechi et al., "Disaster in the Pacific," *ProPublica*, February 11, 2019.

68 Eric Lipton, "The Pentagon Saw a Warship Boondoggle: Congress Saw Jobs," *New York Times*, February 13, 2023.

69 Lipton, "Pentagon Saw a Warship Boondoggle."

70 Roger Wicker, "Senator Wicker Unveils Major Defense Investment Plan," May 29, 2024, www.wicker.senate.gov/2024/5/senator-wicker-unveils-major-defense-investment-plan.

7장

1 Joaquin Sapien. "How the Navy Spent Billions on Failed Littoral Combat Ship Program," *ProPublica*, April 25, 2024.

2 Spencer Ackerman. "Navy's $670 Million Fighting Ship Is 'Not Expected to Be Survivable,' Pentagon Says," *WIRED*, January 15, 2013, https://www.wired.com/2013/01/littoralcombat-ship/.

3 David Axe, "The US Navy Is in the Thick of the Red Sea Fight. But There's One Warship Class That's Missing," *Telegraph*, January 25, 2024.

4 Dan Grazier, "Why Do Air Force Planes Need $10,000 Toilet Seat Covers?," Project on Government Oversight, June 15, 2018, https://www.pogo.org/analysis/why-do-air-forceplanes-need-10000-toilet-seat-covers.

5 www.pogo.org/whistleblower-resources.

6 Ben Freeman, "POGO Releases Navy Documents Showing Problems with the Littoral Combat Ship," Project on Government Oversight, April 23, 2012, https://www.pogo.org/policyletters/pogo-releases-navy-documents-showing-problems-with-the-littoral-combat-ship.

7 "Lockheed Martin Annual Lobbying Totals, 1998-024," *OpenSecrets*, accessed February 11, 2025. www.opensecrets.org/orgs/lockheed-martin/lobbying?id=d000000104.

8   "General Dynamics Annual Lobbying Totals, 1998-024," *OpenSecrets*, accessed February 11, 2025, www.opensecrets.org/orgs/general-dynamics/lobbying?id=D000000165; "Austal Ltd. Annual Lobbying Totals, 1998-2024," *OpenSecrets*, accessed February 11, 2025, www.opensecrets.org/federal-lobbying/clients/summary?id=D000074338.

9   "Innovative Federal Strategies (IFS) LD-1 Disclosure Form," January 15, 2013, https://lda.senate.gov/filings/public/filing/31765304-2e46-43c0-b827-7d1d305357a0/print.

10   Ben Freeman interview with Stephen Semler on 12-15-23.

11   Sapien, "How the Navy Spent Billions."

12   Sapien.

13   "F-35 Domestic Impact Final," Ceros.com, February 2024, accessed on February 16, 2025, https://view.ceros.com/lockheed-martin/f35-domestic-impact/p/1.

14   Joe Gould, "New Report Clashes with Trump's Job Growth Claims from Saudi Arms Sales," *Defense News*, August 19, 2022.

15   "The 10-Year Trajectory of DC-Area Home Prices in 4 Charts." *UrbanTurf*, February 16, 2024, https://dc.urbanturf.com/articles/blog/the_10-year_trajectory_of_dcarea_home_prices_in_4_charts/23165; "Consumer Price Index Historical Tables for Washington-Arlington-Alexandria, DC-VAMD-WV: Mid–Atlantic Information Office: U.S. Bureau of Labor Statistics." Bureau of Labor Statistics, June 10, 2022, https://www.bls.gov/regions/midatlantic/data/consumerpriceindexhistorical_washingtondc_table.htm; Dan Burrows and Donna LeValley, "The 10 Most Expensive Cities to Live in the U.S.," *Kiplinger*, February 3, 2025, https://www.kiplinger.com/realestate/605051/most-expensive-cities-in-the-us; Eric R. Petersen, "Staff Pay, Selected Positions in Senators' Offices, FY2001-FY2023," Congressional Research Service, https://crsreports.congress.gov/product/pdf/R/R44324.

16   Lee Fang, "When a Congressman Becomes a Lobbyist, He Gets a 1,452 Percent Raise (on Average)," *Nation*, March 14, 2012.

17   "Defense Lobbying," *OpenSecrets*, accessed on February 12, 2025, www.opensecrets.org/industries/lobbying?cycle=2024&ind=D.

18   "Defense Lobbying."

19   Stephen Semler interview with Ben Freeman, December 15, 2023.

20 "U.S. House of Representatives Staffers 2024, by Age," *Statista*, July 5, 2024, www.statista.com/statistics/1454870/house-representatives-staffers-age-us.

21 "National Defense Authorization Act for Fiscal Year 2024," Public Law 118–1, United States Congress, December 22, 2023, www.congress.gov/118/plaws/publ31/PLAW-118publ31.pdf.

22 Jared Serbu, "Defense Industrial Base Loses Thousands More Firms, Mainly Because DoD Is a Tough Customer," Federal News Network, February 10, 2023.

23 "Defense Recipients, 2024 Campaign Cycle," *OpenSecrets*, accessed February 11, 2025, www.opensecrets.org/industries/summary?cycle=2024&ind=D.

24 "Cost of Election, 1990-024," *OpenSecrets*, accessed February 11, 2025, www.opensecrets.org/elections-overview/cost-of-election.

25 "Rep. Ken Calvert Summary Page," *OpenSecrets*, accessed February 11, 2025, www.opensecrets.org/members-of-congress/ken-calvert/summary?cid=N00007099.

26 "Rep. Mike Rogers Summary Page," *OpenSecrets*, accessed February 11, 2025, www.opensecrets.org/members-of-congress/mike-d-rogers/summary?cid=N00024759.

27 All details taken directly from the Department of Justice indictment: "United States of America vs. Robert P. Burke, Yongchul Kim and Meghan Messenger," U.S. Department of Justice, May 30, 2024, www.justice.gov/usao-dc/media/1353911/dl.

28 Konstantin Toropin, "Rare Criminal Trial of a 4-Star Admiral Heats Up with Allegations of Lies, Affairs and Competing Stories," Military.com, July 25, 2024.

29 Craig Whitlock. *Fat Leonard: How One Man Bribed, Bilked, and Seduced the U.S. Navy* (Simon and Schuster, 2024), https://www.simonandschuster.com/books/Fat-Leonard/Craig-Whitlock/9781982131630 .

30 "Lobbying Data Summary," *OpenSecrets*, accessed February 11, 2025, www.opensecrets.org/federal-lobbying.

31 "Former Members of Congress," *OpenSecrets*, accessed February 11, 2025, www.opensecrets.org/revolving-door/former-members-of-congress.

32 Lawrence Lessig. *Republic, Lost: How Money Corrupts Congress—and a Plan to Stop It* (Twelve, 2015), 274.

33 Hailey Fuchs, "Drain the Swamp? This Guy's Trying to Fill It," *Politico*, October 15, 2021.

34 "Defense Lobbying Annual Totals, 1998-024." *OpenSecrets*, accessed February 11, 2025, www.opensecrets.org/industries/lobbying?cycle=2024&ind=D.

35 Elizabeth Warren, "Pentagon Alchemy: How Defense Officials Pass Through the Revolving Door and Peddle Brass for Gold," Office of Senator Elizabeth Warren, April 2023, www.warren.senate.gov/imo/media/doc/DoD%20Revolving%20 Door%20Report.pdf.

36 Jordi Blanes Vidal et al., "Revolving Door Lobbyists," *American Economic Review* 102, no. 7 (2012): 3731–3748.

37 "Post-Government Employment Restrictions: DOD Could Further Enhance Its Compliance Efforts Related to Former Employees Working for Defense Contractors," U.S. Government Accountability Office, September 9, 2021, www. gao.gov/products/gao-21-104311.

38 William D. Hartung, "March of the Four-Stars: The Role of Retired Generals and Admirals in the Arms Industry," Quincy Institute for Responsible Statecraft, January 11, 2024, https://quincyinst.org/research/march-of-the-four-stars-the-role-of-retired-generals-andadmirals-in-the-arms-industry/.

39 "Rep. Buck McKeon Summary Page," *OpenSecrets*, accessed February 11, 2025, www.opensecrets.org/members-of-congress/buck-mckeon/ summary?cid=N00006882.

40 Lee Fang, "D.C. Lobbyist Aids Rep. McKeon's Wife," *Salon*, January 30, 2012.

41 "McKeon Group LLC Lobbying Disclosure Form," March 24, 2015, https://lda. senate.gov/filings/public/filing/31765304-2e46-43c0-b827-7d1d305357a0/print; "McKeon Group LLC Lobbying Disclosure Form," March 24, 2015, https://lda. senate.gov/filings/public/filing/1dfe046d-61d8-4a62-b67f-109ace2a484b/print.

42 "McKeon Group LLC Lobbying Disclosure Form," June 16, 2016, https://lda.senate. gov/filings/public/filing/51e68b26-ccde-4e17-97ef-4b84e10a58d8/print; "McKeon Group LLC Lobbying Disclosure Form," February 23, 2016, https://lda.senate. gov/filings/public/filing/0a28b683-481d-41a4-aade-cd698fe004ba/print; "McKeon Group LLC Lobbying Disclosure Form," April 5, 2016, https://lda.senate.gov/ filings/public/filing/2cb4d32a-d31b-4dba-b270-28141f03ae11/print.

43 "Buck McKeon Short Form Registration Statement," US Department of Justice National Security Division—FARA Registration Unit, November 16, 2016, https:// efile.fara.gov/docs/6391-Short-Form-20161116-2.pdf.

  미국은 왜 전쟁을 멈추지 못하는가

44 "McKeon Group Registrants—audi Arabia," *OpenSecrets*, accessed February 11, 2025, www.opensecrets.org/fara/registrants/D000074510?cycle=2023.

45 "Lobbying Firm Profile: McKeon Group," *OpenSecrets*, accessed February 11, 2025, www.opensecrets.org/federal-lobbying/firms/summary?cycle=2023&id =D000074510

46 "Lockheed Martin in Saudi Arabia," Lockheed Martin, accessed February 11, 2025, www.lockheedmartin.com/ensa/index.html#:~:text=In%202017%2C%20Saudi%20 Arabia%20expressed,and%20programs%20with%20Lockheed%20Martin.

47 "The McKeon Group," US Department of Justice, Foreign Agents Registration Act Supplemental Statement, https://efile.fara.gov/docs/6391-Supplemental-Statement-20181230-4.pdf

48 United States Senate, Roll Call Vote 115th Congress – 2nd Session, On the Motion to Discharge (Motion to Discharge S. J. Res 54,)https://www.senate.gov/legislative/ LIS/roll_call_lists/roll_call_vote_cfm.cfm?congress=115&session=2&vote=00250; Joe Gould, "Senate Passes Resolution to End US Support of Saudi Arabia in Yemen, 54-46," *Defense News*, August 19, 2022, https://www.defensenews.com/ congress/2019/03/13/us-senate-passes-yemen-resolution-54-46/.

49 Ben Freeman, "The Saudi Lobby in 2018," Foreign Influence Transparency Initiative, Center for International Policy, April 2019, https://issuu.com/arableaks/ docs/saudi_lobby_in_2018_-cfip.

50 Eli Clifton, "Norm Coleman Oversees GOP Congressional War Chest, Then Lobbies on Saudi Arabia's Behalf," *Intercept*, September 22, 2022.

51 Mike Stone, "Exclusive: Qatar Makes Formal Request for F-35 Jets—Sources," Reuters, October 7, 2020.

52 "U.S. Congress: Don't Meet with Nadeam Elshami—r Any Other Lobbyist Representing Abusive Middle East Governments," DAWN, October 11, 2022, https://dawnmena.org/us-congress-dont-meet-with-nadeam-elshami-or-any-other-lobbyist-representing-abusivemiddle-east-governments.

53 Cassandra Stimpson and Ben Freeman, "Japan's Influence in America," Foreign Influence Transparency Initiative, Center for International Policy, November 2020, https://3ba8a190-62da-4c98-86d2-893079d87083.usrfiles.com/ugd/3ba8a1_7803e3 925ccf4282a68ee9b310e2515b.pdf.

54 "Why the U.S. Drawing Down in Africa Is Troublesome," US Department of Justice, Foreign Agents Registration Act Informational Material, https://efile.fara. gov/docs/6700-Informational-Materials-20210625-11.pdf.

55 "This is former Senator David Vitter . . .," US Department of Justice, Foreign Agents Registration Act Informational Material, https://efile.fara.gov/docs/6170-Informational-Materials-20200311-326.pdf.

56 "The State of Qatar: A Reliable Security and Economic Partner to the United States," US Department of Justice, Foreign Agents Registration Act Informational Material, https://efile.fara.gov/docs/7112-Informational-Materials-20230426-1.pdf.

57 "The Gallagher Group," US Department of Justice, Foreign Agents Registration Act Supplemental Statement, https://efile.fara.gov/docs/7046-Supplemental-Statement-20220630-1.pdf; "The Gallagher Group," US Department of Justice, Foreign Agents Registration Act Informational Material, https://efile.fara.gov/docs/7046-Supplemental-Statement-20221229-2.pdf.

58 Mark Heeter, "Army Establishes Permanent Garrison in Poland," United States Army, March 21, 2023, www.army.mil/article/265027/army_establishes_permanent_garrison_in_poland.

59 Christian Davenport, "Elon Musk's SpaceX Settles Lawsuit Against Air Force," *Washington Post*, April 9, 2023.

60 Brian Wang, "SpaceX Launching 87-0% of ALL Orbital Payload in 2024," NextBigFuture.com, May 21, 2024, ww.nextbigfuture.com/2024/05/spacex-launching-87-90-of-all-orbital-payload-in-2024.html#:~:text=SpaceX%20has%20grown%20to%2087,13.6x%20less%20than%20SpaceX.

61 Missy Ryan, "Over 80 Percent of Four-Star Retirees Are Employed in Defense Industry," *Washington Post*, October 4, 2023.

8장

1 "Ukraine Pulls U.S.-Provided Abrams Tanks from the Front Lines Over Drone Threats," Associated Press, April 26, 2024.

2 Nick Paton Walsh et al., "Soldiers in Ukraine Say US-Supplied Tanks Have Made Them Targets for Russian Strikes," CNN, May 29, 2024.

3 "Ukraine Is Losing Its Last U.S.-Supplied Abrams Tanks Fast: Images Confirm

Russian Forces Took Out Another," *Military Watch Magazine*, September 15, 2024, https://militarywatchmagazine.com/article/ukraine-losing-abrams-fast.

4   Luke Coffee and Peter Rough, "A Strategy of Courage: The Next Phase of the Russia-Ukraine War," Hudson Institute, April 11, 2024, https://www.hudson.org/defense-strategy/strategycourage-next-phase-russia-ukraine-war-peter-rough-luke-coffey.

5   Polina Beliakova Metz and Rachel Tecott, "The Surprising Success of U.S. Military Aid to Ukraine: Kyiv's Determination Has Improved Washington's Spotty Track Record," *Foreign Affairs*, March 17, 2023.

6   Lara Jakes and Erika Solomon, "Why Tanks Are Tripping Up the West," *New York Times*, January 19, 2023.

7   Ben Freeman, "Defense Contractor Funded Think Tanks Dominate Ukraine Debate," Quincy Institute for Responsible Statecraft, June 1, 2023, https://quincyinst.org/research/defensecontractor-funded-think-tanks-dominate-ukraine-debate/.

8   "Our History," Brookings Institution, accessed February 12, 2025, www.brookings.edu/aboutus/our-history.

9   "Nixon Aide Wanted Think Tank Bombed, Watergate Figure Says," *Washington Post*, February 18, 2003.

10   Stephen Wertheim. *Tomorrow, the World: The Birth of U.S. Global Supremacy* (Belknap, 2020), https://www.hup.harvard.edu/books/9780674271135.

11   Tevi Troy, "Devaluing the Think Tank," National Affairs, Winter 2012.

12   Andrew Blasko, "Reagan and Heritage: A Unique Partnership," Heritage Foundation, June 7, 2004, https://www.heritage.org/conservatism/commentary/reagan-and-heritage-uniquepartnership.

13   Troy, "Devaluing the Think Tank."

14   Renee Irvin and Jes Sokolowski, "Think Tank Soldiers in the Battle for Tax Reform," *Nonprofit Policy Forum* 11, no. 1 (2020): https://www.degruyterbrill.com/document/doi/10.1515/npf-2019-0047/html?lang=en.

15   "Global Go-To Think Tanks Report 2020," Think Tanks and Civil Societies Program, Lauder Institute at University of Pennsylvania, January 28, 2021, https://repository.upenn.edu/entities/publication/9f1730fa-da55-40bd-a1f4-1c2b2346b753.

16   Zaid Jilani and Alex Emmons, "Hacked Emails Show UAE Building Close

Relationship with D.C. Think Tanks That Push Its Agenda," *Intercept*, October 26, 2018.

17 Elisa Ewers et al., "Drone Proliferation: Policy Choices for the Trump Administration," Papers for the President—Center for a New American Security, June 2017, https://drones.cnas.org/reports/drone-proliferation/.

18 Mike Stone and Patricia Zengerle, "Exclusive: Trump Administration Advances $2.9 Billion Drone Sale to UAE—Sources," Reuters, November 5, 2020.

19 Ryan Grim, "Gulf Government Gave Secret $20 Million Gift to D.C. Think Tank," *Intercept*, October 26, 2018.

20 Yameen Huq and Ben Freeman, "Big Mouths for Weapons Spending Are Mum on Industry Backers," *Responsible Statecraft*, March 29, 2023.

21 Ben Freeman and Nick Cleveland-Stout, "Big Ideas and Big Money: Think Tank Funding in America," Quincy Institute for Responsible Statecraft, January 6, 2025, https://quincyinst.org/research/big-ideas-and-big-money-think-tank-funding-in-america/.

22 Ben Freeman, "Defense Contractor Funded Think Tanks Dominate Ukraine Debate," Quincy Institute for Responsible Statecraft, June 1, 2023, https://quincyinst.org/research/defensecontractor-funded-think-tanks-dominate-ukraine-debate/.

23 "Northrop Grumman Systems Corporation Department of Defense Contracts, 2019-023," USASpending.gov, accessed February 12, 2025, www.usaspending.gov/search/?hash=ebc44961db73acfff9ce3ce5cb0f1a4c.

24 Einar H. Dyvik, "Net Sales of Lockheed Martin to the U.S. Government 2000-023," *Statista*, July 5, 2024, www.statista.com/statistics/260877/net-sales-of-lockheed-martin-to-the-usgovernment/#:~:text=In%202023%2C%20net%20sales%20of,during%20the%20period%20under%20consideration.

25 Ben Freeman and Nick Cleveland-Stout, "Big Ideas and Big Money: Think Tank Funding in America," Quincy Institute for Responsible Statecraft, January 6, 2025, https://quincyinst.org/research/big-ideas-and-big-money-think-tank-funding-in-america/.

26 Phil Elwood, *All The Worst Humans: How I Made News for Dictators, Tycoons, and Politicians* (Henry Holt, 2024), https://us.macmillan.com/books/9781250321572/alltheworsthumans/.

27 Kjolv Egeland and Benoit Pelopidas, "No Such Thing as a Free Donation? Research Funding and Conflicts of Interest in Nuclear Weapons Policy Analysis," *International Relations*, December 22, 2022, https://journals.sagepub.com/doi/10.1177/00471178221140000.

28 Ali Breland, "Google Faces Blowback After Think Tank Fires Critic," *Hill*, September 4, 2017.

29 Ben Freeman, "New Study Reveals Rampant Conflicts of Interest at Think Tanks," *Responsible Statecraft*, July 6, 2023.

30 Campbell Craig and Jan Ruzicka, "The Nonproliferation Complex," *Ethics & International Affairs* 27, no. 3 (2023): 329-348.

31 Tove Bjorgaas, "From Contributor to Partner? Norway's Role in Foreign Policy Research and Implementation in the United States," Norwegian Peacebuilding Resource Centre, May 2012, www.documentcloud.org/documents/1284105-1-aaa-general-docviewer_new.html#document/p5/a176108.

32 "Support," Washington Institute, accessed on February 16, 2025, www.washingtoninstitute.org/support.

33 "Corporate Partnership Opportunities," Wilson Center, accessed February 12, 2025, www.wilsoncenter.org/corporate-partnership-opportunities.

34 "Corporate Members Program," Atlantic Council, accessed February 12, 2025, www.atlanticcouncil.org/about/donate/corporate-members-program.

35 Nicolas Guilhot, *The Democracy Makers: Human Rights and International Order* (Columbia University Press, 2005), https://cup.columbia.edu/book/the-democracymakers/9780231131247/.

36 Eli Clifton, "Arms Industry Titan Poised to Sit on Council on Foreign Relations Board," *Responsible Statecraft*, July 6, 2023.

37 "Aerospace, Defense & Government," Carlyle Group, accessed February 12, 2025, www.carlyle.com/our-firm/global-private-equity/aerospace-defense-government.

38 Arthur C. Brooks, "American Enterprise Institute Announces $20 Million Gift from Daniel A. D'Aniello in Support of Free Enterprise" American Enterprise Institute, February 25, 2014, https://www.aei.org/press/american-enterprise-institute-announces-20-million-giftfrom-daniel-a-daniello-in-support-of-free-enterprise/.

39 "Linden S. Blue," Hudson Institute, accessed February 12, 2025, www.hudson.org/

experts/568-linden-s-blue.

40 "Integrating Uncrewed Systems to Hedge Against Aggression," Hudson Institute, March 26, 2024, https://www.hudson.org/events/integrating-uncrewed-systems-hedge-againstaggression.

41 "Former National Security Advisor General James Jones Rejoins CSIS Board of Trustees," Center for Strategic and International Studies, January 4, 2011, www.csis.org/news/former-national-security-advisor-general-james-jones-rejoins-csisboard-trustees.

42 Craig Whitlock and Nate Jones, "U.S. Fought to Keep Veterans' Jobs with Foreign Governments Secret," *Washington Post*, October 18, 2022,.

43 "The Man Fighting for Ukraine in D.C.," *Politico*, March 11, 2022.

44 "Daniel Vajdich," Atlantic Council, accessed on February 16, 2025, www.atlanticcouncil.org/expert/daniel-vajdich.

45 Max Moran, "New Report Finds 'Serious Conflicts of Interest' at Top National Security Think Tank Sought Out by Biden Administration," Revolving Door Project, April 14, 2021, https://therevolvingdoorproject.org/cnas-report.

46 Stephen Semler, "The Think Tanks Advising Congress on Military Spending Take Money from the Arms Industry," *Jacobin*, September 24, 2022.

47 Semler, "Think Tanks Advising Congress."

48 Nick Cleveland-Stout, "Some 80% of Hill 'Experts' Take $$ From Arms Makers, Foreign Interests," *Responsible Statecraft*, October 29, 2024, .

49 Ben Freeman interview with Nick Cleveland-Stout on October 3, 2024.

50 Stephen Losey, "Air Force Going 'Line by Line' to Bring Down Nuclear Missile Costs," *Defense News*, September 5, 2024.

51 Tara Drozdenko, "Cancel Land-Based Nuclear Missiles to Make Americans Safer and Save Money," *Hill*, June 7, 2024.

52 William D. Hartung, "Inside the ICBM Lobby: Special Interests or the Public Interest?," Quincy Institute for Responsible Statecraft, August 7, 2024, https://quincyinst.org/research/inside385-the-icbm-lobby-special-interests-or-the-public-interest/.

53 Matthew Kroenig, "China's Nuclear Silos and the Arms-Control Fantasy," *Wall Street Journal*, July 7, 2021.

    미국은 왜 전쟁을 멈추지 못하는가

54 Kelsey Davenport, "Nuclear Weapons: Who Has What at a Glance," Arms Control Association, January 2025, https://www.armscontrol.org/factsheets/nuclear-weapons-whohas-what-glance.

55 Mark Massa, "The Downsides of Downsizing: Why the United States Needs Four Hundred ICBMs," Atlantic Council, April 21, 2021, https://www.atlanticcouncil.org/in-depthresearch-reports/issue-brief/the-downsides-of-downsizing-why-the-united-states-needsfour-hundred-icbms/; "Kroenig, Massa, and Trotti Quoted in Fox News on ICBM Modernization," Atlantic Council, April 22, 2021, https://www.atlanticcouncil.org/insight-impact/in-the-news/kroenig-massa-and-trottiquoted-in-fox-news-on-icbm-modernization/.

56 James McCue, "Congress Should Save the Sentinel ICBM—ts True Value Is More Than Simply Its Cost," Atlantic Council, May 24, 2024, https://www.atlanticcouncil.org/blogs/new-atlanticist/congress-should-save-the-sentinelicbm-its-true-value-is-more-than-simply-its-cost/.

57 Matthew Kroenig and Mark Massa, "Don't Cut Corners on US Nuclear Deterrence," Atlantic Council, July 3, 2024, https://www.atlanticcouncil.org/blogs/new-atlanticist/dont-cutcorners-on-us-nuclear-deterrence/.

58 Madelyn R. Creedon et al., *America's Strategic Posture: The Final Report of the Congressional Commission on the Strategic Posture of the United States*, October 2023, https://armedservices.house.gov/sites/republicans.armedservices.house.gov/files/Strategic-Posture-Committee-Report-Final.pdf.

59 "A Discussion with Commissioners of the Final Report of the US Strategic Posture Commission," Hudson Institute, October 23, 2023, https://www.hudson.org/events/discussion-commissioners-final-report-us-strategicposture-commission; "A Strategic Posture for a New Era: Introducing the Congressional Strategic Posture Report," Atlantic Council, October 20, 2023, https://www.atlanticcouncil.org/event/congressional-strategic-posturecommission/.

60 Todd C. Lopez, "Sentinel Land-Based Nuclear Modernization Program Will Continue, with Changes," US Department of Defense, July 10, 2024, https://www.defense.gov/News/News-Stories/Article/Article/3834502/sentinel-land-basednuclear-modernization-program-will-continue-with-changes/.

61 McCue, "Congress Should Save the Sentinel ICBM."

62 Daniel W. Drezner, "American Think Tanks in the Twenty-First Century,"

International Journal 70, no. 4 (2015): 637–644.

63 Lee Fang and Jack Poulson, "Israel Feared Legal Trouble over US Advocacy Efforts, Leaked Files Suggest," *Guardian*, August 17, 2024.

64 Egeland and Pelopidas, "No Such Thing as a Free Donation?"

65 "Democracy 2.0: Experts in the Age of Instinct (USA)," *Cast from Clay*, August 14, 2024, https://castfromclay.co.uk/insights/experts-age-of-instinct-usa/.

66 Egeland and Pelopidas, "No Such Thing as a Free Donation?"

9장

1 Indigo Olivier, "Inside Lockheed Martin's Sweeping Recruitment on College Campuses," *In These Times*, August 11, 2022.

2 Olivier, "Inside Lockheed Martin's Sweeping Recruitment."

3 Olivier.

4 Palantir. "Dropping at Select College Today," X, April 14, 2025.

5 Michael T. Klare, "The Pentagon's Quest for Academic Intelligence: (AI)," *Nation*, January 30, 2023.

6 "Napalm and the Dow Chemical Company," *Two Days in October*, PBS.

7 Aliyah C. Tipton, "An Inside View of Jackson State's May 1970 Shooting and Its Aftermath," *Kent State Today*, May 2, 2023, https://www.kent.edu/today/news/inside-view-jacksonstates-may-1970-shooting-and-its-aftermath. 켄트주립대학교와 잭슨주립대학교 사건에 관한 이 글에서 앨리야 팁턴이 지적했듯이 두 사건은 상당한 차이가 있었다: "켄트주립대학교 사건과 달리 잭슨주립대학교 총격 사건은 1970년대 베트남전쟁 반대 시위와는 거의 무관했으며, 오히려 미시시피주 잭슨의 백인 시민들과 잭슨주립대학교에 다니는 흑인 학생들 사이의 고조된 긴장과 더 관련이 깊었다."

8 Charlie McKenna, "MIT Says Cutting Research Ties with Israeli Military Would 'Violate Academic Freedom,'" *Mass Live*, May 2, 2024, https://www.masslive.com/news/2024/05/mit-says-cutting-research-ties-with-israelimilitary-would-violate-academic-freedom.html.

9 Higher Education Research and Development (HERD) Survey 2022, "Table 60: Federally Financed Higher Education R&D Expenditures, Financed by the Department of Defense, Ranked by DOD R&D Expenditures, by R&D Field: FY

2022," National Center for Science and Engineering Statistics, https://ncses.nsf.gov/surveys/higher-educationresearch-development/2022#tableCtr10152.

10   Klare, "Pentagon's Quest."

11   Christian Sorensen, *Understanding the War Industry* (Clarity, 2020), 215.

12   Klare, "Pentagon's Quest."

13   Michael T. Nietzel, "The Top 25 American Universities for R&D Spending: Johns Hopkins #1 Again," *Forbes*, December 4, 2023.

14   Klare " Pentagon's Quest."]

15   Nietzel, "Top 25 American Universities."

16   "Contracts for Aug. 22, 2022," US Department of Defense, August 22, 2022, www.defense.gov/News/Contracts/Contract/Article/3136011.

17   "Contracts for July 12, 2021," US Department of Defense, July 12, 2021, www.defense.gov/News/Contracts/Contract/Article/2691351.

18   William J. Perry, "Why It's Safe to Scrap America's ICBM's," *New York Times*, September 30, 2016.

19   International Campaign to Abolish Nuclear Weapons, "Schools of Mass Destruction: American Universities in the U.S. Nuclear Weapons Complex," November 2019, https://universities.icanw.org.

20   "Companies Profiting from the Gaza Genocide," American Friends Service Committee, accessed February 12, 2025, https://afsc.org/gaza-genocide-companies.

21   "Facilities," Lincoln Laboratory Massachusetts Institute of Technology, accessed February 12, 2025, www.ll.mit.edu/about/facilities.

22   "DAF-MIT AI Accelerator: Research," Department of the Air Force and MIT, accessed February 12, 2025, https://aia.mit.edu/research.

23   "Air Force Continues Contract for Operation of Lincoln Laboratory," MIT Office of the General Council, June 1, 2020, https://ogc.mit.edu/latest/us-air-force-continues-contractoperation-mit-lincoln-laboratory.

24   "DAF-MIT AI Accelerator," Department of the Air Force and MIT, accessed February 12, 2025, https://aia.mit.edu.

25   "DAF-MIT AI Accelerator: Research."

26   Ruth Perry and Yarden Katz, "Is This Any Way to Run a University?," *MIT Faculty*

Newsletter, May/June 2018, https://web.mit.edu/fnl/volume/305/perry_katz.html.

27 Perry and Katz, "Is This Any Way to Run a University?"

28 "Completed Robotics Lab Unveiled for Army Futures Command Research,"
University of Texas at Austin, *UT News*, October 2, 2020, https://news.utexas.
edu/2020/10/02/completed-army-futures-command-robotics-labunveiled/.

29 "DOD Awards $1.1 Billion Contract to UT Austin's Applied Research Laboratories,"
University of Texas at Austin, *UT News*, September 28, 2017, https://news.utexas.
edu/2017/09/28/dod-awards-11-billion-to-applied-researchlaboratories/.

30 "Schools of Mass Destruction: American Universities in the U.S. Nuclear Weapons
Complex," International Campaign to Abolish Nuclear Weapons, November 2019,
https://www.icanw.org/schools_of_mass_destruction.

31 "Hypersonics Project Aims to Transform Sensing for High-Speed Vehicles,"
University of Texas at Austin Cockrell School of Engineering, December 14, 2020,
https://www.ae.utexas.edu/news/hypersonics-project-aims-to-transform-sensing-for-
highspeed-vehicles; "AFOSR/NASA University Leadership Initiative: Full-Airframe
Sensing Technology for Hypersonic Aerodynamics Measurements (FAST),"
University of Texas at Austin, https://fast.ae.utexas.edu.

32 National Nuclear Security Administration, "Fiscal Year 2020 Stockpile Stewardship
and Management Plan," United States Department of Energy, 7-1, https://www.
energy.gov/sites/default/files/2019/08/f65/FY2020__SSMP.pdf.

33 Janet Abou-Elias, "Abou-Elias: Advocating for Accountability," *Baines Report*,
March 24, 2021, https://sites.utexas.edu/bainesreport/2021/03/24/abou-elias-
advocating-foraccountability/.

34 Sheryl Lawrence, "Legislative Student Organizations Debate the University of
Texas/Texas A&M Investment Management Company Divesting from Weapons
Manufacturing," *Daily Texan*, April 27, 2021, https://thedailytexan.com/2021/04/27/
legislative-studentorganizations-debate-the-university-of-texas-texas-am-
investment-management-companydivesting-from-weapons-manufacturing/.

35 Fatimah Azeem, "Student Government Calls on UTD to 'Divest from Death,'"
Mercury, April 17, 2023, https://utdmercury.com/student-government-calls-on-utd-
to-divest-from-death/.

36 "Our Campaigns," Dissenters, accessed on February 16, 2025, https://

wearedissenters.org/divest-from-death.

37 Isabelle Taft et al., "Campus Protest Led to 3,100 Arrests, but Many Charges Have Been Dropped," *New York Times*, July 21, 2024, https://www.nytimes.com/2024/07/21/us/campusprotests-arrests.html

38 Isabelle Taft et al., "Campus Protest Led to 3,100 Arrests, but Many Charges Have Been Dropped," *New York Times*, July 21, 2024, https://www.nytimes.com/2024/07/21/us/campus-protests-arrests.html.

39 Paul McLeary, "DoD Kicks Off New Hypersonic Program: F-18 to Get Hypersonic Cruise Missile," *Breaking Defense*, October 26, 2020.

40 David Vergun, "DOD Awards Applied Hypersonics Contract to Texas A&M University," US Department of Defense, October 26, 2020, https://www.defense.gov/News/News-Stories/Article/Article/2394438/dod-awards-applied-hypersonics-contract-to-texas-amuniversity/.

41 Ken Silverstein, "Huntsville's Missile Payload," *Mother Jones*, July/August 2001. https://www.motherjones.com/politics/2001/07/huntsvilles-missile-payload/.

42 "Study Combines Solid-Fuel Ramjet, Rotating Detonation Engine Technology at University of Alabama in Huntsville," University Consortium for Applied Hypersonics, July 8, 2022, https://hypersonics.tamu.edu/study-combines-solid-fuel-ramjet-rotating-detonation-enginetechnology-at-university-of-alabama-in-huntsville/.

43 "US Department of Defense," Office for Operational Excellence, University of Alabama in Huntsville, accessed on February 12, 2025, www.uah.edu/ooe/who-we-serve/departmentof-defense.

44 "ADIDAP," Office for Operational Excellence, University of Alabama in Huntsville, accessed on February 12, 2025, www.uah.edu/ooe/who-we-serve/department-of-defense/adidap.

45 "Naval Support Activity Crane," Military Installations, accessed on February 12, 2025, https://installations.militaryonesource.mil/military-installation/naval-support-activitycrane.

46 Ryan Piurek, "IU Expands Partnership with NSWC Crane to Advance National Security Innovation," *IU Impact*, April 25, 2023, https://blogs.iu.edu/iuimpact/2023/04/25/iuexpands-partnership-with-nswc-crane-to-advance-national-

security-innovation/.

47 "Crane Off Campus" leaflet, supplied by Bryce Greene, accessed August 22, 2024.

48 National Robotics Engineering Center, "Army AI Task Force Selects Carnegie Mellon as New Hub," Carnegie Mellon University, December 11, 2018, https://www.cmu.edu/news/stories/archives/2018/december/army-ai-taskforce.html.

49 National Security Commission on Artificial Intelligence, "Final Report," Federation of American Scientists, 2021, https://irp.fas.org/offdocs/ai-commission.pdf.

50 Olivier, "Inside Lockheed Martin's Sweeping Recruitment."

51 C. Todd Lopez, "Howard University Will Be Lead Institution for New Research Center," US Department of Defense, January 23, 2023, https://www.defense.gov/News/News-Stories/Article/Article/3275321/howard-university-will-be-lead-institution-for-newresearch-center/.

52 "About the Tactical Autonomy Program," Department of the Air Force, accessed on January 19, 2025, www.afrl.af.mil/tactical-autonomy-UARC.

53 Ashraf Khalil, "Police Clear Pro-Palestinian Protest Camp and Arrest 33 at DC Campus as Mayor's Hearing Is Cancelled," Associated Press, May 8, 2024.

54 Olivier, "Inside Lockheed Martin's Sweeping Recruitment."

55 Joy Rohde, "Politics & Ethics in the Mobilization of Social Science for National Security," Stimson Center, March 13, 2023, www.stimson.org/2023/politics-ethics-in-themobilization-of-social-science-for-national-security.

56 Rohde, "Politics & Ethics in the Mobilization."

57 Rohde.

58 Roberto J. Gonzalez, *War Virtually: The Quest to Automate Conflict, Militarize Data, and Predict the Future* (University of California Press, 2022), 79-80.

59 Gonzalez, *War Virtually*, 79-80.

60 Maja Zehfuss, "Culturally Sensitive War? The Human Terrain System and the Seduction of Ethics," *Security Dialogue* 43, no. 2 (2012): 175-190.

61 Vanessa M. Gezari, "The Human Terrain System Sought to Transform the Army from Within," *Newsweek*, February 12, 2016.

62 Scott Jaschik, "Army Shuts Down Controversial Human Terrain System," *Inside Higher Ed*, July 6, 2015.

63 Roberto J. Gonzalez, "The Rise and Fall of the Human Terrain System," *Counterpunch*, June 29, 2015.

64 Jaschik, "Army Shuts Down Controversial Human Terrain System."

65 Carol Rosenberg, "Psychologist Who Waterboarded for C.I.A. to Testify at Guantanamo," *New York Times*, January 20, 2020.

66 Carol Rosenberg, "Psychologist Who Waterboarded for C.I.A."

67 James Risen, "American Psychological Association Bolstered C.I.A. Torture Program, Report Says," *New York Times*, April 30, 2015.

68 Public Accountability Initiative, "War Profiteers on Campus: How to Research Corporate Backers of War and Militarism at Your College," YouTube, December 1, 2023, www.youtube.com/watch?v=aOUbt_CM7Eo&t=7s.

69 Elliott Negin, "Ask a Scientist: Scientists and Arms Control from Oppenheimer Today," *Equation*, July 13, 2023, https://blog.ucs.org/elliott-negin/ask-a-scientist-scientists-andarms-control-from-oppenheimer-to-today/.

70 Negin, "Ask a Scientist."

71 "What Is Project Nimbus, and Why Are Google Workers Protesting Israel Deal?," Al Jazeera, April 23, 2024.

10장

1 Robert Matthew Shines, "'We Don't Want the Smoking Gun to Be a Mushroom Cloud,'" Foreign Policy Blogs, July 19, 2017, https://foreignpolicyblogs.com/2017/07/19/dontwant-smoking-gun-mushroom-cloud/.

2 "The Presentation That Launched a War," *UN News*, February 15, 2024, https://news.un.org/en/story/2024/02/1146332.

3 "Powell's U.N. Appearance Important to Public," Gallup.com, October 16, 2024, https://news.gallup.com/poll/7720/powells-un-appearance-important-public.aspx.

4 Peter Bergen, "The Event Colin Powell Long Regretted," CNN, October 19, 2021.

5 Secretary Colin L. Powell, "Remarks to the United Nations Security Council," U.S. Department of State Archive, February 5, 2003, accessed on February 16, 2025, https://2001-2009.state.gov/secretary/former/powell/remarks/2003/17300.htm.

6 Mary McGrory, "I'm Persuaded,' *Washington Post*, February 5, 2003.

7   Bergen, "Event Colin Powell Long Regretted."

8   Gordon Adams, "Has America's 'Vietnam Syndrome' Ever Gone Away?," *Responsible Statecraft*, July 6, 2023.

9   Tom Shales, "On the Air: The Voice in Command Schwarzkopf's Skill in War's Other Theater," *Washington Post*, January 31, 1991.

10   Shales, "On the Air."

11   Shales.

12   "Operation Desert Storm: Evaluation of the Air Campaign," US Government Accountability Office, June 12, 1997, www.govinfo.gov/content/pkg/ GAOREPORTS-NSIAD-97-134/html/GAOREPORTS-NSIAD-97-134.htm.

13   William D. Hartung, "Beware of Pentagon Techno-Enthusiasm," *Defense One*, August 31, 2023.

14   Ken Adelman, "Cakewalk in Iraq," *Washington Post*, January 23, 2024.

15   Neta C. Crawford, "Blood and Treasure: United States Budgetary Costs and Human Costs of 20 Years of War in Iraq and Syria, 2003-2023," Costs of War, February 15, 2023, https://watson.brown.edu/costsofwar/papers/2023/IraqSyria20.

16   Norman Solomon, "How the News Media Stopped Worrying and Learned to Love Rumsfeld," *FAIR*, August 19, 2004, https://fair.org/media-beat-column/how-the-news-media-stoppedworrying-and-learned-to-love-rumsfeld/.

17   Jeet Heer, "The Forgotten History of 'Rumsfeld the Stud,'" *Time of Monsters* (Substack blog), July 3, 2021, https://jeetheer.substack.com/p/the-forgotten-history-of-rumsfeld.

18   Susan Faludi, The Terror Dream: Fear and Fantasy in Post-9/11 America, (Macmillan, 2007), 19 Heer, "Forgotten History of 'Rumsfeld the Stud.'"

19   Susan Faludi, "The Manly Supersizing of Political Leaders After 9/11, National Review Cover, 2001," October 12, 2007, https://susanfaludi.com/ commentary/2007/10/manly-supersizing-ofpolitical-leaders.html.

20   Jonathan S. Landay, "Lack of Hard Evidence of Iraqi Weapons Worries Top U.S. Officials," McClatchy Washington Bureau, September 6, 2002.

21   Michael R. Gordon and Judith Miller, "Threats and Responses: The Iraqis; U.S. Says Hussein Intensifies Quest for A-Bomb Parts," *New York Times*, September 8, 2002.

22 "Iraq and the Media: A Critical Timeline," *FAIR*, April 23, 2024, https://fair.org/takeaction/media-advisories/iraq-and-the-media/.

23 Warren P. Strobel et al., "Officials' Private Doubts on Iraq War," *Philadelphia Enquirer*, October 8, 2002, https://goodtimesweb.org/overseas-war/2014/philadelphia-inquirer-officials-doubts-iraq-war-oct-8-2002.html.

24 "Bad News: How the Media Marched Us to War in Iraq and Beyond," Quincy Institute for Responsible Statecraft, May 13, 2024, https://quincyinst.org/events/bad-news-how-themedia-marched-us-to-war-in-iraq-and-beyond/.

25 James Moore, "How Chalabi and the White House Held the Front Page," *Guardian*, May 28, 2004.

26 "Bad News."

27 "Bad News."

28 "Bad News."

29 "Bad News."

30 "Bad News."

31 "Bad News."

32 "Bad News."

33 Craig Whitlock, "The Afghanistan Papers: Documents Reveal U.S. Officials Knew the War Had Become Unwinnable," *Washington Post*, December 9, 2019; Craig Whitlock and Nate Jones, "UAE Paid Hundreds of U.S. Veterans to Build Up Its Military," *Washington Post*, October 18, 2022.

34 Eric Lipton, "New Spin on a Revolving Door: Pentagon Officials Turned Venture Capitalists," *New York Times*, December 30, 2023.

35 Steve Rose, "A Deadly Ideology: How the 'Great Replacement Theory' Went Mainstream," *Guardian*, June 8, 2022.

36 "Hate Groups Rejoice over Newly Elected Speaker Mike Johnson," Southern Poverty Law Center, January 16, 2025, www.splcenter.org/resources/hate-watch/hate-groups-rejoiceover-newly-elected-speaker-mike-johnson.

37 Ben Norton, "MSNBC Ignores Catastrophic US-Backed War in Yemen," *FAIR*, March 8, 2023, https://fair.org/home/msnbc-yemen-russia-coverage-2017.

38 Janine Jackson interview with William D. Hartung, April 1, 2024.

39　Jack Smith, "'$37 Screws, a $7,622 Coffee Maker, $640 Toilet Seats' Suppliers to Our Military Just Won't Be Oversold," *Los Angeles Times*, March 12, 2019.

11장

1　"Thunderbirds," US Air Force, accessed February 12, 2025, www.airforce.com/thunderbirds/overview.

2　"Thunderbirds."

3　"F-16 Fighting Falcon," US Air Force, accessed February 12, 2025, www.af.mil/About-Us/Fact-Sheets/Display/Article/104505/f-16-fighting-falcon.

4　"FY 2024 Reimbursable Rates—ixed Wing Aircraft," Office of the Undersecretary of Defense, accessed February 12, 2025, https://comptroller.defense.gov/Portals/45/documents/rates/fy2024/2024_b_c.pdf.

5　John Kirby, "Community Outreach Activities: Ceremonial, Musical and Aerial Event Support," US Department of Defense, September 29, 2021, www.esd.whs.mil/Portals/54/Documents/DD/issuances/dodi/541019_vol4.PDF?ver=JfeoB EU40UAYPHPLC4fCRw%3d%3d.

6　"U.S. Air Force Thunderbirds Celebrate Captain Marvel with Hollywood Flyover," United States Air Force, March 4, 2019, www.airforce.com/news/thunderbirds-news/news_13795.

7　"Higher, Further, Faster: 'Captain Marvel' Embodies the Warrior Ethos," United States Air Force, Secretary of the Air Force Public Affairs, March 8, 2019, www.af.mil/News/Article-Display/Article/1780631/higherfurther-faster-captain-marvel-embodies-the-warrior-ethos.

8　"What Will Your Origin Story Be?," United States Air Force, accessed on February 16, 2025, www.facebook.com/watch/?v=664066287365970.

9　Oriana Pawlyk, "'Captain Marvel' Effect? Air Force Academy Sees Most Female Applicants in 5 Years," Military.com, January 5, 2020, https://www.military.com/dailynews/2020/01/05/captain-marvel-effect-air-force-academy-sees-most-female-applicants-5-years.html .

10　"Brie Larson," United States Department of Defense, March 6, 2019, accessed on February 16, 2025, www.facebook.com/watch/?v=2446112895413263.

11　"Higher! Further! Faster!—est Your Superhero Knowledge," accessed on February

16, 2025, www.defense.gov/Multimedia/Quizzes/Quiz/Article/1778674/higher-further-faster-testyour-superhero-knowledge.

12   Pawlyk, "'Captain Marvel' Effect?"

13   Holly Hefner, "Captain Marvel Is the Best Recruiting Advertisement in Market," USNI Blog, November 4, 2019, https://blog.usni.org/posts/2019/11/04/captain-marvel-is-the-bestrecruiting-advertisement-in-market.

14   "Higher, Further, Faster: 'Captain Marvel' Embodies the Warrior Ethos."

15   "Airmen Fly Higher, Further, Faster with Captain Marvel," US Department of Defense, March 8, 2019, accessed on February 16, 2025, www.defense.gov/News/Feature-Stories/story/Article/1775393/airmen-fly-higher-further-faster-with-captain-marvel.

16   Tom Secker, "The US Military's Captain Marvel Documents," *Spy Culture* (blog), October 24, 2024, www.spyculture.com/the-us-militarys-captain-marvel-documents.

17   Andrew Glass, "Roosevelt Creates Office of War Information, June 13, 1942," *Politico*, June 13, 2011.

18   Pearse Redmond, "The Historical Roots of CIA-Hollywood Propaganda," *American Journal of Economics and Sociology* 76, no. 2 (2017): 280–310.

19   Theo Zenou, "'Top Gun,' Brought to You by the U.S. Military," *Washington Post*, May 27, 2022.

20   James J. Kimble, *Mobilizing the Home Front: War Bonds and Domestic Propaganda* (Texas A&M University Press, 2006), https://www.tamupress.com/book/9781585444854/mobilizing-the-home-front/.

21   Redmond, "Historical Roots of CIA-Hollywood Propaganda."

22   David Sirota, "Abolish the Military-Entertainment Complex," *Jacobin*, June 9, 2022.

23   Frances Stonor Saunders, *The Cultural Cold War: The CIA and the World of Arts and Letters* (New Press, 2013), https://thenewpress.com/books/cultural-cold-war.

24   Saunders, *Cultural Cold War*, https://thenewpress.com/books/cultural-cold-war.

25   Redmond, "Historical Roots of CIA-Hollywood Propaganda."

26   Stephen Underhill, "Complete List of Commercial Films Produced with Assistance from the Pentagon," Academia.edu, 2013, https://web.archive.org/web/20210707105917/https://www.academia.edu/4460251.

27 Saunders, *Cultural Cold War*, https://thenewpress.com/books/cultural-cold-war.

28 William Summers, "Maverick Top Gun Stat Turns Out to Be a Real Goose," AAP, June 14, 2022, www.aap.com.au/factcheck/maverick-top-gun-stat-turns-out-to-be-a-real-goose.

29 Richard D. Parker, "The Armed Forces Need Another Top Gun," US Naval Institute Blog, December 2005, www.usni.org/magazines/proceedings/2005/december/armed-forces-need-another-top-gun.

30 Jacob V. Lamar Jr., "The Pentagon Goes Hollywood," TIME.com, November 24, 1986.

31 William M. Powers, "Pictorial: F-14 Tomcat," *US Naval Institute Proceedings*, October 1976, www.usni.org/magazines/proceedings/1976/october/pictorial-f-14-tomcat.

32 Jess Cartner-Morley, "A Question of Style: Will Top Gun's Apple-Pie Nostalgia Work Its Magic in 2022?," *Guardian*, May 21, 2022.

33 Lamar, "Pentagon Goes Hollywood."

34 Samantha Bergeson, "Tom Cruise Said 'Top Gun 2' Would Be 'Irresponsible' and Glorify War in 1990 Interview," *IndieWire*, May 3, 2022, https://www.indiewire.com/features/general/tom-cruise-top-gun-2-irresponsible-1990-interview-1234721780/.

35 Zenou, "'Top Gun,' Brought to You by the U.S. Military."

36 Charles L. P. Silet, ed., *Oliver Stone Interviews* (University Press of Mississippi, 2001), https://www.abebooks.com/9781578063031/Oliver-Stone-Interviews-Conversations-Filmmakers-1578063035/plp .

37 Ben Child, "CIA Requested Zero Dark Thirty Rewrites, Memo Reveals," *Guardian*, February 22, 2018.

38 Dana Calvo, "Hollywood Signs on to Assist War Effort," *Los Angeles Times*, November 12, 2001.

39 Rick Lyman, "A Nation Challenged: The Entertainment Industry; Hollywood Discusses Role in War Effort," *New York Times*, November 12, 2001.

40 Matthew Alford and Tom Secker, *National Security Cinema: The Shocking New Evidence of Government Control in Hollywood* (CreateSpace, 2017), https://www.goodreads.com/book/show/35696432 .

41 *Theaters of War*, Media Education Foundation, 2023, accessed on February 16,

　　　　　　　　　　　　　　　　　　미국은 왜 전쟁을 멈추지 못하는가

2025, https://go.mediaed.org/theaters-of-war.

42　Zenou, "'Top Gun,' Brought to You by the U.S. Military."

43　Jim Taiclet, "Jim Taiclet on LinkedIn: It Was Incredible to Watch the Early Premiere of Top Gun: Maverick," May 5, 2022, https://www.linkedin.com/posts/james-taiclet_it-wasincredible-to-watch-the-early-premiere-activity-6927996760099340289-vbuy/.

44　Valerie Insinna, "The Pentagon Is Battling the Clock to Fix Serious, Unreported F-35 Problems," *Defense News*, August 19, 2022.

45　"FY 2023 DOT&E F-35 Annual Report—-35 Joint Strike Fighter," Department of Defense, Director of Operational Testing and Evaluation, www.documentcloud.org/documents/24409147-fy2023-dote-f-35-annual-report#document/p6/a2429919.

46　Dan Grazier, "F-35: The Part-Time Fighter Jet," Project on Government Oversight (blog), February 26, 2024, www.pogo.org/analysis/f-35-the-part-time-fighter-jet.

47　Hekmat Aboukhater, "That's Militainment! Big Hollywood Succumbs to the Pentagon Borg," *Responsible Statecraft*, July 9, 2024.

48　Tom Secker, "Why Did the Pentagon Support Godzilla and Transformers, but Rejected Jarhead?," *Spy Culture* (blog), March 5, 2023, https://www.spyculture.com/why-did-thepentagon-support-godzilla-and-transformers-but-rejected-jarhead/.

12장

1　Palmer Luckey, "If You Die in the Game, You Die in Real Life," Blog of Palmer Luckey, November 6, 2022, https://palmerluckey.com/if-you-die-in-the-game-you-die-in-real-life/.

2　Jeannine Mancini, "Elon Musk's Intense Obsession with a Video Game Influenced His Business Strategies, Caused Fights in His Relationship and Served as a Reminder Every Move Matters: 'You Only Get a Set Number of Turns in Life,'" Yahoo Finance, October 23, 2023.

3　Mancini, "Elon Musk's Intense Obsession."

4　Cory Meade, *War Play: Video Games and the Future of Armed Conflict* (New York: HarperCollins, 2013), https://www.harpercollins.com/products/war-play-coreymead?variant=39936643465250 .

5　Par Chadha, "The Booming Gaming Industry: A $200 Billion Powerhouse

Overtaking Hollywood," *Fast Company*, November 5, 2024.

6　Meade, *War Play*, 2.

7　Meade, 18.

8　Meade, 18-19.

9　Meade, 24-25.

10　Meade, 26.

11　"USC Institute for Creative Technologies," University of Southern California, January 26, 2022, accessed on February 12, 2025, https://ict.usc.edu.

12　Sam Skove, "Army SOF's New Drone Course Teaches Gamer and Maker Skills, *Defense One*, April 19, 2024.

13　Rosa Schwartzburg, "The US Military Is Embedded in the Gaming World. Its Target: Teen Recruits," *Guardian*, February 14, 2024.

14　"U.S. Army Esports Team," US Army Recruiting Command, accessed on February 16, 2025, https://recruiting.army.mil/army_esports.

15　"U.S. Army Esports Team."

16　Eileen C. Moore, "The Trauma of Killing Remotely," *Daily Journal*. July 8, 2024, https://www.dailyjournal.com/articles/379594-the-trauma-of-killing-remotely.

17　Mark H. Trahan et al., "Virtual Reality Exposure Simulation for Student Veteran Social Anxiety and PTSD: A Case Study," *Clinical Social Work Journal* 49, no. 2 (2021): 220-230.

13장

1　"Deputy Secretary of Defense Kathleen Hicks Keynote Address: 'The Urgency to Innovate' (as Delivered)," US Department of Defense, August 23, 2023, https://www.defense.gov/News/Speeches/Speech/Article/3507156/deputy-secretary-of-defense-kathleen-hicks-keynote-address-the-urgency-to-innov/.

2　John Tirpak, "At Last: After 23 Years, F-35 Enters Full-Rate Production," *Air & Space Forces Magazine*, March 12, 2024, https://www.airandspaceforces.com/f-35-enters-full-rateproduction/.

3　"Kathleen Hicks Keynote Address."

4　"Rebooting the Arsenal of Democracy," www.rebootingthearsenal.com.

5   "Rebooting the Arsenal of Democracy."

6   William Hartung, "Pathways to Pentagon Spending Reductions: Removing the Obstacles." Quincy Institute for Responsible Statecraft, March 2, 2022, https://quincyinst.org/research/pathways-to-pentagon-spending-reductions-removing-theobstacles/.

7   Katherine Boyle, "The Case for American Seriousness," *Free Press*, April 18, 2022, emphasis added, https://www.thefp.com/p/the-case-for-american-seriousness?hide_intro_popup=true.

8   Katherine Boyle and David Ulevitch, "Venture Capitalists Should Bet on America." *Wall Street Journal*, May 8, 2023.

9   Boyle and Ulevitch, "Venture Capitalists Should Bet on America."

10   Boyle and Ulevitch.

11   Erica Sweeney et al., "Who Is Palmer Luckey? Oculus Founder's Net Worth; History with Meta," *Business Insider*, October 12, 2024.

12   Paris Marx (@parismarx), "Palantir CEO Alex Karp saying he's actually a peace activist as he supports Israel's ongoing genocide," X, May 7, 2024, https://x.com/parismarx/status/1787897285495361875?lang=en.

13   Jeremy Stern, "Palmer Luckey, American Vulcan," *Tablet Magazine*, 2024.

14   Sam Dean, "Palmer Luckey: Millennial Slayer of U.S. Defense Giants," Yahoo Finance, June 30, 2024.

15   Stern, "Palmer Luckey, American Vulcan."

16   IMPAULSIVE, "Meet Palmer Luckey: The 31 Year Old Tech Billionaire Making Lethal Weapons for America—419," YouTube, June 19, 2024, www.youtube.com/watch?v=5zO43y4uJeg.

17   "Anduril's Lattice: A Trusted Dual Use—Commercial and Military—Platform for Public Safety, Security, and Defense," Anduril Industries, July 31, 2023, https://www.anduril.com/article/anduril-s-lattice-a-trusted-dual-use-commercial-andmilitary-platform-for-public-safety-security/.

18   Dean, "Palmer Luckey: Millennial Slayer."

19   Margaux MacColl, "Palmer Luckey: Every Country Needs a 'Warrior Class' Excited to Enact 'Violence on Others in Pursuit of Good Aims,'" *TechCrunch*, October 1, 2024.

20 Joshua Brustein, "Tech's Most Controversial Startup Now Makes Attack Drones," Bloomberg, October 3, 2019.

21 Samantha Gowen, "Status Update: Palmer Luckey's Anduril Industries Lands $1 Billion Defense Contract," *Orange County Register*, January 31, 2022, https://www.ocregister.com/2022/01/31/status-update-palmer-luckeys-anduril-industrieslands-1-billion-defense-contract/.

22 Lauren Kahn, "A Refreshed Autonomous Weapons Policy Will Be Critical for U.S. Global Leadership Moving Forward," Council on Foreign Relations, June 8, 2022, https://www.cfr.org/blog/refreshed-autonomous-weapons-policy-will-be-critical-us-globalleadership-moving-forward.

23 Colin Clark, "First Anduril Prototype 'Ghost Shark' Drone Sub Delivered to Aussies 3 Months Early." *Breaking Defense*, December 12, 2022.

24 Morgan Gress Johnson, "Army Selects Palantir to Deliver TITAN Next Generation Deep-Sensing Capability in Prototype Maturation Phase," Palantir Technologies, March 6, 2024, accessed on February 16, 2025, https://investors.palantir.com/news-details/2024/Army-Selects-Palantir-to-Deliver-TITAN-Next-Generation-Deep-Sensing-Capability-in-Prototype-Maturation-Phase.

25 Oscar H. Gandy Jr., "The Algorithm Made Me Do It! Predictive Policing, Cameras, Social Media and Affective Assessment," conference proceeding, by Annenberg School for Communication, OCS 19590, July 7, 2019, https://www.asc.upenn.edu/sites/default/files/2021-03/%22The%20Algorithm%20Made%20Me%20Do%20It!%20Predictive%20Policing,%20Cameras,%20Social%20Media%20and%20Affective%20Assessment.%22%20IAMCR%202019..pdf .

26 Barton Gellman, "Peter Thiel Is Taking a Break from Democracy," *Atlantic*, November 9, 2023.

27 Gellman, "Peter Thiel Is Taking a Break."

28 Jordan Guiao, "Elon Musk's X Is a Threat to International Diplomacy and Democracy," *Tech Policy Press*, May 6, 2024.

29 Richard Wike et al., "Social Media Seen as Mostly Good for Democracy Across Many Nations, but U.S. Is a Major Outlier," Pew Research Center. December 6, 2022, https://www.pewresearch.org/global/2022/12/06/social-media-seen-as-mostly-good-fordemocracy-across-many-nations-but-u-s-is-a-major-outlier/.

30 Julia Black, "Secretive Billionaire Thomas Tull's Never-Ending Transformation," *Information*, April 12, 2024, https://www.theinformation.com/articles/secretive-billionairethomas-tulls-never-ending-transformation .

31 Black, "Secretive Billionaire."

32 Black.

33 Black.

34 Henry Kissinger et al., *The Age of AI: And Our Human Future* (Little Brown, 2022), https://www.hachettebookgroup.com/titles/henry-a-kissinger/the-age-of-ai/9780316273800/?lens=littlebrown.

35 Eamon Javers, "How Google's Former CEO Eric Schmidt Helped Write A.I. Laws in Washington Without Publicly Disclosing Investments in A.I. Startups," CNBC, October 24, 2022.

36 "Senator Warren Questions DoD on Former Google CEO's Conflicts of Interest on Defense Advisory Boards," Senate.gov, December 13, 2022, https://www.warren.senate.gov/oversight/letters/senator-warren-questions-dod-on-formergoogle-ceos-conflicts-of-interest-on-defense-advisory-boards.

37 Sarah Emerson, "Eric Schmidt Is Secretly Testing AI Military Drones in a Wealthy Silicon Valley Suburb," *Forbes*, August 27, 2024.

38 Ciaran Daly, "AI Will Be as Devastating as Nukes When It Comes to Warfare, Warns Former Google Boss," *Daily Star*, February 14, 2023, https://www.dailystar.co.uk/tech/news/aidevastating-nukes-comes-warfare-29213332.

39 Cal Biesecker, "Lots of Capital, Not So Much Federal Contracts for National Security Startups," *Defense Daily*, July 14, 2023.

40 Sharon Weinberger et al., "Pentagon Woos Silicon Valley to Join Ranks of Arms Makers," *Wall Street Journal*, March 26, 2023; Tabby Kinder, "How Silicon Valley Is Helping the Pentagon in the AI Arms Race," *Financial Times*, July 31, 2023.

41 Eric Lipton, "New Spin on a Revolving Door: Pentagon Officials Turned Venture Capitalists," *New York Times*, December 30, 2023.

42 Weinberger et al., "Pentagon Woos Silicon Valley."

43 Robert Weissman and Savannah Wooten, "A.I. Joe: The Dangers of Artificial Intelligence and the Military," *Public Citizen*, February 29, 2024, https://www.citizen.org/article/ai-joereport/.

44 Michael T. Klare, "Assessing the Dangers: Emerging Military Technologies and Nuclear (In)Stability Report," Arms Control Association, February 2023, https://www.armscontrol.org/reports/2023/assessing-dangers-emerging-militarytechnologies-nuclear-instability#:~:text=This%20report%20examines%20four%20particular,the%20larger%20goal%20of%20preventing .

45 Klare, "Assessing the Dangers."

46 David Vergun, "U.S. Endorses Responsible AI Measures for Global Militaries," *Department of Defense News*, November 22, 2023, https://www.defense.gov/News/News-Stories/Article/Article/3597093/us-endorses-responsible-ai-measures-for-global-militaries/.

47 Weissman and Wooten, "A.I. Joe."

48 US Department of Defense, "Data, Analytics, and Artificial Intelligence Adoption Strategy: Accelerating Decision Advantage," Defense Management Institute, June 27, 2023, https://media.defense.gov/2024/Oct/25/2003571622/-1/-1/0/2023-11-DOD-DATAANALYTICS-AI-ADOPTION-STRATEGY-FACTSHEET_C.PDF..

49 Vergun, "U.S. Endorses Responsible AI Measures."

50 Stephen Gerras, "Beyond Belief: The Imperative to Develop Empowered Military," War Room, U.S. Army War College, September 19, 2024, https://warroom.armywarcollege.edu/articles/beyond-belief/.

51 "Review of the 2023 US Policy on Autonomy in Weapons Systems," Human Rights Watch, February 14, 2023, https://www.hrw.org/news/2023/02/14/review-2023-us-policyautonomy-weapons-systems.

52 Weissman and Wooten, "A.I. Joe."

53 "About ICRAC," International Committee for Robot Arms Control, accessed on February 12, 2025, www.icrac.net/about-icrac.

54 Elon Musk (@elonmusk), "The F-35 design was broken at the requirements level, because it was required to be too many things to too many people. This made it an expensive & complex jack of all trades, master of none. Success was never in the set of possible outcomes. And manned fighter jets are obsolete in the age of drones anyway. Will just get pilots killed,"("F-35 설계는 요구 사항 수준에서 결함이 있었다. 너무 많은 사람에게 너무 많은 역할을 수행해야 했기 때문이다. 이로 인해 비싸고 복잡한 만능형 전투기가 되었으나, 결국 전문성은 확보하지 못했다. 성공은 애초에 가능성의 범주에 없었다. 게다

가 드론 시대에 유인 전투기는 이미 구식이다. 조종사들만 죽게 될 것이다.") X, November 25, 2024, https://x.com/elonmusk/status/1861070432377737269?lang=en.

55 Alex Nitzberg, "Elon Musk Says US Needs Many Hypersonic Missiles, Long-Range Drones: 'Anything Manned Will Die Very Fast,'" Fox News, December 27, 2024.

56 Audrey Decker, "Lockheed Braces for New Administration as Musk Targets F-35," *Defense One*, December 3, 2024.

57 Theodore Schleifer et al., "Elon Musk and the Tech Billionaires Steering Trump's Transition Team," *New York Times*, December 7, 2024.

58 "Heather Wilson," US Air Force, www.af.mil/About-Us/Biographies/Display/Article/1183103/heather-wilson; "Lockheed Martin Elects Heather Wilson to Board of Directors," Lockheed Martin, May 22, 2024, https://news.lockheedmartin.com/2024-05-22-Lockheed-Martin-Elects-Heather-Wilson-to-Board-of-Directors.

14장

1 John Carl Baker, "The Nuclear Freeze Movement," *Outrider*, February 21, 2018, https://outrider.org/nuclear-weapons/articles/nuclear-freeze-movement.

2 Danielle Kurtzleben, "Why Trump's Authoritarian Language About 'Vermin' Matters," NPR, November 17, 2023.

3 Dan Grazier, "Bill Lind on the Congressional Military Reform Caucus," POGO. July 14, 2016, https://www.pogo.org/podcasts/pentagon-labyrinth/bill-lind-on-the-congressional-militaryreform-caucus .

4 Scott Shane and Daisuke Wakabayashi, "'The Business of War': Google Employees Protest Work for the Pentagon," *New York Times*, April 4, 2018.

5 Roberto J. Gonzalez, War Virtually (University of California Press, 2022), 65.

6 Daisuke Wakabayashi and Kate Conger, "Google Wants to Work with the Pentagon Again, Despite Employee Concerns." *New York Times*, November 3, 2021.

7 Mithil Aggarwal, "Google Fires 28 Workers for Protesting $1.2 Billion Israel Contract," NBC News, April 18, 2024.

8 Klint Finley, "A Developer Deletes His Code to Protest Its Use by ICE," *WIRED*, September 20, 2019.

9 Gonzalez, *War Virtually*, 68-69.

10 Richard Waters, "Bezos Defends Big Tech Co-Operation with US Military,"
Financial Times, October 15, 2018.

에필로그

1 Ruth Marcus, "Trump 2.0: The Most Damaging First Two Weeks in Presidential
History," *Washington Post*, February 4, 2025.

2 Theo Burman, "Top Historian Warns Elon Musk Is Performing a Coup," *Newsweek*,
February 6, 2025.

3 Gillian Tan and Katie Roof, "Elon Musk's SpaceX Discusses Tender Offer at
Roughly $350 Billion Valuation." Bloomberg, December 2, 2024.

4 Jeff Stein et al., "In Chaotic Washington Blitz, Elon Musk's Ultimate Goal Becomes
Clear," *Washington Post*, February 8, 2025.

5 Valerie Insinna, "Exclusive: New SASC Chair Sets Sight on $200B Defense Boost,
Major Acquisition Reform Push," *Breaking Defense*, January 27, 2025.

6 Daryl G. Kimball, "Looking Back: The Nuclear Arms Control Legacy of Ronald
Reagan," Arms Control Association, July 2004, https://www.armscontrol.org/
act/2004-07/armscontrol-today/looking-back-nuclear-arms-control-legacy-ronald-
reagan.

7 William Hartung, "If Trump Wants to 'Denuclearize' Then Let's Help Him,"
Responsible Statecraft, January 30, 2025.

8 Katie Stallard, "Donald Trump's North Korea Gambit: What Worked, What Didn't,
and What's Next," Wilson Center, November 26, 2020, https://www.wilsoncenter.
org/blog-post/donald-trumps-north-korea-gambit-what-worked-what-didnt-and-
whats-next.

                                                          미국은 왜 전쟁을 멈추지 못하는가